HISTORICAL ATLAS SERIES — 04

아틀라스 일본사

일본사학회 지음

사계절

들어가며

역사상의 사건이나 주제는 지도상에 묘사될 때 비로소 그 진정한 모습을 드러내는 경우가 많다. 아틀라스에 실린 지도들을 하나하나 살펴보다 보면 우리는 개별적인 사실을 보다 실감나게 이해할 수 있게 될 뿐 아니라 역사적 변화를 포착하는 데로 나아갈 수 있다.

아틀라스 시리즈의 제4권으로 출간되는 『아틀라스 일본사』는 독자들이 지도를 통해 생생한 역사의 현장을 엿보고 또한 다양한 시각자료를 통해 일본사를 보다 쉽고 재미있게 이해하도록 쓰여졌다. 이러한 점에서 『아틀라스 일본사』는 이미 출간된 『아틀라스 한국사』, 『아틀라스 세계사』, 『아틀라스 중국사』와 함께 한국에서의 역사 학습과 이해의 새로운 지평을 여는 데 기여할 것으로 기대된다.

『아틀라스 일본사』는 일본사의 이해를 넘어서 한국의 일본 이해에도 특별한 의미를 지니고 있다. 고대부터 현재에 이르기까지 일본은 한국과 특별한 역사적 관계를 맺어온 나라였지만, 일본을 이해하려는 우리의 관심과 노력은 미흡했던 것이 사실이다. 한국의 일본 이해의 문제점을 단적으로 보여주는 것이 바로 일본 역사에 대한 장기간에 걸친 무관심이었다. 이로 인해 1990년대 중반까지 한국의 일본사 연구는 극소수 연구자에 의존하던 상태에서 벗어나지 못하였고, 일반인들은 물론이고 상당수의 역사교사들조차 대학에서 일본사 개설 수업을 수강할 기회를 갖지 못하는 현실이 초래되었다. 현재 중등교육이 직면하고 있는 이러한 문제가 자칫 새로운 세대들이 일본을 이해하는 데 있어서 부정적인 영향을 미치지 않을까 염려스럽다. 한 나라에 대한 이해가 그 나라 역사에 대한 학습에서 출발한다고 볼 때 일본사 이해의 부족은 우리가 하루빨리 극복해야 할 과제라 할 수 있다. 이러한 점에서 『아틀라스 일본사』가 일본사 이해를 넘어서 일본 이해의 초석이 되기를 기대해 본다.

1990년대 중반이후 대학에서 일본사 강의가 급격하게 증가하였지만, 가장 기본이 되는 개설 수업에 있어서 직면한 가장 큰 문제는 적절한 교재가 부족하다는 점이었다. 주로 일본이나 구미의 개설서가 번역되어 사용되었는데, 기존의 번역서들은 해당 국가에서의 우수한 평판에도 불구하고 한국 독자들의 욕구를 충족시키기에 부족한 점이 적지 않았다. 이러한 문제점을 교육 현장에서 절감하고 있던 일본사 분야 중견학자들이 대학에서의 강의 경험을 바탕으로 우리 독자들을 위해 집필한 것이 바로 『아틀라스 일본사』이다. 또한 이 책은 아틀라스 시리즈의 취지에 부합하여 지도를 비롯한 다양한 시각 자료를 활용하여 대학생뿐 아니라 일반 독자들도 쉽게 이해할 수 있도록 쓰여졌다.

『아틀라스 일본사』는 일본의 역사를 네 시대로 나누고 각 시대를 2인이 나누어 집필하여 총 8인의 집필자가 작업에 참여하였다. 이재석과 김선민이 고대를, 남기학과 박수철이 중세를, 이계황과 윤병남이 근세를, 함동주와 임성모가 근현대를 담당하였다. 한 사람이 각각 10개 내외의 항목을 집필하여 총 89개의 주제로 구성되어 있다. 각각 한 주제당 양면을 할애하여 서술하고 그 서술의 이해를 돕기 위한 연표·지도·도판·표·그래프 등을 적절하게 배치했다.

8인의 집필자의 공동작업은 통일된 서술의 방향과 수준을 정하는 매우 어려운 과제를 안고 있었지만, 자신이 전공한 시대를 다루었기 때문에 최신의 연구경향을 염두에 두면서 기술할 수 있었다는 장점도 있었다. 일본사의 전체적인 흐름에 대한 이해와 관점의 차이에서 오는 상이한 평가와 해석의 문제를 어떻게 해결할 것인가도 필자들 앞에 놓인 쉽지 않은 과제였다. 여러 차례의 협의를 통해서 또한 일본사학회 회원으로서 평소의 학회활동을 통해 공유한 일본사에 대한 이해와 인식이 이러한 문제를 극복하는 데 큰 도움을 주었다고 할 수 있겠다.

『아틀라스 일본사』를 서술함에 있어서 8인의 집필자들은 다음과 같은 점에 각별한 주의를 기울였다. 첫째, 『아틀라스 일본사』는 한국에서 쓰여진 일본사 개설서임에도 불구하고 일본사를 서술함에 있어서 한국적 관점을 강조하기보다는 일본사 자체에 대한 객관적 서술에 중점을 두려고 하였다. 따라서 한일관계사 관련 내용도 이미 출간된 『아틀라스 한국사』에서 다루어진 경우 독립 항목을 설정하는 것을 가급적 피하고 관련 항목의 서술 속에 포함시켜 기술하였다. 둘째, 일본사에 대한 다양한 해석과 관점을 서술의 일관성을 해치지 않는 범위 내에서 균형 있게 반영하도록 힘썼다. 셋째, 일본사를 공부하는 대학생들뿐 아니라 일반 독자들도 큰 어려움 없이 이해할 수 있도록 서술의 수준을 정하였다. 넷째, 독자들의 이해를 돕기 위해 일본사 용어를 가능한 한 풀어쓰려고 노력하였다. 그럼에도 불구하고 독자가 생소하게 느낄 수 있는 용어가 적지 않게 사용되었는데, 이 점에 대해 독자들의 이해를 구하고 싶다.

이 책은 기획에서 출판까지 4년이 넘게 걸렸다. 다수 집필자의 참여로 인해 집필시간을 단축할 수 있을 것으로 기대했지만, 지도 제작 등에 당초 생각했던 것보다 더 많은 시간이 소요되었다. 아울러 사용된 도판의 저작권 구입에도 예상했던 것보다 긴 시간이 소요되었다. 긴 시간 동안 인내심을 가지고 집필에 임했던 집필자들과 지도 하나 그림 하나에 남다른 정성을 기울였던 사계절출판사의 편집팀과 그래픽담당자의 노고에 감사를 드린다.

이 책이 일본사학회의 저술로 출판되도록 허락해주신 일본사학회 전·현직 임원들과 회원들께 감사의 뜻을 전하고 싶다. 교정 과정에 도움을 준 허지은 박사에게도 고마움을 전하고 싶다. 끝으로 이 책의 출판을 위해 지원을 아끼지 않은 사계절출판사 강맑실 사장과 담당자 여러분께도 심심한 사의를 표하는 바이다.

필자를 대표하여
윤병남

─ 차례 ─

고 01 대

004 들어가며

012 「고대의 주요 유물과 유적」
014 일본열도의 형성
016 조몬 문화의 시대
018 야요이 시대의 왜인
020 야마타이 국으로 가는 길
022 거대 고분의 등장
024 『송서』에 등장하는 왜왕들
026 야마토 왕조의 성립
028 아스카 문화와 소가 씨
030 쿠데타와 전쟁의 7세기
032 천황의 국가 '일본'의 성립
034 고대 율령체제의 확립
036 헤이조쿄 건설과 국토 개발
038 견당사와 쇼소인
040 진호국가와 불교
042 나라 시대의 정치
044 공지공민제의 붕괴
046 헤이안 천도와 동북 경영
048 후지와라 북가의 전성기
050 국풍 문화의 발전

중 02 세

054 「중세의 무사」
056 무사의 등장
058 중세 사회의 토지제도
060 원정과 헤이시의 대두
062 가마쿠라 막부의 성립
064 조큐의 난과 집권 정치
066 무사의 생활과 토지 지배
068 가마쿠라 시대의 경제
070 10~14세기 일본의 대외 교역
072 몽골의 일본 침략
074 가마쿠라 막부의 쇠퇴
076 가마쿠라 시대의 문화
078 남북조 분열의 시대
080 무로마치 막부의 성립
082 슈고 다이묘의 성장
084 감합무역과 동아시아
086 막부의 쇠퇴와 오닌의 난
088 서민의 대두와 잇키의 시대
090 전국 다이묘의 지배체계
092 무로마치·전국 시대의 경제
094 도시와 교통
096 무로마치 문화

근세 03

- 100 「어느 화가의 그림 여행」
- 102 유럽의 일본 진출과 기독교 전파
- 104 오다 노부나가 정권
- 106 도요토미 히데요시의 전국 통일
- 108 아즈치·모모야마 문화
- 110 에도 막부의 성립
- 112 막부와 번
- 114 대외 관계
- 116 도시와 도시민
- 118 무라와 농민의 생활
- 120 17세기 중·후반의 산업
- 122 17세기 중·후반의 유통
- 124 겐로쿠 시기의 사상과 문화
- 126 무사의 관료화와 궁핍화
- 128 백성의 저항
- 130 도쿠가와 요시무네와 교호 개혁
- 132 다누마 시대에서 간세이 개혁까지
- 134 번정 개혁
- 136 가세이 문화
- 138 열강의 접근과 새로운 사상의 대두
- 140 덴포 개혁과 웅번의 대두

근현대 04

- 144 「일본의 아시아 침략과 식민지 지배」
- 146 페리의 내항과 개국
- 148 막부 말기의 정치 변동과 왕정복고
- 150 메이지 유신과 중앙집권화
- 152 문명개화
- 154 자유민권운동
- 156 입헌체제의 수립과 근대 천황제
- 158 메이지 정부의 대외 정책과 청일전쟁
- 160 러일전쟁과 일본 제국주의의 성립
- 162 산업화의 진전과 사회 변화
- 164 근대 문화의 발전
- 166 1차 세계대전과 일본
- 168 정당정치의 전개
- 170 협조 외교와 중국 문제
- 172 만성 불황과 세계 공황
- 174 도시문화와 대중문화
- 176 만주사변과 만주국의 성립
- 178 파시즘의 대두
- 180 중일전쟁과 전시 동원
- 182 '대동아공영권'의 환상
- 184 점령과 전후 개혁
- 186 강화조약과 안보체제
- 188 보수 통합과 안보 개정
- 190 아시아 배상 외교와 국교 재개
- 192 재일 조선인 문제와 오키나와 반환
- 194 고도성장의 빛과 그늘
- 196 대중소비사회의 확립
- 198 고도성장에서 거품경제로
- 200 냉전 해체와 정계 재편
- 202 장기불황과 격차사회

- 204 일본사 연표
- 206 일본의 역대 연호
- 208 일본의 역대 천황
- 209 막부의 역대 쇼군
- 210 일본의 역대 내각 수상
- 212 도판 출처
- 214 참고문헌
- 222 찾아보기

| 지도·표·그래프 차례 |

015 60만 년 전의 동아시아
015 2만 년 전 일본열도와 구석기 문화
016 조몬 시대 중기의 인구
017 조몬 문화 유적의 분포
018 야요이 문화 유적의 분포
019 동아시아의 벼농사 전래
020 야마타이 국의 소재지 논쟁
021 야마타이 국 사신의 추정 경로
023 고분의 분포
024 5세기 무렵의 동아시아와 일본
024 왜 5왕의 사신 파견
025 왜 5왕과 천황 비교
026 게이타이 천황의 즉위와 천도
026 국조와 둔창의 분포(6~7세기)
027 야마토의 호족 분포
028 불교의 일본 전래
029 소가 씨와 황실의 관계
030 7세기 동아시아와 백촌강 전투
033 진신의 난
034 율령에 따른 중앙관제 (2관8성제)
035 고대의 행정구역(8~9세기)
035 아스카·나라 시대의 율령
036 헤이조쿄
037 헤이조쿄와 당나라 장안성의 크기 비교
038 동아시아와 일본의 교역로 (7~9세기)
041 고쿠분지의 분포
043 정치권력의 이동 과정
043 신라 정토 계획
045 공지공민제의 성립과 붕괴 과정
045 과도한 세금 운반 노역
046 일본 고대의 천도
046 헤이안쿄
047 동북 경영
048 후지와라 북가의 계보
050 가나 문자의 형성 과정

057 무사단과 지방의 반란
057 다이라노 마사카도의 난
057 후지와라노 스미토모의 난
057 도이(여진)의 침입
057 무사단의 구성
058 장원·공령제의 구조
059 장원의 확대
059 장원과 공령의 비율
060 천황·원정 관계 가계도
061 헤이시 가문과 황실의 관계
061 헤이시가 소유한 지행국과 장원
063 가마쿠라
063 겐페이의 쟁란과 오슈 정벌
064 가마쿠라 막부의 기구
065 가마쿠라 시대의 집권·도쿠소와 쇼군
065 조큐의 난과 슈고·신보지토
067 국별 장원 분포와 증가
068 주요 시장·도이마루의 분포
069 토지 매매 문서 등에 보이는 가마쿠라 시대의 동전 유통 상황
071 10~14세기 일본과 동아시아의 교역
073 몽골의 아시아 침략
073 몽골의 일본 침략
074 가마쿠라 말기의 슈고 배치
074 호조 씨 일족의 슈고직 증대
076 가마쿠라 시대의 불교
078 남북조시대 천황의 계보
079 가마쿠라 막부의 멸망
080 아시카가 씨의 계보
081 아시카가 다카우지의 활동
081 간노의 요란
082 슈고 다이묘의 영국 지배체제
083 아시카가 일족과 주요 슈고 다이묘의 영국(15세기 초 무렵)
083 슈고 다이묘의 권한 확대
084 왜구의 동아시아 침략
084 왜구 발생 빈도의 변화
086 오닌의 난 초기 양군 세력 분포
087 화마에 휩싸인 교토
088 소손의 구조
089 1428년의 쓰치 잇키
089 중세의 잇키
090 전국 다이묘의 할거
092 각지의 특산품
093 자의 주요 분포
095 중세 일본의 도시와 교통
095 기나이의 도시와 교통
095 교토의 교통
097 중세 문화의 지방 확산

102 서양과 일본의 만남
103 기독교 전파와 사비에르
105 오다 노부나가의 전국 통일 과정
106 도요토미 히데요시의 전국 통일과 토지조사
110 도쿠가와 이에야스의 세력 확장
111 세키가하라 전투
112 다이묘의 전국 배치
113 에도 시대의 직제
115 에도 시대의 대외 관계

116	오사카의 교역구조	159	청일전쟁	181	전시체제의 강화
118	무라의 구조	160	러일전쟁	182	태평양전쟁 직전의 국제관계
120	에도 시대의 신전 개발	160	러일전쟁 당시 양군의 비교	183	태평양전쟁
121	에도 시대의 인구밀도(1721)	161	일본의 군사비 증대	184	연합국의 일본 관리 기구
123	에도 시대의 도시와 교통	163	1900년대 초 주요 산업 시설	185	B·C급 전범재판
124	유학의 발전	163	철도의 발달	187	축소된 일본 영토
126	하타모토·고케닌의 수(1705)	164	의무교육 취학률	187	세계 양극체제(1958)
126	에도 시대 어느 무사의 생계비	164	고등교육기관의 정비	188	55년 체제의 성립과 전개 과정
128	하쿠쇼 잇키(1590~1877)	167	일본의 세력 판도와	190	전후 일본의 주요 외교 활동
129	에도 시대 잇키의 발생 추이		청도·시베리아 출병	191	이승만 라인
130	요시무네 시대의 쌀값 변동과	168	쌀 소동	193	일본 남부 섬 지역의 복귀 과정
	쌀 대책	169	선거제도의 변천	194	경제성장률(실질) 추이
131	다시다카 제도에 의한 인재	170	군축 조약에 의한 각국의 군함	195	산업구조의 변화
	등용의 증가		비율	195	농가의 감소
133	에도 시대의 광산 분포	170	일본·미국·영국의 군사비 증감	195	1960년대의 공해
134	조슈 번의 부채액 누계		추이	196	전자제품·자동차 소비의 증가
135	번정 개혁의 실시	171	북벌과 일본의 개입	197	고속도로의 확장
136	에도 시대의 회화	172	노동쟁의의 발생(1913)	198	거품경제의 붕괴
137	에도 지역 출판의 발전	173	노동자 수의 변화 추이	198	국채 발행 잔고의 추이와 국채
138	일본의 북방 탐험과 외국선 내항		(1928~36)		의존도
141	서남지역 웅번의 개혁	173	주가지수의 동향(1921~34)	200	주일 미군 시설의 분포
		175	도시 문화의 성장	201	55년 체제의 붕괴
		177	만주사변의 전개	202	완전실업률과 장기실업률 추이
		178	육군의 내부 항쟁	203	비정규직 고용의 증가 추이
		178	2·26사건의 전개	203	무저축세대의 추이
		180	중일전쟁의 추이	203	청년층과 고령층의 지니계수
		181	일본의 파시즘화와 군비 증가		비교
			(1930~45)		

근현대 04

146	페리의 항로와 주요 경유지
147	일본의 개항과 개시開市
148	막부 말기의 정치 상황
149	보신 전쟁과 왕정복고
150	폐번치현
151	신분별 인구 통계(1873)
151	현의 통폐합
153	이와쿠라 사절단의 활동
154	1870~80년대 주요 반정부 사건
156	대일본제국헌법하의 국가기구
157	제국의회 초대 중의원 선거와 정당별 의석 수(1890)

일러두기

1. 외래어 표기는 국립국어원의 표기법을 따랐다. 단, 중국의 인명과 지명은 한자음으로 표기했다.
2. 도판 출처와 참고문헌은 책의 뒷부분에 따로 밝혀 두었다.
3. 본문에서 한자를 병기하지 않은 단어는 「찾아보기」에 한자를 병기했다.

01
고대

일본열도가 탄생하고 '일본'이라는 국가가 형성된 시기이다. 기원전 1만 년을 전후해 오늘날의 모습으로 형성된 일본열도는 조몬 시대와 야요이 시대를 거치며 문명을 발달시켜나간다. 야요이 시대에 등장한 소국들은 고분 시대를 거치며 점차 통합되고, 그 결과 등장한 야마토 정권이 다이카 개신을 거쳐 천황제와 '일본'을 확립시킨다.

이후 일본은 나라 시대와 헤이안 시대를 거치면서 동아시아 여러 나라의 영향을 받아 국가 시스템을 정비한다. 율령제도와 공지공민제, 그리고 문화적으로는 불교를 통한 국가 통합이 그 예이다. 헤이안 시대 이후에는 후지와라 가문이 국정 운영을 주도했으며 귀족문화가 꽃을 피운다. 이처럼 귀족이 중앙 권력을 장악하는 동안, 지방에서는 무사 세력이 등장하기 시작한다.

「고대의 주요 유물과 유적」

다이센 고분
기나이 지역 오사카 사카이(堺)의 다이센 고분. 길이 486미터, 너비 350미터로 길이를 보면 피라미드보다 더 길다. 무덤 주변에 3중으로 해자를 두르고 물을 채웠다. 무덤의 둥근 부분에 시신을 묻고 앞쪽 네모난 곳에서 제사를 지냈다.

목제 반가사유상
한반도 문화의 영향을 잘 보여주는 대표적인 아스카 불상으로, 현재 일본의 국보 1호. 이 불상이 있는 교토의 고류지(廣隆寺)는 신라계 이주민 집단인 하타 씨(秦氏)의 절이었으며 교토는 이들의 근거지였다.

금인
1784년 후쿠오카 현 시카노시마에서 발굴되었으며, '한위노국왕 漢委奴國王'이라고 새겨져 있다. 한 변 2.3센티미터, 무게 109그램.

| B.C. 2만 | B.C. 1만 | 0 | 100 | 200 | 300 | 400 |

B.C. 1만 년경
조몬 시대의 개막
일본열도 사람들은 이때부터 토기를 사용하여 식료품을 가공하기 시작했다. 조몬 시대는 1만 년 넘게 지속되었다.

B.C. 3세기경
야요이 시대의 개막
벼농사와 청동기·철기 제품이 규슈 지방을 통해 들어와 일본열도 전역으로 퍼졌다. 야요이 시대는 서기 300년경까지 지속되었다.

57년
중국에 사신을 파견
왜 노국 왕은 후한의 황제 광무제에게 사신을 파견하여 '한위노국왕'이라는 글이 새겨진 금인을 하사받았다.

587년
소가 씨, 권력 장악
552년 백제에서 불교가 전래되자, 불교 수용 여부를 둘러싸고 권력투쟁이 일어났다. 결국 불교 수용을 찬성하는 소가 씨가 모노노베 씨를 몰아내고 권력을 장악했다.

일본열도의 형성

약 B.C. 200만
빙하시대 개막

약 B.C. 3만 5000
후기 구석기 문화

약 B.C. 3만
환상環狀 형태의 마을이 형성되기 시작

약 B.C. 1만 8000
오키나와에서 미나토가와 인 확인

약 B.C. 1만 5000
온난화로 일본열도의 환경이 바뀌어 큰뿔사슴 등 대형 동물 멸종

약 B.C. 1만 4000
세석기 문화의 확산

지구상에 인류가 출현한 시기는 지질학의 분류상 신생대 제3기에 속하는 시기이며, 지금으로부터 약 500만 년 전으로 거슬러 올라간다. 오늘날의 인류와 직결되는 인류가 출현한 시기는 신생대 제4기이다. 이 시기는 지금으로부터 대략 1만 년 전을 기점으로 하여 다시 홍적세와 충적세로 구분된다. 홍적세는 빙하기로, 그 개시 시점은 약 200만 년 전으로 거슬러 올라간다.

빙하기는 지구 전체의 기온이 내려가 있는 상태가 장기간 지속된 시기였다. 중간 중간에 기온이 상승하는 시기(간빙기)도 있었으나 전체적으로는 현대보다 기온이 낮았다. 해면은 오늘날에 비해 약 100미터 정도나 내려가 있었다고 알려져 있다. 충적세는 기원전 1만 년부터 시작되는 시기로, 충적세의 가장 마지막 시기에 해당하는 것이 바로 오늘날의 현대이다.

빙하기의 동북아시아는 지금과는 모습이 달랐다. 한반도와 일본열도는 서로 육지로 이어져 있었고, 사할린과도 육지로 연결되어 있었다. 동해는 바다가 아니라 육지에 둘러싸인 호수 같았고, 일본도 그 당시에는 섬이 아니었다. 북으로부터는 매머드 등이 오늘날의 일본열도로 내려올 수 있었고, 남쪽에서는 큰뿔사슴 등 비교적 덩치가 큰 동물들이 올라올 수 있었다. 이러한 동물들과 함께 사람들도 이동해왔던 것으로 생각된다.(도1)

현재 알려져 있는 화석 인골 중에서 시즈오카 현(静岡縣)의 하마키타 인(浜北人)이나 오키나와 현(沖繩縣)의 미나토가와 인(港川人) 등은 모두 현생 인류 단계의 인골인데, 키가 작고 이마의 폭이 넓은 남방계 사람의 특징을 가지고 있다. 일본의 구석기 문화는 바로 이 빙하기의 문화였다.

이전까지만 해도 일본열도에는 구석기 문화가 존재하지 않는 것으로 여겨졌다. 그런데 1946년 행상을 하던 아이자와 다다히로라는 청년이 군마 현 이와주쿠에서 뗀석기 유적을 발견하면서, 본격적으로 구석기 문화의 존재가 세상에 알려졌다.

구석기시대 사람들은 수렵과 식물 채집으로 생활을 영위했고, 대략 열 명 전후의 규모로 무리를 지어 하천 주변을 중심으로 이동을 거듭하며 살았던 것으로 생각된다.

그들은 앞서 언급한 비교적 덩치가 큰 동물들을 사냥할 수밖에 없었는데, 사냥 도구로는 돌도끼와 돌창이 가장 일반적이었다. 구석기시대 말기에는 세석기 문화가 나타났는데, 홋카이도에서 가장 발달했다. 또한 이 문화가 중국 동북부나 시베리아 지역에도 보이는데, 이것은 이들 지역이 모두 동일한 문화권에 속하고 있었음을 시사하고 있다.

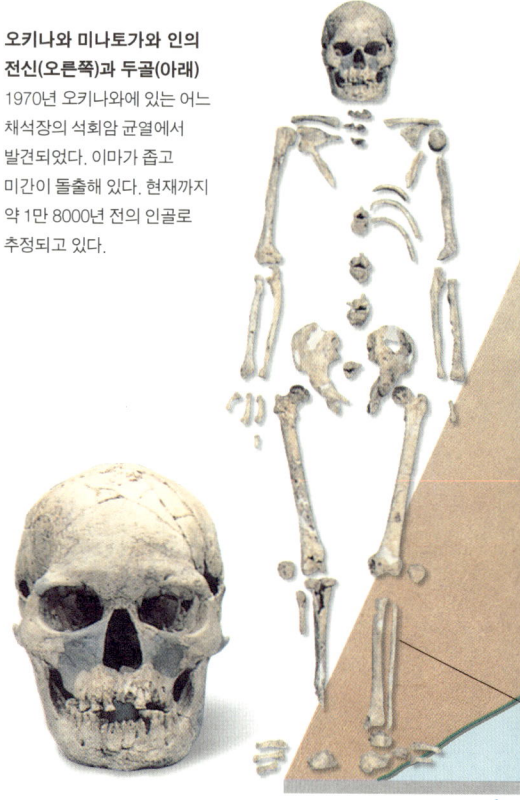

오키나와 미나토가와 인의 전신(오른쪽)과 두골(아래)
1970년 오키나와에 있는 어느 채석장의 석회암 균열에서 발견되었다. 이마가 좁고 미간이 돌출해 있다. 현재까지 약 1만 8000년 전의 인골로 추정되고 있다.

그런데 마지막 빙하기를 지나 충적세가 되면서 동북아시아의 형태에도 변화가 일어났다. 기후가 온난해지자 빙하가 녹아 바다 전체의 해수면이 상승하기 시작했다. 과거에 육지였던 지역이 바닷물에 침수되어 섬이 되기도 했다.

그 결과 동북아시아 방면의 가장 동쪽 지역은 점차 대륙으로부터 분리되기 시작했다. 빙하시대가 끝나면서 진행된 자연현상의 변화로 말미암아, 한반도와 육지로 이어져 있던 일본은 점차 오늘날 일본열도로 불리는 섬 지역으로 바뀌었다.(도2) 오늘날의 해안선 지형을 갖추게 된 것은 대략 기원전 1만 년 무렵으로 추정된다.

일본열도의 형성과 더불어 이 섬 지역을 둘러싼 자연환경도 이전 시기와 많이 달라졌다. 근해에는 난류와 한류가 흐르고, 일본열도에는 해양성 기후와 사계절의 변화 양상이 뚜렷해졌다. 이 무렵 형성된 자연환경은 오늘날까지도 큰 변화없이 계속되고 있다.

이러한 지리 조건과 새로운 환경의 형성은 그 지역에 살아가는 사람들에게 큰 영향을 미쳤다. 열도라는 자연조건은 문화적 요소뿐만 아니라 일본 역사의 전개에도 영향을 주었던 것이다.

1. 60만 년 전의 동아시아

60만여 년 전 해안선

현재의 해안선

일본인의 기원

한반도 경로
북방 경로
동중국 경로
오키나와 경로

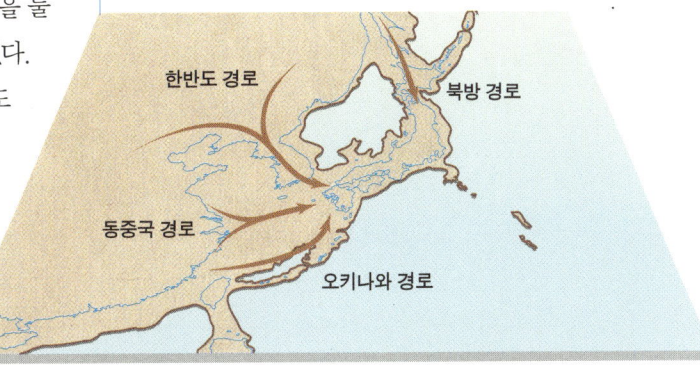

2. 2만 년 전 일본열도와 구석기 문화

2만여 년 전 해안선

현재의 해안선

화석 인골 출토지

구석기시대의 주요 유적

노지리코
이와주쿠
아카시 인
우시카와 인
하마키타 인
나토가와 인

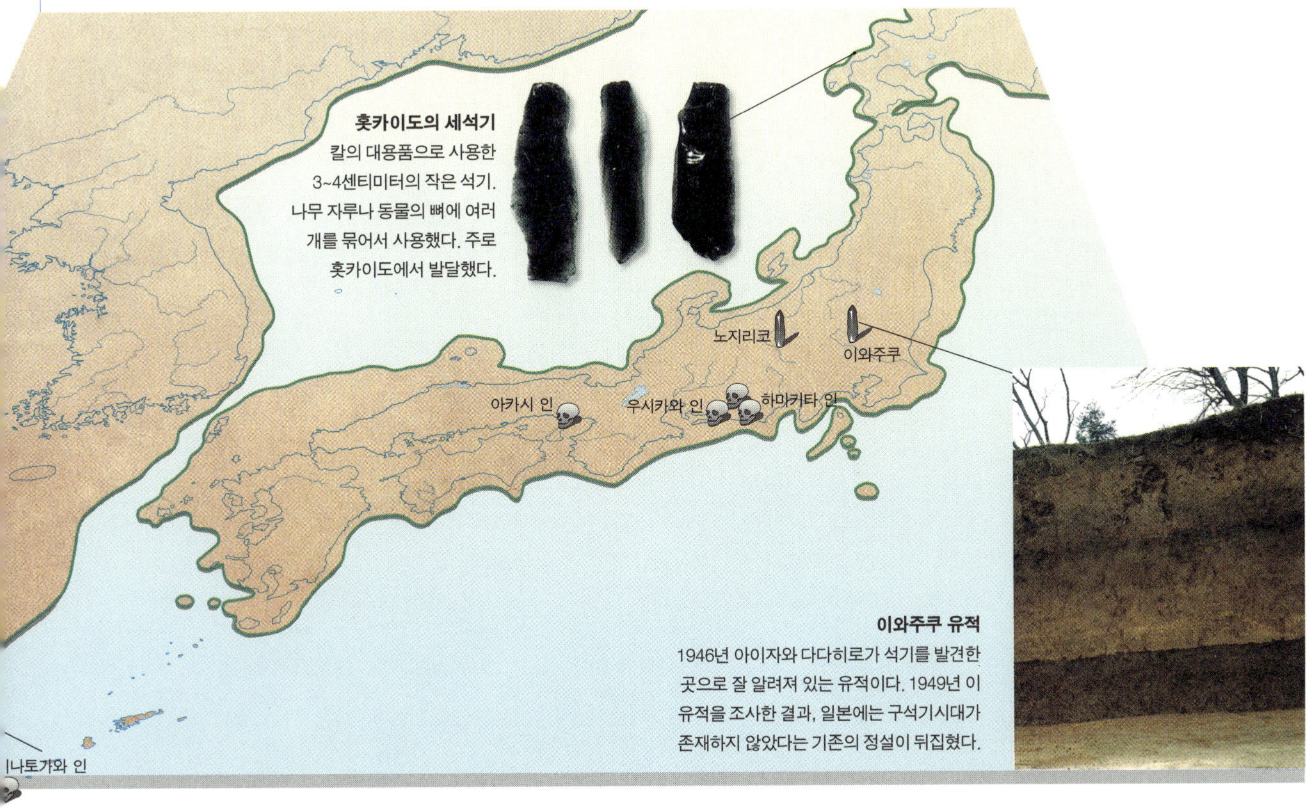

홋카이도의 세석기
칼의 대용품으로 사용한 3~4센티미터의 작은 석기. 나무 자루나 동물의 뼈에 여러 개를 묶어서 사용했다. 주로 홋카이도에서 발달했다.

이와주쿠 유적
1946년 아이자와 다다히로가 석기를 발견한 곳으로 잘 알려져 있는 유적이다. 1949년 이 유적을 조사한 결과, 일본에는 구석기시대가 존재하지 않았다는 기존의 정설이 뒤집혔다.

B.C 1만 1000 • B.C 300 조몬 시대 고대

조몬 문화의 시대

약 B.C. 1만 1000
조몬 시대의 개막

약 B.C. 1만
융기선 문양의 토기가 널리 보급

약 B.C. 7000
소형 토우가 제작되기 시작

약 B.C. 4000
조몬 시대 전기

약 B.C. 3000
조몬 시대 중기, 동일본의 인구 급증과 대형 집락 조성

약 B.C. 2500
도호쿠 지방을 중심으로 발치 보급

약 B.C. 2000
조몬 시대 후기, 인구 감소

빙하기가 끝나고 일본열도가 현재와 같은 지형과 자연환경을 갖추면서 새로운 문화가 형성되었다. 이것이 조몬(繩文) 문화이다. '조몬'이란 명칭은, 메이지 유신 이후 일본에 처음 고고학을 전수한 미국의 동물학자 에드워드 S. 모스가 오모리 유적에서 최초로 '줄무늬(繩文)가 있는 그릇'을 발굴하여 이것을 '조몬식 토기'로 명명하면서 생겨났다. 이 시대는 기원전 1만 년 전후에 시작되어 기원전 3세기경 야요이(彌生) 문화가 등장할 때까지 지속되었다.

조몬 문화의 특징은 자연계의 변화에 적응하는 과정에서 여러 도구를 발명했다는 점이다. 첫째, 기온이 상승하여 침엽수림이 상록수나 활엽수림으로 바뀌자 사람들은 주로 밤나무 도토리 등을 채집했는데, 이러한 식료품을 가공하기 위해 토기를 발명했다. 조몬식 토기는 굽는 온도가 약 500~600도 정도로 비교적 낮고, 토질도 조악한 편이다. 대개 토기는 농경의 시작과 함께 등장하는 것이 일반적이지만, 일본열도 최초의 토기인 조몬식 토기는 농경이 수반되지 않은 채 독자적으로 출현했다는 점에서 이례적이다. 둘째, 기온이 상승하자 빙하기의 대형 동물이 사라지고 멧돼지나 사슴처럼 움직임이 빠른 동물들이 대거 등장했다. 이런 동물들을 수렵하기 위해 활과 화살을 발명했다. 구석기시대에는 돌도끼와 돌창이 가장 일반적인 사냥 도구였으나, 조몬 시대로 진입한 뒤에는 활의 사용이 점점 많아졌다. 셋째, 기존의 뗀석기 대신 간석기가 널리 보급되었다.

또한 이 시대에는 지면을 50~60센티미터 정도 파서 주위에 여러 개의 기둥을 세우고 그 위에 지붕을 덮어 만든 수혈식竪穴式 주거 형태가 가장 일반적이었다. 하나의 수혈에는 네다섯 명에서 열 명 정도가 생활할 수 있는 공간이 확보되어 있었다. 초기에는 수 개에서 십수 개의 수혈식 가옥이 집락을 이루었으며, 가옥들은 집락의 가운데에 위치한 광장을 중심으로 원을 그리며 배치되어 있었다. 중·후기에는 대규모 집락도 등장한다. 산나이마루야마(三內丸山) 유적은 가장 유명한 조몬 시대의 집락 유적 가운데 하나이다. 이 유적은 조몬 시대 전기에서 중기에 걸쳐 장기간 유지된 집락지이다. 사람이 많을 때는 수백 명에 이르렀을 것으로 추정되며, 꽤 높은 망루 시설을 갖추고 있었다.

한편 조몬 시대 사람들의 주술적인 습속을 나타내는 유물로는 토우土偶, 석봉石棒 등이 있

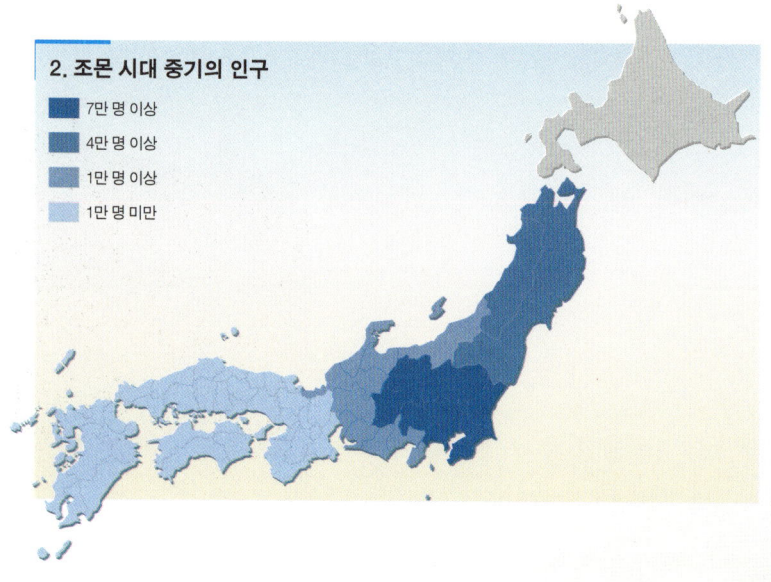

2. 조몬 시대 중기의 인구
- 7만 명 이상
- 4만 명 이상
- 1만 명 이상
- 1만 명 미만

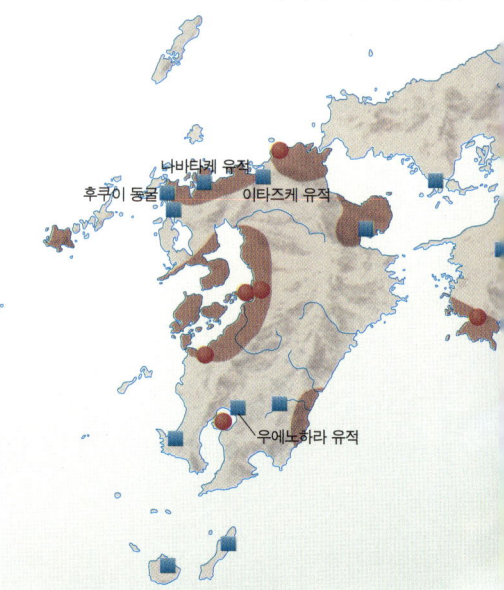

나바타케 유적
후쿠이 동굴
이타즈케 유적
우에노하라 유적

다. 또한 조몬 사람들은 조몬 중·후기부터 치아를 뽑는 발치拔齒 풍속을 가지고 있었으며, 굴장屈葬의 풍습도 있었다.(도1)

조몬 문화는 지역적으로 편중되어 있다. 유적지 수가 동일본 지역에서 북일본 지역에 걸쳐 압도적으로 많은 점으로 보아, 이 문화는 동일본 이북 지역을 중심으로 한 문화였다고 할 수 있다.(도2) 하지만 후속 문화인 야요이 문화는 완전히 반대 방향에서 동쪽으로 전파되었기 때문에 야요이 시대 이후에는 이들 지역이 오히려 낙후되는 양상이 전개되었다.

일본의 조몬 시대는 구석기시대에 비해 생활 기술상의 진보가 많이 이루어졌는데도 장기간 농경문화가 결여되어 있었다. 즉 '마제석기, 토기, 농경'이라는 신석기시대의 일반적 특징과는 차이를 보인다. 세계사적 관점에서 보면, 이 점이 신석기 문화로서의 조몬 문화가 가지는 가장 큰 특징이다. 조몬 시대의 한계는 야요이 시대에 들어가 본격적으로 농경이 시작되면서 극복된다.

1. 조몬 문화 유적의 분포

- 조몬 문화 유적
- 조몬 시대의 패총
- 패총이 집중된 지역

토우
질병 치료나 수렵과 채집의 풍성함을 기원하는 주술 용품이었던 것으로 보인다. 여성을 나타낸 것이 많았던 것으로 보아, 당시 다산을 기원했고 여성의 사회적 지위가 높았음을 상상해볼 수 있다.

불꽃 모양의 토기
조몬 시대 중기에 유행한 토기로, 니가타 현 사사야마 유적에서 출토되었다. 높이 4.6센티미터.

망루
산나이마루야마 유적지에 있던 것으로 추정되는 망루의 복원 모형.

발치
조몬 시대에는 치아를 뽑는 발치 풍속이 유행했다. 성인식 의례의 흔적으로 추정하는 견해가 우세하다.

굴장
조몬 시대에는 시신을 구부려 매장하는 굴장이 유행했다. 아마도 사자死者가 다시 돌아오는 것을 두려워했기 때문인 것 같다. 굴장은 조몬 시대 후기로 갈수록 점차 사라지고, 시체를 반듯하게 펴서 매장하는 방식이 일반화된다.

야요이 시대의 왜인

약 B.C. 300
야요이 시대의 개막
기타큐슈를 중심으로 수전농업,
청동기·철기 보급

약 B.C. 250
긴키 지역에서 방형주구묘 출현

약 B.C. 200
동검·동모·동탁 등의 주조 개시
서일본에서 고상식高床式 대형
건물이 집락 내부에 등장

약 B.C. 130
동일본 각지에도 농경 집락이 정착

약 B.C. 50
세토나이카이 연안 각지에
고지성高地性 집락 등장

약 A.D. 30
철기 보급이 확대되고 석기가
소멸하는 경향이 뚜렷해짐

야요이 시대는 대략 기원전 3세기부터 서기 3세기까지의 시기이다. 이 시대는 조몬 시대의 문화를 긴밀하게 계승하고 극복하며 혁신적인 변혁을 이룩해나갔다. 기원전 3세기경 규슈를 중심으로 한 서일본 지역에서 야요이식 토기라는 새로운 토기가 등장했다. 농경의 개시와 금속기의 사용은 야요이 문화의 특징인데, 이것은 조몬 사회에서 자생적으로 출현한 것이 아니라 모두 외부 세계에서 이식된 것이며, 그 주류는 한반도 남부 지역이었다.(도1)

벼농사가 최초로 시작된 곳은 기타큐슈 지역이었다.(도2) 그리고 청동기와 철기가 동시에 일본열도에 등장했다. 청동 제품으로 많이 제작된 것은 동검銅劍·동모銅矛·동과銅戈와 같은 무기류와 동탁銅鐸과 같은 제사 용구였다. 농경의 발달은 사회 전반에 걸쳐 커다란 변화를 가져왔다. 종전의 수렵과 채집·어로에 의존하던 자연 채집 경제 단계에서 생산 경제 단계로 진입한 것이다. 그리하여 인간의 정주성이 강해지고 인구가 증가하면서 취락이 발달했다. 야요이 단계의 사회는 점차 계급사회로 바뀌었으며, 그 결과 일본열도에는 지역을 기반으로 한 정치적 공동체인 '구니(國)'가 출현했다.

3세기 후반 서진西晉의 진수陳壽가 편찬한 『삼국지三國志』「위서魏書·동이전東夷傳」에는, 왜인倭人들의 풍속뿐 아

지석묘
몇 개의 지석 위에 평평한 거석을 얹은 묘로, 기타큐슈 지역에서 많이 발견된다. 한반도에서도 많이 볼 수 있는 묘제이다.

1. 야요이 문화 유적의 분포
- 야요이 문화 유적
- 야요이 문화의 발상지
- 야요이 시대 전기
- 야요이 시대 후기

야요이 시대 후기
야요이 시대 전기
야요이 문화의 발상지
야요이 토기 발견 지역

야요이 토기
1884년 도쿄 도 분쿄 구 야요이 정에서 발굴된 토기이다. '야요이 시대'는 토기가 발굴된 지역 이름을 따서 지어진 이름이다.

니라 구니들 사이의 내부 사정과 위나라와 외교 교섭을 전개하게 되는 경위 등이 비교적 소상히 기술되어 있다.

이 책에 나와 있는 왜인들의 풍습을 살펴보자. 왜인들은 대개 몸에 문신을 하고 있었으며 맨발로 생활하고 있었다. 옷은 관두의貫頭衣라는 의상을 착용했는데, 천의 가운데에 구멍을 만들어 그 속으로 머리를 내고 앞뒤를 묶는 방식이었다. 여성들은 주단朱丹을 발랐는데, 「위서·동이전」은 이 풍습에 대해 이것은 마치 중국 여성이 분을 바르는 것과 같다고 설명하고 있다. 남자들은 어른이나 아이 할 것 없이 모두 얼굴에 하는 문신, 즉 경면黥面을 하고 있었다. 사람이 죽으면 10일간 장례를 치렀다. 이 기간 중에는 육식을 하지 않으며, 상주는 울고 방문객은 음주가무를 했다. 장례가 끝나면 '입수入水'했다.

왜인 사회는 엄격한 신분 사회였다. 대인大人(지배층)과 하호下戶(일반 평민층)로 구별되는 엄격한 신분의 차이가 있었는데, 하호는 길에서 대인을 만나면 즉시 가까운 풀숲으로 뛰어들어야 했다. 대인에게 말을 하고자 할 때는 우리가 절을 하는 모습처럼 무릎을 꿇고 양손을 땅에 댔다. 왜인의 결혼 풍습은 일부다처제가 관행이었는데, 대인은 네다섯 명, 하호도 두세 명의 처와 함께 생활했다.

왜인 사회에서는 소송이 별로 일어나지 않았지만, 만약 소송에서 패할 경우 죄가 무겁지 않더라도 그 처자식이 노예가 되며 죄가 중한 경우에는 일족 전체가 노예가 되어야 했다. 그리고 지사이(持衰)라는 특이한 풍습이 있었다고 한다. 지사이란 왜인들이 교역 등의 사유로 타지를 여행할 때 일행들 가운데 한 사람이 지사이가 되어 여행이 무사히 끝날 때까지 금욕적인 생활을 하는 것을 말한다. 여행이 무사히 끝나면 일행들이 지사이에게 보답을 했다. 하지만 만약 여행 중에 횡액을 당하거나 변고가 생기면 지사이가 부정한 일을 했다고 하여 그 자리에서

2. 동아시아의 벼농사 전래
- 주요 벼농사 유적
- 벼농사의 전래

벼농사의 운남·아삼 기원설
벼농사의 장강 중하류 기원설

지사이를 죽여버렸다고 한다.

한편 중국에서 자주 볼 수 있는 소, 양, 말 등의 짐승을 왜에서는 볼 수 없다고 기술하고 있다. 「위서·동이전」의 '한전韓傳'은 한반도 남부에서는 말이 있어도 사람들이 타지 않는다고 기술했는데, '왜인전'은 일본열도에서 아예 말 자체가 보이지 않는다고 기술한 것이다. 3세기 당시 일본열도에 말이 없었다는 이 기술은 뒤에 '기마민족 일본열도 정복설'의 성립 근거로도 활용되면서 많은 사람들의 주목을 받았다.

동탁
야요이 시대는 동검, 동모, 동탁 등이 다수 제작되었다. 사진은 동탁인데, 원시 회화가 그려져 있다. 이는 동탁이 당시 촌락공동체의 주술적 의례를 위한 도구이자 '왕'의 정치적 권위를 상징하는 물건으로 제작되었음을 보여준다. 높이 39센티미터.

야마타이 국으로 가는 길

57
왜 나 국의 왕, 후한 광무제에게 조공

107
왜왕 스이쇼 등이 후한 안제에게 포로 160명 헌상

239
여왕 히미코, 대부 난쇼마이를 대방군에 파견
위나라 명제, 히미코를 '친위왜왕'이라 칭함

240
대방군 태수 궁준, 야마타이 국에 사자 파견

247
히미코, 대방군에 사신을 파견하여 구나 국과 교전한 사실을 고함
위나라가 장정을 왜국에 파견

248
히미코 사망
히미코의 종녀 이요가 여왕 즉위

220년 후한이 멸망한 후 중국에서는 위·촉·오의 삼국시대가 전개되었다. 239년 야마타이 국 여왕 히미코는 대부 난쇼마이를 대방군에 파견하여 위나라 황제에게 조공하고자 했다. 대방태수는 난쇼마이를 낙양으로 안내했고, 명제明帝는 히미코에게 '친위왜왕親魏倭王'이라는 칭호와 금인자수金印紫綬 및 거울(銅鏡) 100면 등을 하사했다.

'친위왜왕'이란 칭호는 히미코 정권에게 왜국에 대한 종주권을 인정해주는 동시에 위나라의 외신外臣 자격으로 책봉체제 아래에 들어오게 하는 징표였다. 왜국 내부의 다른 세력들에 대한 우월적 지위와 권위를 희망했던 히미코는 위 황제의 권위를 이용할 수 있게 되었고, 그 결과 야마타이 국의 왕권의 위상을 높일 수 있었을 것으로 추정된다.

한편 이 무렵 야마타이 국은 한반도 남부의 세력들과도 관계를 맺었던 것으로 보인다. 농경문화가 시작되고 인구가 증가함에 따라 생산력을 중대시켜야 했는데, 이를 위해서는 철 자원이 반드시 필요했다. 그런데 당시 일본열도에서 철은 채굴할 수 없는 자원이었다. 일본열도에서 철 자원이 채굴되는 것은 5세기 말 이후의 일이다. 당시 철의 산지로는 소위 '변진의 철'로 알려진 한반도 남부 지역이 유명했다. 따라서 왜국 내의 여러 세력은 한반도와 적극적으로

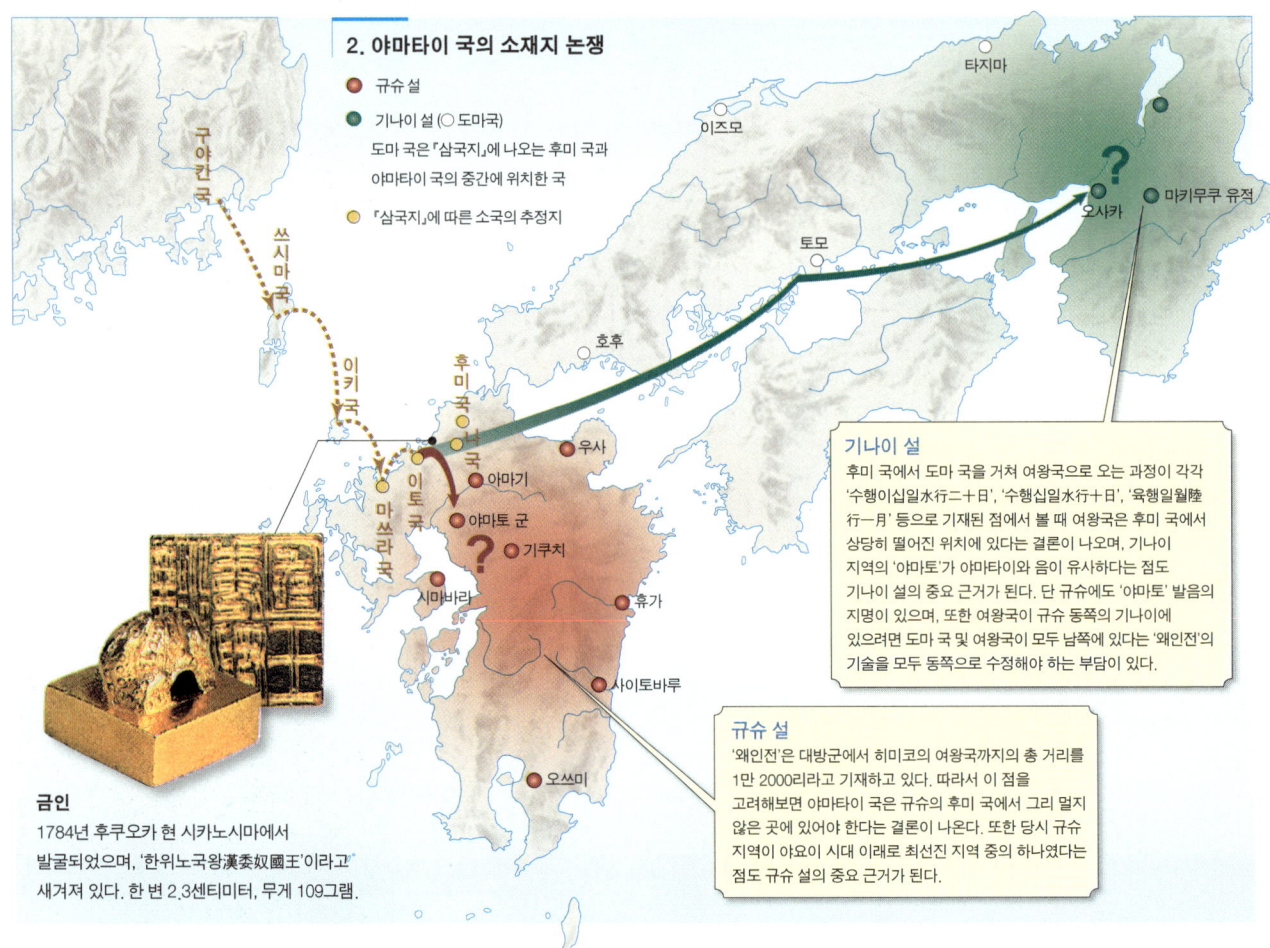

2. 야마타이 국의 소재지 논쟁

- 규슈 설
- 기나이 설 (○ 도마 국)
  도마 국은 『삼국지』에 나오는 후미 국과 야마타이 국의 중간에 위치한 국
- 『삼국지』에 따른 소국의 추정지

기나이 설
후미 국에서 도마 국을 거쳐 여왕국으로 오는 과정이 각각 '수행이십일水行二十日', '수행십일水行十日', '육행일월陸行一月' 등으로 기재된 점에서 볼 때 여왕국은 후미 국에서 상당히 떨어진 위치에 있다는 결론이 나오며, 기나이 지역의 '야마토'가 야마타이와 음이 유사하다는 점도 기나이 설의 중요 근거가 된다. 단 규슈에도 '야마토' 발음의 지명이 있으며, 또한 여왕국이 규슈 동쪽의 기나이에 있으려면 도마 국 및 여왕국이 모두 남쪽에 있다는 '왜인전'의 기술을 모두 동쪽으로 수정해야 하는 부담이 있다.

규슈 설
'왜인전'은 대방군에서 히미코의 여왕국까지의 총 거리를 1만 2000리라고 기재하고 있다. 따라서 이 점을 고려해보면 야마타이 국은 규슈의 후미 국에서 그리 멀지 않은 곳에 있어야 한다는 결론이 나온다. 또한 당시 규슈 지역이 야요이 시대 이래로 최선진 지역 중의 하나였다는 점도 규슈 설의 중요 근거가 된다.

금인
1784년 후쿠오카 현 시카노시마에서 발굴되었으며, '한위노국왕漢委奴國王'이라고 새겨져 있다. 한 변 2.3센티미터, 무게 109그램.

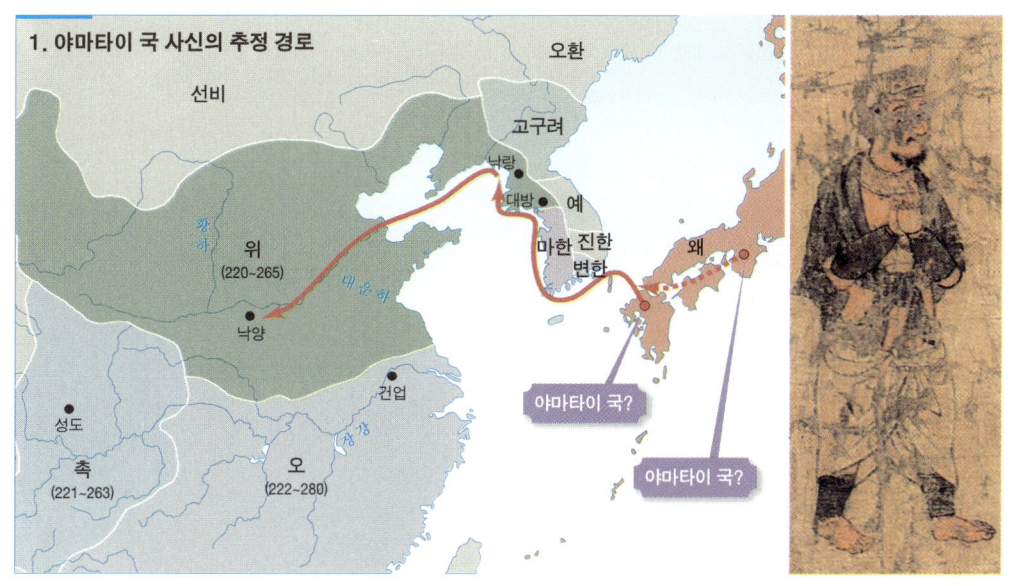

1. 야마타이 국 사신의 추정 경로

왜국 사신의 모습
〈양직공도〉는 526~536년 무렵 양나라에 파견된 외국인 사절을 그림으로 그리고 해설한 것으로, 13개국에 대한 기록이 전해진다. 이 중 왜국 사신도(왼쪽)는 당시 왜가 양에 사신을 보낸 적이 없기 때문에 일종의 상상도라고 할 수 있으며, 『삼국지』 '왜인전'의 기사를 참고하여 그린 모습이라는 설이 유력하다.

교류하여 철 자원을 확보하는 데 전력을 다했으며, 히미코 정권도 예외는 아니었을 것이다.

히미코와 위나라의 교섭은 243년에도 이루어졌다. 『삼국지』 '왜인전'에 따르면 야마타이 국의 남쪽에 남자가 왕인 구나 국(狗奴國)이 있었는데, 히미코에게 복속을 거부하고 있었다. 히미코는 구나 국과 전쟁이 일어나자 급히 대방군에 구원을 요청했다. 247년 대방태수의 사자인 장정이 위나라 황제의 조서와 황당(軍旗)을 왜국으로 가져와서 격문을 만들고 사람들에게 알렸다. 그러나 히미코는 이 전쟁의 와중에서 사망했는지 더는 등장하지 않는다. 그리고 구나 국과 싸운 결과도 현재로서는 전혀 알 수가 없다.

히미코가 죽은 후 혼란이 거듭되다가, 히미코의 종녀宗女 이요가 불과 열세 살의 나이에 여왕으로 즉위했고 나라는 다시 안정되었다. 이요는 히미코와 같은 샤먼 계통의 여성이었을 가능성이 크다. 남자 왕이 등장하니 나라 안이 어지러워졌다는 점, 이요를 내세웠더니 나라가 다시 진정되었다는 점, 이요 또한 샤먼 계통의 여성이었다는 점 등은 히미코의 즉위 사정과도 유사하다. 그리고 히미코에서 이요로 이어지는 일련의 여왕 즉위 과정을 통해, 아직 강력한 전제 왕권이 성립하지 않았음을 확인할 수 있다.

이것은 야마타이 국 왕권의 한계를 보여주는 것으로 평가해도 좋을 것이다. 야마타이 국은 수많은 구니의 맹주 노릇을 하는 상위의 구니였으며 위나라와도 외교 관계를 맺는 등 보통의 구니와는 어느 정도 구별되는 존재였지만, 아직 강력한 왕권을 구심점으로 한 전제 국가로 나아가지는 못하고 있었던 것이다.

한편 『삼국지』 '왜인전'에는 야마타이 국으로 가는 여정이 기록되어 있다.(도1) 야마타이 국의 소재지에 대해서는 아직까지도 논의가 분분하며 해결점을 찾지 못하고 있다. 현재 크게 규슈 설과 기나이 설, 이렇게 두 견해로 나누어져 있다. 3세기 야마타이 국의 위치 문제는 4세기 이후의 야마토 정권의 발전 과정을 설명하는 데 많은 영향을 미치는 요소라는 점 때문에 일본 근대 역사학의 성립 이후부터 오늘날에 이르기까지 치열한 논쟁이 전개되고 있다.(도2)

삼각연신수경三角緣神獸鏡
원형의 테두리에 삼각형 무늬가 촘촘히 새겨져 있고 그 안에는 신선과 상서로운 동물 문양이 새겨져 있다. 주로 일본열도에서만 출토되지만 중국 위나라에서 전래된 것이라는 견해도 있다.

거대 고분의 등장

200년 전후
대형 야요이 분구묘 출현

250년 전후
고분 시대 전기, 나라 현에 전형적인 전방후원분 출현

300년 이후
전방후원분이 전국적으로 보급

350년 무렵
기나이의 고분 중심지가 나라 분지 동부에서 북부와 남서부로 이동

380년 무렵
고분 시대 중기, 고분의 거대화가 현저해짐
거대 고분의 중심지가 나라 분지에서 오사카 평야 지대로 이동

425년 전후
오카야마 현 지역에 대형 전방후원분 등장

450년 이후
군집분이 조영되기 시작

480년 무렵
규슈에 장식고분 출현

500년 전후
고분 시대 후기, 기나이 및 서일본 일대에 횡혈식 석실 보급

540년 전후
전방후원분의 소멸화 경향이 현저해짐

550년 전후
규슈 장식고분의 전성기

다이센 고분
기나이 지역 오사카 사카이(堺)의 다이센 고분. 길이 486미터, 너비 350미터로 길이를 보면 피라미드보다 더 길다. 무덤 주변에 3중으로 해자를 두르고 물을 채웠다. 무덤의 둥근 부분에 시신을 묻고 앞쪽 네모난 곳에서 제사 등 의식을 거행했다.

고분 시대는 고분의 변화 양상에 따라 전기·중기·후기로 나누는 것이 가장 일반적이다. 전기는 4세기를 중심으로 한 시기이며, 중기는 5세기를 중심으로 한 시기이다. 후기는 6~7세기가 중심인 시기인데 7세기만을 따로 분류하여 고분 시대 종말기로 나누는 경우도 있다.

고분의 형태와 구조·부장품 등은 시기에 따라 차이가 있다. 고분 시대 전기는 전방후원분前方後圓墳이 출현한 시기이며, 중기는 규모가 커지고 무덤 주위에 호를 두르는 특징이 나타난다. 6세기 이후가 되면 전방후원분은 소멸되기 시작하고, 대신 우리나라에도 일반적인 원분圓墳이 지배적인 형태로 자리 잡는다.

일본열도의 고분 문화를 대표하는 것은 전방후원분이다. 전·중기 전방후원분의 피장자는 후원부의 상부에 축조된 수혈식 석실에 안치되고, 많은 옥제품·동경銅鏡·철제 도검·화살촉·호미·삽 등을 부장하고 있다. 또한 분구墳丘 주위와 위는 하니와로 장식했다.

중기의 고분은 전기에 비해 규모가 커지는데, 가장 큰 고분은 기나이 지역에서 조영되었다. 그러나 5세기 당시 쓰쿠시, 기비, 게노 지역 등에도 기나이 지역에 필적할 만한 대형 고분이 조영된 것으로 보아, 기나이 세력에 필적하는 세력 집단이 각 지역에도 있었음을 알 수 있다.(도1) 따라서 기나이의 야마토 세력이 일본열도를 정치적으로 통합해가기 위해서는 이들

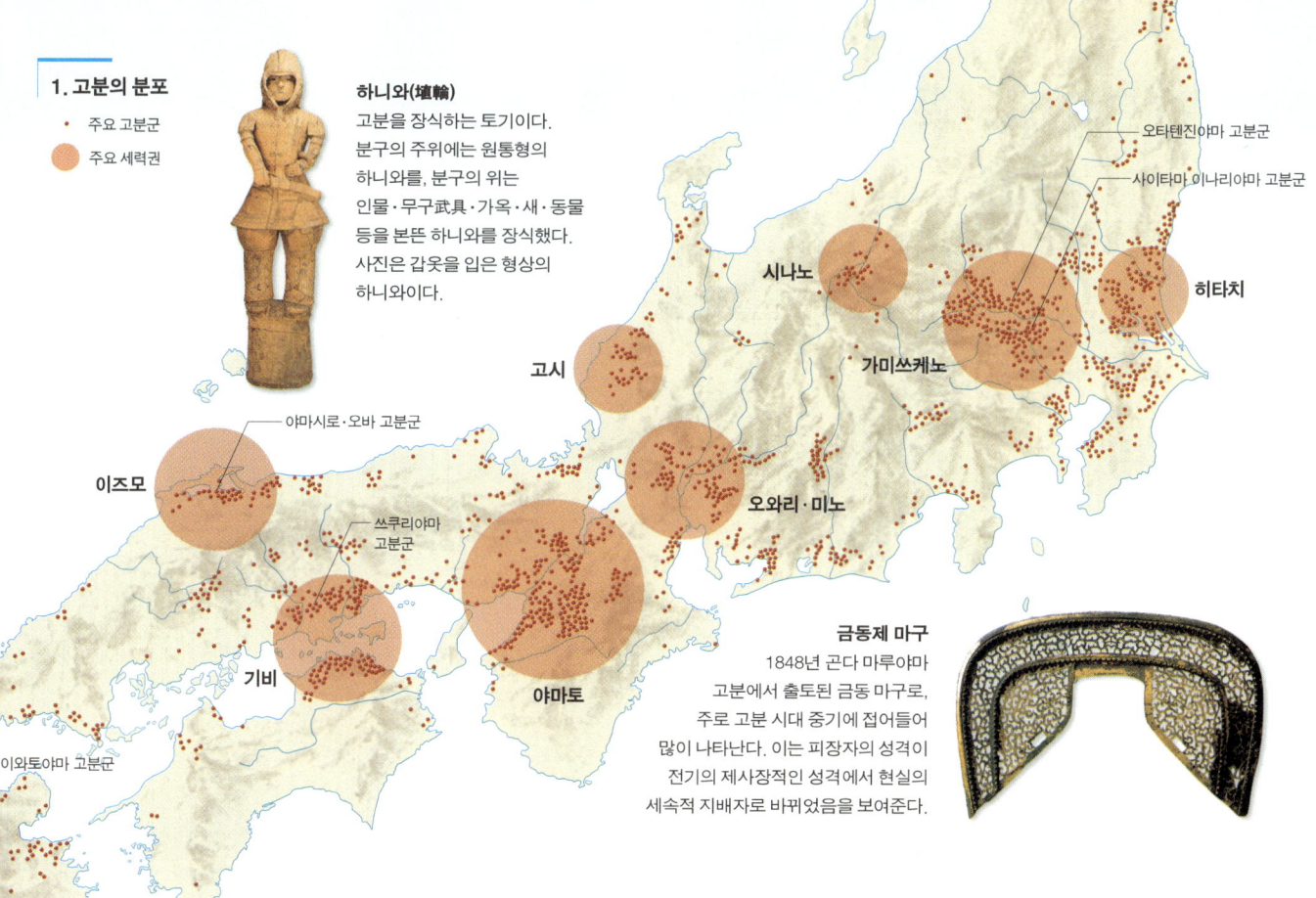

1. 고분의 분포

- 주요 고분군
- 주요 세력권

하니와(埴輪)
고분을 장식하는 토기이다. 분구의 주위에는 원통형의 하니와를, 분구의 위는 인물·무구무기·가옥·새·동물 등을 본뜬 하니와를 장식했다. 사진은 갑옷을 입은 형상의 하니와이다.

금동제 마구
1848년 곤다 마루야마 고분에서 출토된 금동 마구로, 주로 고분 시대 중기에 접어들어 많이 나타난다. 이는 피장자의 성격이 전기의 제사장적인 성격에서 현실의 세속적 지배자로 바뀌었음을 보여준다.

장식고분
규슈에서 주로 발견되는 장식고분. 석실 안이나 석관에 채색이나 조각이 되어 있다. 장식은 원, 고사리손, 삼각 무늬, 사자와 인연이 깊은 주술적인 문물을 묘사한 것이 많다.

지역 세력을 완전히 복속시켜야 했다.

후기의 고분은 한반도계 묘제인 횡혈식 석실 橫穴式石室이 보급되어 그 내부에 사자의 관을 놓고 관의 주위에 동경·무구무기·마구 등을 부장했다. 새로운 장례 의식에 동반하여 다량의 토기가 부장되고, 화려한 마구와 금속제의 장신구 등이 중시되었다. 횡혈식 석실은 5세기 말 백제의 영향을 받아 나타난 것으로 보인다.

5세기 후반~6세기 전반에 고분의 형태와 구조가 변화한다. 기나이의 일부를 제외하고 전방후원분의 규모는 축소하고 그 수도 전국적으로 감소했다. 이것은 야마토 정권이 기비와 쓰쿠시 등의 대호족 세력에 대한 지배를 강화한 것과 관련이 있다고 해석된다. 그리고 기나이 지역의 전방후원분도 6세기 중엽 이후에는 완전히 소멸했다. 이후에는 주로 원분이 조영되는데, 규모도 현저히 작아지고 게다가 7세기 중반 이후에는 조정으로부터 무덤 조영에 대한 각종 규제가 내려와 과거와 같은 거대 고분은 완전히 없어졌다. 무덤 규모의 축소는 6세기 불교가 들어온 뒤 왕족과 지배층을 중심으로 불교식 화장이 보급되기 시작한 것과도 연관된다.

한편, 규슈의 고분에는 기나이 지역과는 다른 장식고분裝飾古墳이 출현했다. 당시 일본열도의 고분 내부에는 우리나라의 무덤에서 보이는 것처럼 벽화를 동반한 고분은 거의 없는데 그런 점에서 규슈의 이 장식고분이 이채롭다. 한반도에 있는 나라들과의 교류 흔적을 보여주는 것으로 보아도 좋을 것이다.

『송서』에 등장하는 왜왕들

421
왜왕 찬, 송에 조공

425
왜왕 찬, 사마조달을 송에 파견하여 조공

428
왜국, 사신 50명을 백제에 파견

438
왜왕 찬이 죽고 동생 진이 즉위, 송에 조공
송, 진을 안동장군왜국왕에 책봉

443
왜왕 제, 송에 조공.
송, 제를 안동장군왜국왕에 책봉

451
송, 왜왕 제의 칭호를 높여줌

460
왜왕 제 사망
세자 흥이 송에 조공

478
왜왕 무, 송에 조공하고 표문을 바침

266년 야마타이 국의 여왕 이요의 사신이 서진에 입조한 것을 끝으로, 왜국과 중국의 공식 통교는 150여 년 동안 단절되어 있었다. 하지만 『송서宋書』「왜국전」에 따르면, 5세기 들어 찬讚·진珍·제濟·흥興·무武 등 왜의 다섯 왕들이 송에 조공하여 책봉을 받았다.

5세기의 중국은 남북조시대였다. 남조의 경우는 420년 동진을 계승한 송宋이 479년까지 존속하였고, 남제南齊와 양梁이 그 뒤를 이었으며, 북조의 상황은 439년 5호 16국 시대를 종식시킨 북위北魏에 의해 세력 판도가 정리되고 있었다. 이러한 중국 대륙의 정세 변화 속에서, 고구려와 백제는 각각 자국의 이익을 위해 북조 혹은 남조와 외교 관계를 맺고 있었다. 왜국의 경우는 입조한 사정이 불분명한 동진과의 관계를 제외하면 오로지 남조의 송과만 조공 외교를 전개한 셈이 되는데, 그 과정에는 특히 남조와 긴밀한 관계를 맺고 있던 백제의 역할이 컸다고 생각된다.(도1)

그렇다면 약 150년 동안이나 단절된 중국 왕조와의 외교 관계가 다시 재개된 이유는 무엇이었을까? 우선, 왜왕들이 대송 외교를 통해 자신의 칭호에 대한 승인을 요청했으며, 때로는 자신의 부하인 신료 집단에 대한 칭호도 요청하고 있었다는 점을 들 수 있다.(도2) 예를 들어 왜왕 무의 경우 스스로 '사지절도독왜·백제·신라·임나·가라·진한·모한칠국제군사안동대장군왜국왕使持節都督倭百濟新羅任那加羅秦韓慕韓七國諸軍事安東大將軍倭國王'을 칭했고, 왜왕 진이나 제의 시기에는 왜수倭隋를 비롯한 신료 집단도 칭호를 수여받았다. 이것은 그들이 송 황제의 권위를 빌려 왜국 정권의 내부 지배체제를 공고히 하고자 했음을 짐작케 한다.

한편 왜왕 무의 표문에서 단적으로 알 수 있듯이, 당시 왜왕들은 송에게 고구려의 무도함을 규탄하며 자신들에게 한반도 중남부 지역에 대

1. 5세기 무렵의 동아시아와 일본

2. 왜 5왕의 사신 파견

왕조	사료	연도	사건
송	『송서』	421년	찬, 송에 조공
		425년	찬, 송에 조공
		430년	왜왕, 송에 조공
		438년	진, 송에 조공하고 '안동장군왜국왕'이 됨
		443년	제, 송에 조공하고 '안동장군왜국왕'이 됨
		451년	제, '사지절도독왜·신라·임나·가라·진한·모한육국제군사안동장군왜국왕'이 됨
		460년	왜왕, 송에 조공
		462년	흥, 송에 조공하고 '안동장군왜국왕'이 됨
		477년	왜왕, 송에 조공
		478년	무, 송에 조공하고, '사지절도독왜·신라·임나·가라·진한·모한육국제군사안동대장군왜왕'이 됨

한 군사권을 의미하는 칭호를 인정해줄 것을 요청하고 있었다. 이러한 사실로 미루어, 왜왕의 대송 외교가 고구려를 의식한 행동이었음을 짐작할 수 있다. 물론 한반도 남부에 대한 군사권을 의미하는 이러한 칭호는 왜왕의 독단적 주장에 불과하며, 현실적으로 왜왕이 행사할 수 있는 권한과는 거리가 먼 주장이었다. 그렇지만 고구려를 의식하면서 이러한 주장을 했다는 점에서, 왜왕들의 대송 외교는 광개토대왕 비문에 적혀 있는 고구려로부터 당한 군사적 참패 사실과 관련이 있는 외교였음을 짐작할 수 있다.

다만 왜왕 무는 표문에서 고구려의 무도함을 규탄하며 금방이라도 고구려를 칠 의사가 있는 것처럼 주장했지만 당시의 상황을 고려해볼 때 현실적인 주장은 아니었다. 고구려에 대한 공격은 백제와의 연대 없이는 불가능한 것이었는데, 왜왕이 백제와 그러한 공동 작전을 위해 실제로 움직인 흔적이 없기 때문이다. 그리고 백제는 고구려 방어를 위해 과거의 적국이었던 신라와 동맹(소위 '나제동맹')을 맺어 대처하고 있었다는 점도 고려할 필요가 있다. 즉, 광개토대왕 비문에서 보듯이 과거 고구려와 신라가 연대하고 있을 때에 백제는 왜를 끌어들여 대항했지만, 신라와의 제휴 관계가 성립한 상태에서는 구태여 왜국을 끌어들일 필요성이 감소해버렸기 때문이다. 실제로 왜 5왕의 시대에 백제가 왜국을 군사 파트너로서 끌어들인 적은 한 번도 없다.

이러한 당시의 제반 사정을 종합적으로 고려해볼 때, 왜왕들의 대송 외교는 대외적 위기감의 조장 내지 고구려에 대한 적개심 고취를 이용해 일본열도의 각 지배 세력을 국내적으로 통합해가고자 했다는 점에 본질적 의의가 있다고 할 수 있을 것이다. 다시 말해 5세기 왜왕들은 다분히 국내 정치의 안정을 위해 국제적 외교 수단을 동원했던 것이다.

한편 이나리야마 고분에서 출토된 철검의 명문이 해독되면서, 현재 일본 학계에서는 명문 속의 '와카다케루 대왕'이 곧 『니혼쇼키(日本書紀)』에 전하는 유랴쿠(雄略) 천황이고 『송서』에 나오는 왜왕 무와도 동일 인물이며(도3), 이 시대에 왕권의 신장이 획기적으로 이루어졌다는 인식이 확산되었다. 하지만 유랴쿠 천황의 시대는 천황의 개인 능력에 의한 일회성 독재 권력의 구축이라고 보는 것이 오히려 실상에 가깝다고 할 수 있다.

왜국의 대중국 외교는 478년의 조공(송 순제 때)을 끝으로 다시금 단절되었다. 그리고 수의 중국 통일을 계기로 양국의 외교 관계가 재개되기까지는 다시 120여 년을 기다려야 했다. 따라서 6세기 왜국의 대외 관계는 오로지 한반도 국가들과의 관계로 일관하는 양상을 보였다.

이나리야마 철검
1968년 이나리야마 고분에서 출토된 철검이다. 1978년 보존 처리한 끝에, 철검의 양면에 115개의 글자로 이루어진 명문이 발견되었다. 이 명문의 해독 결과, 『송서』의 왜왕 무는 『니혼쇼키』의 유랴쿠 천황과 동일 인물임이 확실한 것으로 드러났다.

3. 왜 5왕과 천황 비교

『송서』「왜국전」 ( )는 『양서』	『고지키』·『니혼쇼키』
찬讚 — 진珍(미彌)	15 오진(應神)
⋮	16 닌토쿠(仁德)
제濟	17 리추(履中) 18 한제이(反正) 19 인교(允恭)
흥興 — 무武	20 안코(安康) 21 유랴쿠(雄略)

· '제'는 '인교', '흥'은 '안코', '무'는 '유랴쿠'와 각각 동일 인물
· 숫자는 즉위 순서

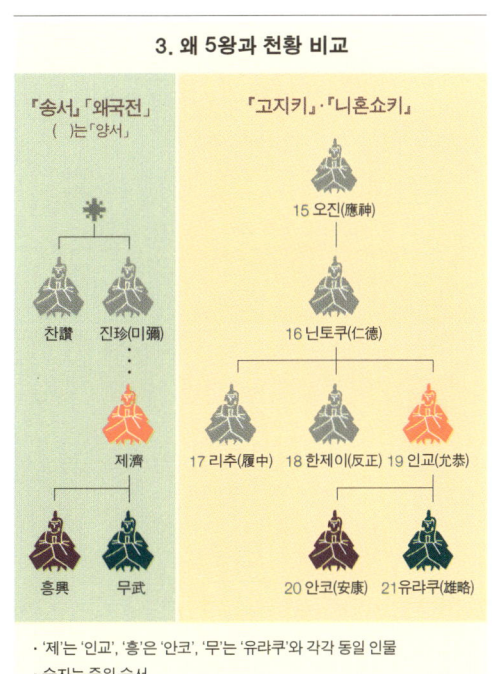
(앞) (뒤)

야마토 왕조의 성립

507
게이타이 천황 즉위

518
게이타이 천황, 오토쿠니노미야로 천도

527
이와이의 난 발발

552
백제 성왕이 불교를 전해줌
(538년 전래설도 있음)

555
백제 왕자 혜惠, 왜국에 와서 성왕의 죽음을 알림

587
소가노 우마코, 모노노베 씨 타도하고 권력 장악

600
수에 사신 파견

3세기 여왕 히미코가 다스리는 야마타이 국을 중심으로 형성되어 있던 연합국 시대를 거쳐, 4세기 초 긴키의 야마토를 중심으로 형성된 야마토 정권은 5세기 무렵 왜 5왕의 시대에 이르러서는 각 지역 세력들의 연대를 전제로 성립된 호족 연합체제의 성격을 띠고 있었다.

그런데『니혼쇼키』에 따르면, 5세기 대왕가의 피를 계승한 부레쓰 천황이 후사가 없이 죽자, 신하들이 오진 천황의 5세손 오호도 왕을 추대하여 천황으로 옹립했다. 그가 바로 게이타이 천황이다. 에치젠 혹은 오미 출신이었던 게이타이 천황은 천도를 거듭하면서 야마토에 진입하여, 기존의 호족세력들을 제압하고 바야흐로 명실상부한 지배자가 되었다.(도1) 오늘날 게이타이 천황의 즉위를 신왕조의 성립으로 이해하는 견해가 우세하며, 이 세습 왕조가 현재의 천황가로 이어지고 있다는 점에서 본격적인 야마토 왕조의 등장으로 이해해도 무방할 것이다.

게이타이 신왕조의 성립 이후 나타난 두드러진 변화 가운데 하나는 대왕이 기거하는 궁이 아스카 지역을 중심으로 조영되기 시작했다는 점이다. 그 이전까지만 해도 조영 장소가 일정하지 않았으나, 6세기 이후에는 비록 궁이 이동은 했지만 아스카 지역 내로 한정되었다. 신왕조의 성립은 본격적인 아스카 시대의 개막을 여는 서곡이었다.

야마토 조정은 일본열도를 지배하기 위한 방책으로서 국조제國造制, 부민제部民制, 둔창제屯

2. 국조와 둔창의 분포(6~7세기)

- 국조
- 둔창

야마토 정권은 지방 호족에게 국조라는 지위를 부여하여 정권에 복속시켰다. 또한 지배를 공고히 하기 위한 조치로, 직할지에 둔창을 설치했다.

1. 게이타이 천황의 즉위와 천도

게이타이 천황의 이동 순서
1
2
3
4

오진 천황의 5세손 오호도 왕은 에치젠 혹은 오미 출신으로 보임.

오토쿠니노미야

구스하노미야

게이타이 천황의 능으로 추정됨.
쓰쓰키노미야

518. 3
3 오토쿠니노미야로 천도.

야마시로

511. 10
2 쓰쓰키노미야로 천도.

507. 2
1 구스하노야미야에서 즉위.
신하들의 추대로 천황으로 옹립.
게이타이 천황이 됨.

가와치

이코마 산

야마토

미와 산

526. 9
4 야마토의 이와레로 천도.
즉위 후 야마토 진입까지
20년 가까이 걸림.
호족들의 저항이 완강했기 때문으로 추정됨.

이와레

倉制, 우지·가바네(氏·姓) 제도 등을 시행했다. 제도에 의한 지배체제 구축은 이전 5세기 단계의 일반적 관행이었던 인격적 지배와는 차이가 있는 것이었다.

먼저 국조는 야마토 조정에 복속된 토착 호족을 칭하는 것으로, 일종의 지방관에 해당한다. 복속의 징표로서 국조의 자제와 여식이 왕궁에 올라와 봉사했다. 부민제는 국가 소유의 백성을 관리하는 제도로, 일반 농민들은 호족들에게 그 관리(지배)를 위임했으며 전문적 기술을 가진 자는 중앙 조정에 특별 배속시켜 봉사하게 했는데, 이들을 통솔하는 임무를 맡은 사람을 반조伴造라고 했다. 둔창제는 조정 소유로 귀속된 토지를 장악·관리하는 제도로, 둔창은 야마토 조정의 지방 지배의 거점이었다. 둔창을 '屯倉'이라고 표기하는 것은 야마토 조정의 직할령이라고도 할 수 있는 토지와 사람(경작민), 창고 건물을 하나의 단위 구성체로 할 때 창고 건물에 표현의 중점을 두었기 때문이다.(도2)

우지·가바네 제도는 흔히 씨성氏姓(씨=우지, 성=가바네)제도라고 표현되기도 한다. 먼저 우지는 씨족 또는 일족을 나타내는 개념으로 조상의 계보나 동족 의식을 공유하며 하나의 동족 집단임을 자처하는 정치적이면서도 사회적인 단위체를 말한다. 우지의 이름(氏名)을 나타내는 방법으로는 자신들의 거주지[예를 들어, 소가 씨(蘇我氏)]나 조정에서의 직무 내용을 이용하는 경우[예를 들어, 마사부 씨(馬飼部氏)]가 많았다.

이에 비해 가바네는 야마토의 대왕(천황)이 수여하는 일종의 사회적 칭호를 말한다. 여기에는 오미(臣), 무라지(連), 기미(君), 아타이(直), 오비토(首) 등을 위시한 다양한 칭호가 있었다. 이것은 왜인 사회에 유통되고 있던 사회적 존칭을 야마토 조정의 대왕이 우지(일족) 집단에게 하사함으로써 그들이 대왕에게 복속하고 있음을 상징적으로 드러내는 데에 정치적 의의가 있었다. 일부의 지배자 집단만이 우지·가바네를 가지고 있던 시대에는 이것을 가지고 있다는 것 자체가 바로 지배자임을 나타내는 징표이기도 했던 것이다.

6세기 이후 야마토 조정의 지배층을 구성하는 씨족 집단에는 크게 두 계통의 우지 집단이 존재했다. 즉, 지명을 우지의 이름으로 하는 씨족은 자신들만의 세력 근거지를 보유하면서 대왕과의 관계에 대해서도 상대적인 자립성이 강한 우지 집단이었으며, 직명을 우지 이름으로 한 씨족들은 상대적으로 대왕의 가정기관家政機關을 담당하면서 세력을 키워온 집단으로 대왕과의 관계에서 상대적으로 자립성이 약하며 오히려 대왕가와 밀착해서 성장해온 씨족들이었다. 그리고 전자의 경우 대개는 가바네로서 오미 혹은 기미를 칭하는 경우가 많았고, 후자의 가장 대표적인 씨족들은 모두 무라지를 칭하고 있었다.

3. 야마토의 호족 분포

● 고분 분포 지역

미와 산 산기슭에 대왕가가 있고, 그 주위에 유력 씨족이 점재해 있었다. 5세기에는 가즈라키 씨·헤구리 씨·와니 씨, 5세기 말에는 오토모 씨·모노노베 씨가 세력을 장악했다. 6세기 중반이 되자 소가 씨가 대두하여 6세기 말에 모노노베 씨를 멸망시키고 7세기 전반에 전성기를 구가했다. 지도에 표시한 고분은 대체로 호족들의 분묘로 추정된다.

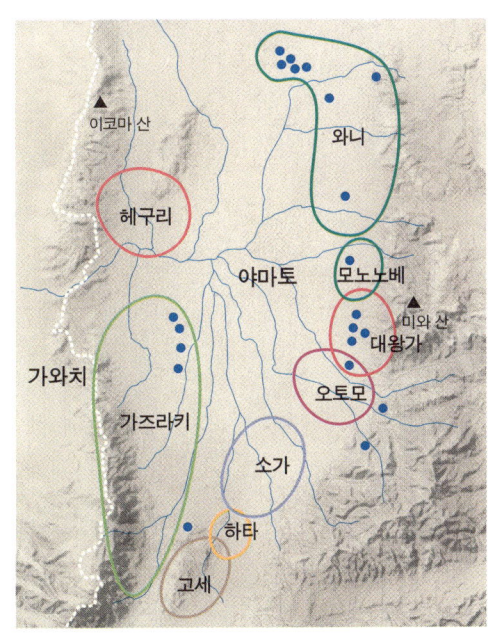

아스카 문화와 소가 씨

522년경
불교가 민간에 전래

552
백제 성왕이 불교를 전해줌
(538년 전래설도 있음)

588
백제, 아스카데라의 조영을 위해 승려 및 각종 전문 기술자를 보내줌

593
나니와에 시텐노지 조영

594
삼보흥륭三寶興隆의 조를 내림
각지에 사원이 조영되기 시작함

595
고구려 승 혜자, 쇼토쿠 태자의 스승이 됨
백제 승 혜총이 왜국에 옴

596
아스카데라 완공

606
아스카데라 본존여래석가좌상 제작

645
소가 씨 정권 몰락

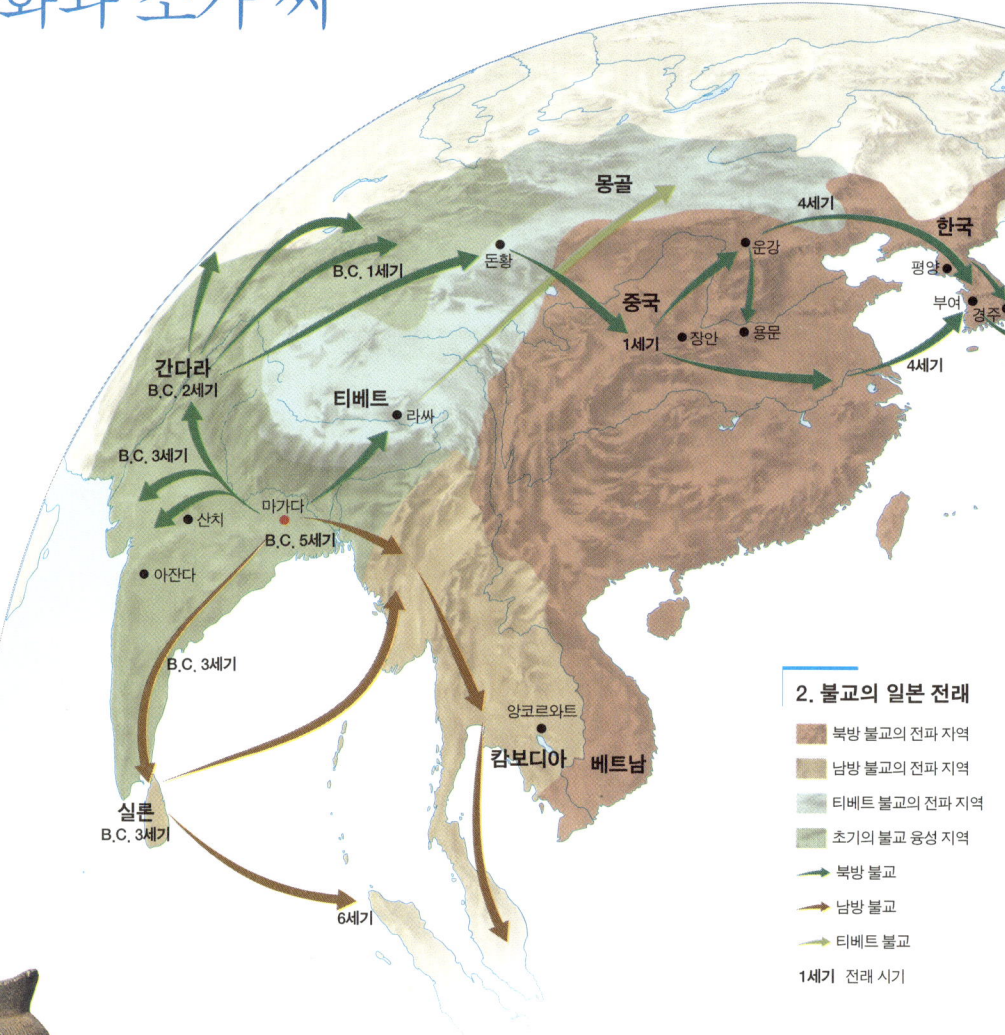

목제 반가사유상
한반도 문화의 영향을 잘 보여주는 대표적인 아스카 불상으로, 현재 일본의 국보 1호. 이 불상이 있는 교토의 고류지는 신라계 이주민 집단인 하타 씨(秦氏)의 절이었으며 당시 교토는 이들의 세력 근거지였다.

6세기 야마토 조정을 구성하고 있던 기나이의 대표적 씨족 집단들은 오미 그룹과 무라지 그룹이었으며, 이들을 대표하는 존재들을 각각 오오미(大臣)와 오무라지(大連)라고 칭했다. 5세기 말 이후 세력을 얻은 씨족은 무라지 그룹의 오토모 씨(大伴氏)였는데, 게이타이 천황을 중심으로 신흥 왕조가 성립하자 실각했고 그 대신 모노노베 씨(物部氏)가 급부상했다. 6세기 이후에는 오미 그룹의 씨족들도 세력을 확대해나갔는데 그 대표자는 소가 씨(蘇我氏)였다.

게이타이 천황이 죽은 후, 야마토 조정은 오오미인 소가 씨와 오무라지인 모노노베 씨가 함께 주도하는 체제가 성립했다. 그런데 소가 씨와 모노노베 씨는 긴메이 천황 때 백제에서 전래된 불교의 수용 여부를 둘러싸고 대립했다. 소가 씨는 불교 수용을 주장한 반면, 모노노베 씨는 수용을 거부했다. 게다가 요메이 천황 사후에 전개된 차기 왕위 계승 분쟁으로 양 세력은 무력 항쟁에 돌입했다.

이 항쟁에서 승리한 것은 소가 씨였다. 소가 씨는 승리 후 오무라지의 지위를 폐지함으로써,

조정의 신하를 대표하는 유일한 존재가 되었다. 그 후 소가 씨의 지지를 받은 스슌 천황이 즉위 후 왕권 강화를 도모하다가 소가 씨가 보낸 자객에게 암살당하고 말았다. 이 사건으로 소가 씨는 조정의 권력을 장악했다. 소가 씨는 긴메이 천황의 딸이자 소가 씨 혈통인 스이코 천황을 옹립했으며, 뒤이어 정치적 보좌역으로서 쇼토쿠 태자를 세웠다.(도1) 이렇게 성립한 정권을 통상 '소가 씨 정권'이라고도 부르며, 645년 몰락할 때까지 야마토 조정은 소가 씨의 주도하에 운영되었다.

아스카 문화의 최대 특징은 6세기 중엽 백제로부터 전래된 불교를 중심으로 한 문화였다는 점이다.(도2) 그 과정에서 고구려, 백제, 신라와 중국의 육조六朝 문화도 왜국에 전래되었다. 불교 신앙은 초창기에는 지배층의 종교로 수용되었으며, 지배층 개개의 씨족적 차원에서 받아들여졌다. 아스카 시대에는 씨족 단위가 주체가 된 불교문화가 일반적이었기에 이러한 불교를 통상 '씨족 불교'라고 부른다.

불교가 본격적으로 호족들에게 보급되기 시작한 것은 소가 씨 체제의 성립 이후였다. 소가 씨가 불교를 적극 수용했을 뿐 아니라 스이코 천황도 불교 보급에 앞장섰다. 『니혼쇼키』에는 624년(스이코 32)에 사원 46개소, 승려 816명, 비구니 569명이 있었다고 기록되어 있다.

당시의 사원은 과거 전방후원분의 조영이 그랬던 것처럼 일족의 위세를 과시할 수 있는 중요한 상징물이기도 했다. 이런 씨족적 차원의 사원을 '우지데라(氏寺)'라고 한다.

당시의 주요 사원으로는 소가 씨의 우지데라인 아스카데라(飛鳥寺), 쇼토쿠 태자가 발원하여 건립된 시텐노지(四天王寺)·호류지(法隆寺) 등이 있다. 아스카데라는 일본 최초의 사원으로, 588년 백제에서 온 와박사瓦博士·화공 등이 596년 완공했는데, 소가 씨와 백제의 긴밀한 유대 관계가 전제된 것이다.

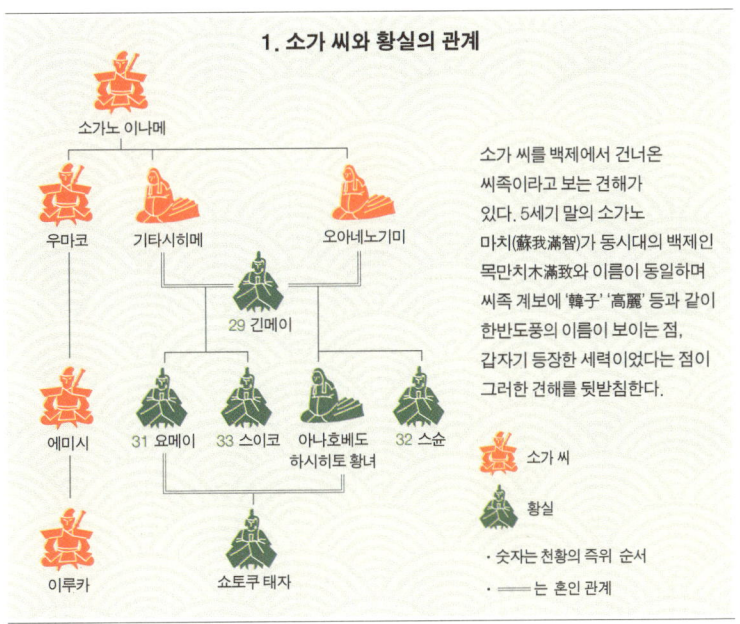

1. 소가 씨와 황실의 관계

소가 씨를 백제에서 건너온 씨족이라고 보는 견해가 있다. 5세기 말의 소가노 마치(蘇我滿智)가 동시대의 백제인 목만치木滿致와 이름이 동일하며 씨족 계보에 '韓子' '高麗' 등과 같이 한반도풍의 이름이 보이는 점, 갑자기 등장한 세력이었다는 점이 그러한 견해를 뒷받침한다.

- 소가 씨
- 황실
- 숫자는 천황의 즉위 순서
- ──는 혼인 관계

불교 수용 과정에서 조형 미술과 건축술 등이 함께 들어와 왜국 문화의 수준을 한 단계 높여 주었다. 조형미술의 경우 그 중심은 당탑堂塔의 건축과 불상 조각, 회화 등이었다. 불상 조각으로는 606년에 제작된 아스카데라의 본존여래석가좌상과 623년에 조영된 호류지의 금당석가삼존상이 있다. 또한 호류지 소장의 백제관음상과 교토 고류지(廣隆寺)의 목제 반가사유상은 아스카 조각의 명작이다. 불교의 수용은 회화의 발달을 가져왔으며, 610년에는 고구려 승 담징曇徵이 종이, 묵을 전하기도 했다.

호류지
쇼토쿠 태자의 세력 근거지인 이카루가(斑鳩)에 있는 호류지는 담징이 그렸다고 전해지는 금당 벽화로도 유명하며, 금당과 5층 목탑을 비롯한 서원西院 가람은 세계에서 가장 오래된 목조 건축물이다. 현재 유네스코 세계문화유산에 등록되어 있다.

쿠데타와 전쟁의 7세기

600
수에 사신 파견

628
스이코 천황 사망

630
처음으로 당에 사신을 파견함

641
고구려 연개소문의 정변 발생

642
고교쿠 천황 즉위
백제에서 정변 발생

645
을사의 변 발생
소가 씨 몰락

646
소위 '개신의 조' 발표

660
백제 멸망

663
백촌강 전투에서 패배

668
나카노오에 황자, 덴지 천황으로 즉위

7세기는 동아시아의 모든 나라가 극도의 정치적·군사적 긴장에 휩싸여 있던 시대였다. 특히 수·당의 건국과 세력 확대는 주변 지역의 불안정성을 증대시켜, 동아시아 역사상 전례 없는 대규모 전란의 시대를 만들었다.

592년 스슌 천황을 암살한 소가 씨는 곧바로 스이코 천황을 세웠다. 스이코 천황의 시대는 쇼토쿠 태자와 소가노 우마코가 천황을 보필하는 체제로 전개되었다. 하지만 스이코 천황은 모친이, 쇼토쿠 태자는 부모가 모두 소가 씨 혈통이었기 때문에, 사실상 소가 씨가 정권을 장악하고 있었다고 볼 수 있다.

스이코 천황의 시대는 많은 업적을 남겼다. 관위제 시행, 헌법 17조 제정, 국사國史 편찬, 각종 궁중 의례 정비 등이 이루어졌으며, 600년에는 수에 사신을 파견하여 그동안 단절되어 있던 대중국 관계를 재개시켰다. 한반도에 대해서도 기존의 친백제 노선을 기조로 하면서 친신라·친고구려 정책을 전개하여 많은 선진 문물을 입수할 수 있었다.

스이코 천황과 조메이 천황의 뒤를 이어 고교쿠 천황이 642년에 즉위할 무렵 주변국에서는 정변이 연이어 일어났다. 641년 고구려에서 연개소문의 쿠데타가 발생했으며, 이어 백제에서도 의자왕이 반대파 왕족과 귀족을 추방했다. 그리고 고구려와 백제의 공격을 받은 신라는 당과의 관계를 심화시켜나갔다. 당과 고구려의 대립이라는 기본 구도에 백제와 신라가 가세하면서, 남북 세력 대 동서 세력의 대립이란 형태로 국제 관계가 재편되었다.

1. 7세기 동아시아와 백촌강 전투

왜국에서는 645년 을사의 변이 발생하여 소가 씨가 타도되었다. 고교쿠 천황은 즉시 정변의 주역인 고토쿠 천황에게 양위했다. 고토쿠 천황은 국정을 쇄신하고 친당·신라 노선을 추구했다. 이때의 개혁을 다이카 개신(大化改新)이라고 한다. 개신 정권의 핵심 세력은 고토쿠 천황을 주축으로 한 나카노오에 황자와 이들을 연계한 핵심 인물 나카토미노 가마타리 등이었다. 나카토미노 가마타리는 훗날 덴지 천황으로부터 후지와라 씨의 성을 하사받아 후지와라노 가마타리가 되어 후지와라 씨의 시조가 된다.

고토쿠 천황은 즉위 후 연호를 '다이카'라고 하고 이듬해인 646년 소위 '개신의 조'를 발표했다. 『니혼쇼키』에 보이는 이 '개신의 조'는 왜국 사회와 체제를 근본적으로 혁신하는 내용으로 이루어져 있지만, 상당 부분이 윤색되어 있으므로 당시의 사실을 그대로 전한다고 볼 수는 없다.

그런데 얼마 지나지 않아 천황과 나카노오에 황자 사이에 권력투쟁이 발생했다. 그 결과 고토쿠 천황은 나니와에서 고립되었고 나카노오에 황자가 아스카로 돌아왔다. 나카노오에 황자의 집권으로 고토쿠 조정의 친당·신라 노선은 후퇴하고 다시금 친백제 노선이 대두했다. 이것은 나카노오에 황자의 집권이 친백제 노선을 지지하는 호족세력을 기반으로 이루어졌음을 시사한다. 고토쿠 천황이 죽자 나카노오에 황자는 자신이 바로 즉위하지 않고 655년 자신의 어머니인 옛 고교쿠 천황을 다시 왕좌에 앉혔고 그녀는 사이메이 천황이 되었다.

660년 나당 연합군은 일거에 백제를 멸망시켰다. 그러자 백제 부흥 운동세력이 일어나 왜국에 원병을 요청했다. 이 요청을 받은 사이메이 정권은 백제에 원군을 보내기로 결정했다. 그런데 사이메이 천황이 661년 백제를 지원하기 위해 규슈에 머물던 중에 급사했다.

663년 백제 부흥군과 왜국의 원군이 나당 연합군과 백촌강白村江에서 격돌했는데 결과는

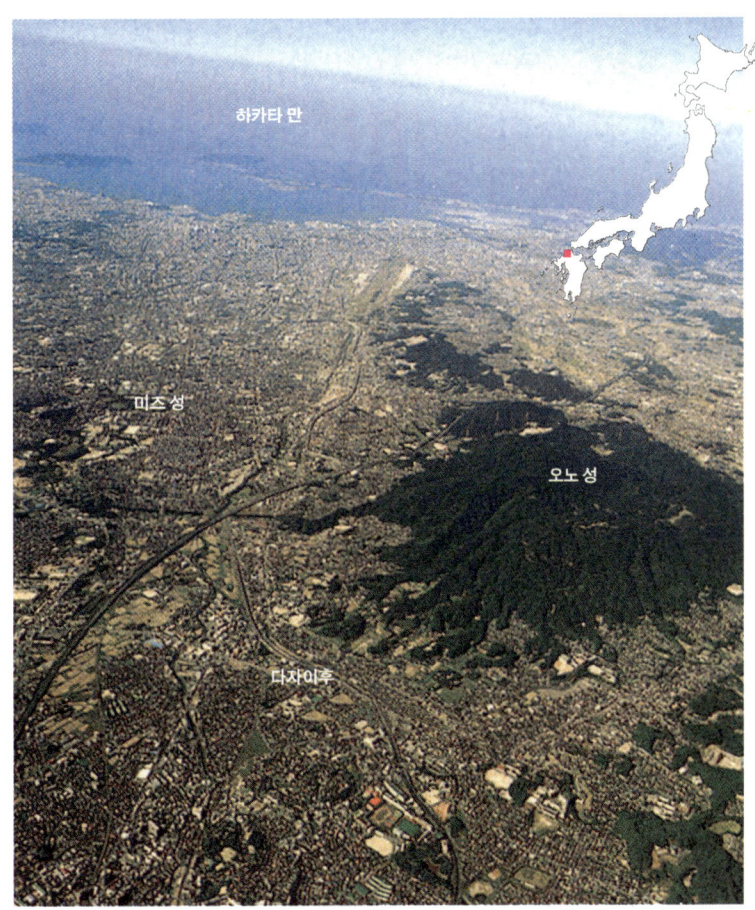

하카타 만의 방어선
나당 연합군이 하카타 만에 상륙할 것에 대비해서 구축된 방어선. 한반도식 산성인 오노 성과 물을 이용한 미즈 성, 그리고 사령부 격인 다자이후(大宰府)가 일체를 이루고 있다.
당시 망명 백제인들이 백제의 기술을 구사하여 축조한 것으로 알려져 있다.

왜군의 참패였다.(도1) 백제 구원 전쟁에서 참패하자 아스카 조정은 나당 연합군의 침공에 대비하여 망명 백제인의 기술을 이용하여 쓰시마의 가네다 성, 다자이후 북쪽의 오노 성을 비롯하여 아스카 지역을 방어하기 위한 다카야스 성에 이르기까지 요충지마다 산성을 축조했다. 이러한 산성의 축조는 당시 아스카 조정의 위기의식이 얼마나 심각한 것이었는지를 잘 보여준다.

667년 나카노오에 황자는 왕도를 아스카에서 오미로 천도하고 이듬해 정식으로 즉위하여 덴지 천황이 되었다. 천황은 국가적 위기 상황을 타개하는 과정에서 지배체제를 강화하는 조치를 취했고, 망명해온 백제 귀족들의 지식을 적극 활용하여 각종 제도를 정비해나갔다. 670년에는 전국에 걸쳐 호적을 작성했다. 이러한 지배체제의 진전이 급속하게 이루어질 수 있었던 것은 역설적이게도 국가적 위기 상황에 놓여 있었기 때문이었다.

천황의 국가 '일본'의 성립

671
덴지 천황 사망

672
진신의 난

673
덴무 천황 즉위

684
여덟 종류의 가바네 제정

686
덴무 천황 사망

689
아스카키요미하라 령 시행

690
지토 천황(덴무 천황의 황후) 즉위

694
후지와라쿄 천도

701
다이호 령 완성

'일본日本'이라는 오늘날의 국호는 덴무(673~686)·지토(690~697) 천황의 시대에 성립했을 가능성이 크다. 그리고 일본 군주의 호칭인 '천황'이 처음 사용된 것도 목간을 비롯한 당시의 실물 사료를 통해 확인할 수 있는 것은 덴무 시대이다.

또한 천황의 신격화가 이루어지기 시작한 것도 덴무 천황의 시대였다. 일본의 가요집 『만요슈(萬葉集)』에 천황을 신에 비유하며 칭송하는 노래들이 등장하기 시작하는 것이 덴무·지토 천황의 시기이다. 덴무 천황의 시대부터 천황은 본격적으로 '아라히토가미(現人神)'로서 신격화되었다. 이러한 변화가 가능했던 것은 덴무 천황 자신이 소위 진신(壬申)의 난이라는 반란을 통해 극적으로 집권에 성공했기 때문이다.

671년 병상의 덴지 천황은 차기 왕위 계승자로 내정되어 있던 자신의 동생 오아마 황자 대신 자신의 아들 오토모 황자를 후계자로 삼으려 했다. 이에 위험을 느낀 오아마 황자는 즉시 출가하여 승려가 되겠다는 약속을 하고서야 간신히 목숨을 건져 아스카의 남쪽인 요시노에 은거할 수 있었다.

덴지 천황의 사후 오토모 황자를 중심으로 한 오미의 조정 세력은 오아마 황자를 암살하려 했으나

'천황天皇'이라고 표기된 가장 오래된 목간
1998년 나라 현에서 출토된 목간으로, '천황'과 '정축년丁丑年'이라는 표기가 보인다. 정축년은 677년이므로, 이 목간은 덴무 천황의 시대부터 천황이라는 명칭이 사용되기 시작했음을 보여주는 귀중한 사료이다. 왼쪽은 '天皇聚露弘寅□', 오른쪽은 '丁丑年十二月三野國刀支評次米'라고 기록되어 있다.

이 음모는 누설되어 도리어 오아마 황자의 봉기를 초래했고, 그 결과 오아마 황자가 승리했다. 672년 6월 절대적으로 불리한 조건 속에서 거병한 오아마 황자는 주변 세력의 호응 속에 불과 한 달 만에 승패를 결정지었는데, 이것이 고대 일본 최대의 내란이라고 평가받기도 하는 진신의 난이다.(도1)

오아마 황자는 673년 아스카로 돌아와 기요미하라노미야에서 즉위하여 덴무 천황이 되었다. 그의 시대는 천황의 권력이 비약적으로 강화된 시대였다. 진신의 난을 통해 야마토 호족들의 정치적 영향력을 약화시킬 수 있었기 때문에 가능한 것이었다.

또한 덴무 천황은 신라·당과의 적대 관계를 어떤 형태로든 해소할 필요가 있었으며, 국제적인 격동 속에서 배태된 왜국의 지배체제 정비 문제에도 더욱 경주해야 했다. 다시 말해 백제 멸망 이후 전개된 왜국의 전시체제로부터의 탈피와 국내적 지배체제의 정비라는 두 가지 요소가 덴무 시대의 주요 과제였다. 이에 천황은 강력한 군주 권력의 확립을 토대로 위기 관리와 체제 정비에 착수하였다.

덴무 천황은 당과의 관계는 단절 상태로 두면서 신라와는 밀월 관계를 성립시켰다. 과거의 적국이었던 신라와 우호 관계를 맺어 국제적 고립과 위기감에서 벗어나고자 했으며 이러한 외교 관계를 전제로 왜국 내부의 지배체제 정비에 매진할 수 있었다. 또한 신라로부터 체제 정비에 필요한 율령 지식을 비롯하여 수많은 비법을 전수받을 수 있었다.

한편 국내에서는 여러 시책을 통해 중앙집권적 관료제를 정비해나갔다. 임관과 승진에 관한 제도 및 48계의 새로운 위계제를 시행하여 관인 질서를 정비했다. 그리하여 중앙 호족들

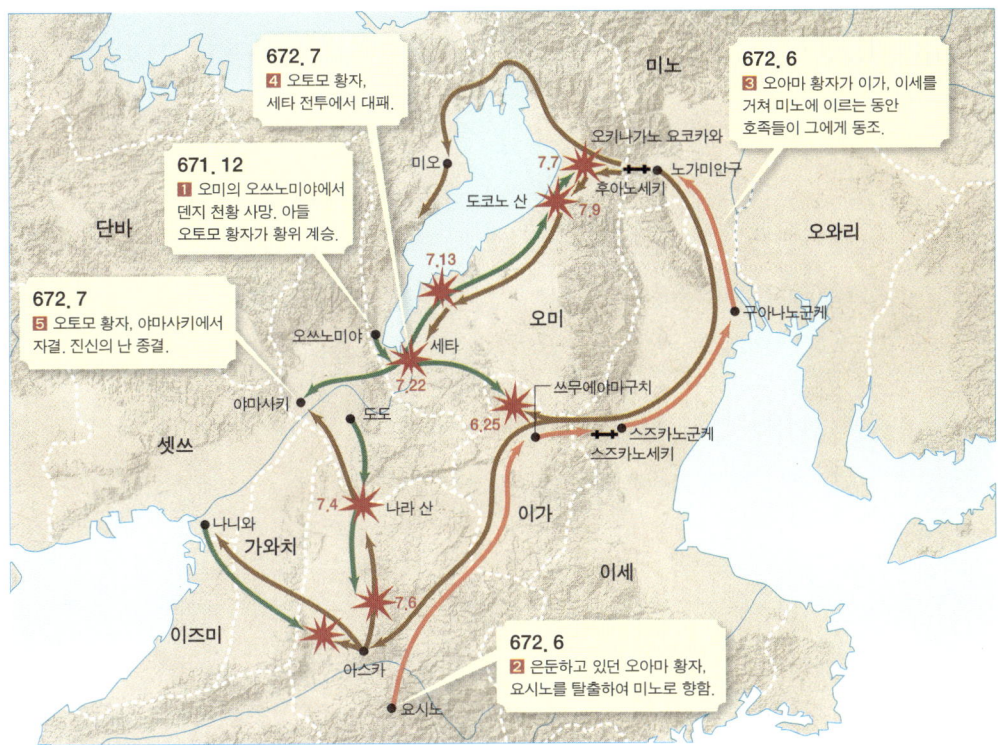

은 기존의 호족적 성격에서 점차 국가의 녹봉에 의지하는 귀족 관인으로 변모했다. 684년에는 유명한 '팔색八色의 성姓'을 새로이 제정했다. 그것은 기존의 호족층이 가지고 있던 오미(臣)·무라지(連) 등의 가바네(姓) 질서를 정비한 것으로, 새로 제정된 것은 마히토(眞人)·아손(朝臣)·스쿠네(宿禰) 등 여덟 종류의 가바네였다. 특히 천황·황실과 관계가 깊은 씨족에게는 마히토와 아손 등 상위의 가바네를 주었다. 또한 681년 덴무 천황은 제기帝紀 및 상고제사上古諸事를 정리하는 등 국사의 편찬에 관심을 기울였으며 율령의 제정에도 착수했다.

그러나 686년 덴무 천황은 자신이 추진한 프로젝트의 완성을 보지 못하고 죽었고, 그의 황후(지토 천황)가 뒤를 이었다. 지토 천황은 덴무 천황이 추진한 사업들을 마무리했다. 689년 아스카키요미하라 령(飛鳥淨御原令) 22권을 반포했으며, 690년 아스카 지역의 북방에 후지와라쿄(藤原京)를 조영하기 시작하여 694년에 천도함으로써 중앙집권 국가로서의 면모를 과시했다. 후지와라쿄는 중국의 도성제를 모델로 하여 만들어진 일본 최초의 도성이었다.

'왜'에서 '일본'으로 국호를 변경한 배경에는 '아라히토가미'인 천황에 의해 표상되는 나라의 이름을 새롭게 하고자 했던 의도가 숨어 있었다. 하지만 7세기 후반에 등장한 천황 호칭과 '일본'이라는 국명이 단 한 번의 왕조 교체도 없이 오늘날까지 살아남으리라고는 아무도 예상하지 못했다.

덴무 천황과 지토 천황의 능
덴무 천황은 율령국가 건설에 박차를 가했으며, 지토 천황은 남편 덴무 천황이 죽은 후 후히토 등을 등용하여 율령국가 완성을 위해 노력했다. 두 사람은 나라 현에 위치한 능에 함께 안치되어 있다.

고대 율령체제의 확립

618
당 건국

668
오미 령 제정

672
진신의 난

673
덴무 천황 즉위

681
덴무 천황, 율령 제정을 명함

689
아스카키요미하라 령 제정

701
다이호 령 제정

718
요로 령 제정

618년 중국에서는 수가 멸망하고 당이 건국되었다. 당은 북조부터 수에 걸쳐 발달해온 균전제, 조용조제를 중심으로 율령법에 기초한 중앙집권적 국가체제를 완성하고, 7세기 후반 '정관의 치'라 불리는 황금시대를 맞이했다. 당의 발전은 한반도와 일본에도 큰 영향을 끼쳤다. 원래 일본은 우지·가바네 제도를 지배체제의 근간으로 했으나, 다이카 개신 이후 황족과 호족이 개별 소유하고 있던 토지와 인민을 국가 소유로 하고 그 대신 이들에게 식봉食封을 지급하는 공지공민제公地公民制 중심의 중앙집권적 정치체제를 구상하고 있었다.

중국에서 율령을 국가 지배의 이념으로 삼은 것은 한대부터이지만, 많은 시행착오를 거쳐 완성된 것은 당대에 들어와서였다. 율령에 의한 지배체제의 확립은 황제를 권력의 중심에 위치하게 하는 중앙집권적 국가를 이상으로 한다. 율은 형법에 해당하고, 영은 행정조직과 인민의 조세, 노역, 관리의 복무 규정 등 국가 통치에 필요한 여러 가지 조항을 규정한다. 이러한 율령은 적어도 6세기 중엽 한반도에도 수용되어, 삼국은 율령에 의한 지배를 토대로 비약적인 발전을 이룩할 수 있었다. 일본도 한반도 국가들과 대등하게 경쟁하기 위해 새로운 국가체제를 구축하는 것이 필요했다. 그러나 7세기 후반 동아시아 정세의 변화로 일본은 한반도에 개입해야 했고, 새로운 국가체제의 확립은 지연될 수밖에 없었다. 672년 진신의 난 이후 즉위한 덴무 천황은 강력한 권력을 배경으로 황족을 중용하여 천황 중심의 정치를 행하고 중앙집권적 국가 건설에 박차를 가했다.

일본 최초의 율령은 덴지 천황이 668년에 제정한 오미 령(近江令)이라고 하나 현존하지 않고, 『니혼쇼키』에도 율령이 편찬되었다는 단편적인 기술만 보이기 때문에 아예 존재하지 않았다는 설도 있다. 『니혼쇼키』에 따르면 덴무 천황은

2. 율령에 따른 중앙관제(2관8성제)

- 천황
  - **신기관** — 궁중의 제사
  - **태정관** — 행정 최고 기관
    - **좌대신** — 태정대신이 공석일 때 행정 최고 책임자
    - **태정대신** — 행정 최고 책임자. 적임자 없으면 공석으로 둠
    - **우대신** — 좌대신의 다음 서열
    - **대납언** — 좌대신과 우대신의 업무를 보좌
      - **좌변관**
      - **소납언** — 조칙의 반포나 어보의 관리
      - **우변관**
        - **중무성** — 천황의 측근 사무
        - **식부성** — 문관 인사, 대학의 관리
        - **치부성** — 씨성 관리, 불교 업무, 외교
        - **민부성** — 토지·조세 관리
        - **병부성** — 무관 인사, 병사·무기 관리
        - **형부성** — 소송·형벌
        - **대장성** — 재정, 물가 조사 (2000년까지 명칭 존속)
        - **궁내성** — 궁정 사무
  - **탄정대** — 관리 감찰, 풍속 단속
  - **오위부** — 궁정 경비
    - **위문부**
    - **좌우위사부**
    - **좌우병위부**

2관
8성

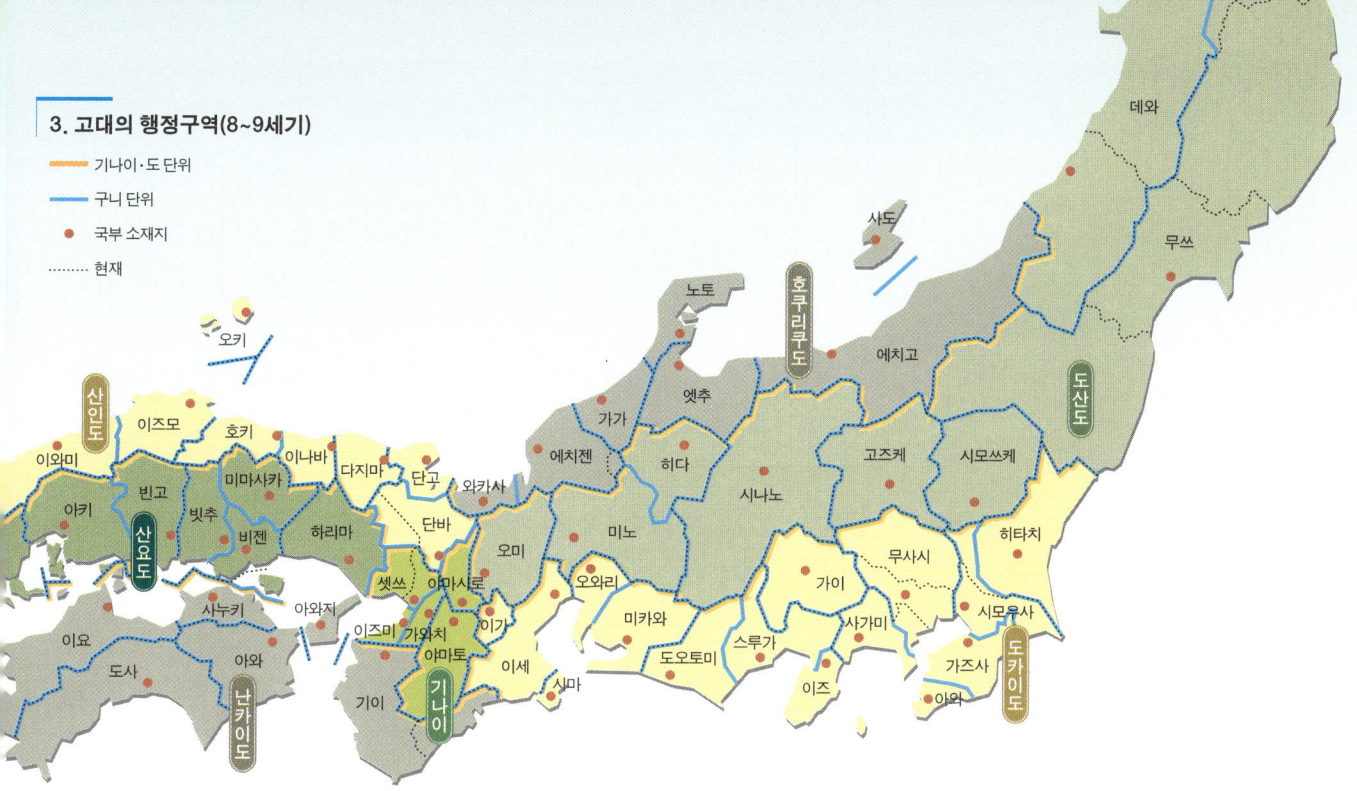

3. 고대의 행정구역(8~9세기)

- 기나이·도 단위
- 구니 단위
- 국부 소재지
- ······ 현재

681년에 율령의 제정을 명했고, 그의 사후 689년 아스카키요미하라 령(飛鳥淨御原令)을 시행했다. 호적제도, 지방제도, 반전수수법 등을 제도화한 최초의 본격적인 법전이라고 하나 이것도 현존하지 않는다. 아울러 율이 제정되었다는 기술이 어디에도 보이지 않아 불분명한 점이 많다. 본격적인 율령은 701년에 편찬된 다이호 령(大寶令), 718년에 편찬된 요로 령(養老令)이다. 다이호 령의 원문은 현존하지 않지만 요로 령의 주석서에 의해 일부가 복원되어 있다.(도1)

일본의 율령은 당의 율령을 모방한 것으로 율은 당의 그것과 거의 동일하지만, 영은 일본의 실정을 고려해서 만든 부분이 많다. 다만 관료제의 체제 구성을 보면, 중국의 그것과는 상이한 점들을 발견할 수 있다. 예를 들면 당의 율령은 3성6부제를 정점으로 하여 황제에 직속되는 세 개의 성이 그 아래의 육부를 통해서 조칙을 이행했지만, 일본에서는 행정을 담당하는 태정관太政官과 제사를 지내는 신기관神祇官을 명확히 나누고 태정관 밑에 여덟 개의 성을 두는 2관8성제가 채용되었다.(도2)

특히 일본의 율령은 천황의 지위나 권한에 대해서는 법적으로 명확하게 규정하지 않았다. 천황의 개인적인 자의나 전제는 관료 기구에 의해 크게 제약을 받았으며, 중국의 황제와 같은 절대적 권능을 발휘하지 못했다. 그러나 상급 관리의 임면권, 군대의 동원권, 형벌권, 외교 대표권 등은 최종적으로 천황에게 귀속되어 있었다. 또한 당의 율령에서는 기본적으로 신분에 관계없이 과거를 통해 학식이 인정되면 관료로 채용되었으나, 일본에서는 엄격한 시험제도를 두지 않고 유력자의 자제를 시험 없이 채용했다. 이것은 율령체제가 성립된 후에도 이전의 호족세력이 여전히 정치의 중심에 있었다는 것을 방증한다고 할 수 있다.

1. 아스카·나라 시대의 율령

명칭	오미 령	아스카키요미하라 령	다이호 령	요로 령
제정 연도	668년	689년	701년	718년
시행 연도	671년?	689년	701~702년	757년
제정 시기의 천황	덴지 천황	덴무 천황?	몬무 천황	겐쇼 천황
편자	나카토미노 (후지와라노) 가마타리 등	구사카베 등	오사카베·후지와라노 후히토 등	후지와라노 후히토
현존 여부	현존하지 않음 (존재 자체를 부정하는 설도 있음)	현존하지 않음	현존하지 않음	영은 거의 현존, 율은 일부만 현존

헤이조쿄 건설과 국토 개발

694
지토 천황, 후지와라쿄로 천도

708
최초의 화폐 화동개칭 주조

708
겐메이 천황, 헤이조쿄 조영 시작

710
헤이조쿄 천도

711
중앙과 지방을 연결하는 주요 도로 정비

720
규슈의 하야토, 반란을 일으켰으나 진압됨
동북의 에미시, 반란을 일으킴

721
겐메이 천황 사망

724
다가 성을 축성하여 동북 지방 경영의 거점으로 삼음

천황의 주거였던 미야(宮)는 한 대마다 이전하는 것이 관습이었다. 690년 즉위한 지토 천황은 당을 모델로 한 중앙집권체제를 확립하기 위해 694년 후지와라쿄로 천도했다. 후지와라쿄는 미야의 주변에 계획적인 시가지를 배치한 도시로, 본격적으로 수도의 기능을 담당한 최초의 도시이다. 그런데 710년 황위 계승을 둘러싸고 내부 갈등이 심화되고, 전국적으로 기근과 역병이 일어나 사회 불안이 가중되는 가운데, 겐메이 천황은 나라 분지의 북쪽 경계에 위치한 헤이조쿄(平城京)로 천도했다.

헤이조쿄는 당의 장안을 모방한 도시로, 동서남북을 종행하는 도로에 의해 정연하게 구획되었다. 헤이조쿄는 중앙에 폭 72미터의 남북으로 펼쳐진 주작대로를 배치하고 남북을 9조條, 동과 서를 각각 4방坊으로 구획했다. 중앙 북부의 궁성에는 천황의 거처인 내리內裏와 정무를 보는 조당朝堂, 각 관청이 들어서서 정치의 중심이 되었다. 헤이조쿄 내부는 다이안지(大安寺), 간고지(元興寺) 등 아스카 지방에서 이전한 사원이 자리를 잡는 등 대륙풍의 호사스러운 궁전과 사원으로 도처가 화려하게 장식되었다.(도1)

대규모의 도성이 조영된 것은 표면적으로는 율령제라는 새로운 국가지배체제가 형성되어 관청과 관인의 수가 증가했고, 이들의 거주 공간이 필요하다는 게 그 이유였다. 그러나 천도

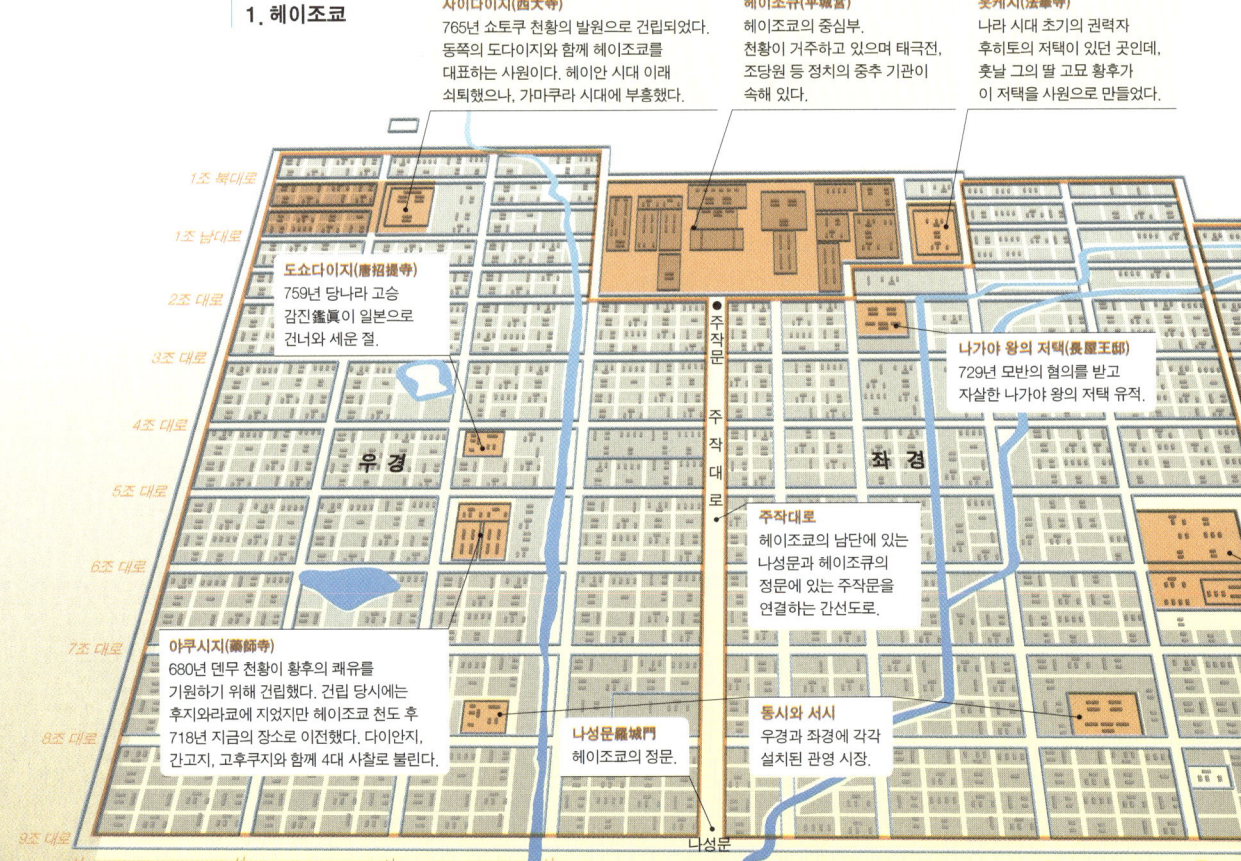

1. 헤이조쿄

사이다이지(西大寺)
765년 쇼토쿠 천황의 발원으로 건립되었다. 동쪽의 도다이지와 함께 헤이조쿄를 대표하는 사원이다. 헤이안 시대 이래 쇠퇴했으나, 가마쿠라 시대에 부흥했다.

헤이조큐(平城宮)
헤이조쿄의 중심부. 천황이 거주하고 있으며 태극전, 조당원 등 정치의 중추 기관이 속해 있다.

홋케지(法華寺)
나라 시대 초기의 권력자 후히토의 저택이 있던 곳인데, 훗날 그의 딸 고묘 황후가 이 저택을 사원으로 만들었다.

도쇼다이지(唐招提寺)
759년 당나라 고승 감진鑑眞이 일본으로 건너와 세운 절.

나가야 왕의 저택(長屋王邸)
729년 모반의 혐의를 받고 자살한 나가야 왕의 저택 유적.

야쿠시지(藥師寺)
680년 덴무 천황이 황후의 쾌유를 기원하기 위해 건립했다. 건립 당시에는 후지와라쿄에 지었지만 헤이조쿄 천도 후 718년 지금의 장소로 이전했다. 다이안지, 간고지, 고후쿠지와 함께 4대 사찰로 불린다.

주작대로
헤이조쿄의 남단에 있는 나성문과 헤이조큐의 정문에 있는 주작문을 연결하는 간선도로.

나성문羅城門
헤이조쿄의 정문.

동시와 서시
우경과 좌경에 각각 설치된 관영 시장.

의 실질적 이유는 아스카 지방이 구호족세력의 중심지여서 새로운 정치를 하는 데 장애가 되었기 때문이다.

한편 중앙과 지방을 긴밀하게 연결하기 위해 수도를 중심으로 도로를 정비했다. 약 16킬로미터마다 역가驛家를 배치하는 역제驛制가 시행되었다. 또한 헤이조쿄에서는 관영 시장이 설치되어, 지방에서 운송된 산물과 관리에게 녹봉으로 지급되는 포布·사絲 등이 여기에서 교환되었고, 시사市司라는 관리가 시장을 감독했다. 특히 각 지방에서 온 용庸·조調 등은 국가 경제의 근간이 되었다. 이는 헤이조쿄를 중심으로 전국적으로 관도官道가 개설되어 물품의 운송을 원활하게 했기 때문이다.

아울러 정부는 철제 농구와 진보된 관개 기술을 이용하여 경작지의 확대에 주력했다. 또한 각지의 광산 개발에 착수하고, 양잠과 직물 기술자를 지방에 파견하여 기술의 보급에 주력했다. 그 결과 이전까지 궁정에서 근무하는 특정 기술자에 의해 제작된 고급 직물 등이 이제는 지방에서도 생산이 가능해졌고, 각지의 특산물이 조정에 헌상되었다.

화장실 유적
헤이조쿄를 발굴하는 과정에서 화장실이 여러 곳 발견되었다. 고대인들이 배설한 배설물의 분석을 통해 그들이 일상적으로 섭취했던 음식물, 그리고 평소 그들을 괴롭혔던 질병 등을 연구하는 획기적인 계기가 되었다.

이와 같이 충실해진 국력을 바탕으로 국토를 확장했다. 동북 지방에 거주하는 에미시(蝦夷)는 7세기부터 정벌의 대상이었다. 그러나 이 시기에 이르러 에미시에 대한 복속을 강화하여 동해 쪽에는 데와 국(出羽國)을 설치하고 아키타 성(秋田城)을 축조했으며, 태평양 쪽으로는 다가 성(多賀城)을 축성했다. 귀순한 에미시는 내지로 이주시키기도 했다. 반대로 각지의 농민을 동북으로 이주시켜 개간과 농경에 종사시켰다. 규슈 지방에 살던 하야토(隼人)도 복속되어 규슈 지방 전부가 일본의 영토로 편입되었다.

나라 시대의 화폐
나라 시대에 주조된 동전은 화동개칭和銅開稱, 만년통보晩年通寶, 신공개보神功開寶, 이렇게 세 종류가 있다. 이들은 주조된 수량이 미미해서 실제 유통되었을 가능성은 희박하다. 이 가운데 708년 주조된 화동개칭은 일본에서 발행된 최초의 화폐로 알려져 있다.

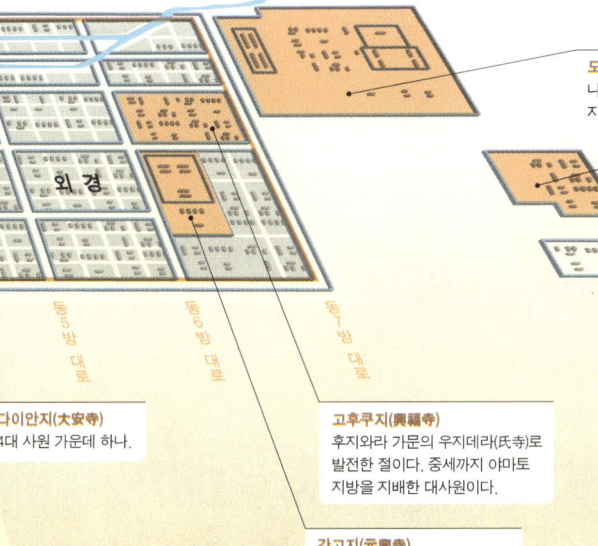

도다이지(東大寺)
나라 시대를 상징하는 사찰로 쇼무 천황이 지었다. 도다이지의 대불도 유명하다.

가스가타이샤(春日大社)
768년 지어진 신사로, 고후쿠지와 함께 후지와라 씨의 융성을 잘 보여준다.

다이안지(大安寺)
4대 사원 가운데 하나.

고후쿠지(興福寺)
후지와라 가문의 우지데라(氏寺)로 발전한 절이다. 중세까지 야마토 지방을 지배한 대사원이다.

간고지(元興寺)
8세기 초에 아스카에서 옮겨온 사원으로 헤이조쿄를 대표하는 대사원 중 하나.

2. 헤이조쿄와 당나라 장안성의 크기 비교

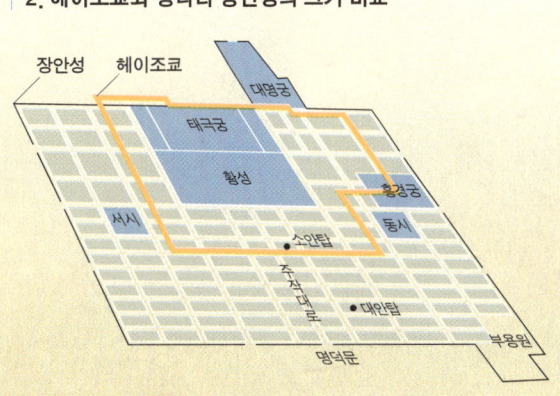

견당사와 쇼소인

600
1차 견수사 파견

630
1차 견당사 파견

717
기비노 마키비·아베노 나카마로·겐보, 견당사를 따라 중국에 감

735
기비노 마키비 귀국

738
다치바나노 모로에, 정권 장악

756
쇼무 천황 사후, 고묘 황태후가 도다이지, 호류지 등에 나라 시대의 보물을 헌납

894
스가와라노 미치자네의 의견으로 견당사 폐지

7세기 후반에서 8세기에 걸쳐 당은 중국 대륙의 대부분을 지배하게 되었고, 아시아 각지와 교류하여 국제적인 문화를 발전시켰다. 아시아의 여러 나라들은 당과 교류하면서 당을 중심으로 하는 공통의 문화권을 형성했다.

일본은 견수사遣隋使를 파견한 데 이어 630년 1차 견당사遣唐使를 파견했다. 이후 견당사는 894년에 스가와라노 미치자네의 의견에 따라 폐지될 때까지, 약 260여 년 동안 외교 활동을 벌이고 대륙의 발달된 문물이나 기술·제도를 일본에 도입했다.

견당사의 도항은 항해술과 조선술이 미숙하여 많은 위험을 내포하고 있었다. 조선술이 열악했던 고대에 대형선으로 외양外洋을 건너는 것은 생명을 거는 행위나 마찬가지였다. 7세기에는 대략 100명이 탈 수 있는 배 두 척으로 출발했는데, 한반도의 연안을 따르는 북로北路를 이용했다. 그러나 8세기 이후 신라와의 관계가 여러 차례에 걸쳐 긴장 국면에 접어들어 북로를 이용하지 못하게 되자 동중국해를 횡단하는 남로南路를 이용할 수밖에 없었고, 그 위험성은 더욱 커졌다. 8세기 중엽에는 150명이 탈 수 있는 배 네 척으로 당에 가는 것이 보통이어서 견당사를 '네 척의 배'라고 부르기도 했다.(도1)

8세기의 견당사는 대략 20년에 한 번꼴로 파견되었다. 이는 '20년 1공'의 약속이 있었기 때문이라고 한다. 견당사는 기본적으로 조공사로서, 대사 이하 부사, 판관, 녹사 등의 관리로 구성되었으며, 여기에 유학생이나 유학승이 동행했다. 이들은 수많은 난관을 극복하고, 당의 문

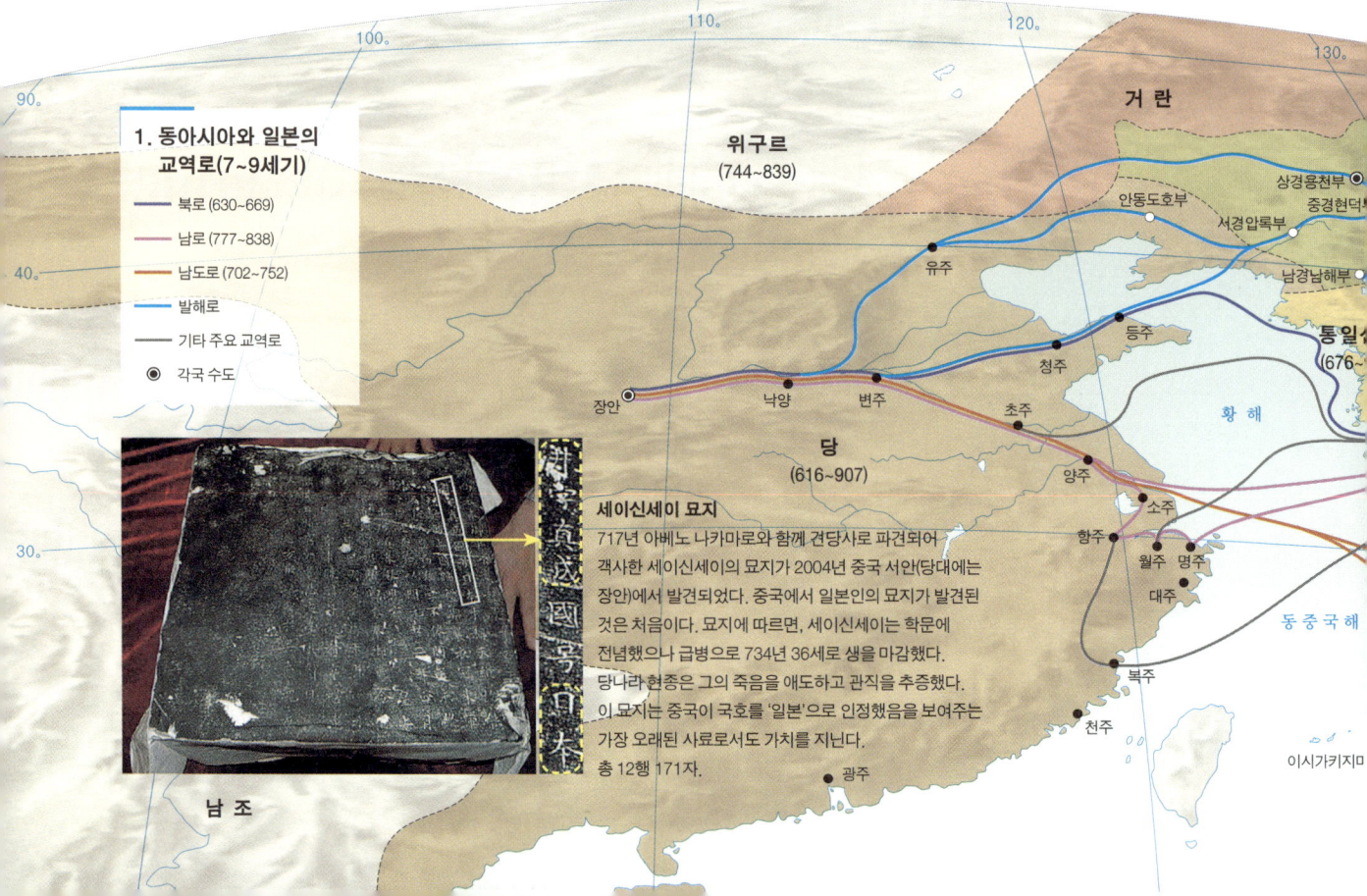

1. 동아시아와 일본의 교역로(7~9세기)
- 북로(630~669)
- 남로(777~838)
- 남도로(702~752)
- 발해로
- 기타 주요 교역로
- 각국 수도

세이신세이 묘지
717년 아베노 나카마로와 함께 견당사로 파견되어 객사한 세이신세이의 묘지가 2004년 중국 서안(당대에는 장안)에서 발견되었다. 중국에서 일본인의 묘지가 발견된 것은 처음이다. 묘지에 따르면, 세이신세이는 학문에 전념했으나 급병으로 734년 36세로 생을 마감했다. 당나라 현종은 그의 죽음을 애도하고 관직을 추증했다. 이 묘지는 중국이 국호를 '일본'으로 인정했음을 보여주는 가장 오래된 사료로서도 가치를 지닌다.
총 12행 171자.

물을 일본에 전하려고 노력했다.

　최근 세이신세이라는 유학생의 묘지墓誌가 중국에서 발견되어 화제가 되고 있다. 묘지에 따르면, 세이신세이는 716년 파견자로 임명되어 717년 견당사로 당에 간 유학생 중 한 명이었을 가능성이 높다. 함께 당에 간 유학생 중에는 기비노 마키비, 아베노 나카마로, 유학승 중에는 겐보가 있다.

　기비노 마키비와 겐보는 귀국 후 다치바나노 모로에의 신임을 얻어 모로에 정권 아래에서 정치를 주도했다고 알려져 있다. 한편 아베노 나카마로는 끝내 귀국하지 못하고 '조형朝衡'이라는 중국식 이름으로 당 현종을 섬기다가 객사했다. 그는 이백과 교류한 것으로 알려져 있다.

　견당사라고 하면 밀교를 가지고 돌아온 것으로 유명한 사이초나 구카이 등에게 쉽게 눈이 가게 마련이나, 이러한 사람들보다 몇 배나 많은 세이신세이와 같은 인물들이 일본으로 귀국하지 못하고 당에서 객사했다. 이들이 가져온 한적과 불전, 그리고 수많은 물품은 8세기 중반 헤이조쿄를 중심으로 하는 귀족 문화의 번성을 가능하게 했다. 도다이지(東大寺)의 부속 창고였던 쇼소인(正倉院)에 쇼무 천황 사후 고묘 황태후가 헌납한 나라 시대의 보물들을 살펴보면, 당시 동서 문화의 교류가 활발하게 이루어진 실상과 견당사가 전한 당과 서역 문화의 단면을 잘 살필 수 있다.

　그러나 9세기 후반에 이르러 일본의 재정난과 당의 쇠망, 신라와의 민간 교역 활성화에 따라 현실적 기능과 의미가 상실되면서 견당사는 폐지되었다. 이후 일본은 동아시아 여러 나라와의 관계를 단절하고, 일본적 가치를 모색하는 단계로 이행한다.

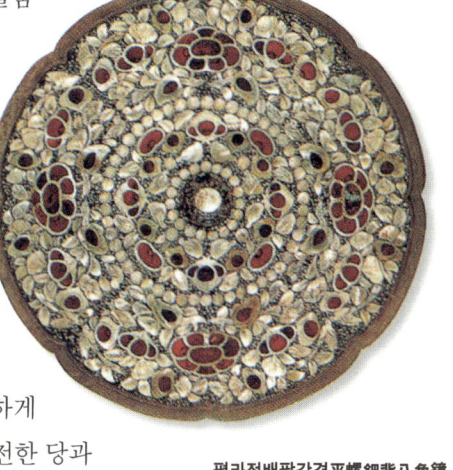

평라전배팔각경平螺鈿背八角鏡
버마산 호박琥珀, 동남아시아 해역에서 나는 야고아 조개나 인도산 터키석 등 원료의 산지가 다양했다. 거울의 금속 구성은 8세기 중반 무렵까지 중국에서 생산된 것과 일치한다.

유리 주발 (왼쪽)
컷글라스 그릇이다. 같은 종류의 물품이 이란 고원 주변에서 출토되고 있다.

유리잔 (가운데)
바깥 면에 새겨져 있는 원형의 장식과 같은 디자인은 중국의 것과 닮았다.

나전자단오현비파螺鈿紫檀五絃琵琶 (오른쪽)
인도 원산의 목재(자단)를 사용하여 만든 오현비파이다. 동남아시아 해역에서 나는 조개로 장식했다. 비파의 몸체 한가운데에는 쌍봉낙타를 탄 페르시아풍의 악사가 비파를 타고 있고, 그 위에는 메소포타미아 지방이 원산지인 대추야자가 그려져 있다.

진호국가와 불교

740
후지와라노 히로쓰구의 난
쇼무 천황, 구니쿄로 천도

741
쇼무 천황, 고쿠분지 건립의 조칙을 내림

743
쇼무 천황, 대불을 건립하기로 결정

744
나니와쿄로 천도
다시 시가라키노미야로 천도

745
쇼무 천황, 수도를 다시 헤이조쿄로 옮기면서 대불을 헤이조쿄에 세우게 함

749
고켄 천황 즉위

752
도다이지 대불 완성
개안 공양을 거행

756
쇼무 천황 사망

758
준닌 천황 즉위

당에서 귀국한 기비노 마키비와 겐보가 쇼무 천황의 신임을 얻어 정치를 주도했으나, 기근과 질병이 만연하여 사회의 동요는 격화되었다. 더욱이 740년에는 후지와라노 히로쓰구가 기비노 마키비와 겐보의 추방을 요구하며 난을 일으켰고, 난에 동요한 쇼무 천황은 그 후 수도를 바꾸며 거처를 옮겨 다녔다.

평소 불심이 두터웠던 쇼무 천황은 불교의 진호국가鎭護國家 사상을 바탕으로 정치와 사회의 불안을 일소하려 했다. 헤이조쿄에서 야마시로(山背)의 구니쿄(恭仁京)로 천도한 천황은 741년에 고쿠분지(國分寺) 건립의 조칙을 내렸다. 그 내용은 모든 국에 고쿠분소지(國分僧寺), 고쿠분니지(國分尼寺) 등의 고쿠분지(國分寺)를 세워 칠중탑七重搭을 건립하고, 소지(僧寺)에는 스무 명의 승려를, 니지(尼寺)에는 열 명의 여승을 두라는 것이었다. 여기에는 쇼무 천황의 불교에 대한 깊은 귀의가 느껴지나, 국가 재정의 측면에서 보면 매우 큰 부담이었다. 쇼무 천황의 조칙으로, 고쿠분지의 상징인 소코쿠분지(總國分寺)로서 소지 도다이지(東大寺)와 니지 홋케지(法華寺)가 야마토 국(大和國)에 세워졌다.(도1)

그러나 불교를 통해 사회 불안을 해소하겠다는 쇼무 천황의 집념은 여기에서 멈추지 않았다. 거처를 시가라키노미야(紫香樂宮)로 옮겨 여기에 대불大佛을 세운다는 조칙을 내린 것이다. 이 조칙에서 쇼무 천황은 "무릇 천하의 부를 가진 자는 짐이며, 천하의 세력을 가진 자도 짐이니라"고 하여 지배자로서 대불 건립에 대한 자신감을 나타냈다.

그가 대불 건립을 결심한 것은 740년 가와치 국(河內國) 지시키지(知識寺)의 본존을 보고 자극을 받았기 때문이라고 전해진다. '지시키(知識)'는 현대에 '지식'이라는 용어로 사용되고 있으나, 원래는 불교 용어로 부처님을 위해 재산이나 노동력을 제공하여 절이나 불상을 세우거나 사경寫經 등을 행하는 것을 가리킨다.

원래 대불이란 정식으로는 노자나불(盧遮那

대불 건립의 주역들
대불 건립에 깊이 관여한 네 인물을 그린 그림이다. 왼쪽 위부터 시계 방향으로 쇼무 천황, 개안도사 開眼導師 보다이센나(菩提遷那), 교키(行基), 로벤(良弁).

佛)을 칭하는 것으로 화엄경의 본존이었다. 그러므로 도다이지는 주로 화엄경을 배우기 위한 도장이어야 하나, 애초에 쇼무 천황이 대불을 세우기로 결심한 것은 오미(近江)의 시가라키노미야에 있던 시기로, 이는 744년의 일이었다. 처음에는 대불을 고가테라(甲賀寺)의 본존으로서 시가라키노미야에 세우려 했으나 745년 헤이조쿄로 수도를 다시 옮기면서 대불을 새로이 헤이조쿄에 세우게 되었다.

총 중량 380톤에 이르는 것으로 추정되는 대불의 건립은 쇼무 천황의 의도와는 반대로 곤란에 부딪혔다. 그러나 국력을 대불 건립에 집중한 결과, 교키를 비롯한 많은 지식인의 협력을 얻어 9년에 걸쳐 완성했다. 도다이지에서 대불 개안 공양이 거행되었을 때 쇼무 천황은 이미 황위를 딸인 고켄에게 물려준 상태였으며, 자신은 태상太上 천황이 되어 있었다. 도다이지의 대불전, 그리고 그 안에 안치되어 있는 대불은 국가를 수호하는 상징이었다.

이와 같이 나라 시대의 불교는 국가의 보호 아래 한층 발전했다. 당시의 승려는 진호국가를 위해 법회와 기도를 행하면서 대륙 불교의 교리를 연구했고, 나라에는 남도南都 6종이라는 종파들이 형성되었다. 승려의 민간 포교 활동은 강한 통제를 받았으나, 교키와 같이 민간에 포교도 행하고 농민을 위해 용수 시설과 교통 시설을 만드는 등 현실 구제를 위해 애쓰는 승려들도 나타났다.

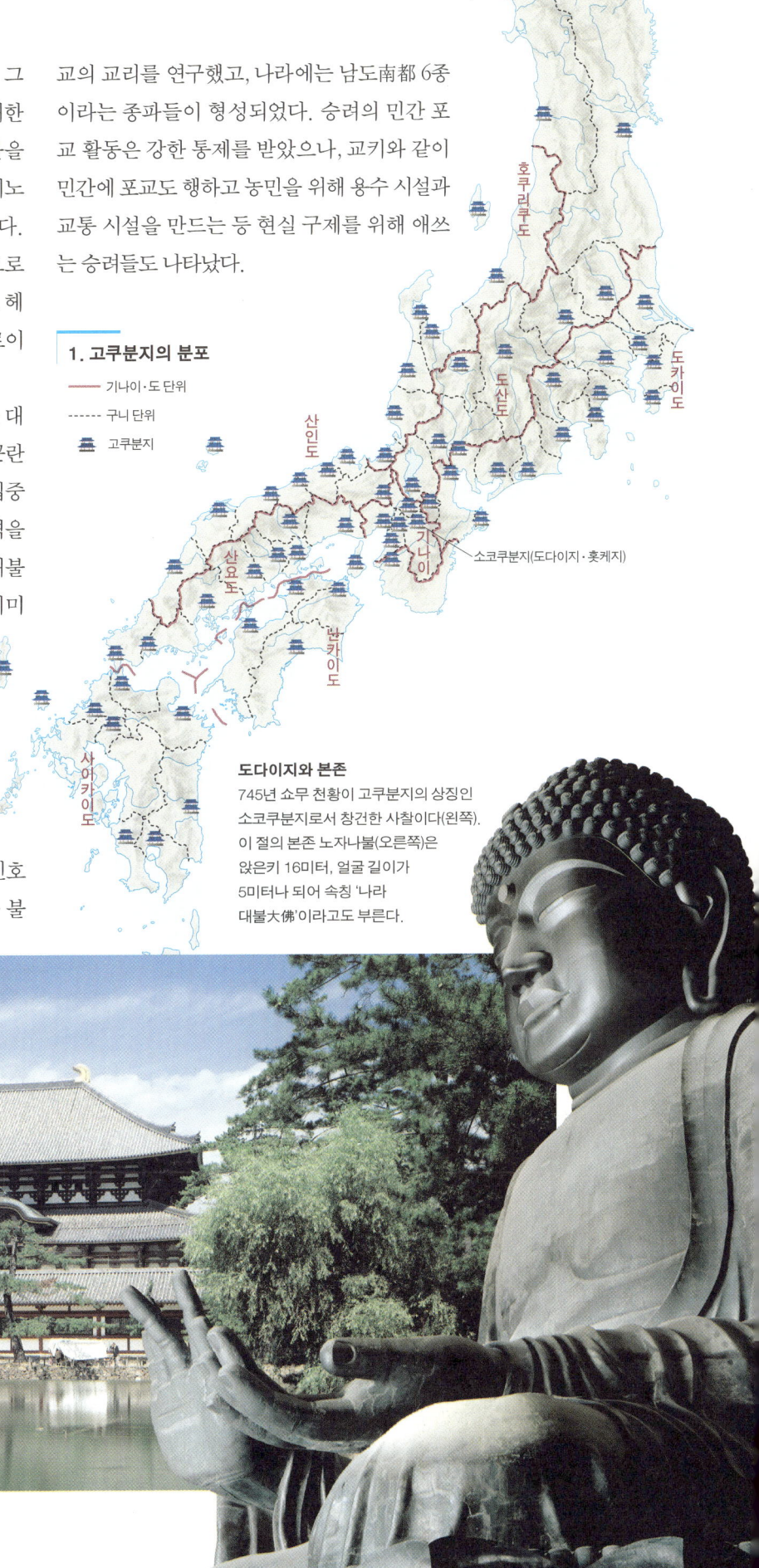

1. 고쿠분지의 분포
― 기나이·도 단위
⋯ 구니 단위
🛕 고쿠분지

도다이지와 본존
745년 쇼무 천황이 고쿠분지의 상징인 소코쿠분지로서 창건한 사찰이다(왼쪽). 이 절의 본존 노자나불(오른쪽)은 앉은키 16미터, 얼굴 길이가 5미터나 되어 속칭 '나라 대불大佛'이라고도 부른다.

나라 시대의 정치

710
나라 천도

720
후히토 사망

729
나가야 왕의 변

735
기비노 마키비 귀국

737
후지와라 가문 네 형제 모두 사망

738
다치바나노 모로에, 정권 장악

740
후지와라노 히로쓰구의 난

756
다치바나노 모로에 실각

764
후지와라노 나카마로의 난

770
쇼토쿠 천황 사망
고닌 천황 즉위

794
헤이안 천도

겐메이 천황이 나라로 천도한 710년부터 간무 천황이 헤이안으로 천도하는 794년까지를 나라 시대라고 한다. 천황의 계보로 말하자면, 겐메이·겐쇼·쇼무·고켄·준닌·쇼토쿠·고닌·간무 천황이 차례로 통치한 시기이다. 앞서 당의 장안을 모방한 헤이조쿄가 건설되고, 쇼무 천황에 의해 대불이 건립되었다고 언급한 바 있는데, 이들이 바로 나라 시대에 이루어진 것이다.

나라 시대는 후지와라 씨가 실권을 장악한 시기이기도 했다. 후지와라 씨 기초를 처음으로 확립한 인물은 후지와라노 가마타리의 아들 후지와라노 후히토였다. 686년 덴무 천황이 죽은 후, 그의 황후였던 지토 천황이 694년 후지와라쿄로 천도하자, 후히토는 그 와중에 딸 미야코를 몬무 천황의 후궁으로 들이고, 그 자식인 오비토 황자(이후의 쇼무 천황)에게도 자신의 딸 고묘시를 시집보내 정치적 주도권을 잡았다.

후히토는 율령의 제정에 참가하는 등 율령체제 확립에 커다란 역할을 하여 정계의 거물로 성장했다.(도1)

720년 후히토가 사망하자, 후지와라 씨에 대항하는 황족세력 중 덴무 천황의 손자인 나가야 왕이 황친의 우두머리로서 좌대신이 되어 실권을 장악했다. 그러자 후히토의 자식 무치마로, 후사사키, 우마카이, 마로 등 네 형제는 여동생인 고묘시를 황태후로 세워 후지와라 씨의 권력 강화를 도모했다. 그리고 이를 저지하려 한 나가야 왕에게 모반 혐의를 씌워 자살로 몰아넣은 다음 정권을 빼앗았다(나가야 왕의 변). 그러나 이후 후지와라 씨 네 형제는 대륙에서 건너온 천연두에 걸려 불과 4개월 만에 잇달아 모두 사망했다.

이 같은 정치 공백기에 황족의 피를 이어받은 다치바나노 모로에와 기비노 마키비, 겐보

고후쿠지
헤이조쿄 천도 직후 후지와라노 후히토가 헤이조쿄의 외경에 건립한 절이다. 헤이안으로 천도한 후에도 후지와라 가문의 우지데라로 번영했다.

1. 정치권력의 이동 과정

천황	정치권력의 이동			주요 사건
	황족 계열	후지와라 가문	승려	
겐메이		후지와라노 후히토		720년 후히토 사망
715년				
겐쇼	나가야 왕			
724년				729년 나가야 왕의 변
쇼무		후지와라 가문의 네 형제		737년 네 형제 모두 사망
749년				
고켄	다치바나노 모로에			756년 모로에 실각
758년				
준닌		후지와라노 나카마로		
764년				
쇼토쿠			도쿄	764년 후지와라노 나카마로의 난
770년				770년 쇼토쿠 천황 사망으로 도쿄 실각
고닌		후지와라노 모모카와		

등이 정치를 주도해나갔다. 계속되는 기근과 질병에 의한 사회 불안 속에서 규슈로 좌천된 후지와라노 히로쓰구가 기비노 마키비와 겐보의 추방을 요구하며 다자이후에서 반란을 일으켰으나 진압되었다. 이후 모로에가 정국의 주도권을 잡았으나 무치마로의 아들 나카마로가 고묘 황태후의 총애를 받아 신흥세력으로 부상했다. 나카마로는 고묘 황태후가 권력을 장악하기 위해 설치한 자미중대紫微中臺의 자미령紫微令에 취임하여 실권을 장악했고, 고켄 천황이 퇴위한 후에는 준닌 천황을 세우고 태정대신으로서 권력을 휘둘렀다. 그러나 고켄 상황이 자신의 병을 치료한 도쿄를 총애하기 시작하자 나카마로가 준닌 천황에게 그 부당함을 간언했으나 상황의 노여움을 샀다. 상황의 전제정치에 초조함을 느낀 나카마로는 764년에 거병했으나 어이없게 패하여 참수당했다. 도쿄는 태정대신 선사 및 법왕이 되었고, 그 일족과 추종세력을 고관으로 등용하여 황위 계승까지 넘보았으나, 쇼토쿠 천황(고켄 상황이 다시 즉위했을 때의 명칭)이 770년 병사하자 실각하여 시모쓰케 국(下野國) 야쿠시지(藥師寺)로 좌천되었다.

이처럼 황위의 계승을 둘러싸고 황족과 귀족들의 정쟁이 계속이었고 궁전과 사원의 조영으로 국가재정은 파탄에 이르렀다. 이러한 정세 속에서 새롭게 고닌 천황이 즉위하여 율령 정치의 재건에 주력하게 되었다.

후지와라노 나카마로의 활동

후지와라노 나카마로는 고대 최대 세력이었던 후지와라 씨의 적통으로 어릴 적부터 그 총명함이 남달랐고 학문에 매진했다. 그 결과 신하의 최고 지위인 정1품 태정대신에 올랐다. 중국 문화에 정통해서 관호를 당풍으로 바꾸는 등 재기 넘치는 정책을 많이 내놓았고, 역사적으로 평가받을 만한 업적도 많이 남겼다. 한편 권력이 위태로워지자 실현 의지도 없는 신라 정토 계획을 발표하여 여론의 반전을 기획하는 등 고도의 책략을 내놓기도 했다.(도2) 그러나 결국 반란 주모자로 역적의 오명을 쓴 비극적인 인물이 되고 말았다. 나라 시대 귀족들의 권력 항쟁에서 항구적인 권력 유지를 획책한 간웅으로 평가받고 있으나 그의 정치적 업적은 8세기 일본을 이해하는 데 빼놓을 수 없는 중요한 의미를 가지고 있다.

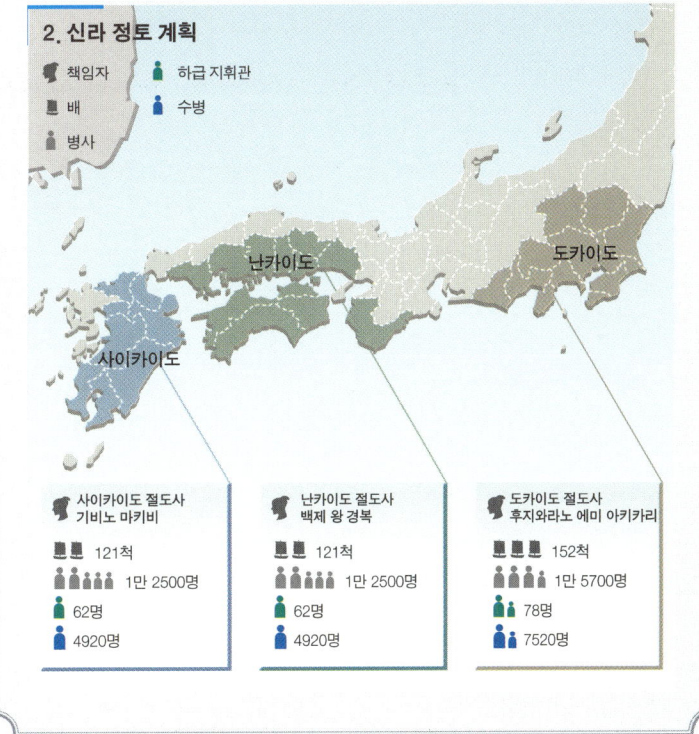

2. 신라 정토 계획

공지공민제의 붕괴

702
다이호 령 시행으로 공지공민제가 상징적으로 실현됨

722
백만정보개간계획 발표

723
삼세일신법 제정

743
간전영년사재법 제정

765
간전영년사재법 일시 정지

772
간전영년사재법 다시 시행

902
공지공민제, 실질적으로 종언을 고함

천황 중심의 중앙집권국가 형성을 목표로 한 다이카 개신이 시작될 때까지만 해도 국내의 토지나 인민은 천황, 황족, 호족이 각각 사적으로 소유·지배하고 있었다. 그런데 646년에 공포된 개신의 조詔는 토지나 인민을 모두 국가의 것으로 하는 공지공민제로의 전환을 표방했다. 하지만 토지나 인민의 사유를 실제로는 금지하지 않았기 때문에 여전히 실효성이 없었다.

공지공민제가 실현되었음을 상징하는 것은 702년 시행된 다이호 령의 반전수수법班田收授法이다. 반전수수법이란 공민에게 토지를 지급하고 사망하면 나라에 반환시키는 제도이다. 정부는 6년에 한 번씩 호적을 작성하여 6년에 한 번씩 농민에게 구분전을 지급했다(6년 1반). 6세 이상의 양민(일반인) 남성에게는 2단, 여자에게는 그 3분의 2에 해당하는 구분전을 지급하여 1단 당 2속束 2파把의 전조를 징수했다.(도1)

그러나 수도로의 조, 용의 운반과 잡요, 병역의 부담은 농민들에게 상당히 무거운 것이었다.(도2) 가뭄과 충해, 역병으로 인해 기근이 발생하면 농민들의 생활은 궁핍해지기 일쑤였다. 이러한 가운데 나라 시대에 들어서면서 세 부담이 더욱 늘어나고 헤이조쿄의 건설 등 노역이 잦아지자, 이를 벗어나기 위해 호족에게 몸을 맡기거나 귀족의 지배 아래로 들어가는 농민이 증가하기 시작했다. 그중에는 과중한 부담을 감당하지 못하고 집과 토지를 버리고 본적지를 이탈하는 자도 적지 않았다. 게다가 도망하는 농민의 수가 증가하자 구분전이 황폐해지는 문제도 발생했다. 따라서 국가의 세금 수입은 계속 줄어들 수밖에 없었다.

조정은 이러한 상황을 타개하기 위해 722년 백만정보개간계획을 발표했다. 인구가 증가하면서 나누어줄 구분전이 부족하게 되자, 개간을 통해 경작지를 늘리기 위해 이러한 계획을 세운 것이다. 그리고 723년에는 삼세일신법三世一身法을 제정했다. 이는 경작자의 개간을 장려하기 위한 것으로, 관개시설을 신설한 경우에는 삼세

호적
현존하는 가장 오래된 호적의 하나로 702년 지쿠젠 국(筑前國)에서 작성된 것이다. 호주 '物部牧夫'(64세) 가족의 호적을 보여주고 있다.
호적은 인민을 파악하는 기본 대장으로 호주와 가족 구성원의 성명, 연령, 호주와의 관계 등 개인 정보를 수록했다. 호적의 작성은 6년에 한 번씩 시행되어, 신분의 확정, 세금의 징수, 노역의 징발 같은 기본 대장으로 사용되었다.

기코(寄口)
몰락한 호의 가족으로, 외부의 호에 매매되어 호적에 편입된 자.

위조 방지를 위해 찍은 주인朱印. '지쿠젠 국인(筑前國印)'이라고 쓰여 있다.

가코(課戶)
조·용·잡역의 부담을 부과하는 호를 가리킨다.

호주
호주의 이름
연령
연령 호칭

(본인, 아들, 손자)까지, 종래의 관개시설을 이용한 경우는 본인 당대에 한해 소유권을 인정해주는 법이었다. 그러나 이와 같은 조치는 개간한 농민에게 한정해 일시적인 사유를 인정한 것에 불과했고, 개간을 하더라도 어차피 국가에 토지를 반환하지 않으면 안 되었으므로, 농민의 개간 의욕을 고취시키지는 못했다.

그래서 743년 간전영년사재법墾田永年私財法을 제정하여 일정 한도의 개간지를 영구적으로 사유하는 것을 인정했다. 그리하여 토지의 영구적 사유가 법적으로 인정되었지만, 재력을 갖춘 귀족과 사원이 이 법을 이용해 광대한 토지를 소유하고, 노비와 부랑 농민을 동원하여 개간을 진행했으며, 농민의 농지를 매수하는 방법으로 토지를 확대해나갔다. 간전영년사재법은 765년 한때 정지되었다가 772년 다시 시행되었다. 개간의 한도가 위계에 의해 정해져 있긴 했지만 조정 스스로가 공지공민제의 원칙을 포기한 셈이 되어, 이후 귀족이나 절 및 신사의 사유지는 계속 증가했다. 그 결과 장원이 출현했다.

절·신사나 귀족이 일반 농민을 부려 개간을 가속화했기 때문에 나라 시대 말기에 접어들어 농민의 생활은 더욱 황폐해졌다. 간무 천황은 6년 1반을 12년 1반으로 고쳐 반전수수의 추진을 꾀했으나, 그 이후에도 장원이 계속 확대되어 농민층의 분화가 진행되었고 902년의 반전을 최후로 공지공민제는 종언을 맞이했다.

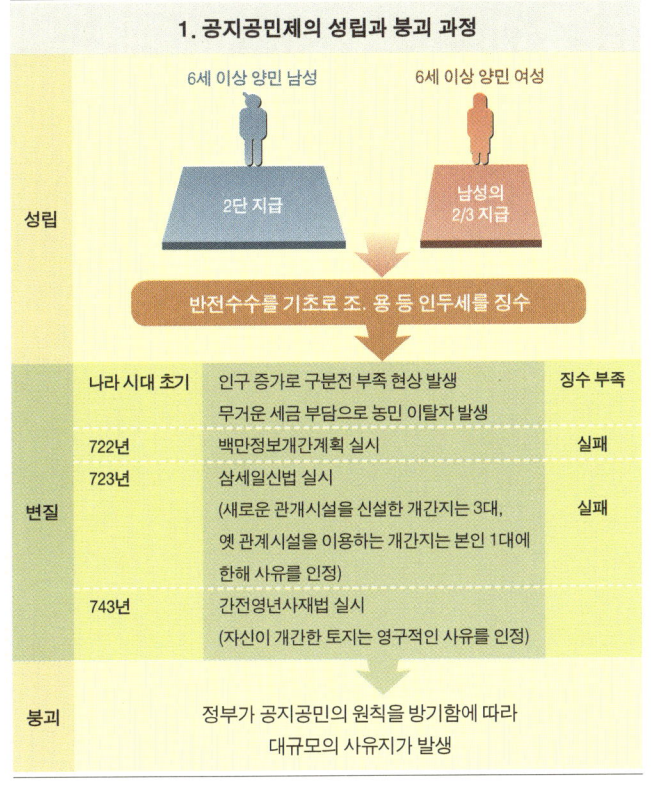

1. 공지공민제의 성립과 붕괴 과정

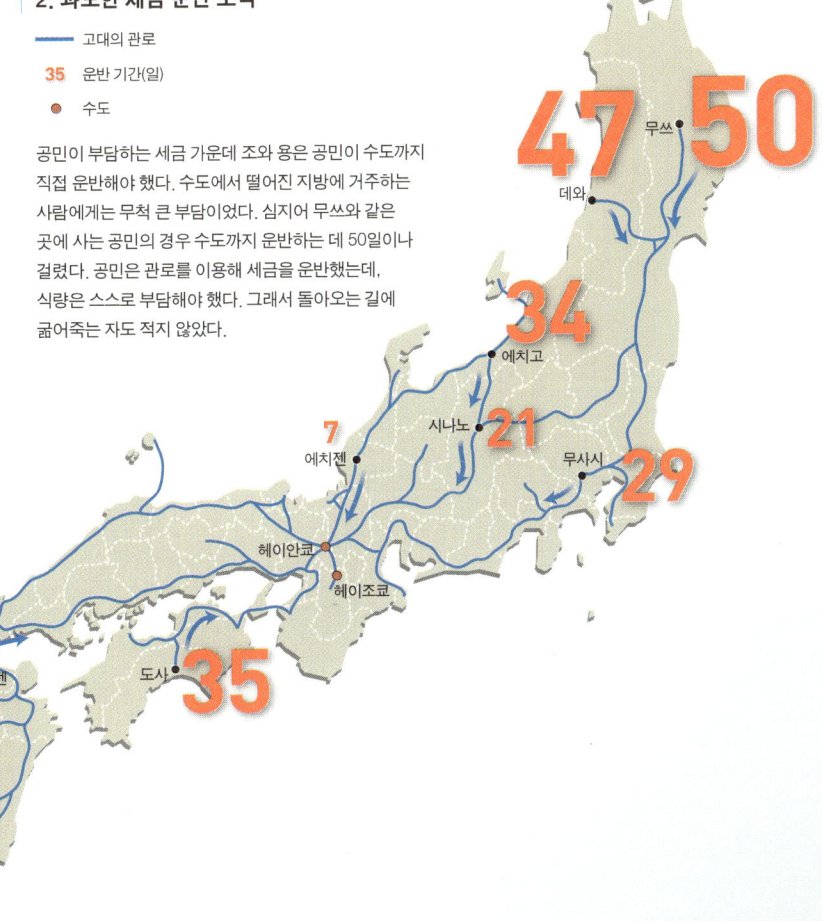

2. 과도한 세금 운반 노역

공민이 부담하는 세금 가운데 조와 용은 공민이 수도까지 직접 운반해야 했다. 수도에서 떨어진 지방에 거주하는 사람에게는 무척 큰 부담이었다. 심지어 무쓰와 같은 곳에 사는 공민의 경우 수도까지 운반하는 데 50일이나 걸렸다. 공민은 관로를 이용해 세금을 운반했는데, 식량은 스스로 부담해야 했다. 그래서 돌아오는 길에 굶어죽는 자도 적지 않았다.

납부용 물품의 꼬리표
지방에서 중앙으로 보내는 세금 납부용 물품에 붙이는 꼬리표이다. 공납자의 이름, 본관지, 세목, 물품명, 연월일 등이 적혀 있다. 헤이조쿄 유적지에서 출토되었다.

헤이안 천도와 동북 경영

770
쇼토쿠 천황 사망
고닌 천황 즉위

781
간무 천황 즉위

785
후지와라 다네쓰구 암살

789
기노고사미, 에미시 진압에 실패

794
에미시 정벌 성공

794
헤이안쿄로 천도

797
다무라마로, 정이대장군에 임명

802
아사와 성 축성

805
동북 원정 중단

770년 쇼무 천황을 부친으로 둔 여제 쇼토쿠 천황이 사망했다. 독신이었던 쇼토쿠에게 후계자가 없었으므로, 덴지 천황의 손자인 고닌 천황이 옹립되었다. 이로써 진신의 난 이후 100년에 걸쳐 황위를 계승해온 덴무 천황계의 맥이 끊기고 덴지 천황계가 황위에 복귀했다. 781년에 즉위한 고닌의 아들 간무 천황은 도쿄 등 불교 세력의 전횡으로 혼란에 빠진 정치를 재정비하고 수운 수송 수단을 구하기 위해 784년 야마시로 국(山背國)의 나가오카쿄(長岡京)로 천도했다.(도1)

그러나 이듬해인 785년 나가오카쿄의 조궁사造宮使 후지와라 다네쓰구가 암살되는 사건이 발생했다. 게다가 간무 천황의 동생이자 황태자였던 사와라 친왕이 이 사건에 연루, 폐태자되어 죽었다. 그 이후 홍수, 전염병과 같은 자연재해가 계속되자, 사와라 친왕의 원령이 저지른 짓이라는 소문이 퍼져 인심도 흉흉해졌다. 그리하여 794년 다시 천도를 단행했다. 새로운 수도는 '평안낙도(平安樂土)'의 염원을 담아 '헤이안쿄(平安京)'라고 이름지었다. 왕성의 땅 야마시로(山背)도 '야마시로(山城)'로 고쳤다.(도2)

간무 천황이 헤이안쿄로 천도한 이유에 대해서는 여러 가지 설이 존재한다. 첫째는 원령의 공포 때문이라는 것이다. 나라 시대 귀족들의 정권 다툼 속에서 연이어 발생한 난은 많은 황족들이 살해되는 결과를 낳았고, 이것에 큰 충격을

1. 일본 고대의 천도

일본 고대의 천도는 대개 지배자의 확고한 의지에 의해 정치적 목적으로 행해졌다고 볼 수 있다. 710년 후지와라쿄에서 나라의 헤이조쿄로 천도한 것은 표면적으로는 율령체제가 발족되면서 관청과 관인의 수가 증가해서 이들이 거주할 주거 공간이 필요했기 때문이다. 그러나 실은 아스카 등이 구호족세력의 중심지여서 중앙집권적인 새로운 정치를 하는 데 장애가 되었던 점이 크게 작용했다. 또한 종래의 한반도식 통치에서 중국식 통치로 전환하려는 왕권의 의지가 담겨 있었다고 볼 수 있다. 794년 헤이안 천도 역시 불필요한 관원을 줄이고 재정을 건전하게 운영하기 위한 표면적인 목적이 있었으나, 실은 나라가 후지와라 씨 등 귀족과 도다이지로 대표되는 사원세력의 본거지였기 때문에 이들 세력의 약화를 꾀하기 위해서였다. 이와 같이 천도는 왕권이 지배세력을 교체함으로써 중앙집권적 지배를 강화하려는 일종의 정치적 결단이었다고 볼 수 있다.

2. 헤이안쿄

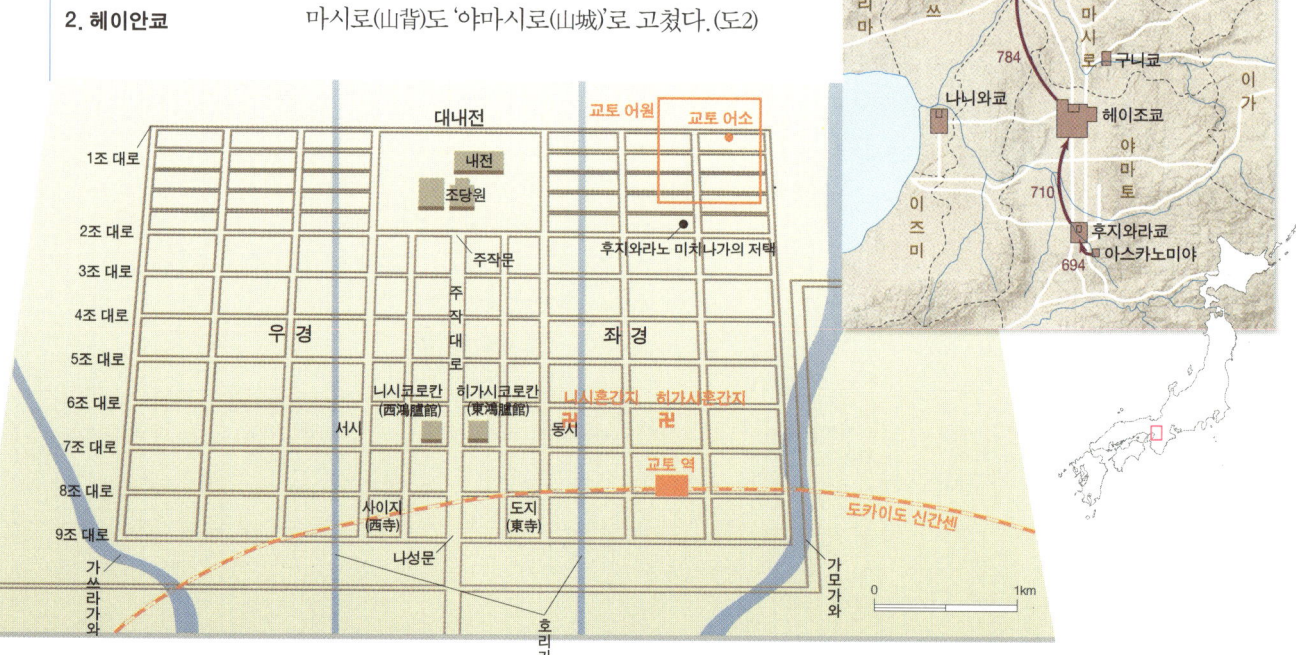

받았다는 것이다. 둘째는 나가오카쿄가 수해를 입기 쉬운 지형에 위치해 있었다는 것이다. 셋째는 천도한 지역 일대가 거대한 경제력을 가지고 있는 하타 씨(秦氏)의 본거지였다는 점에 주목하여, 간무 천황이 하타 씨의 경제력을 주요 재원으로 하여 율령정치의 재건을 시도했다는 것이다.

간무 천황은 율령 정치의 수정, 보강 등 정치 개혁을 완성하기 위해 재임 기간 중에 많은 개혁을 실시했다. 예를 들면 국사의 부정을 방지하기 위해 가게유시(勘解由使)를 두고, 귀족들의 권력을 약화시키기 위해 영외관슈外官을 설치했다. 한편 6년마다 시행하던 반전수수제를 12년으로 수정하고, 공지공민제가 붕괴 상태에 이르자 관청을 통해 직접 농경지를 관리하여 재원을 확보하는 정책을 취했다.

또한 7세기 후반부터 계속 활동해온 에미시(蝦夷)도 이 시기에 진압되었다. 8세기 말 이후 에미시는 다시 세력을 확장했는데, 789년 간무 천황의 명을 받은 정동대사征東大使 기노고사미는 대군을 이끌고 에미시 제압에 나섰다. 그러나 강을 따라 북상하던 이사와(胆澤) 지방의 족장 아테루이에게 산산이 무너졌다. 무참한 패배에 화가 난 간무 천황은 다시 3년을 준비한 끝에 794년 오토모노 오토마로를 정이대사, 사카노우에노 다무라마로를 부사로 하여 10만 정도의 병력을 보냈다. 이 정벌은 다무라마로의 활약으로 상당한 성과를 올렸다.

다무라마로는 이때의 전공으로 무쓰(陸奧)·데와(出羽) 안찰사按察使, 무쓰 수(陸奧守), 진수부鎭守府 장군에 임명되어 797년 정이대장군으로 승진했다. 801년에도 원정에 나가 성과를 거두어 이듬해인 802년에는 이사와 성(胆澤城)을 쌓고 진수부를 다가 성으로부터 이전하는 등 동북 지방 평정에 많은 공적을 남겼다. 그 후 정벌 계획을 계속 세웠으나 805년 민중에게 많은 부담을 지운 동북 원정은 중지되었다. 사가 천황 시대에 훈야노 와타마로가 파견되어 수해가 덮

친 시와 성(志波城) 대신 도쿠탄성(德丹城)을 쌓았는데, 에미시는 그 후 큰 동요 없이 조정에 차츰 흡수되었다. 그 일부는 중세의 아이누와 연결되고 일부는 일본인에 동화되었다고 여겨진다.(도3)

영외관

간무 천황의 율령재건책의 일환으로 설치된 관직이지만, 율령의 규정에는 없다. 표면적으로는 실정에 맞지 않는 율령제를 수정하기 위한 목적으로 설치되었으나, 실은 귀족세력을 제압하고 왕권을 강화하려는 목적이 짙었다. 그 중 구로도도코로(藏人所)는 천황의 가정 기관으로 기밀문서를 취급하였고, 게비이시(檢非違使)는 수도였던 헤이안쿄의 치안이 문란해지자 치안의 강화를 목적으로 설치되었으며, 가게유시(勘解由使)는 전임 국사가 조·용의 미납을 그대로 방치한 채 교체되는 것을 조사했다. 이것은 지방 정치의 개혁을 통해 헤이안쿄 조영과 에미시 정벌의 재원을 확보하려는 의도가 있었다. 이 같은 간무 천황의 개혁 정책은 일시적으로는 성공했지만, 결국은 귀족세력의 힘을 강화시키는 결과를 초래했다.

게비이시의 모습

후지와라 북가의 전성기

737
후히토의 네 아들 모두 사망

810
후유쓰구, 구스코의 변으로 북가 번영의 기초를 쌓음

842
조와의 변 발생

866
오텐몬의 변 발생
요시후사, 섭정이 됨

969
안나의 변 발생

1027
미치나가 사망

후지와라 씨는 일본사의 대표적인 귀족이다. 나카노오에 황자와 함께 소가 씨를 몰아내고 다이카 개신에서 공을 세운 나카토미노 가마타리가 덴지 천황으로부터 후지와라 성을 하사받았는데, 이것이 후지와라 씨의 기원이다. 그리고 가마타리의 아들 후지와라노 후히토에 이르러 후지와라 씨는 조정에서 가장 유력한 집안이 되었다.

후히토가 죽자 네 명의 아들이 정치권력을 장악했다. 무치마로, 후사사키, 우마카이, 마로가 바로 그들이다. 그러나 그들이 737년에 천연두로 모두 요절하자, 이후 그들을 선조로 둔 네 개의 가문, 즉 남가, 북가, 식가, 경가가 경쟁했다. 처음에는 나카마로를 배출한 남가나 모모카와(百川)를 배출한 식가가 가장 번성했으나, 헤이안 시대에 들어 구스코(藥子)의 변(810)을 계기로 쇠퇴하고 북가가 번영하기 시작했다.(도1)

후지와라 북가 번영의 기초를 쌓은 것은 후지와라노 후유쓰구였다. 그는 구스코의 변이 일어난 후 사가 천황의 신뢰를 얻어 천황의 비서실장에 해당하는 역할을 맡았다. 후유쓰구의 아들 요시후사는 사가 천황의 황녀를 아내로 맞고 여동생 준시를 닌묘 천황의 후궁으로 들여 권력을 잡았다.

그 후 요시후사는 정변을 일으켜 다른 씨족들을 제거했는데, 그것이 바로 조와(承和)의 변이다. 842년 사가 천황이 죽은 후, 요시후사는 도모노 고와미네, 다치바나노 하야나리가 황태자 쓰네사다 친왕을 내세워 모반을 꾀했다며 모반의 죄를 덮어씌웠다. 이 사건을 계기로 요시후사는 쓰네사다 친왕과 도모 씨, 다치바나 씨 등 조정 라이벌이었던 공경公卿 세력들을 축출하고, 자신의 여동생 준시가 낳은 미치야스 친왕을 황태자로 옹립하는 데 성공했다. 그러고 나서 요시후사는 딸 메이시를 몬토쿠 천황의 후궁으로 들여, 그 사이에서 태어난 고레히토 친왕을 아홉 살의 나이로 즉위시켰다(세이와 천황). 그리고 오텐몬(應天門)의 변을 일으켜 기존의 세력을 한 차례 더 숙청한 뒤 866년 섭정이 되었다.

섭정은 천황이 어리거나 여제일 경우 정치를 대행하는 일 혹은 그 직책 자체를 가리키는 말이다. 그때까지는 쇼토쿠 태자나 나카노오에 태자와 같이 황족이 취임하는 것이 통례였다.

1. 후지와라 북가의 계보

하지만 요시후사가 그러한 통례를 깨고 황족이 아닌 자로서는 최초로 섭정이 된 것이다. 섭정은 요시후사의 양자 모토쓰네에게 계승되었고, 모토쓰네는 섭정과 동일한 직무를 담당하는 관백으로 취임했다. 관백이란 성인이 된 천황 곁에서 섭정과 동일한 직무를 담당하는 것을 말한다. 이후 섭정과 관백은 후지와라 북가가 세습하게 되었다.

이후 후지와라 북가는 일족을 황후로 들이는 한편 다른 유력 귀족을 배척하면서 권력을 굳혔다. 그 절정기는 세 명의 딸을 천황의 황후와 황태자비로 들인 후지와라노 미치나가의 시대였다.

969년 최고위 좌대신이었던 미나모토노 다카아키라가 후지와라 씨의 음모로 다자이후로 유배되는 안나(安和)의 변이 일어나자, 후지와라 씨에게 대항할 수 있는 세력은 모두 사라졌다. 이후 일족 사이에서 후지와라 씨 최고의 자리를 둘러싸고 분쟁이 벌어졌다. 그러한 가운데 최종 승리를 얻은 것은 후지와라노 미치나가였다.

미치나가는 999년 장녀 쇼시(彰子)를 이치조 천황의 후궁으로 들이고 나서 이듬해에는 중궁으로 앉혔다. 이치조 천황에게는 이미 제1황자를 낳은 본처가 있었으나 미치나가는 천황에게 억지로 두 명의 중궁을 두는 것을 승낙하게 했다. 1008년에 쇼시는 아쓰히라 친왕(훗날의 고이치조 천황)을, 이듬해에는 아쓰나가 친왕(훗날의 고스자쿠 천황)을 낳았다. 1011년 병상에 누운 이치조 천황을 퇴위시킨 뒤 산조 천황이 그 뒤를 잇게 하고, 아쓰히라 친왕을 산조 천황의 황태자로 삼았다. 고이치조 천황 시대에는 황태자비, 황후, 황태후를 미치나가의 딸이 독점하기에 이르렀다. 세 천황의 외조부가 된 미치나가는 30여 년간 권력을 잡았다.

1027년 미치나가가 사망한 후에도 요리미치, 노리미치가 각각 섭정과 관백이 되었다. 특히 요리미치는 세 명의 천황이 존재하는 50년 동안이나 섭정과 관백을 번갈아 하며 정치를 좌우지했다. 그러나 그들의 딸은 모두 아들을 낳지 못했다. 그러자 후지와라 북가는 전과 같이 권한을 행사할 수 없었고, 그들의 섭관 정치는 종언을 맞이하게 되었다.

후지와라 씨의 연회
후지와라노 요리미치가 고이치조 천황을 초대하여 개최한 연회의 모습을 그린 것이다. 정장을 차려입은 공경들이 앉아 있고, 연못의 배 위에서는 악사들이 연주를 하고 있다. 후지와라 씨의 화려한 생활 모습을 잘 보여준다.

천황과 섭정·관백
가마에 탄 천황이 위쪽에 앉아 있는 섭정(혹은 관백)을 만나러 가는 모습을 그린 것이다. 당시 천황과 섭정(혹은 관백)의 관계를 상징적으로 보여준다.

국풍 문화의 발전

894
견당사 파견 중지

900~1000
야마토에 화풍 등장

901년경
『다케토리 모노가타리』 완성

905
『고킨와카슈』 편찬

1000년경
세이 쇼나곤, 『마쿠라노소시』 지음

1008년경
무라사키 시키부,
『겐지 모노가타리』를 대부분 완성

1052
후지와라노 요리미치, 봉황당 건립

1185
가마쿠라 막부 성립

『겐지 모노가타리 에마키』
에마키란 이야기·전설 등을 그림으로 그린 두루마리를 말한다. 흔히 설명의 글과 번갈아 그려져 있다. 위 그림은 『겐지 모노가타리 에마키』의 한 장면이다. 한 왕이 딸을 결혼시키고 싶은 청년과 바둑을 두고 있고, 그 장면을 딸이 지켜보고 있다.

일본은 7세기 이후 대륙의 선진 문화와 문물을 적극적으로 수용했다. 약 260년 동안 진행된 견당사 파견은 그러한 점을 가장 잘 보여준다. 그러나 9~10세기에 접어들어 일본과 대륙의 관계가 크게 변화했다. 당나라는 물론이고 신라와 발해가 쇠퇴를 거듭하면서 멸망하자, 일본은 이 나라들과 대외 관계를 단절하고 일본적인 가치를 모색하기 시작했다. 그리하여 10세기 이후 대륙 문화를 일본의 풍토와 사상과 조화시키려는 국풍화國風化 현상이 나타났고, 대륙문화를 통해 구래의 일본 문화가 더욱 세련되어지면서 문학과 학술적인 면에서 일본적 특성이 나타나기 시작했다.

그러한 특성 가운데 가장 주목할 만한 것은 가나 문자이다. 나라 시대 이전의 일본은 한자를 사용해 일본어를 표현했지만, 한자는 일본어의 언어 구조와 맞지 않아 사용하기에 어려운 점이 많았다. 그래서 나라 시대에 접어들어 일본 최고의 시가집 『만요슈』를 만들 때 한자 본래의 의미와 관계가 없는 한자의 음과 훈을 이용해 일본어를 표현하기 시작했는데, 이를 만요가나(萬葉假名)라고 한다.

만요가나는 헤이안 시대에 들어오면 점차 사라지고 초서체로 바뀌면서 한층 간략해져서 히라가나로 발전했다. 그 결과 일본인 특유의 감정과 감각을 더욱 구체적이고 세련되게 전달

1. 가나 문자의 형성 과정

히라가나					가타카나				
あ	い	う	え	お	ア	イ	ウ	エ	オ
安	以	宇	衣	於	阿	伊	宇	江	於

하는 것이 가능해져 국문학의 발달에 큰 영향을 미쳤다. 또한 가타카나도 고안되어 한문으로 쓰인 불교 경전의 훈독 등에 사용되었다. 그리하여 11세기 초에는 가나 문자의 자형이 거의 일정하게 완성되었다.(도1) 하지만 히라가나는 주로 궁정 여성들이 사용했으며, 공적인 정치 세계의 남성 귀족들은 여전히 한자와 한문을 사용했다.

이 시기에는 일본 고유 형식의 시 와카(和歌)가 크게 발달했는데, 그 대표적인 것이 『고킨와카슈(古今和歌集)』이다. 이 책은 905년 다이고 천황이 『만요슈』 이후에 지어진 시가를 정리하라고 명령해서 만들어진 칙찬 시가집으로, 모두 20권이며 1100수의 와카를 수록했다.

와카와 더불어 당시 최고의 수준에 도달한 것이 모노가타리(物語)이다. 모노가타리는 두 가지 경로로 성립되었다. 우타 모노가타리(歌物語)는 와카의 서정성을 드러내는 것으로 『이세 모노가타리(伊勢物語)』가 대표적인 작품이고, 반면 전기傳奇적인 모노가타리로는 작자 미상의 『다케토리 모노가타리(竹取物語)』, 『우쓰보 모노가타리(宇津保物語)』 등이 있다.

가나 문학은 10세기 말 이후 궁정 여성들에 의해 더욱 발달했는데, 수필로는 세이 쇼나곤의 『마쿠라노소시(枕草子)』, 장편소설로는 무라사키 시키부의 『겐지 모노가타리(源氏物語)』가 대표적이다. 무라사키 시키부는 후지와라노 미치나가의 딸 쇼시의 시중을 들기 위해 1007년 궁중에 들어갔는데, 그로부터 10년 후 『겐지 모노가타리』를 완성했다고 한다. 일기 문학으로는 『무라사키 시키부 닛키(紫式部日記)』, 『이즈미 시키부 닛키(和泉式部日記)』 등의 작품이 있다.

한편 미술에서도 국풍화가 일어나 중국적인 기법을 사용하면서도 일본의 풍경을 소재로 한 야마토에(大和繪)가 많이 그려졌다. 야마토에는 주로 귀족의 저택에 있는 쇼시(障子)나 병풍에 그려졌으며, 그 내용은 모노가타리와 결합하여 그 서사성을 그림으로 표현한 경우가 많았다. 이를 에마키모노(繪卷物)라고 하는데, 『겐지 모노가타리 에마키』는 가장 대표적인 작품이라고 할 수 있다. 공예에서는 귀족들의 생활용품에서 많이 보이는 마키에(蒔繪) 기법이 발달했다. 마키에란 옻칠을 사용해 문양을 만들고 그 위에 금·은 등의 가루를 뿌리는 장식적인 칠기를 말한다. 서예 분야에서도 온화하고 우아한 서풍이 유행하여, 오노노 도후, 후지와라 사리, 후지와라 고제이는 산세키(三蹟)로 불렸다.

건축에서는 연못을 중심으로 정원의 정면에 아미타여래를 안치한 아미타당을 배치하는 사원 건축이 발달했다. 후지와라노 요리미치가 우지(宇治)의 별장에 건립한 봉황당을 중심으로 한 평등원이 대표적 건축물이다.

평등원 봉황당(아래)과 아미타상(위)
1052년 후지와라노 요리미치가 자신의 별장을 절로 만든 것이다. 아미타당은 정토교 사원의 본존인 아미타불을 모시는 곳으로, 정토교 건축의 중심을 이루는 건물이다. 마치 봉황이 날개를 편 듯한 모습을 하고 있어 봉황당(아래)이라는 이름이 붙었다. 중당에 안치되어 있는 아미타상(위)은 조초(定朝)의 작품이다.

02

중세

일본 중세는 무사(무가)의 시대이다. 약화된 귀족 세력을 대신하여 무사가 새로운 시대의 주역으로 등장한다. 최초의 독자적인 무사 정권은 가마쿠라 막부로, 교토에서 멀리 떨어진 간토 지방을 기반으로 했다. 가마쿠라 막부는 주군과 종자 사이의 강한 사적 연대를 근간으로 삼았으며 고대 율령국가나 동아시아 왕조체제와는 크게 다른 특질을 띤다.

남북조 시대를 거쳐 확립된 무로마치 막부는 귀족(공가) 세력의 거점인 교토를 정권의 소재지로 삼는다. 이로써 교토와 가마쿠라로 이원화되어 있던 무사와 귀족은 본격적으로 융합되어갔다. 무로마치 중기가 되면서 민중 저항(잇키)과 무사 세력 내부의 분열이 광범위하게 나타났다. 전국시대 이후 하극상 풍조는 더욱 확산되어갔고 무로마치 막부의 통제력도 약화되었다. 이를 틈타 전국 다이묘들이 각지에서 할거한다.

「중세의 무사」

무사의 군사 훈련
가사가케(笠懸)를 묘사한 그림이다. 가사가케란 말 위에서 먼 거리에 과녁으로 놓아둔 삿갓(笠)을 활로 쏘아 맞추는 시합이다. 때로는 과녁으로 살아 있는 개를 사용하기도 했다.

중세 초기 무사의 전투 모습
후삼년의 전투에서 미나모토노 요시이에(중앙)가 기러기의 움직임으로 복병이 있는 것을 알아채고 적을 격퇴시키는 장면이다. 당시 무사의 가장 중요한 무예는 '궁마의 술', 즉 말을 타고서 활을 쏘는 고도의 기술이었다.

몽골군과 전투를 벌이는 일본 무사들
몽골의 2차 일본 침략 당시, 일본 무사들이 임시 정박 중인 원정군의 대형 군선을 기습하고 있다. 다케자키 스에나가라는 무사가 제작한 『몽고습래회사蒙古襲來繪詞』의 일부.

교토
(무로마치 막부 소...)

1086년
원정의 시작
시라카와 천황은 어린 호리카와 천황에게 양위한 후, 스스로 상황이 되어 원정을 시작했다. 이후 도바·고시라카와·고토바 3인의 원정이 100여 년 이어졌다.

1185년
가마쿠라 막부의 성립
미나모토노 요리토모는 가마쿠라를 본거지로 하여 무가 정권을 성립시켰다.

1221년
조큐의 난
고토바 상황이 가마쿠라 막부의 동요를 이용해서 일으킨 난이다. 이 난을 계기로 상황 세력은 실각하고, 호조 씨의 집권 정치가 한층 강화되었다.

1274년·1281년
몽골의 침입
일본은 두 차례에 걸쳐 몽골의 침입을 당했으나, 몽골군에 완강하게 저항하는 한편 기상 악화까지 겹쳐 몽골을 물리쳤다.

악당
악당이란 장원영주나 막부체제에 저항하던 무사들을 말한다. 처음에는 고케닌이 아닌 신흥 무사층이 주류를 이루었으나, 점차 고케닌층이 궁핍해지면서 몰락한 고케닌도 가담했다. 이들은 연공의 납입을 거부하거나 연공미를 강탈하면서 구질서를 무너뜨렸으며, 마침내 가마쿠라 막부가 붕괴하는 한 요인이 되었다.

아시가루
이미 중세 초에 나타나며 주로 방화 등 게릴라 전법을 구사했던 병사이다. '아시가루(足輕)'라는 말은 발이 가볍다는 데서 유래한다. 남북조시대 집단 전투가 도입되면서 아시가루로 변화했고, 전국시대에 이르러 조직화된 보병 집단을 구성하게 되었다. 신출귀몰의 민첩성과 방화·악탈 등의 악당성, 이익을 좇아 쉽게 배신하는 모습 등 종래의 무사와 특질이 달랐다.

가마쿠라
(가마쿠라 막부 소재지)

전국시대 무사의 전투
1575년 노부나가·이에야스 연합군이 다케다 가쓰요리의 군대와 맞붙는 장면을 그린 〈나가시노 합전병풍도〉이다. 노부나가 진영은 다량의 조총을 이용한 전법으로 당시 다케다가 자랑하는 최강의 기마군단을 격파했다.

| 1350 | 1400 | 1450 | 1500 | 1550 | 1600 |

1333년 가마쿠라 막부의 멸망
고다이고 천황과 아시카가 다카우지 등 반막부세력에 의해, 호조 씨 일족이 멸문하고 가마쿠라 막부는 멸망했다.

1336년 무로마치 막부의 성립
아시카가 다카우지는 북조의 고묘 천황을 옹립하고 교토에서 무로마치 막부를 열었다.

1392년 남북조 통일
남조의 고카메야마 천황이 교토로 환행하여 북조의 고코마쓰 천황에게 양위하는 형태로 남북조는 통일되었다.

1404년 감합 무역의 개시
아시카가 요시미쓰가 명에서 부여한 감합부를 수령함으로써, 감합 무역이 시작되었다.

1467~77년 오닌의 난
쇼군 가문의 계승자를 둘러싼 내분이 전국적인 난으로 비화되었다. 10년에 걸친 오닌·분메이의 난으로 전국시대가 활짝 열렸다.

1543년 총의 일본 전래
포르투갈인들이 다네가시마에 표착하여 총을 전래했다. 총의 전래로 일본의 전투 양상이 크게 변모했다.

무사의 등장

939~940
다이라노 마사카도의 난

939~941
후지와라노 스미토모의 난

1019
여진족의 규슈 북부 침입

1028~31
다이라노 다다쓰네의 난

1051~62
전구년의 전투

1083~87
후삼년의 전투

무사의 전투 모습
후삼년의 전투에서 미나모토노 요시이에(중앙)가 기러기의 움직임으로 복병이 있는 것을 알아채고 적을 격퇴시키는 장면이다. 당시 무사의 가장 중요한 무예는 '궁마의 술', 즉 말을 타고서 활을 쏘는 고도의 기술이었다.

농민들로부터 징발된 병사로 구성되어 있었던 고대의 군사력은 10세기에 접어들어 해체되었다. 그 후 군당群黨과 해적이 날뛰어 토지를 마구 침탈함에 따라 지방 사회는 무정부 상태가 되었다. 그러자 중앙정부는 군사지휘관을 파견하여 지방의 치안을 담당하게 했다. 이 역할은 황족의 서류(분가)를 비롯한 중하급 귀족 계층이 맡았다. 그들은 지방에 내려가 군당과 해적을 진압한 후 일국의 지방장관인 국사國司가 되거나 그 관아인 국아國衙의 관리가 되어 계속 머물렀다. 그 일족은 직업적 전사 집단으로 당시에 '쓰와모노(兵)'라고 불렸는데, 이들이 바로 무사의 시조이다.

10세기 중엽에 무사 세력이 역사의 무대에 최초로 등장한 것을 알리는 사건이 일어났다. 거의 동시에 일어난 다이라노 마사카도의 난(도1-1)과 후지와라노 스미토모의 난(도1-2)이 그것이다. 이 두 차례의 난은 왜 발생했을까? 국아의 관리로서 지방 지배를 담당했던 무사가 일족의 내분이나 은상恩賞에 대한 불만 때문에 국아에 반항했고, 그것이 확대되어 국가에 대한 대규모 반란으로 발전한 것이다. 중앙정부는 동일한 무사 세력을 동원하여 이 두 차례의 난을 진압했고, 공을 세운 자들은 이후 수도 교토에 올라와 궁정의 경비나 귀족의 호위를 담당했다. 원래 '사무라이(侍)'란 말은 '상급 귀족을 호위한다'는 뜻이었는데, 점차 일본의 무사 자체를 뜻하는 말로 굳어진 것이다.

이처럼 중앙에서 무사의 가문이 형성될 무렵, 지방에서는 무사들이 국아의 군사력으로 편입되어갔다. 그러면서 국사의 거처를 무사가 경호하거나, 국사가 주최하는 사냥과 신사의 행사에 무사가 봉사하는 체제가 만들어졌다. 11세기 초 연해주 지방에 사는 여진족이 규슈 북부에 침입했을 때(도2) 이를 재빨리 격퇴할 수 있었던 것도 규슈의 지방 무사가 잘 조직되어 있었기 때문이다.

10세기 무사 집단이 형성될 무렵에만 해도, 무사는 무예가 뛰어난 몰락 귀족의 성격이 강했다. 하지만 11세기 중엽부터 군사 전문가인 동시에 토지 개간자 혹은 그 관리자의 성격을 띠게 된다. 이들은 결혼이나 기타의 방법으로 지방 호족과 결합하거나 혹은 무력으로 영지를 차지하기도 했다. 하지만 대부분의 무사는 직접

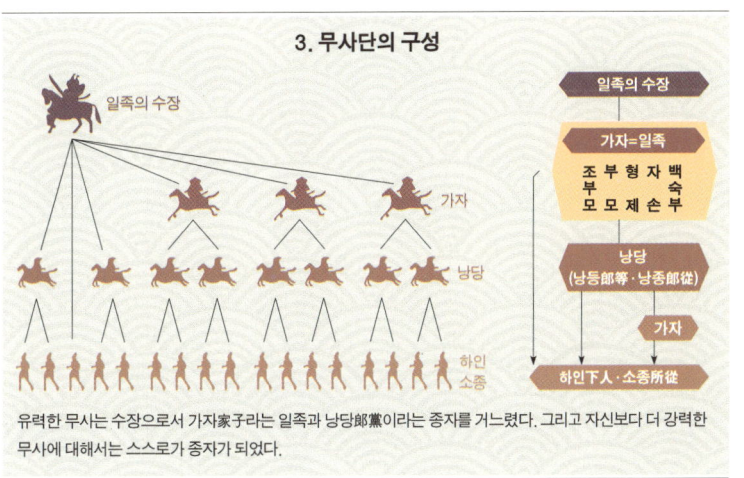

2. 도이(여진)의 침입

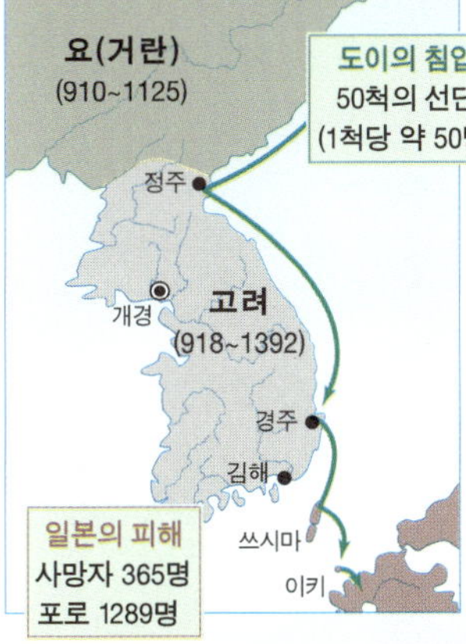

요(거란) (910~1125)

도이의 침입: 50척의 선단 (1척당 약 50명)

고려 (918~1392)

일본의 피해: 사망자 365명, 포로 1289명

도이의 침입 (1019)

1. 무사단과 지방의 반란

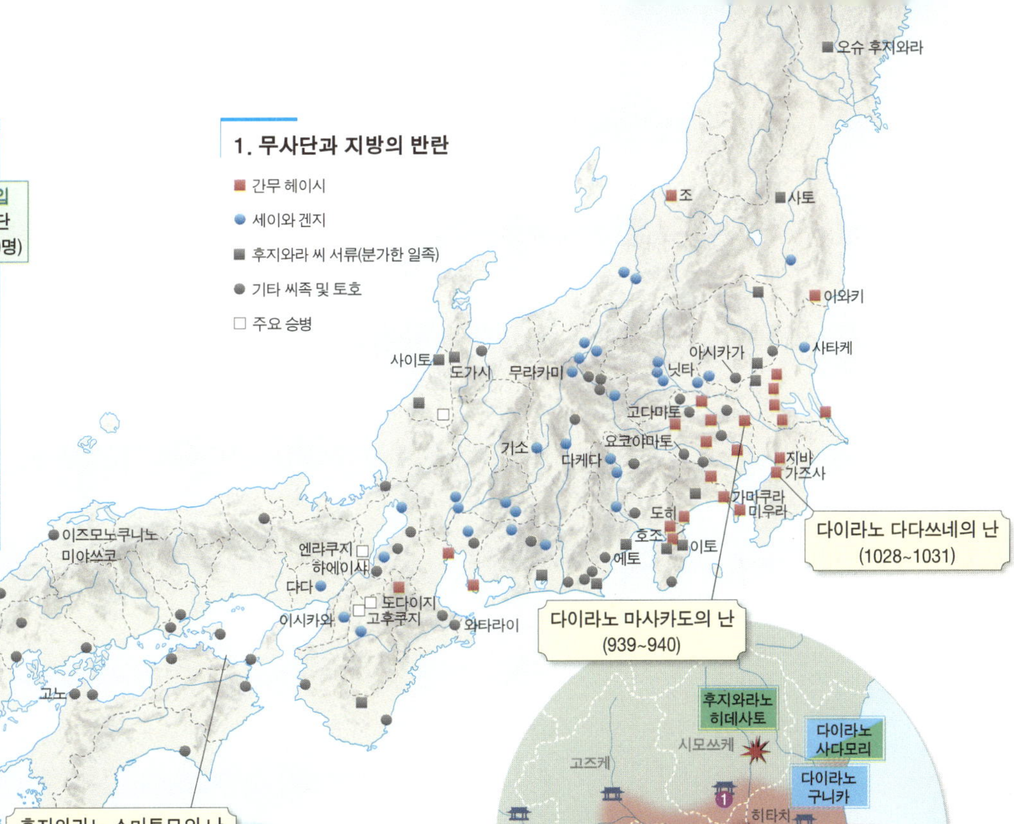

- 간무 헤이시
- 세이와 겐지
- 후지와라 씨 서류(분가한 일족)
- 기타 씨족 및 토호
- 주요 승병

다이라노 다다쓰네의 난 (1028~1031)

다이라노 마사카도의 난 (939~940)

후지와라노 스미토모의 난 (939~941)

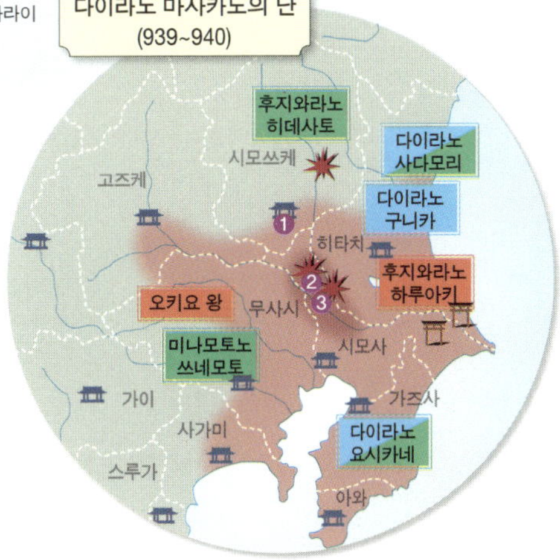

1-1. 다이라노 마사카도의 난

- 마사카도의 본거지
- 마사카도의 최대 세력 범위
- 주요 전투지
- 내분의 적
- 마사카도 측
- 조정 측
- 국부
- 신사

❶ 939. 11~12. 히타치·고즈케·시모쓰케의 국부國府를 점령함.
❷ 939. 12. 신황新皇이라 칭함.
❸ 940. 2. 후지와라노 히데사토 등에게 패함.

1-2. 후지와라노 스미토모의 난

❶ 939. 12. 비젠노스케 후지와라노 시코 일행을 습격.
❷ 940. 11. 주센지를 불태움.
❸ 941. 5. 오노노 요시후루 등에게 패함.
❹ 941. 6. 스미토모가 패사함.

3. 무사단의 구성

유력한 무사는 수장으로서 가자家子라는 일족과 낭당郞黨이라는 종자를 거느렸다. 그리고 자신보다 더 강력한 무사에 대해서는 스스로가 종자가 되었다.

토지를 개간해 현지의 지배자가 되었고, 무사는 지방영주地方領主로 변모하기 시작했다.

한편, 무사 집단 내부에서는 주인과 종자의 결합이 강화되고 있었다.(도3) 특히 11세기 후반을 거치면서 주인과 종자의 주종 관계는 더욱 발전하여 강고한 전투 집단, 즉 무사단을 탄생시켰다. 그중에서 유력한 무사단을 이끌어 무가의 기둥으로 불렸던 것이 황족 출신의 군사 귀족인 세이와 겐지와 간무 헤이시이다.

중세 사회의 토지제도

902
최초의 장원정리령 공포

984
902년 장원정리령 이후 새로 설립된 장원 폐지

987
왕신가王臣家에 의한 장원 설립 금지

1045
전임 국사의 임기 이후에 새로 설립된 장원 폐지

1055
1045년 이후 새로 설립된 장원 폐지

1069
1045년 이후 새로 설립된 장원 폐지
기록장원권계소의 설치

1075
1045년 이후 새로 설립된 장원 폐지

1099
1045년 이후 새로 설립된 장원 폐지

1156
1155년 이후 천황의 선지가 없는 장원 폐지
기록장원권계소의 설치

1191
1156년 이후 새로 설립된 장원 폐지

장원이 최초로 생겨난 것은 8세기 전반의 일이었다. 공지공민제의 원칙이 붕괴하고 고대 율령국가가 개간자에게 토지의 사유를 인정함에 따라 장원이 생겨나기 시작한 것이다. 그러나 초기의 장원은 조세가 면제되지 않았고, 전속되어 일하는 농민도 없어 경영 상태가 불안정했기 때문에 9~10세기에 대부분 쇠퇴했다.

그런데 10세기 후반~11세기 초에 걸쳐 무사와 농민들이 공동으로 지역을 개발하는 움직임이 각지에서 일어났다. 중앙정부는 개간을 허용하고 이들의 개간지를 '보保'라는 새로운 지방행정 단위로 인정했다. 기존의 군郡과 향鄕도 개편되어 각각 독립된 행정단위가 되었다. 일국의 지방장관인 국사는 개발의 리더인 무사(개발영주·지방영주)들을 군사郡司·향사鄕司·보사保司에 임명하여 징세를 맡겼다. 그 일부는 국아의 재청관인在廳官人을 겸하기도 했다.

군사·향사·보사나 재청관인은 토지를 개발하여 점차 지배권을 강화해나갔고, 국사가 총괄하는 공령公領(국아령國衙領이라고도 한다)을 마치 자신의 토지처럼 관리했다. 한편 국사의 압박을 피하기 위해 토지를 중앙의 권력자에게 바쳤는데, 이를 기진寄進이라고 한다. 기진한 토지 중에는 핵심적인 개간지뿐 아니라 그들이 군사·향사·보사로서 관할하는 토지 전체가 포함되어 있었다. 그러자 공령이 분할되어 점차 장원화했다. 중앙정부는 장원이 늘어나는 것을 억제하기 위해 장원정리령을 반복해서 공포했지만, 이러한 흐름을 멈추게 할 수는 없었다.

토지를 기진한 이들은 장원의 현지 관리책임자(하사下司·공문公文)에 임명되었고, 기진을 받은 장원영주는 영가領家라고 불렸다.(도1) 영가는 이 장원을 대귀족이나 천황가 등 더욱 상급의 영주인 본가本家에게 다시 기진했다. 영가와 본가는 권세를 이용해 조세 면제권과 국사의 토지조사를 거부할 수 있는 권한을 획득했다. 이들은 예소預所를 임명하고 그를 통해 하사·공문을 지휘하여 장원을 지배했다. 이러한 장원을 기진지계 장원寄進地系莊園이라 한다.

장원과 공령의 토지는 유력한 농민인 전도田堵에게 할당되었고, 그들은 토지의 경작과 납세를 맡는 자라는 뜻으로 명주名主라고 불렸다.

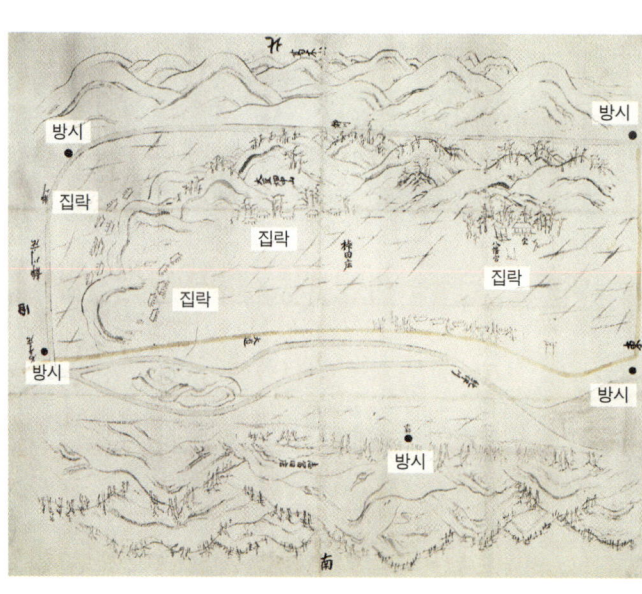

장원의 회도
장원의 회도는 장원이 설립되거나 분쟁이 일어날 때 영역을 표시하기 위해 작성한 그림이다. 이것은 12세기 말에 기진된 기이 국 가세다 장원의 회도이다. 동서남북 네 개의 점과 강 아래쪽의 점은 장원의 영역을 나타내는 경계 표시로 방시榜示라고 한다. 이 안에 네 개의 집락이 보인다.

1. 장원·공령제의 구조

명주는 경지의 일부를 작인作人 등 약소 농민에게, 다른 일부를 하인下人 등 예속 농민에게 경작시키면서 연공年貢·공사公事·부역을 영주에게 바쳤다. 연공은 주로 쌀·비단을, 공사는 잡세로서 생사·삼베·숯·채소 등 수공업 제품이나 특산물을 가리키며, 부역은 노역을 뜻한다. 공령의 경우에는 관물官物·임시 잡역이란 형태로 납입했다. 장원의 하사·공문과 공령의 군사·향사 등 지방영주들은 농민들로부터 세금을 거두어 각각 장원영주와 국아에 납입할 의무가 있었고, 직책에 따라 일정한 수익이 보장되었다.

기진지계 장원은 11세기 중엽에 각지에서 형성되기 시작하여 12세기에는 일반화했다. 특히 12세기 중엽에는 장원이 급증하여 공령의 반 이상이 장원화했다.(도2) 또한 공령도 지행국제知行國制에 의해 성격이 변질되었다. 지행국제란 일국의 지배권 전체를 상급 귀족이나 대사원 등에게 수여하는 제도를 말하며, 이 지배권 전체를 수여받은 이들을 지행국주知行國主라고 한다. 지행국제에 의해 공령의 수익이 지행국주에게 돌아감에 따라 공령도 사실상 장원과 다름없는 성격을 갖게 되었다.(도3) 이와 같은 중세의 토지제도를 장원·공령제라고 한다.

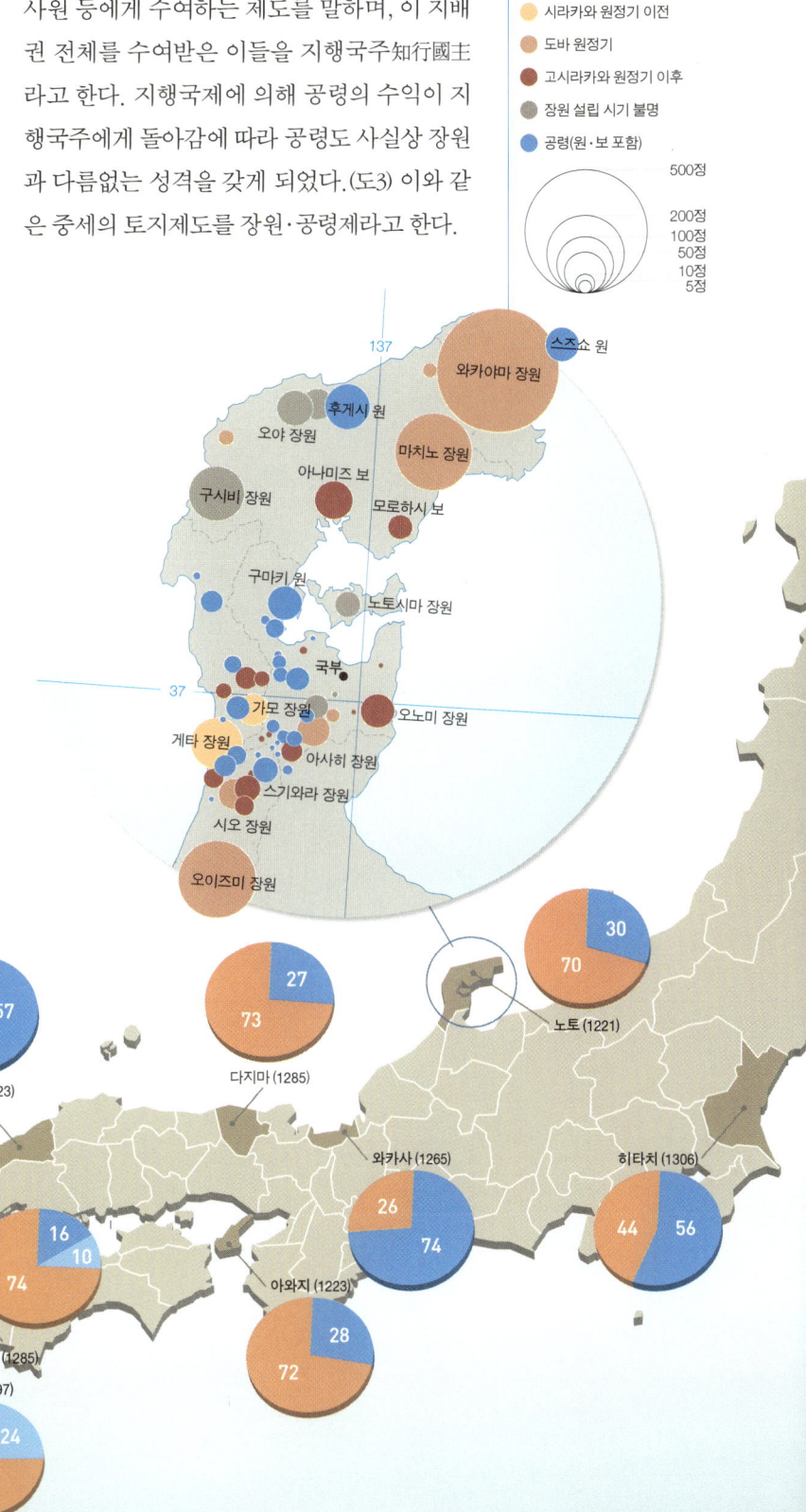

원정과 헤이시의 대두

1068
고산조 천황 즉위

1086
시라카와 상황의 원정 시작

1129
도바 상황의 원정 시작

1156
호겐의 난

1158
고시라카와 상황의 원정 시작

1159
헤이지의 난

1167
다이라노 기요모리, 태정대신에 취임

1172
기요모리의 딸 도쿠코, 다카쿠라 천황의 중궁이 됨

1179
기요모리, 고시라카와 법황을 유폐시키고 원정을 폐지

1180
기요모리의 외손자 안토쿠 천황 즉위

1181
기요모리 사망

헤이안 시대에 접어들어 오랜 시간 동안 후지와라 북가가 조정 정치를 장악하고 있었다. 그들은 섭정과 관백을 맡아 정치를 좌우지했으며, 자기 가문의 딸들을 천황에게 시집보내 그녀들의 아들이 차기 천황이 되게 하여 천황의 외조부로서 권세를 누렸다. 그런데 후지와라노 요리미치의 시대에 이르러 딸들이 후사를 잇지 못하자 1068년 후지와라 가문의 피가 섞이지 않은 고산조 천황이 즉위했다. 이로써 181년 만에 섭정·관백과 천황의 외척관계가 단절되었다.

고산조 천황은 섭관가에 구애받지 않고 과감히 국정 개혁을 추진했고, 그 유지를 이은 것이 시라카와 천황이다. 그는 1086년 어린 아들 호리카와 천황에게 양위한 후 최초로 원청院廳을 열고, 천황의 후견인으로서 정치의 실권을 장악했다. 이러한 정치 형태를 원정院政이라 한다. 원院이란 퇴위한 천황, 즉 상황의 주거를 가리키는 말이었지만 차츰 상황 자신을 지칭하게 되었다. 이러한 원정은 100여 년 동안 이어졌다.(도1)

원정이 성립하면서 지행국제가 확대되어 원 자신이 많은 지행국의 수익을 장악했다. 공령은 마치 원이나 원이 임명한 지행국주·국사의 개인 영지와 같이 되었다. 국가 관료 제도의 정상에 있는 천황은 원칙상 사유재산을 갖지 못하지만, 원정을 행하는 상황은 최대의 권문이자 최대의 장원영주였다. 원은 자신의 정권을 지탱하는 근신과 무사들에게 지행국·장원을 나눠주었다.

그러나 원의 권력으로도 제어할 수 없는 것이 바로 고후쿠지(興福寺)·엔랴쿠지(延暦寺) 등 대사원의 무장세력이었다. 대사원은 막대한 장원을 소유하고 무장세력을 거느리고 있었고, 국사와 갈등이 빚어질 때 종교적 권위를 내세워 수도에 올라가 무력시위를 일삼곤 했다. 전제 권력을 행사했던 시라카와 상황마저도 교토의 치수, 엔랴쿠지의 승도, 도박, 이 세 가지는 뜻대로 할 수 없다고 토로할 정도로 사원세력의 위세가 막강했다. 따라서 무사를 고용하여 경호와 진압을 맡길 필요가 있었고, 그것이 무사의 중앙 정계 진출로 이어졌다. 특히 원과 결탁하여 눈부시게 발전한 것이 간무 헤이시 일족이다.

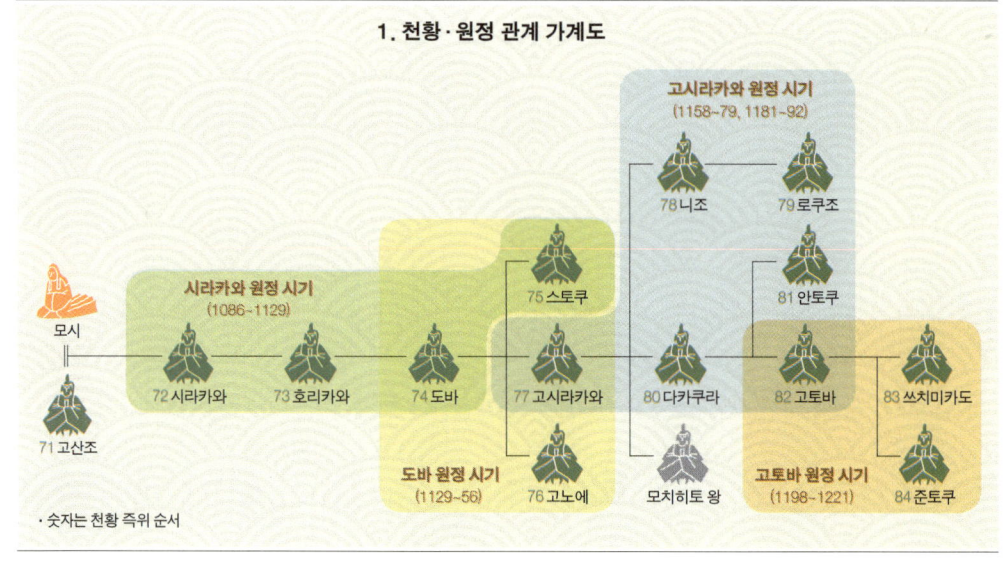

1. 천황·원정 관계 가계도

· 숫자는 천황 즉위 순서

의 근신들이 헤이시를 타도하려는 움직임을 보이자 기요모리는 법황을 유폐시키고 귀족들을 처벌했다. 그 결과 전국의 반에 가까운 지행국을 획득하는 등 국가기구의 대부분을 수중에 넣었다. 하지만 이러한 권력 독점은 오히려 반대 세력의 결집을 촉진하여 헤이시의 몰락을 앞당겼다.

이쓰쿠시마 신사
옛부터 항해의 수호신으로 받들어 왔지만, 다이라노 기요모리가 아키 국의 국사 재임 시기부터 존숭하여 헤이시의 씨족신처럼 되었다. 1164년 기요모리는 일족의 번영을 기원하여 화려한 장식의 경전을 이곳에 봉납했다.

헤이시 세력을 더욱 비약적으로 발전시킨 것은 원의 근신 다이라노 다다모리의 아들 기요모리였다.(도2) 그는 고시라카와 상황의 신임을 토대로 이례적인 승진을 거듭하여 조정의 최고 관직인 태정대신이 되었고, 아들 시게모리 등 일족들도 고위 고관에 올랐다. 또한 기요모리는 딸 도쿠코를 다카쿠라 천황의 중궁으로 삼았으며, 그 아들 안토쿠 천황이 즉위하자 외척이 되어 권세를 휘둘렀다. 기요모리가 이끄는 헤이시 정권은 수많은 지행국과 500여 개의 장원을 소유하는 등 경제적 기반으로 볼 때 섭관가와 다를 바가 없었다.(도3) 또한 중국 송나라와 무역을 적극 추진하여 무역의 이윤을 중요한 경제적 기반으로 삼았다.

그러나 헤이시는 국가의 주요 관위와 관직을 독점하고 천황의 외척이란 지위를 이용하여 전제를 행한 탓에 구세력으로부터 강한 반감을 샀다. 이윽고 고시라카와 법황(출가한 상황)과 원

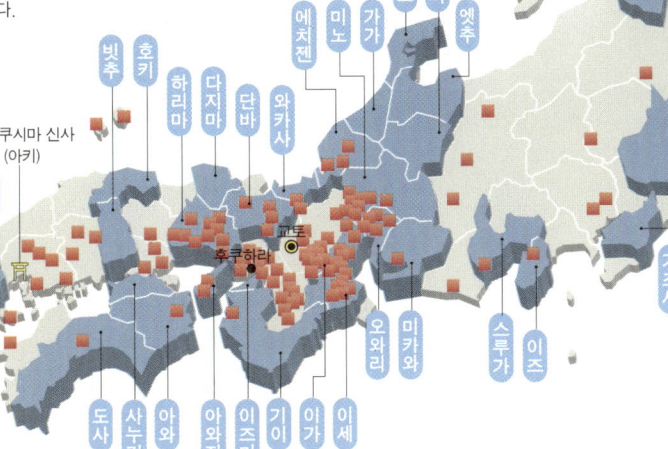

3. 헤이시가 소유한 지행국과 장원
- 헤이시의 주요 장원
- 헤이시 지행국(1179년 11월 전후)

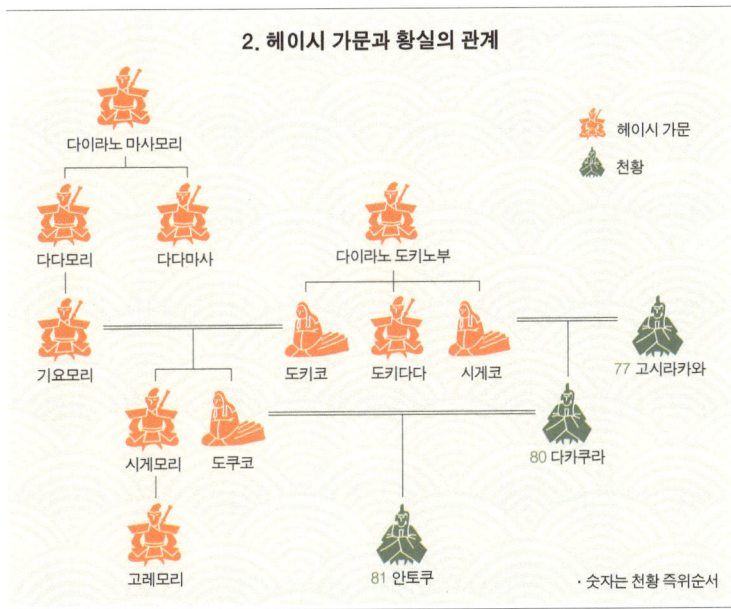

2. 헤이시 가문과 황실의 관계

· 숫자는 천황 즉위순서

가마쿠라 막부의 성립

1180. 4.
모치히토 왕, 헤이시 타도를 촉구하는 명령을 발함

1180. 8.
미나모토노 요리토모 거병

1180. 9.
미나모토노 요시나카 거병

1180. 10.
요리토모, 가마쿠라에 들어감
후지가와 전투

1180. 11.
시소 설치

1181. 윤2.
다이라노 기요모리 사망

1183. 10.
요리토모, 동국 지배권 획득

1184. 10.
공문소·문주소 설치

1185. 3.
헤이시 멸망

1185. 11.
전국에 국별로 총추포사·지토 설치

1189. 9.
오슈 후지와라 씨 멸망

1190. 11.
요리토모, 교토에 올라감

1192. 7.
요리토모, 쇼군에 취임

미나모토노 요리토모(위)
세이와 겐지 미나모토노 요시토모의 적자로서 헤이시를 몰아내고 가마쿠라에 막부를 열었다. 이 초상화는 속대 차림의 위엄한 표정을 잘 표현하고 있다. 후지와라노 다카노부가 그렸다고 전해지는 가마쿠라 시대 초상화의 걸작으로 평가된다. 그러나 무로마치 시대의 아시카가 다다요시의 초상화라는 설도 있다.

가마쿠라 막부란 1180년대에 세이와 겐지의 후손 미나모토노 요리토모가 수립한 일본 최초의 무가 정권이다. 그리고 가마쿠라 막부와 교토의 조정이 공존한 1333년까지의 약 150년간을 가마쿠라 시대라고 한다. 지금부터 가마쿠라 막부의 탄생 과정에 대해 살펴보자.

헤이시의 전횡이 심화되자, 1180년 모치히토 왕이 헤이시 타도를 외치며 교토에서 거병한 것을 시작으로 각지에서 무사들의 반란이 일어났다. 그해 8월 겐지의 미나모토노 요리토모 역시 모치히토 왕의 밀령을 받고 거병했다. 요리토모는 자신의 가문을 따랐던 동국 지역 무사들의 활약에 힘입어 10월 가마쿠라에 들어갔다. 헤이시는 진압군을 파견했지만, 후지가와 전투에서 대패했다. 결국 헤이시는 열세를 만회하지 못하고 1185년 3월 멸망한다. (겐페이의 쟁란, 도1)

이 동란의 배후에는 광범위한 지방영주층이 있었다. 요리토모는 자신을 따르는 무사(지방영주)들이 적군의 토지를 몰수하는 것을 인정하고, 그것을 은상으로 급여하는 획기적인 조치를 단행했다. 이러한 조치는 내란 시기 내내 광범위하게 이루어졌고 요리토모를 따르는 무사 대부분이 그와 주종관계를 맺었다.

요리토모는 헤이시와 전쟁을 벌이는 동안 간토 지역을 나오지 않고 새로운 정권을 수립하는 데 힘썼다. 그가 근거지로 택한 가마쿠라는 도카이도의 요충으로, 남쪽이 바다에 면하고 3면이 구릉으로 둘러싸인 군사 요해였다. (도1) 요리토모는 1180년 10월 후지가와 전투 직후 시소侍所라는 기관을 설치하여 고케닌(御家人)을 통제하도록 했다. 여기에서 고케닌이란 요리토모와 같은 막부의 수장과 주종관계를 맺은 무사를 가리키는 말이다. 이어서 12월 요리토모의 거처가 완성되자, 동국 지역 무사 311인이 모여 요리토모를 '가마쿠라의 주군'으로 추대했다.

요리토모는 1181년 무렵부터 조정과 교섭을 개시했다. 1183년 10월에는 동국 지역에 대한 지배권을 부분적이나마 승인하는 조정의 선지를 얻음으로써, 정권의 합법성을 인정받았다.

1184년 가마쿠라의 군사정권은 일반 정무와 재정을 관장하는 공문소公文所(후에 정소政所로 개칭), 소송과 재판을 관장하는 문주소問注所 등 통치기관을 정비하고, 1185년 일국 단위로 총추포사總追捕使, 즉 슈

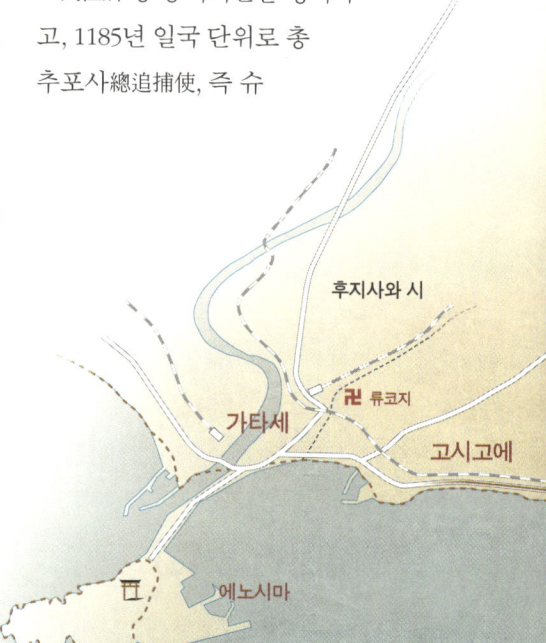

고(守護)와 지토(地頭)를 설치했다. 슈고는 유력 고케닌이 주로 임명되었으며, 이들은 국내 고케닌을 지휘·통솔했다. 지토는 각국의 장원과 공령에 임명되어 연공 징수와 토지 관리 및 치안 유지의 임무를 맡았다. 요리토모는 자신의 고케닌들을 슈고와 지토에 임명함으로써 전국의 군사경찰권을 장악할 수 있었다.

요리토모는 1189년 동북부의 후지와라 씨를 멸망시키고 일본 전역에 미치는 군사 지배권을 확립했다.(오슈 정벌, 도2) 내란을 종식시킨 요리토모는 1192년 세이타이쇼군(征夷大將軍)(이하 '쇼군'으로 약칭)에 임명되었다. '쇼군'은 원래 나라·헤이안 시대 때 동쪽 지역에 에미시 정벌을 위해 파견된 장군의 명칭이었는데, 요리토모가 천황으로부터 이 직책을 받음으로써 막부의 수장을 가리키는 말이 되었다.

2. 겐페이의 쟁란과 오슈 정벌

1. 가마쿠라

조큐의 난과 집권 정치

1199
미나모토 요리토모 사망
미나모토 요리이에의 직접 재결 중단, 13인 합의제 시작

1200
가지와라 가게토키를 토벌

1203
히키 요시카즈를 모살, 요리이에를 유폐

1204
요리이에가 살해당함

1205
하타케야마 시게타다를 토벌

1213
와다 요시모리의 패사

1219
미나모토 사네토모가 암살당함

1221
조큐의 난

1225
호조 마사코 사망
평정중 설치

1226
섭관가 장군 후지와라노 요리쓰네를 맞이함

1232
고세이바이시키모쿠 제정

1247
미우라 야스무라를 토벌

1249
인부중 설치

내란기의 군사 통솔자이자 막부의 창립자로서 카리스마를 지녔던 요리토모는 1199년 사망했다. 뒤를 이은 요리토모의 적자 요리이에가 독재를 지향했지만, 외조부 호조 도키마사를 비롯한 유력 고케닌들의 반발에 부딪혀 실각했다. 1203년 요리이에의 동생 사네토모가 3대 쇼군에 취임한 후, 도키마사는 정소의 장관이 되어 실권을 장악했다. 이 지위를 집권執權이라 하며, 이후 대대로 호조 씨가 계승하게 된다.(도1)

호조 씨의 주도로 집권 정치가 발족된 이래 유력 고케닌들이 멸망했고, 도키마사도 아들 요시토키에게 추방당하는 등 막부의 내홍이 이어졌다. 1219년에는 쇼군 사네토모가 요리이에의 아들 구교에게 암살당하여 겐지의 정통은 3대 27년 만에 단절되었다. 집권 호조 요시토키는 친왕을 쇼군으로 세우려 했지만, 고토바 상황의 반대에 부딪혀 섭관가의 후지와라노 요리쓰네를 새 쇼군으로 맞이했다.

이와 같은 막부의 동요를 파악한 고토바 상황은 1221년 5월 거병한다. 전국의 무사에게 요시토키를 토벌하라는 명령을 내린 상황은 고케닌들이 호조 씨가 주도하는 막부로부터 이반해 주기를 기대했다. 그러나 요리토모의 미망인으로 사실상 가마쿠라의 주군이었던 호조 마사코를 중심으로 동국 지역의 무사들이 막부에 집결했다. 결국 막부군은 불과 1개월 만에 고토바 상황의 군사를 궤멸시키고 교토를 점거했다. 이 사건을 조큐의 난이라고 한다.(도2)

조큐의 난 이후 막부는 당시의 천황을 폐위시키고 세 명의 상황을 유배보내는 전대미문의 조치를 단행했다. 동시에 상황 측에 속했던 귀족과 무사의 토지 3000여 개소를 몰수하여 고케닌들에게 훈공의 상으로 나누어주었다. 그리하여 고케닌들은 막부 성립 이래 새롭게 지토(신보지토)에 임명되어 서국 지역에 대거 진출하게 되었다. 또한 막부군의 지도자였던 야스토키와 도키후사는 교토에 남아 육파라탐제六波羅探題로서 조정을 감시하는 역할을 담당했다.

조큐의 난은 집권 정치의 확립을 가져왔다. 1224년 요시토키가 사망한 후 집권이 된 야스토키는 고케닌에 의한 집단 지도체제를 수립했다. 야스토키는 집권의 보좌역인 연서連署에 이어, 유력한 고케닌으로 구성되는 평정중評定衆을 설치했다. 평정중은 막부의 최고 의사 결정 기관으로서 중요 정무를 합의하고 재판을 관장했다. 종래 막부의 정치·재판의 결정권은 기본적으로 쇼군에게 있었지만, 야스토키 이후 집권이 주도하는 고케닌의 합의체, 즉 평정회의로 넘어오게 되었다.(도3)

야스토키는 막부 기구를 개혁하는 한편,

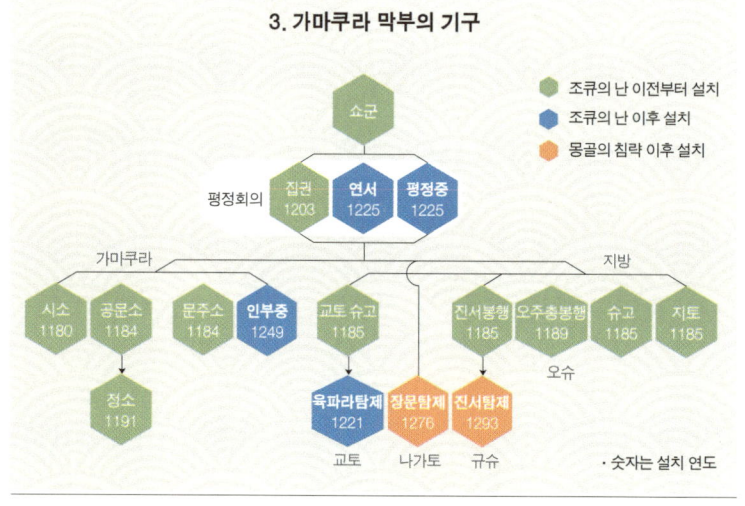

3. 가마쿠라 막부의 기구

2. 조큐의 난과 슈고·신보지토

1. 가마쿠라 시대의 집권·도쿠소와 쇼군

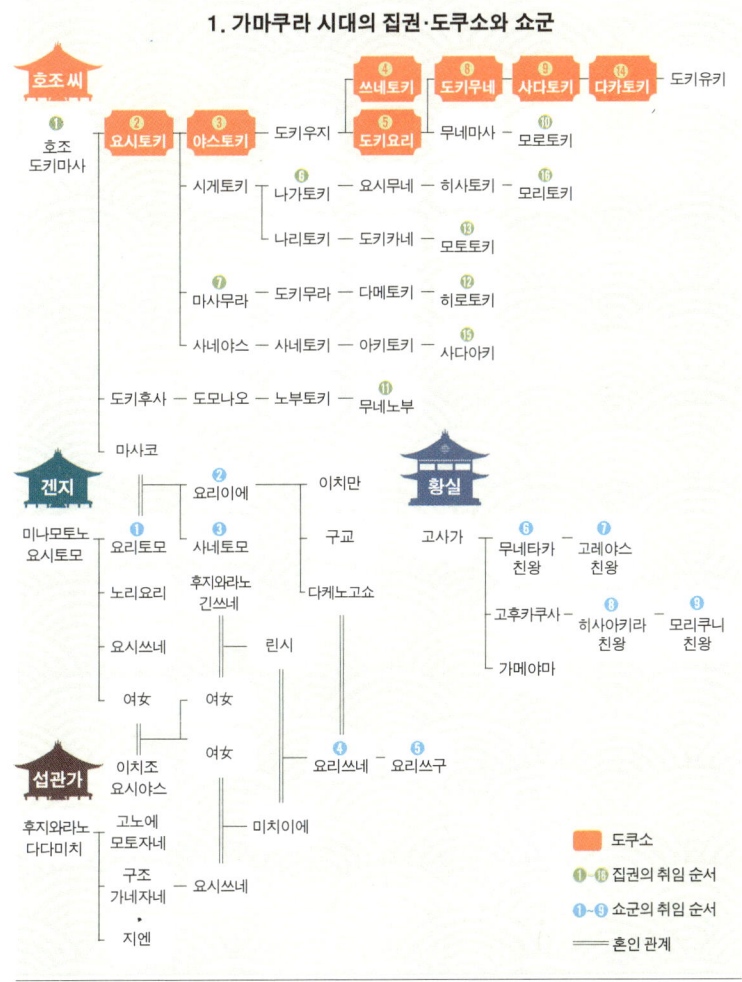

1232년 무사 정권의 근본 법전인 고세이바이시키모쿠(御成敗式目)를 제정했다. 합의 정치를 지탱하는 지도 이념을 확립할 필요와, 조큐의 난 후 빈발해진 지토와 장원 영주의 분쟁에 대한 공정하고 객관적인 재판 기준을 확립할 필요가 있었기 때문이다. 이 법전은 요리토모 이래 무사 사회의 관습을 근본적인 기준으로 하면서도, 무사들이 모두 납득할 수 있는 도리를 또 하나의 기준으로 성문화한 법률이었다. 다만 그 적용은 어디까지나 막부의 세력 범위에 한정되었다.

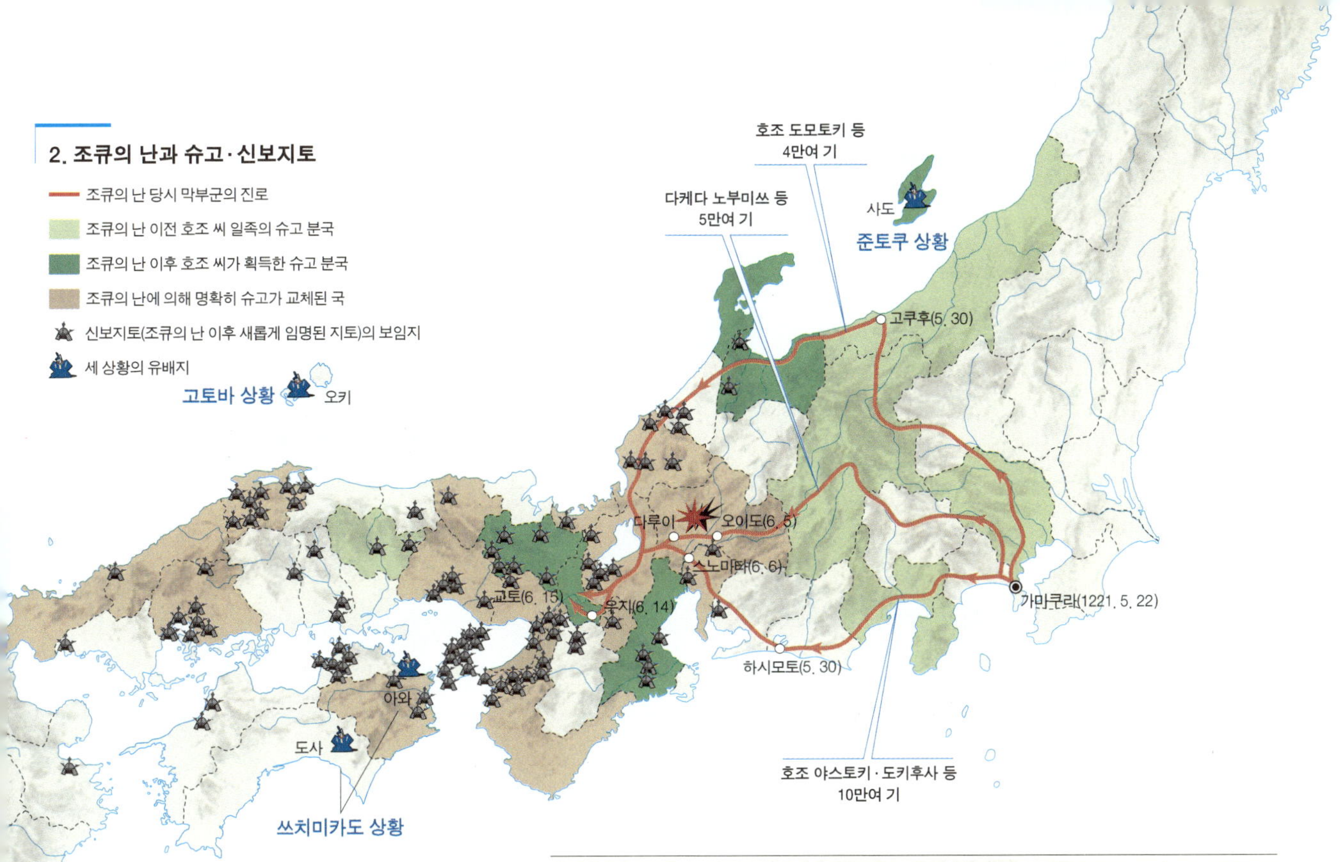

합의제와 법치주의를 근간으로 하는 집권 정치는 1246년 시작된 호조 도키요리의 집권기에 재판의 신속·정확성을 위한 인부중引付衆이 설치됨으로써 완성되었다. 그러나 동시에 이 시기는 막부 정치의 제3단계인 도쿠소(得宗) 전제 정치, 즉 호조 씨의 본가인 도쿠소에 의한 전제로 향하는 시기이기도 했다.

무사의 생활과 토지 지배

1223
미노 국 아카나베 장원의 지토우케
이후 소송 계속 (1340, 토지 중분)

1258
호키 국 도고 장원의 토지 중분

1271
빗추 국 니미 장원의 토지 중분

1275
기이 국 아테가와 장원 지토의
불법행위에 대하여 농민이 저항함

1278
이가 국 구로다 장원에 악당 횡행

1297
하리마 국 야노 장원의 토지 중분

1302
이요 국 유게노시마 장원의 토지 중분

1324
사쓰마 국 이사쿠 장원의 토지 중분

무사의 저택(위)
승려 잇펜이 방문한 지쿠젠 국 무사의 저택 모습이다. 집 주위에 호가 보이는데, 이것은 외부 침입에 대한 방어 시설이었다. 호 대신 도랑이 있는 경우에는 집 앞에 있는 무사의 직영지나 농민들의 경작지에 농업용수를 공급했다. 대문은 망루인데 그 위에 활과 화살이 놓여 있다. 정면의 본채는 비교적 간소한 건물로 안쪽 일부에만 다다미가 깔려 있다. 마당 주변에 있는 개는 장대 위에 있는 매와 함께, 군사 훈련의 일환인 사냥에 사용하는 것이었다. 마룻바닥이 깔린 오른편의 마구간에는 말이 있고, 말의 수호신으로 여겨진 원숭이가 그 앞에 놓여 있다. 말이 얼마나 소중한 존재였는지 짐작케 한다. 집 뒤편에는 무사가 말을 타고 활쏘기 연습을 하는 마장이 있다. 중세 무사의 기본 무예는 말타기와 활쏘기였다. 무사는 본래 사회적으로 공인된 전사 신분이었지만, 영지를 지키기 위해 실전에 통용되는 전투 기술을 일상적으로 익히고 있었다.

가마쿠라 시대의 무사는 선조들로부터 물려받은 땅에 토착하여 영지 확대에 힘썼다. 그들은 돈대나 교통의 요충에 집을 짓고, 주위에 호나 도랑을 파고, 높게 흙을 쌓은 담이나 울타리를 두르고 있었다. 집의 내부나 주변에는 세금이 일체 부과되지 않는 직영지가 있었으며, 무사들은 예속민이나 영지 안의 농민에게 이 직영지를 경작시켰다. 무사는 현지 관리자로서 영지를 지배하고 경작을 지도하면서 경지를 개발했다.

무사는 영지를 자제들에게 분할 상속했다. 분가는 본가의 혈연적 통제 아래 놓여 본가의 명령을 따랐다. 이 본가와 분가의 집단을 일족이라고 한다. 본가의 장을 총령惣領, 총령 이외의 자제를 서자庶子라고 불렀다. 총령은 전시에는 일족을 이끌고 싸우고, 평소에는 선조의 제사를 집행했다. 막부는 일괄적으로 총령에게 군역을 부과했고, 총령은 이를 서자들에게 할당했다. 그러나 총령이 일족의 독재자는 아니었다. 그들은 단지 영지의 분산을 억제하고 일족의 단결을 유지하기 위해 전체를 통솔하는 임무를 맡았다고 할 수 있다.

가마쿠라 시대 무사의 중심적 존재는 지토였다. 지토는 막부의 권력이 확대됨에 따라 점차 강대해졌고, 연공을 납부하지 않거나 농민들을 과도하게 부리는 등 불법행위를 일삼았다. 장원영주는 이를 억제하기 위해 막부가 관할하는 재판소에 소송을 걸었다. 이에 대해 막부는 결코 지토의 편을 들지 않고 공평하게 판결을 내렸음이 사료상 확인된다. 하지만 막부가 아무리 지토 패소 판결을 내리더라도 현지에 뿌리를 둔 지토의 행동을 저지하는 것은 사실상 불가능했다. 그래서 장원영주는 어쩔 수 없이 지토에게 장원 관리 일체를 맡기고 일정액의 연공만 자신에게 납입하게 했다. 이를 지토우케(地頭請)라 한다.

분쟁을 해결하는 또 다른 방법으로는 토지 중분이 있었다. 즉, 토지 자체를 반으로 나누거나 2 대 1로 분할하여 지토와 장원영주가 각각 토지의 영유권을 상호 인정하는 계약이다. 분할의 방식은 여러 가지가 있었지만, 어쨌든 일개 토지 관리자였던 지토는 이 제도를 통해 장원영주와 동등한 입장에서 토지와 농민을 지배하게 되었다. 지토우케든 토지 중분이든 무사가 점차 토지를 지배하기 시작했음을 보여주는 것이다. 이처럼 장원의 지배권은 점차 지토의 손으로 넘어갔다.

도고 장원의 토지 중분도
1258년 교토 마쓰오 신사의 영지인 호키 국 도고 장원에서 장원영주와 지토 사이에 토지 중분이 성립했을 때의 그림.

1. 국별 장원 분포와 증가
- 9~11세기 장원
- 12~13세기 장원
- ( )는 장원영주(영가)
- 국 경계

야노 장원 (도지)
도고 장원 (마쓰오 신사)
니미 장원 (미부케)
유게노시마 장원 (도지)
아카나베 장원 (도다이지)
구로다 장원 (도다이지)
아테가와 장원 (자쿠라쿠지)
이사쿠 장원 (이치조인)

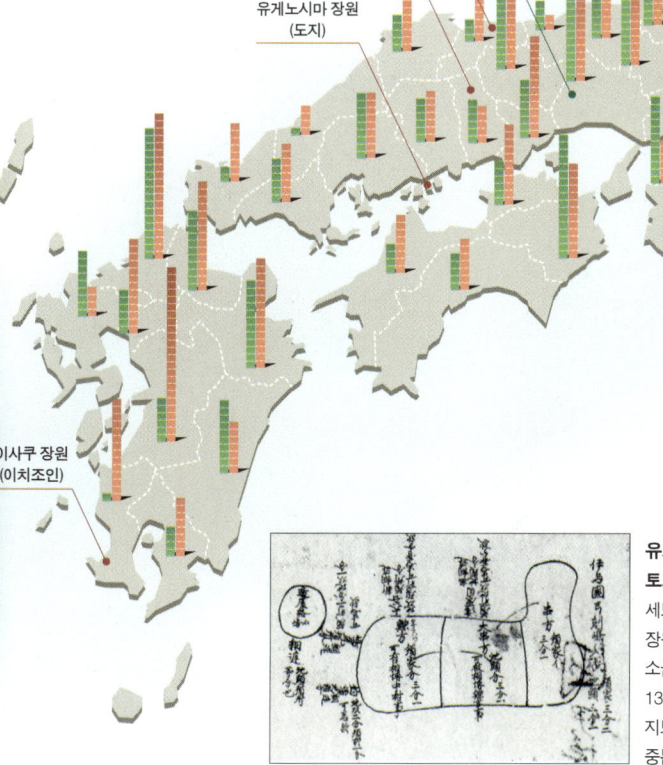

유게노시마 장원의 토지 중분도
세토나이카이에 있는 장원으로 연공을 소금으로 납부했다. 1303년에 영가 3분의 2, 지토 3분의 1의 토지 중분이 행해졌다.

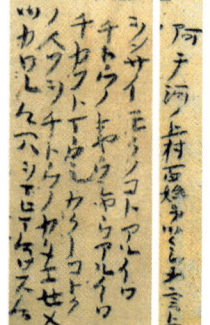

아테가와 장원 가타카나 고소장
1275년 10월 28일 작성된 기이 국 아테가와 장원 농민의 고소장. 이것에 의하면, 지토는 벌목하러 나온 농민들에게 "이놈들아, 내 토지에 가서 보리씨나 뿌려라. 안 뿌리면 너희놈들 처자를 잡아다가 귀를 자르고 코를 베고 또 머리를 깎아서 비구니로 만들어 놓겠다"고 말하고 있다. 무사의 민중 지배가 지닌 폭력성을 잘 보여준다.

가마쿠라 시대의 경제

1179
송나라 동전의 유통을 금지

1185
역참에 관한 막부법 제정

1199
송나라, 일본·고려 상인의 동전 교역을 금지

1226
대출금 이자 규제

1240
일반 서민이나 금융업자에 대한 고케닌의 토지 매매를 금지

1248
가마쿠라 상인의 수를 제한함

1251
가마쿠라의 상업 지구를 한정함

1253
숯, 장작, 짚 등 잡물의 가격 인하령 이듬해 취소

1261
대출금 이자 규제

1284
통행세·술매매·강매 등을 금지

1297
저당·매매로 타인에게 넘어간 고케닌의 영지를 무상으로 반환케 함 재심을 금지하고 금전 관계 소송을 수리하지 않음

1298
재심 금지와 금전 소송의 불수리 방침을 철회

가마쿠라 시대에는 농업이 눈부시게 발달했다. 벼의 품종이 개량되고, 쟁기·괭이·낫 등 양질의 농기구가 보급되었으며 인분 이외에 초목을 썩히거나 태워서 만든 비료도 등장했다. 수차나 소·말도 경작에 이용되었다. 그 결과 생산력이 향상되었으며, 특히 기나이 등지에서는 벼와 보리의 이모작이 보급되어 주변 지역으로 서서히 확산되었다.

수공업도 크게 발달했다. 농민들은 가내노동으로 생사·견포·마포·종이·염료·등유·멍석 등을 생산했는데, 영주에게 세금으로 내고 남은 것은 시장에서 다른 물품과 교환했다. 그러자 이들 수공업품이 상품으로 유통되기 시작했고, 장원에 정주하거나 각지를 떠돌며 생활하는 전문 수공업자도 나타났다. 육상·수상 교통의 요충에는 월 3회 정도의 정기시가 열리고, 교토·나라·가마쿠라 같은 도시에는 상설 도매점이 등장했으며, 상공업자의 비중이 증가하면서 동업자의 조합인 '자(座)'가 결성되었다. 그들은 중앙의 권문세가에게 영업세를 내고 그들의 보호를 받으며 상품을 독점적으로 제조·판매했다.

2. 주요 시장·도이마루의 분포

- 주요 시장의 개최지
- 주요 도이마루의 소재지
- 주요 역참의 소재지

어느 시장의 장날 모습
비젠 국 후쿠오카의 시장(현재 오카야마 현 오쿠 군 오사후네 초)의 장날 모습. 도로를 끼고 설치한 임시 가옥에서 생선·조류·쌀·항아리·신발 등 여러 가지 물품을 팔고 있다.

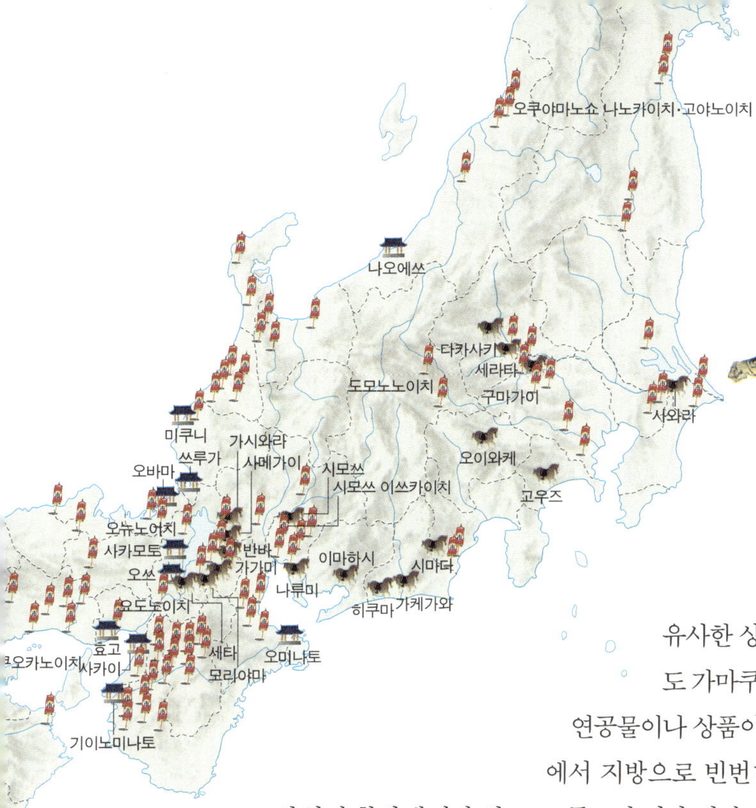

말 등에 짐을 싣고 가는 운송업자들
말 한 마리에 두 개의 짐밖에 실을 수 없을 정도로 운송력이 낮았으므로 육로 수송은 근거리에 제한되었다. 무로마치 시대에는 바샤쿠(馬借) 등으로 활약했다.

상업이 활발해지자 화폐경제가 발달하여 송나라 동전이 유통되었다. 양국 간의 교역으로 수입된 동전의 총량은 무려 2억 관에 달했다고 한다. 현재 중세 고고학 발굴 유적에서 10만 매 단위로 전화錢貨가 발견되고 있어, 당시 송나라 동전의 유통량이 얼마나 막대했는지 짐작할 수 있다. 화폐경제는 도시는 물론이고 농촌에도 확대되었다. 장원의 공납도 생산물을 시장에서 화폐로 바꾸어 도시의 영주에게 보내는 일이 잦아졌다.(도1)

화폐의 거래나 대부를 전문으로 하는 금융업자인 가시아게(借上)도 나타났다. 원격지 간의 대금 결제 방법으로 금전을 어음으로 대용하는 제도가 이용되었다. 이 제도의 운용을 담당한 도이마루(問丸)들은 각지의 항만이나 대하천에 위치한 교통의 요지에 자리 잡고 상품의 중계와 위탁판매, 운송 업무를 보았다. 도이마루는 처음에는 장원영주의 지배 아래 특정 장원의 상품만을 취급했지만, 가마쿠라 시대 말기가 되면 영주로부터 독립하여 영업했다. 가시아게와 도이마루의 영업 활동은 기나이·세토나이카이 연안에서 특히 현저했다.(도2) 또한 화폐경제의 발달을 전제로 하여 민간에 우리나라의 계契와 유사한 상호 금융 시스템이 생긴 것도 가마쿠라 시대였다.

연공물이나 상품이 지방에서 중앙으로, 중앙에서 지방으로 빈번히 운반되면서 육상·수상 교통로가 점차 정비되었다. 가마쿠라 막부는 특히 교통로가 증가한 도카이도를 군사상으로도 중시하여 역참제를 정비했다. 도카이도의 슈고는 역참을 지배하고 막부의 파발꾼을 위해 사람과 말을 준비시켰다. 이무렵 파발꾼은 교토와 가마쿠라 사이를 7일, 비상시에는 4~5일 만에 달렸고, 일반 여행객은 같은 거리를 이동하는 데 13~14일이 걸렸다고 한다. 역참은 숙소를 중심으로 하는 교통 집락이며, 주요 역참에는 슈고의 저택이 놓이고 정기시가 열려 번창했다.

가시아게(표의 바탕 그림)
고리대금업자인 가시아게가 동전 더미를 꺼내고 있는 모습.

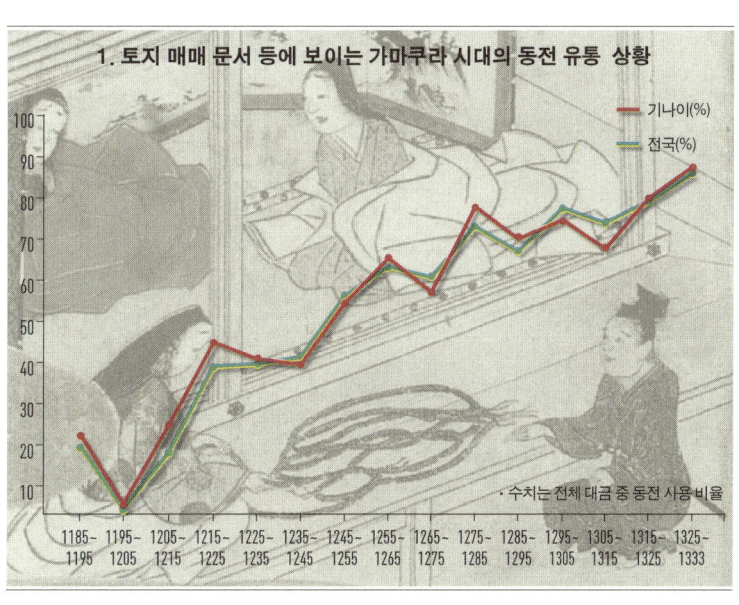

1. 토지 매매 문서 등에 보이는 가마쿠라 시대의 동전 유통 상황

· 기나이(%)
· 전국(%)
· 수치는 전체 대금 중 동전 사용 비율

10~14세기 일본의 대외 교역

983
도다이지의 조넨, 송나라 상선을 타고 송나라에 감

1026
송나라 상인 주량사, 일본에 와서 작위를 요청

1073
일본 왕칙정 등 42인, 고려에 도착

1089
일본 다자이후 상인, 고려에 도착

1145
일본 상인 19인, 중국 온주에 표착

1173
기요모리, 셋쓰 국에 항구 오와다노토마리를 축조

1179
일본 조정, 송나라 동전 유통 금지

1180
송나라 상선, 오와다노토마리에 입항

1199
송나라, 일본·고려 상인의 동전 교역 금지

1254
막부, 송나라 상선의 입항을 매년 5척으로 제한

1278
원나라, 일본 상선의 교역 허용

1306
일본 상선, 중국 영파에서 교역

1323
일본으로 향하던 원나라의 무역선, 고려의 신안 앞바다에서 침몰

1325
막부, 겐초지 조영을 위한 당선을 원나라에 파견

1329
막부, 간토 대불 조영을 위한 당선을 원나라에 파견

960년 중국에서 송나라가 건국된 이래, 많은 상인들이 아시아 각지에서 무역에 종사했다. 이들은 일본 규슈 북부의 하카타에도 입항했다. 교역의 중심은 다자이후의 홍려관이었다. 홍려관 무역은 정부가 우선 필수품을 구매하고 남은 것에 한해 민간 거래를 허용하는 방식이었다. 송나라 상인들은 이 방식에 만족할 수 없었다. 그들은 좀 더 큰 수익이 기대되는 사무역을 원했고, 그 결과 11세기 중엽 이후 하카타가 사무역의 주요 무대로 떠올랐다.

이윽고 하카타를 중심으로 하여 규슈 북부 연안과 서해안 각지에서 무역이 행해졌으며, 송나라 상인의 거류지가 생겨 도시적 풍모를 띠게 되었다. 혼슈 북부에도 송나라 상선이 입항했고, 쓰루가에는 송인 거류지가 형성되었다.

1127년 송나라가 금나라에 의해 남쪽으로 쫓겨 간 이후에도 일본과 남송의 무역은 여전히 활발했다. 헤이시는 세토나이카이를 기반으로 규슈 북부에도 세력을 넓혀 직접 송나라 상인과 무역을 했다. 다이라노 기요모리는 다자이후의 장관이 되어 양국 무역의 거점을 장악하는 한편, 세토나이카이 연안의 항로를 정비하고 자신이 축조한 오와다노토마리에 송나라 배를 입항시켰다. 일본 상인이 중국에 도항하기 시작한 것도 이 무렵이었다.

양국 무역이 활발해짐에 따라 12세기 중엽부터 송나라 동전이 유입되기 시작했다. 특히 1170년대에는 대량의 동전이 유입되어 정부에서 유통을 금지할 정도였지만, 송나라 동전의 유통은 가마쿠라 시대 내내 확대되었다. 헤이시 정권의 정책을 계승한 가마쿠라 막부는, 대륙으로부터 다자이후·세토나이카이를 거쳐 가마쿠라에 이르는 항로를 장악하여 대외무역의 주도권을 확보했다.

한편 고려와의 무역은 11세기 후반 이래 규슈 북부의 상인이나 지방관이 파견하는 사신에

신안 침몰선에서 발견된 도자기
신안 앞바다에서 인양된 청자 단지로, 중국의 용천요에서 제조되었다. 이와 동일한 것이 가나가와 현 쇼묘지에서 발견되었다.

일본에서 유통된 송나라 동전
송나라 동전은 일본에 대량으로 수입되어 경제에 큰 영향을 미쳤다. 현재까지 일본에서 가장 많이 출토된 북송전인 황송통보(1039년 발행)와 원풍통보(1078년 발행).

의해 이루어졌다. 그들은 수은·유황이나 도검·병품 등을 바치고 식량이나 인삼·서적 등을 하사품으로 받아갔다. 12세기 후반에는 '진봉관계進封關係'라는 독특한 제도가 성립했다. 쓰시마는 매년 고려에 진봉선을 보냈다. 일본에서는 다자이후가 쓰시마의 고려에 대한 무역을 관리·감독했는데, 중앙의 헤이시 정권과 그 뒤를 이은 가마쿠라 막부도 이것을 인정했다. 이러한 진봉관계는 13세기 후반 몽골의 압력으로 일본과 고려의 관계가 악화될 때까지 유지되었다.

1271년 중국에서 원나라가 성립하고 뒤이어 남송이 멸망하자, 일원 무역이 전개되었다. 13세기 말 몽골이 일본을 침략했음에도 불구하고, 일본의 대륙 문물 수용 욕구와 원나라의 개방적 통상 정책에 힘입어 전쟁이 끝나고 얼마 지나지 않아 일원 무역이 재개되었다. 14세기 들어 막부는 사원·신사의 건축을 명목으로 원나라에 당선唐船이라 불린 중국선을 파견했다. 1323년 고려의 신안 앞바다에서 침몰한 원나라 무역선도 그 하나였다.(도1)

송·고려·원과의 무역에서 일본의 주요 수출품은 사금·수은·진주·유황 같은 광산물과 도검·부채·병품·마키에 같은 공예품이었다. 한편, 일본의 수입품은 도자기나 견직물·경전·문방구·회화·동전 외에 고려의 곡물·인삼·서적, 동남아시아 원산의 향료·염료·약재 등이 있었고, 앵무새 등의 조수류도 포함되어 있었다.

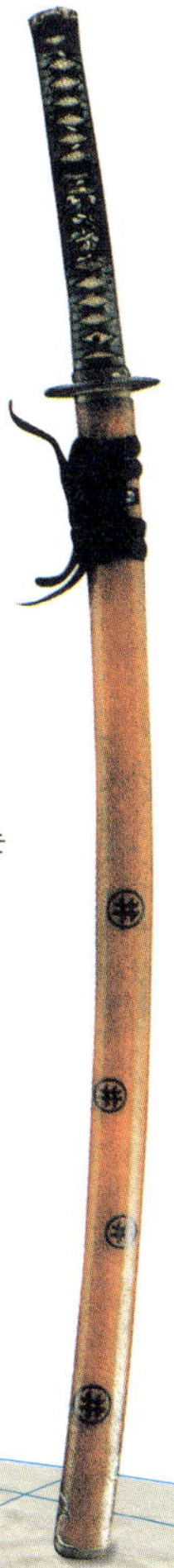

마키에
마키에는 헤이안 시대 이래 일본의 독특한 칠기 공예품으로 인기 있는 수출품이었다. 사진은 가마쿠라 시대의 대표적인 마키에로, 귀부인의 화장 도구를 수납했던 실용품이다.

도검
일본의 도검은 칼이 깊게 휘어진 것이 특징이다. 외장과 모양도 미술적 가치가 있어 해외에 호사가가 많았다. 〈일본도〉라는 시를 지은 송나라의 구양수도 그들 중 하나이다.

1. 10~14세기 일본과 동아시아의 교역
— 주요 항로
● 주요 도시

몽골의 일본 침략

1268
몽골의 국서, 다자이후에 도착

1270
삼별초 봉기

1272
규슈의 고케닌들에게 외적 방어를 명함

1273
삼별초 멸망

1274
몽골의 1차 원정

1278
쿠빌라이 칸, 일본인 상선의 교역을 허가

1279
남송 멸망

1281
몽골의 2차 원정

전투를 벌이는 일본군과 몽골군
2차 몽골 침략 당시, 일본 무사들이 임시 정박 중인 원정군의 대형 군선을 기습하고 있는 모습. 이 그림은 전투에 참가했던 다케자키 스에나가라는 무사가 제작한 『몽고습래회사蒙古襲來繪詞』의 일부이다.

몽골의 침략은 일본이 근대 이전에 외국군의 전면적인 침공을 받은 유일한 사건이었다. 1268년 몽골의 쿠빌라이 칸은 조공을 요구하면서 응하지 않으면 무력을 사용하겠다고 위협하는 내용의 국서를 일본에 보냈다. 이에 대해 일본은 교섭 자체를 거부하며 몽골에 답서조차 보내지 않았다.

쿠빌라이는 일본이 불응할 경우에 대비하여 고려에 일본 원정을 준비하라고 명했다. 1270년 삼별초의 난이 일어나 곧바로 실행에 옮길 수 없었지만, 삼별초가 멸망하자 이듬해인 1274년 10월 마침내 일본 원정에 나섰다. 몽골인·여진인·한인漢人·고려인으로 구성된 3만 수천 명의 병력을 태운 군선은 고려의 합포를 출발하여 쓰시마·이키를 침공했다. 10월 20일 원정군은 하카타 근방에서 일어난 육상전투에서 일본군을 물리쳤지만, 다음날 기상 악화로 철수했다.(도1, 2) 개인 기마전에 익숙했던 일본 무사들은 처음 접하는 집단 전법과 신무기에 고전하여 다자이후로 패퇴할 수밖에 없었다.

사실 1차 침략은 남송에 대한 전면 침공을 앞두고 남송을 고립시키기 위한 몽골의 측면 작전이었다. 즉, 일본에 대한 군사적 정복이 아니라 남송과 일본의 연결을 차단하기 위한 무력시위의 성격이 짙었던 것이다. 그 직후인 1275년 4월 쿠빌라이는 사신을 보내 다시 일본을 타이르려 했다. 그러나 막부는 사신을 처형하고 고려 침공을 계획하는 등 정면 대결의 자세를 취했다.

1279년 남송을 멸망시킨 몽골은 이제 일본을 주요 타깃으로 삼았다. 쿠빌라이는 병력을 대거 증원하여 다시 일본을 침략했다. 2차 침략은 1차 때의 약 다섯 배 규모였으며, 일본에 둔전군 설치를 계획하는 등 일본(적어도 그 일부 지역)에 대한 군사적 정복과 지배를 시도했다. 한편, 막부는 집권 호조 도키무네의 지도 아래 지휘관을 교체하고 상륙을 저지할 석축을 축조했으며, 해전용 선박을 징발하는 등 방어체제를 강화했다.

1281년 5월 고려를 출범한 동로군(다민족군)은 하카타 만에 침입했으나 일본군의 저항에 부딪혀 이키로 물러났다. 그 후 히라도 근해에서 대기하다가 중국에서 내항한 강남군(옛 남송군)과 합류했다. 그러나 윤7월 1일(양력 8월 23일) 태풍이 엄습하자, 다카시마에 집결한 군선 대부분은 난파되었고 돌아가지 못한 병사들은 일본군에게 살해되었다. 쿠빌라이는 그 후에도 일본 침략을 기도했지만, 몽골 제국 내부의 분쟁 등으로 결국 실행에 옮길 수 없었다.(도2)

몽골이 침략한 유럽이나 동남아시아 혹은 일본 원정에까지 강제 동원된 고려에 비하면, 몽골의 침략에 따른 일본의 실제 피해는 경미했다. 그러나 10세기 이후 주변 국가와 국교를 맺지 않았고 국제적 긴장 상태에 놓인 일도 거의 없었던 섬나라 일본으로서는 정신적 충격이 엄

1240 • 1331 　　　　　　　　　　　　　　　　　　　　　가마쿠라 시대　　중세

가마쿠라 막부의 쇠퇴

1240
고케닌 영지의 매각 금지

1267
고케닌 영지의 저당 금지

1273
악당을 비호하는 고케닌 처벌

1284
고케닌이 악당 되는 것을 단속

1285
다이라노 요리쓰나, 아다치 야스모리를 멸망(상월소동)

1293
호조 사다토키, 다이라노 요리쓰나를 멸망

1297
덕정령을 발포하여 고케닌의 구제를 꾀함

1300년경
악당 횡행

1331
호조 다카토키, 나가사키 다카스케를 토벌하려다 실패

1. 가마쿠라 말기의 슈고 배치

- 도쿠소의 슈고국
- 호조 씨 일족의 슈고국
- 기타(도자마) 슈고국
- 슈고가 설치되지 않은 국
- 불명

2. 호조 씨 일족의 슈고직 증대

- 도쿠소와 호조 씨 일족의 슈고직
- 기타(도자마)의 슈고직
- 슈고직 없음

	요리토모 사망 후(1199)	조큐의 난 후(1221)	호지 전투 후(1247)	상월소동 후(1285)	막부 멸망 직전(1333)
도쿠소·호조	3	13	15	28	30
기타	31	28	26	23	22
없음	4	4	5	5	5

두 차례의 몽골 침략과 그 후에도 계속되는 군사적 긴장으로, 가마쿠라 막부 내에서는 호조 씨, 특히 호조 씨의 본가인 도쿠소의 권력이 강화되었다. 이미 집권 호조 도키요리의 시대부터, 막부의 최고 의사 결정 기관인 평정중을 대신해서 도쿠소의 사저에서 열리는 일족 중심의 비밀 회의가 중요 정무를 결정하고 있었다. 그런데 아들 도키무네의 시대에는 이러한 경향이 더욱 현저해졌다. 호조 씨는 평정중·인부중 등 막부의 요직에도 대거 진출했다.

막부의 호조 씨는 서일본의 슈고를 대폭 경질하고 각국의 슈고직을 일족으로 채웠다. 가마쿠라 말기까지 전국 슈고의 반 이상인 30개국을 호조 씨가 차지했을 정도였다.(도1, 2) 게다가 도쿠소는 전국 각지의 주요 도시, 항만, 장원 등도 직접 지배 아래 넣어 영지를 방대한 규모로 부풀려갔다. 이처럼 호조 씨 일족에게 권력이 집중되고 도쿠소의 가신인 '미우치비토(御內人)'

의 세력이 커지자, 쇼군의 가신인 유력 고케닌 [이들을 도자마(外樣)라고 한다]과 지토직을 해임당한 무사들의 불만이 쌓여갔다.

몽골 침략 등 대외적 위기를 계기로 도쿠소의 전제가 심화되는 가운데 정변이 발생했다. 도키무네가 사망한 이듬해인 1285년, 미우치비토의 지도자 다이라노 요리쓰나가 유력 고케닌이자 도쿠소의 외척인 아다치 야스모리를 멸망시켰다(상월소동霜月騷動). 이후 도쿠소의 일방적인 독주를 견제할 만한 세력은 막부 내에 더 이상 존재하지 않게 되었다. 1293년 요리쓰나는 도키무네의 아들 사다토키에 의해 살해당했지만, 미우치비토의 정계 진출은 계속되었다. 그리하여 사다토키의 아들 다카토키의 시대에는 미우치비토가 전횡을 휘둘렀다.

한편 몽골 침략을 전후한 무렵 장원공령제莊園公領制에 입각한 사회체제는 크게 흔들리고 있었다. 농업과 상업의 발달, 화폐경제의 발전, 생산력의 향상은 농촌 사회의 변화를 불러왔으며, 그 속에서 장원영주와 지토에 대한 농민의 저항도 다양한 형태로 나타났다. 또한 기나이와 그 주변에서는 장원영주에 대항하는 지토나 비非고케닌 신흥 무사들이 무력을 내세워서 연공의 납입을 거부하거나, 그러한 불법행위를 억압하는 막부에 대해 반발하기도 했다. 당시 악당惡黨이라 불린 무사의 움직임은 이윽고 각지로 확대되어, 농민의 저항운동과 함께 장원영주와 막부를 곤혹스럽게 했다.

막부가 직면한 가장 큰 어려움은 조직의 근간인 고케닌에 있었다. 몽골의 침략은 고케닌들에게 많은 희생을 강요했다. 하지만 막부는 그들에게 은상으로 충분한 토지를 주지 못해 신뢰를 잃고 말았다. 일반 고케닌들은 거듭되는 분할상속에 의해 영지가 세분화된 데다가 화폐경제의 발전에 휩쓸려 영지를 저당·매각하여 궁핍해졌다. 이 때문에 전투 동원에 이은 경계 근무나 석축지 군역은 그들의 생활을 더욱 압박했다. 고케닌의 궁핍화가 더욱 심화되자, 마침내 고케닌이 악당이 되는 사태마저 발생하게 되었다.

막부는 이러한 사태를 막고 고케닌을 구제하기 위해 1297년 이른바 덕정령德政令을 발포했다. 즉, 고케닌의 영지에 대해 저당·매매를 금지하고, 그때까지 저당·매각한 고케닌의 영지를 무상으로 돌려주게 하는 한편, 고케닌이 관계된 금전 소송을 수리하지 않는 등 단호한 조처를 취했다. 그러나 별 효력을 거두지 못했으며 고케닌의 몰락을 막는 것은 불가능했다.

많은 중소 고케닌들이 몰락하는 한편, 경제 정세의 흐름을 잘 파악하여 세력을 확대하는 무사도 나타났다. 특히 슈고 중에는 몰락한 고케닌을 지배하에 넣어 커다란 세력을 쌓는 자도 나타났다. 막부는 고케닌들의 동요를 억제하기 위하여 더욱 전제적·억압적 조처를 취했지만, 이는 고케닌들의 더 큰 반발을 초래하여 결과적으로는 막부의 호조 씨를 고립시키고 말았다.

악당의 횡행
악당이란 장원영주나 막부체제에 저항하던 무사들을 말한다. 처음에는 고케닌이 아닌 신흥 무사층이 주류를 이루었으나, 점차 고케닌층이 궁핍해지면서 몰락한 고케닌도 가담하게 되었다. 이들은 연공의 납입을 거부하거나 연공미를 강탈하면서 구질서를 무너뜨렸으며, 마침내 가마쿠라 막부가 붕괴하는 한 요인이 되었다.

가마쿠라 시대의 문화

1175
호넨, 전수염불 주창

1191
에이사이, 송나라에서 귀국하여 임제종 전파

1227
도겐, 송나라에서 귀국하여 조동종 전파

1235
에이손, 사이다이지로 이주

1246
송나라 승려 난계도융, 일본에 옴

1253
니치렌, 법화경 신앙 주창

1258년경
가나자와(가네사와) 문고 성립

1279
무학조원, 호조 도키무네의 초청으로 일본에 옴

1279
잇펜, 시나노 지방에서 오도리 염불 시작

1330년경
겐코, 「쓰레즈레구사」 완성

헤이안 말기부터 가마쿠라 초기까지는, 무사와 농민이 전면에 등장하는 등 사회적으로 커다란 전환기였다. 이에 따라 정신생활에도 많은 변화가 일어났다. 특히 불교는 귀족들의 현세 이익을 위한 기도나 학문 중심에서 탈피하여, 서민을 포함한 넓은 계층의 내면적 요구에 부응하는 종교로 바뀌었다.

그 선구적 인물은 호넨이다.(도1) 그는 염불(나무아미타불)만 외면 죽은 후 누구나 극락정토에서 왕생할 수 있다는 가르침을 설파하여 훗날 정토종淨土宗의 개조로 추앙받았다. 호넨의 제자 신란은 번뇌가 많은 인간이야말로 아미타불이 구제하려는 대상이라는 가르침을 농민과 지방 무사 사이에 널리 전파했다. 훗날의 정토진종淨土眞宗은 여기에서 비롯된 것이다. 같은 정토종 계통에서 나온 잇펜은 신앙심의 유무와 상관없이 모든 인간이 구제받는다는 염불의 가르침을 설파했다. 잇펜은 춤추며 염불을 외는 오도리 염불을 행하며 각지에서 포교했다. 이것은 시종時宗이라 불린다.

그 무렵 법화 신앙을 토대로 새로운 구원의 도를 열었던 것이 니치렌이다. 그는 '남무묘법연화경南無妙法蓮華經'을 외면 성불할 수 있다고 설파했다. 니치렌은 가마쿠라를 중심으로 포교하면서 다른 종파를 맹렬히 공격하다가 막부의 탄압을 받았지만, 그를 개조로 하는 니치렌종(日

도다이지 남대문 금강역사상
1203년 운케이·가이케이가 완성한 도다이지 남대문 금강역사상. 무사의 시대정신을 반영한 매우 사실적이고 힘찬 조각이다.

1. 가마쿠라 시대의 불교

〈교토 오산 五山〉
덴류지
쇼코쿠지
겐닌지
도후쿠지
만주지

신란 탄생지·입멸지 (1173~1262)
도겐 탄생지·입멸지 (1200~53)
호넨 입멸지 (~1212)

호넨 탄생지 (1133~)
에이사이 탄생지 (1141~)

잇펜 입멸지 (~1289)
호넨 유배지 (1207~11)
잇펜 탄생지 (1239~)

蓮宗, 법화종)은 간토의 무사층과 상공업자를 중심으로 확산되었다.

간토의 무사들 사이에서 커다란 세력을 갖고 있었던 것이 선종이다. 선종은 12세기 말 송나라에 건너간 에이사이에 의해 일본에 전해졌다. 막부는 임제종臨濟宗이라 불리는 이 종파를 중시하고, 많은 중국 선승을 초빙하여 가마쿠라에 겐초지(建長寺)·엔가쿠지(圓覺寺) 등 대사원을 세웠다. 반면 같은 선종 계통이면서도 임제종과 달리 권력과의 관계를 끊고 오로지 좌선에 매진할 것을 역설한 것이 도겐의 조동종曹洞宗이다.

한편, 가마쿠라 신불교에 자극받아 구불교 측도 새로운 움직임을 보였다. 법상종法相宗과 화엄종華嚴宗은 계율을 중시하여 나라 불교의 부흥에 힘을 쏟았다. 율종은 빈민과 병자의 구제·치료 등 사회사업에도 헌신했다.

오도리 염불
잇펜 상인上人이 제자들과 무대 위에서 징과 북을 치며 오도리 염불을 하고 있는 모습

문학에도 새로운 움직임이 나타났다. 사이교의 『산카슈(山家集)』, 가모노 조메이의 『호조키(方丈記)』 등 편력과 은둔의 문학이 탄생했고, 무사의 활약상을 생생하게 묘사한 『헤이케 모노가타리(平家物語)』 등 전쟁 이야기를 다룬 책이 등장했다. 그밖에 설화집 『고킨초분슈(古今著聞集)』, 수필 『쓰레즈레구사(徒然草)』, 그리고 『신고킨와카슈(新古今和歌集)』 등 다양한 문학이 꽃을 피웠다.

교토의 귀족 사이에서는 고전이나 조정의 의식·선례를 연구하는 학문이 성행했다. 가마쿠라 무사들 사이에서도 학문에 대한 관심이 높아져, 호조 사네토키와 그 자손은 가나자와에 문고를 세우고 두루 서적을 모아 학문에 정진했다. 가마쿠라 말기에는 송나라 주자학이 전해져 고다이고 천황을 중심으로 하는 막부 타도 운동의 이론적 근거를 제공했다.

예술 분야에서도 새로운 경향이 나타났다. 새로운 시대의 정신을 살린 강력한 사실성과 풍부한 인간미가 표출된 조각이 운케이·단케이 부자에 의해 탄생했다. 건축에서는 대륙으로부터 호방한 대불 양식과 함께 정연한 선종 양식이 전래되었다. 주택은 무사의 생활에 적합하게 실용적이고 간소한 양식이 나타났다. 서예는 송·원의 서풍이 전해졌으며, 도기의 제작 또한 송·원의 강한 영향을 받으면서 발달했다.

남북조 분열의 시대

1317
가마쿠라 막부, 천황 교대 취임을 제안

1321
원정 중지, 천황 친정 부활

1324
고다이고 천황 측의 막부 토벌 계획 누설

1331
고다이고 천황 거병
막부, 고곤 천황을 새로 옹립

1332
고다이고 천황, 오키로 유배

1333
고다이고 천황, 오키 탈출
가마쿠라 막부 멸망

1334
겐무 신정

1335
다카우지, 신정부와 대립

1336
고다이고 천황, 요시노로 탈출
남북조 대립 시작

고다이고 천황
고다이고의 돌출 행동은 다이카쿠지 계통 내부에서조차 취약한 그의 처지 때문이다. 아버지 고우다 천황은 고니조 천황의 아들 구니요시 친왕을 적류로 삼았고 고다이고는 어린 구니요시가 성장할 때까지 잠시 천황 지위를 맡을 예정이었다.

가마쿠라 막부의 실권자가 된 호조 씨는 점차 천황가의 내부 문제에도 간여하기 시작했다. 당시 천황가는 지묘인(持明院) 계통과 다이카쿠지(大覺寺) 계통으로 분열하여, 황위 계승, 원정院政 개설 권리, 장원의 상속 등으로 대립하고 있었다. 가마쿠라 막부는 분쟁을 해결하기 위한 방안으로, 두 계통이 교대로 천황에 취임하도록 조정했다. 이를 '양통질립兩統迭立'이라 한다.(도1) 가마쿠라 막부는 천황가의 내부 분열을 이용하여 조정을 더욱 손쉽게 통제했다.

다이카쿠지 계통의 고다이고 천황은 이러한 상황에 불만을 품고 막부를 타도하고자 했으나, 두 차례 모두 실패하고 말았다. 막부는 고다이고 천황을 오키로 유배시키고, 1332년 지묘인 계통의 천황을 새로 즉위시켰다.

당시 호조 씨는 자신의 직계 가신인 미우치비토만을 편애했기 때문에, 여기에서 소외된 무사들은 호조 씨에 대해 불만이 많았다. 또 분할 상속이 대를 이어 계속되어 무사들의 영지는 점점 더욱 잘게 쪼개졌고, 화폐경제의 침투에 제대로 대응하지 못해 이들의 생활은 더욱 궁핍해졌다. 이처럼 무사들의 정치·경제적 여건이 악화될 무렵, 고다이고 천황이 거병하여 반反호조 씨 정서에 불을 붙였다. 그리하여 전국 각지에서 무사들의 반란이 일어났다.

1333년 윤2월 고다이고 천황이 유배지 오키에서 탈출하자 반反가마쿠라 막부의 움직임은 더욱 거세졌다. 막부는 커져가는 반란 세력을 진압하기 위해 아시카가 다카우지를 교토로 급거 파견했다. 다카우지는 자신을 파견한 막부를 배신하고 교토 로쿠하라를 공격했다. 이윽고 간토에서도 반란이 일어나 1333년 5월 호조 다카토키 일족이 집단 자살함으로써 가마쿠라 막부는 멸망하고 말았다.(도2)

교토로 돌아온 고다이고는 천황이 친정을 해야 한다는 이념에 기초하여 기존의 막부도 부정하고 원, 섭정, 관백도 부정했다. 그러나 현실적으로 무사의 세력을 완전히 배제할 수는 없었다. 그리하여 고다이고 천황은 공가公家(즉 귀족)와 무가武家(즉 무사)가 함께 협력하여 통치하는 '공무협조公武協調' 정책을 도모했다. 이러한 새로운 정치 질서를 당시 연호인 겐무(建武)를 따서 '겐무 신정'이라 한다. 그러나 의욕적으로 추진한 겐무 신정은 2년 만에 붕괴되었다. 가장 큰 원인은 신정부 수립에 참가한 사람들의 입장이 서로 달랐기 때문이다. 공가는 귀족정치의

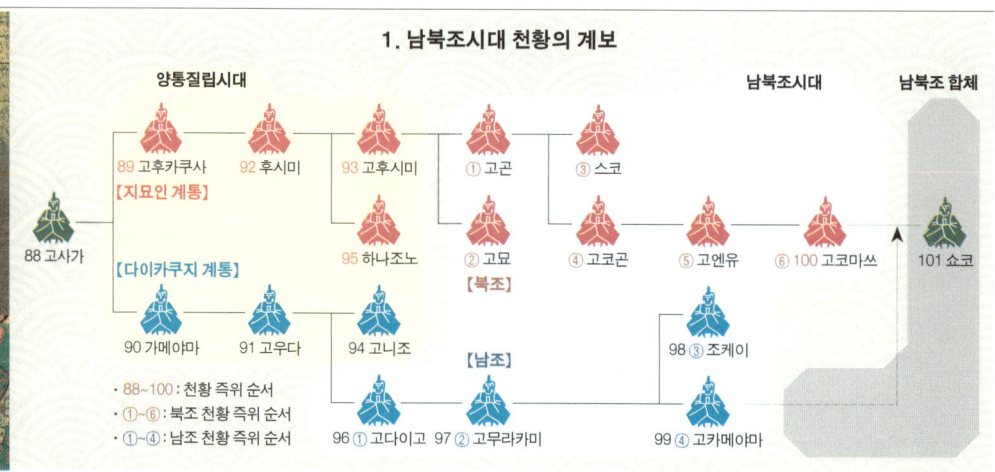

1. 남북조시대 천황의 계보

2. 가마쿠라 막부의 멸망

→ 고다이고 천황의 행로
┈▶ 닛타 요시사다의 행로
→ 아시카가 다카우지의 행로
1–8 주요 사건 순서

3 1333. 윤2 고다이고 천황, 오키에서 탈출.
1 1324. 9 쇼추의 변.
2 1331. 5 겐코의 변.
4 1333. 5 다카우지, 로쿠하라를 함락.
5 1333. 5 닛타 요시사다, 고즈케에서 거병.
7 1334 고다이고 천황, 겐무 신정 개시.
6 1333. 5 가마쿠라 막부 멸망.
8 1336. 12 고다이고 천황, 요시노로 도망.

부활을, 무가는 호조 씨를 대신하는 새로운 무가 정권을 수립하고자 했다. 그러나 무가가 군사력을 확고히 쥐고 있는 상황에서, 천황이 친정을 펴기란 사실상 어려웠다.

고다이고 천황은 다카우지를 견제하기 위해 닛타 요시사다를 이용했다. 요시사다 역시 가마쿠라를 직접 공격하여 막부를 멸망시키는 데 결정적 역할을 한 인물이다. 그러나 1335년 다카우지는 요시사다의 군대를 격파하고 고다이고 측에 대한 압박의 수위를 더욱 높였다.

1336년 다카우지에 의해 폐위된 고다이고는 그해 연말 교토를 탈출하여 요시노로 도망가 자신이 전통 천황임을 주장했다. 그리하여 북쪽에 있는 교토의 조정(북조)과 남쪽에 있는 요시노의 조정(남조)이 동시에 성립하여 양자가 서로 대립 항쟁하는 남북조 시대가 열렸다.

남조의 근거지, 요시노
긴푸 산(金峰山)을 주봉으로 하는 산맥으로 둘러싸인 요해지이다. 헤이안 초기부터 종교 수행자의 근거지였다. 남조는 지리·군사적 요충지 요시노에 근거를 마련함으로써 북조의 공격을 견딜 수 있었다.

무로마치 막부의 성립

1338
다카우지, 쇼군에 임명

1339
고다이고 천황 사망

1349
다다요시, 고노 모로나오와 불화

1350~52
간노의 요란

1351
다카우지, 남조에 귀순

1352
다카우지, 다다요시를 살해

1358
다카우지 사망

1361
남조, 교토 공략

1392
남북조 통일

아시카가 다카우지
아시카가 씨는 시모쓰케 국 아시카가 장원에 거주했기 때문에 아시카가 씨로 불렸다. 고다이고 천황이 다카우지(高氏)에게 자신의 이름(尊治) 중 한 글자를 하사했고, 이때부터 그의 이름은 다카우지(尊氏)가 되었다.

남북조 시대의 갈등과 항쟁은 교토에 머무르지 않고 지방으로 확산되었다.(도1) 남조와 북조 모두 유력 지방 무사들을 자기편으로 끌어들여 세력을 키우려 했다. 그러나 1338년 기타바타케 아키이에, 닛타 요시사다 등 천황을 따르던 무사들이 사망하고 1339년에는 고다이고 천황마저 사망함에 따라, 점차 형세는 남조에 불리해졌다. 남조는 도호쿠·간토·규슈 등에 거점을 확보하여 겨우 항전하며 버티고 있었다.

그렇다고 해서 다카우지가 버티고 있는 북조가 남조를 완전히 제압할 수 있었던 것은 아니었다. 남조는 요시노라는 천혜의 요새에 자리 잡고 있었고, 이세·기이 지역의 해상 루트를 통해 동쪽과 서쪽으로 나아갈 수 있었으며, 천황의 정통성 측면에서도 천황을 급조한 북조보다 유리했다. 더욱이 실권자인 아시카가 씨 내부의 분열과 항쟁으로, 북조는 끊임없이 동요하고 있었다.

다카우지는 1338년 북조로부터 쇼군에 임명되어 무로마치 막부를 열었으나, 실제로는 1인 통치체제를 확보하지 못해 동생 아시카가 다다요시와 정무를 분담하고 있었다.(도2) 다카우지는 정이 많고 포용심이 많았으며 적에게도 관대한 현실주의자였던 반면, 동생 다다요시는 논리적인 사고를 중시하고 자제심이 강했으며 성실했다.

당시 두 사람이 발급한 문서를 분석해보면 흥미로운 사실이 발견된다. 다카우지는 주로 무사들에게 은상을 수여하거나 그들의 인사를 관리하는 권한을 장악하고 있었음에 반해, 동생 다다요시는 영지 재판을 비롯하여 정무·행정 일반을 관장하고 있었다. 이를 각각 인격적·사적 관계의 주종제적 지배(다카우지)와 사적 관계를 뛰어넘는 공적 성격의 통치권적 지배(다다요시)라고 한다.

이윽고 통치의 성격 면에서 차이를 보이던 다카우지와 다다요시 사이에 충돌이 발생하기 시작했고, 결국 1350년 다다요시가 반기를 들어 간노(觀應)의 요란擾亂이라는 커다란 항쟁으로 발전했다.(도3) 항쟁의 가장 큰 원인은 양자

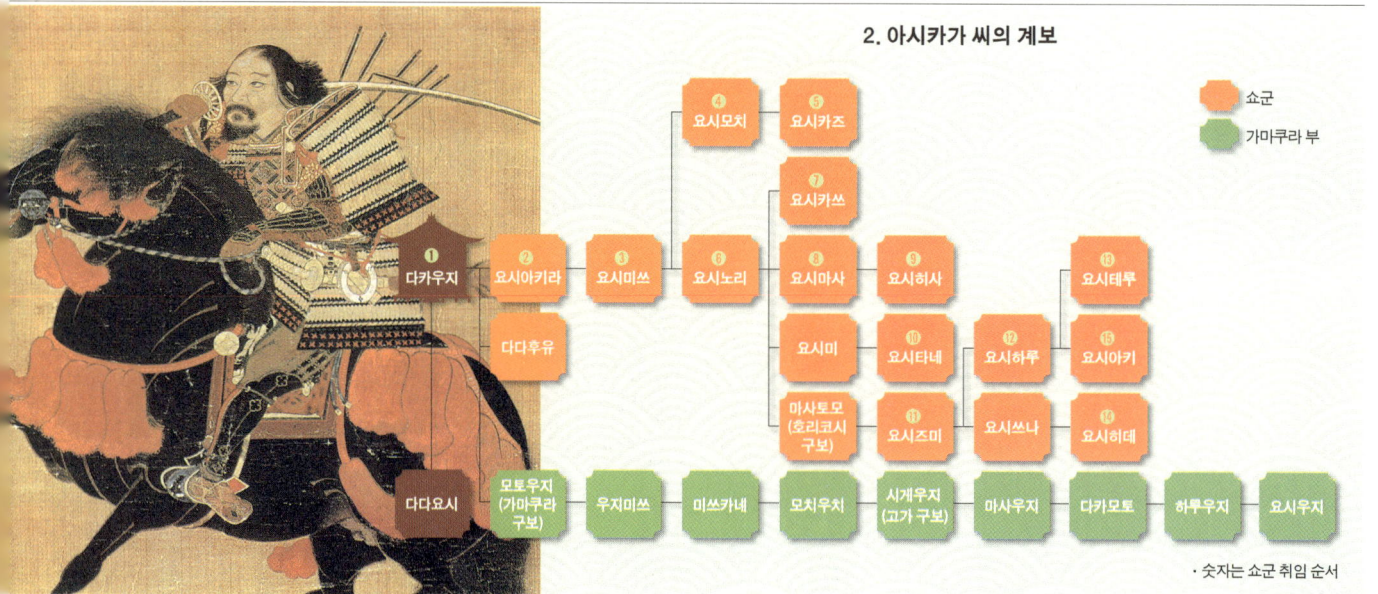

2. 아시카가 씨의 계보

· 숫자는 쇼군 취임 순서

의 지지 세력이 크게 달랐다는 점에 있었다. 다카우지의 부하 중에는 기존 질서와 전통을 부정하는 자들이 많았고 이에 따라 새롭게 성장하던 기나이(畿內) 주변의 신흥 무사들이 지지했다. 반면 다다요시에 호응하는 무사들은 교토에서 멀리 떨어진 지역의 출신자가 많았으며, 이들은 전통적 동족 결합을 중시하는 기풍의 소유자였고 가문과 신분을 무시하는 신흥 무사들에게 반감을 가졌다. 수세에 몰린 다다요시가 남조에 투항하여 힘을 모아 잠시 권력을 장악하는 데 성공했지만, 1351년 이번에는 불리한 상황에 빠진 다카우지가 남조에 항복하여 세력을 만회한 후 다다요시를 공격하여, 1352년 그를 죽음으로 몰아넣었다. 이와 같이 다다요시와 다카우지 둘 다 각각 일시적이기는 하지만 불리한 상황을 만회하기 위해 남조에 투항하는 상황이 연출되었다.

다다요시가 죽자 양자 다다후유가 그의 유지를 계승했고, 그 후 다카우지파, 구(舊)다다요시파, 남조의 삼자가 10여 년간 이합집산을 계속하면서 항쟁했다. 이러한 분열을 종식시킨 것은 다카우지의 손자 요시미쓰였다. 1368년 쇼군에 취임한 요시미쓰는 1392년 남북으로 나뉘어 있던 조정을 하나로 통합하는 데 성공했고, 남북조 시대도 막을 내렸다. 이로써 무로마치 막부는 전국적인 통일정권을 수립하게 되었다.

3. 간노의 요란

→ 다다요시의 진격로   ⋯⋯> 다다요시의 퇴각로
→ 다카우지의 진격로

1350년 10월 교토를 떠나 이시카와에 입성한 다다요시는 다카우지에 대항하여 거병했다. 이후 형제는 1352년 2월 다다요시가 살해될 때까지 서로 치열하게 싸웠다.

1. 아시카가 다카우지의 활동

→ 아시카가 다카우지의 행로
→ 기타바타케 아키이에의 상경로
1～9 주요 사건 순서

4 1336. 1 기타바타케 아키이에 교토로 입경.
8 1336. 6 다카우지, 교토 입경.
9 1336 다카우지, 고묘 천황을 즉위시킴.
6 1336. 3 다카우지, 다자이후 장악.
7 1336. 5 다카우지, 구스노키 마사시게를 죽임.
3 1335. 12 기타바타케 아키이에, 다가 성에서 가마쿠라로 이동.
2 1335. 12 다카우지, 닛타 요시사다 격파.
5 1336. 2 다카우지, 규슈로 도망.
1 1335. 7~8 호조 다카토키의 아들 도키유키, 막부의 부흥을 위해 거병. 다카우지가 이를 진압.

슈고 다이묘의 성장

1368
아시카가 요시미쓰, 쇼군에 임명

1391
메이토쿠의 난 발발
야마나 우지키요 사망

1392
남북조 통일

1394
요시미쓰, 태정대신에 임명

1398년경
막부, 삼관령·사직 제도 정비

1399
오에이의 난 발발
오우치 요시히로 사망

1400
요시미쓰, 이마카와 료순 토벌

1416
간토 관령 우에스기 우지노리, 난을 일으킴

1438
막부, 간토 구보 아시카가 모치우지 공격

1441
아카마쓰 미쓰스케, 쇼군 요시노리 모살

아시카가 요시미쓰가 쇼군에 취임한 1368년경에 이르러 무로마치 막부도 안정되었다. 1378년 요시미쓰는 교토의 기타오지무로마치(北大路室町)라는 상황의 옛 거처 터에 새로운 저택을 지었다. 사실 '무로마치'라는 막부의 이름도 여기에서 유래한다. 1392년 요시미쓰는 남조와 교섭하여 북조와 통합하는 데 성공했다.

무로마치 막부는 가마쿠라 막부와 남조를 붕괴시킨 전국의 무사들을 하나로 통합하기 위해 각국에 슈고를 파견했다. 이때 대부분의 슈고는 아시카가 씨 일족이었고, 지방 유력자를 슈고에 등용한 사례는 적었다. 이 점에서 무로마치 막부가 슈고를 배치한 것은 가마쿠라 막부의 호조 도쿠소 정권을 본뜬 것에 지나지 않는다는 견해도 있다.

그렇지만 수 개국의 슈고직을 겸임하는 슈고가 늘어난 것은 가마쿠라 시대와 다른 새로운 흐름이 반영된 결과였다. 가마쿠라 시대의 슈고는 모반·살인자를 체포할 수 있는 권한을 위임받은 지방관으로, 자기 관할 아래에 있는 지토·고케닌과는 사적 주종 관계를 맺지 않았다. 그런데 남북조 시대에 이르러 전란이 빈번해지고 막부가 지방 무사를 조직하기 위해 슈고의 권한을 대폭 확대함에 따라, 슈고가 지토와 고케닌을 자신의 부하로 편입하는 경향이 나타나기 시작했다.

1346년 슈고는 영지 분쟁이 일어날 때 농작물을 강탈하는 행위를 단속할 수 있는 권한과 재판의 판결을 집행할 수 있는 권한을 새로이 획득했다. 특히 1352년 다카우지가 도입한 반제령半濟令은 슈고의 성장에 결정적 역할을 했다. 여기에서 '반제령'이란 본래 장원영주에게 납부해야 할 연공 중에서 군량미라는 명목으로 그 절반을 슈고에게 주고, 슈고가 이를 다시 지방 무사에게 분급하는 제도였다. 원래는 전쟁이 치열했던 오미·미노·오와리 등 3개국에서 1년 동안 한정해서 실시한 제도였는데, 점차 영속적이고 전국적인 제도로 확산되었다. 그리하여 슈고는 점차 국내의 무사를 자신의 사적 가신단으로 편성하여 영국領國 전체를 지배해나갔다.(도1)

그러자 일부 유력 슈고는 자신의 강화된 권한을 바탕으로 무로마치 막부에 도전하기 시작했다. 야마나 씨(山名氏)는 일족을 합쳐 11개국의 슈고직을 갖고 있었고, 오우치 씨(大內氏)는 6개국의 슈고직을 겸하고 있었다. 특히 야마나 씨는 일본 전국 토지의 6분의 1을 장악하고 있다는 의미에서 '로쿠부노이치도노(六分一殿)'라 불리기도 했다. 이 무렵부터 슈고에 지방 유력자라는 뜻의 '다이묘'라는 말이 붙어 '슈고 다이묘'라고 불리기 시작했다. 막부는 슈고 다이묘의 영향력이 커지는 것을 두려워해 이들을 교토에 거주하도록 했고, 슈고 다이묘의 지방 영지

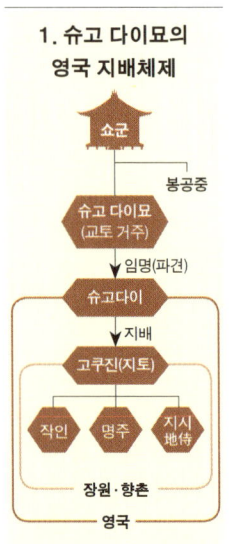

1. 슈고 다이묘의 영국 지배체제

슈고 다이묘는 슈고다이를 통해 영국領國을 지배했다. 봉공중奉公衆은 아시카가 씨 일족, 슈고 다이묘의 서자, 유력 고쿠진(國人) 영주로 구성된 쇼군 직속의 가신단이다.

는 슈고다이(守護代)가 맡았다.

1391년 요시미쓰는 야마나 씨의 내분을 이용하여 토벌에 나서 3개국의 슈고직을 가진 일족으로 격하시켰고[메이토쿠(明德)의 난], 1399년에는 오우치 씨를 토벌하여 그 세력을 크게 약화시켰다[오에이(應永)의 난].(도2)

막부의 통치 기구는 요시미쓰 시기에 거의 정비되었다. 무로마치 막부의 직제는 가마쿠라 막부의 그것과 매우 비슷하다. 그러나 쇼군을 보좌하는 관령管領은 아시카가 씨의 일족인 호소카와 씨(細川氏)·시바 씨(斯波氏), 하타케야마 씨(畠山氏)가 교대로 취임했다. 이들을 삼관령三管領이라고 한다. 관령은 쇼군의 명령을 받아 이를 각국의 슈고에게 전달했다. 막부의 중앙관청 중에는 교토 내외의 경비와 형사재판을 관장하는 시소侍所가 가장 중요했다. 그 장관(소사所司)은 대체로 야마나 씨·아카마쓰 씨(赤松氏)·교고쿠 씨(京極氏)·잇시키 씨(一色氏)의 유력 슈고가 교대로 임명되었다. 이들을 사직四職이라고 한다.

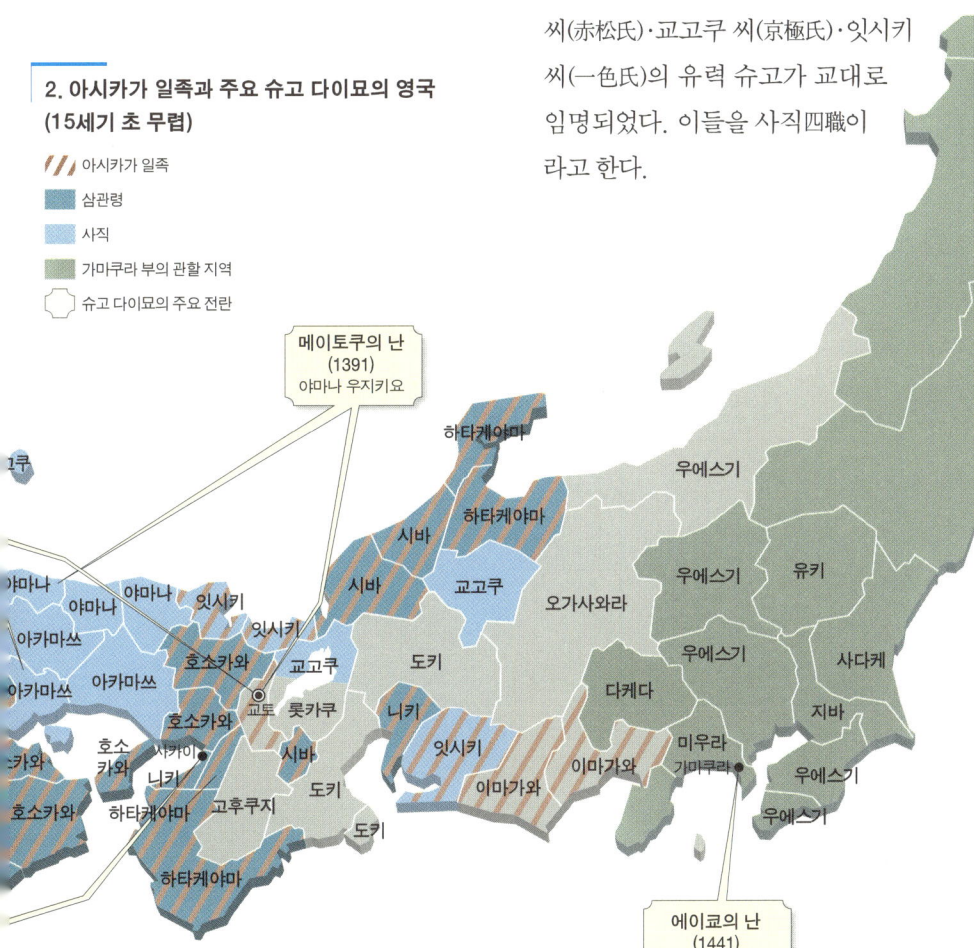

슈고 다이묘의 저택
〈낙중낙외도병풍洛中洛外圖屛風〉에 그려진 슈고 다이묘 호소카와 씨의 저택. 아시카가 씨의 일족인 호소카와 씨는 삼관령가의 하나로 권세를 누렸다.

2. 아시카가 일족과 주요 슈고 다이묘의 영국 (15세기 초 무렵)
- 아시카가 일족
- 삼관령
- 사직
- 가마쿠라 부의 관할 지역
- 슈고 다이묘의 주요 전란

메이토쿠의 난 (1391) 야마나 우지키요

에이쿄의 난 (1441) 아시카가 모치우지

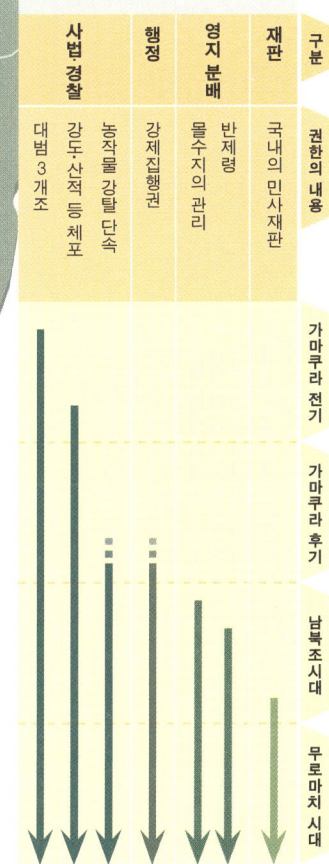

3. 슈고 다이묘의 권한 확대

구분	재판	영지 분배	행정	사법·경찰
권한의 내용	국내의 민사재판	반제령 / 몰수지의 관리	강제집행권	농작물 강탈 단속 / 강도·산적 등 체포 / 대범 3개조
가마쿠라 전기				
가마쿠라 후기				
남북조시대				
무로마치 시대				

감합무역과 동아시아

1350 이후
전기 왜구, 고려 연해를 빈번히 침략함

1401
요시미쓰, 명에 사신 파견(1차 견명선)

1402
요시미쓰, 명 사신을 접견하고 국서에 '일본 국왕'임을 표명

1404
감합무역 시작

1411
감합무역 중지

1432
감합무역 재개

1523
영파의 난 발발
승리한 규슈의 하카타 상인이 무역 독점

1551
오우치 씨 멸망
감합무역의 단절

1588
도요토미 히데요시, 해적단속령 발포

왜구란 쓰시마·이키·마쓰라를 근거지로 삼은 해적 집단을 말한다. 이들은 한반도와 중국의 연안 지역을 습격하고 약탈을 일삼았다. 14세기 중반 전국이 남북조로 분열하여 중앙권력이 약화되자, 왜구가 준동했다. 남북조 시대에 출현한 왜구를 통칭하여 '전기 왜구'라고 한다.(도1)

1368년 중국에서는 명나라가 건국되었다. 아시카가 요시미쓰는 1401년 명에 사절을 보내 통교하고자 했다. 왜구에게 많은 피해를 입고 있었던 명은 일본 중앙정부를 통해 왜구를 단속하고자 했고, 그리하여 조공무역의 형식을 통한 교류를 인정했다. 요시미쓰는 이에 응하여 자신이 명 황제의 신하임을 자칭하고 명의 연호를 사용했다. 일본이 중국과 정식 국교를 다시 맺게 된 것은 견당사를 폐지한 이래 500여 년 만이며, 중국의 책봉을 받은 것은 5세기 왜 5왕 이후로 처음이었다.

명과의 통교를 통해 대외적으로 일본 국왕으로 인정받은 요시미쓰는 오우치 씨 등 서국 유력 슈고의 무역을 제한하여 대외무역의 이익을 독점했다. 또한 명으로부터 막대한 동전을 수입했다. 당시 일본은 독자적인 통화를 발행하지 못하고 있었다. 따라서 명나라 동전의 일본 수입은 요시미쓰에게 국내통화발행권을 독점하는 것과 같은 효과를 가져다주었다. 이러한 명과 일본의 무역을 통상 감합무역勘合貿易이라 한다. '감합'이라는 증표가 있어야 하는 감합무역은 1404년부터 1410년까지 여섯 차례에 걸쳐 진행되었으며, '견명선遣明船'이라는 교역선이 명과 일본을 왕래했다.

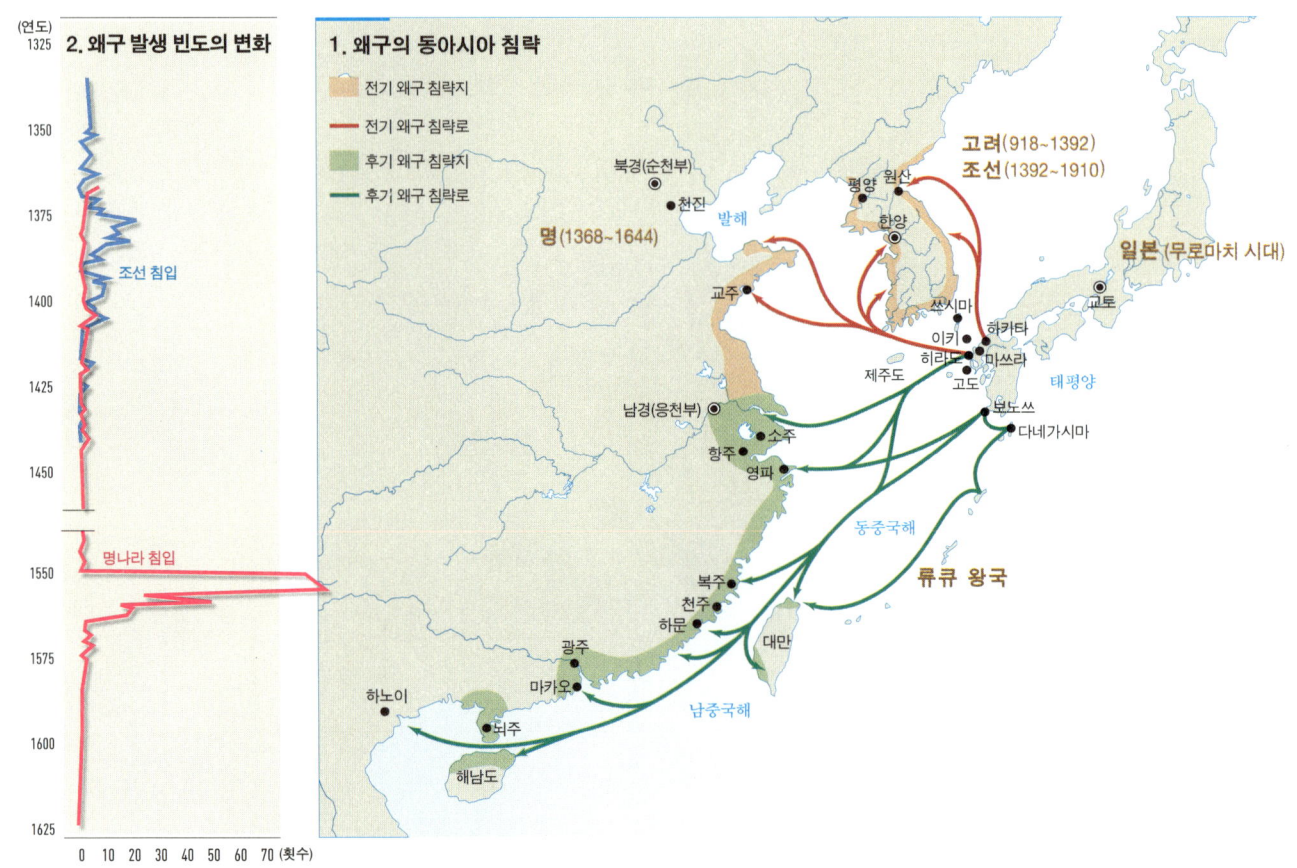

대명 무역은 4대 쇼군 아시카가 요시모치에 의해 잠시 중단되었으나, 막부 재정이 궁핍해진 6대 쇼군 아시카가 요시노리 시기에 재개되었다. 요시노리 시기에는 감합무역의 규정도 개정되어, 10년에 조공 한 차례, 선단의 규모는 세 척, 인원수는 300명으로 정했다. 이후에도 1547년까지 11회에 걸쳐 견명선을 보냈다. 일본 조공 사절단은 명의 영파寧波에서 검사 절차를 거친 후 북경에 가서 교역했다. 일본의 수입품 가운데 가장 큰 이익을 가져다준 물품은 생사로, 네다섯 배에서 20배까지 이익이 남았다.

감합무역 초기에는 무로마치 막부가 무역의 실권을 장악하고 있었다. 그러나 15세기 후반 막부가 쇠퇴함에 따라 오우치 씨와 연결된 하카타 상인, 호소카와 씨가 지원하는 사카이 상인이 무역을 독점했다. 오우치 씨와 호소카와 씨는 대외무역의 주도권을 장악하기 위해 격렬히 싸웠다. 그 과정에서 1523년 영파의 난이 발생했다. 이 싸움의 결과 오우치 씨가 대명 무역을 독점하게 되었으나, 1551년 오우치 씨가 멸망하면서 감합무역도 중단되었다.

한편, 전국시대(1467~1573)에 이르러 무로마치 막부의 힘이 약해지자 막부의 지방 장악이 여의치 않게 되었고, 왜구의 활동이 다시 빈번해졌다. 이와 같이 16세기에 출현한 왜구를 '후기 왜구'라 한다.(도2) 후기 왜구의 피해는 특히 1553~62년의 10년 동안 가장 집중적으로 발생했다. 왜구의 선단은 작은 경우 2~3척, 클 경우 200~300척이었으며, 주요 근거지는 전기 왜구와 마찬가지로 마쓰라·쓰시마·이키 등이었다.

후기 왜구에는 일본인 이외에 중국인이 다수 포함되어 있었다. 그중에서도 히라도·고토 지방을 근거지로 한 명나라 출신 왕직王直이 유명하다. 최근에는 왜구가 일본인뿐 아니라 중국인을 포함한 다국적 존재였다는 점을 근거로 하여, 일국사적 관점의 역사를 지양한 새로운 동아시아상이 모색되고 있다. 왜구는 이들을 통제할 수 있는 강력한 중앙 통일 정권인 도요토미 히데요시 정권이 출현하자, 그 휘하로 편성되는 과정 등을 통해 점차 쇠퇴했다.

아시카가 요시미쓰
쇼군으로는 처음으로 율령제에 규정된 최고 관직인 태정대신에 올랐고, 출가한 후에는 법황法皇에 준하는 대우를 받았다. 1407년 자신의 처를 황후에 준하게 했다. 현재 학계에서는 요시미쓰가 일본 국왕이 되려 한 것으로 해석한다.

 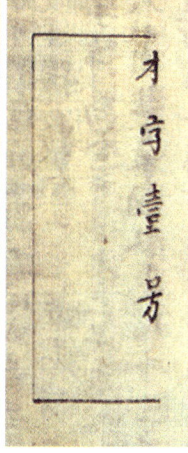

견명선(왼쪽)
일본이 감합무역을 위해 중국 명나라에 보낸 배. 1401년부터 1547년까지 약 150년간 19회 파견되었다. 견명선은 두 개의 돛대를 단 1000~2000석 규모였다.

감합(오른쪽)
감합이란 명 황제가 일본, 시암 등의 국왕에게 준 입항 허가증명서이다. 명 황제가 바뀔 때마다 예부에서 발행했다. 명나라는 '일본日本'이란 두 글자를 나누어 일자감합·일자저부 日字勘合·日字底簿와 본자감합·본자저부 本字勘合·本字底簿를 만들고 일본에는 본자감합과 일자저부를 보냈다. 일본 배는 본자감합을 1호부터 순차적으로 소지하고 도항하여 명나라에 있는 본자저부와 맞추어봄으로써 공식사절임을 확인받았다.

막부의 쇠퇴와 오닌의 난

1441
요시노리, 암살당함

1449
아시카가 요시마사, 쇼군에 임명

1452
호소카와 가쓰모토, 관령이 됨

1454
교토쿠의 난 발발
가마쿠라 구보 아시카가 시게우지, 우에스기 노리타다를 모살

1455
시게우지, 시모우사의 고가로 패주
고가 구보의 시작

1457
아시카가 요시마사, 아시카가 마사토모를 이즈 호리고시로 파견
호리코시 구보의 시작

1461
간쇼의 대기근
교토 일대의 사망자가 8만 명에 달함

1464
아시카가 요시마사, 동생 요시미를 양자로 삼음

1465
쇼군 가문의 상속 분쟁 발발

1467~77
오닌·분메이의 난

무로마치 막부는 6대 쇼군 요시노리 시기에 다시 동요하기 시작했다. 1438년 이후 커다란 내란이 여러 차례 발생했다. 요시노리는 쇼군의 권한을 강화하여 내부 분열을 수습하려 했지만, 오히려 슈고 다이묘의 불만은 확산되어갔다. 요시노리는 신사에서 점괘를 뽑아 선발된 이례적인 쇼군이었다. 그는 병적일 정도로 신경질적이고 집념이 강해, 그의 노여움을 받아 처벌된 자가 한둘이 아니었다. 더욱이 요시노리는 조부인 3대 쇼군 요시미쓰를 존경하여 쇼군 권력의 전제성을 더욱 강화하는 정책을 폈다. 이 때문에 슈고 다이묘의 저항은 거셌다. 결국 요시노리는 슈고 다이묘 아카마쓰의 저택에서 암살을 당했다.

그 뒤 새로 취임한 쇼군도 불과 2년 만에 세상을 떠났고 어린 아시카가 요시마사가 쇼군의 지위에 올랐다. 요시마사가 성년이 되어서도 불안한 정세는 계속되었다. 게다가 그는 사치스러운 생활을 좋아하여 히가시야마(東山)에 은각銀閣을 축조하는 등 과도한 토목공사를 일으켜 부족한 재정을 더욱 축냈다. 요시마사의 처 히노 도미코(日野富子)도 고리대에 간여하고 뇌물을 수수하는 등 막부의 부패는 극에 달했다. 막부와 쇼군의 권위가 크게 실추되자 권신 간의 세력 투쟁은 더욱 격렬해졌다. 이른바 '전국시대의 시작'을 알리는 오닌의 난은 이 과정에서 일어났다.

오닌의 난의 직접 원인은 쇼군 가문의 후계자 계승 싸움에 있었다. 1464년 아이가 없었던 요시마사는 동생 요시미를 후계자로 정하고 관령 호소카와 가쓰모토를 후견인으로 삼았다. 그런데 이듬해 도미코가 요시히사를 낳았다. 아들 요시히사를 차기 쇼군으로 만들고 싶었던 도미코는 당대의 실력자 야마나 모치토요를 자기 편으로 끌어들였다. 그리하여 가쓰모토·요시미와 모치토요·요시히사 사이에 격렬한 권력투쟁이 벌어졌다. 당시 무가 사회는 적장자 단독 상속으로 변화하고 있었으므로, 후계자 자리를 계승하면 일족의 모든 지휘권과 영지를 상속받을 수 있지만 그렇지 못하면 가신의 지위로 전락했다. 그렇기 때문에 이 시기 가문 상속 분쟁은 매우 격렬했다.

1467년 양측의 충돌을 계기로 본격적인 전투가 벌어졌다.(도1) 가쓰모토가 이끄는 동군은 24개국 16만 명, 모치토요가 이끄는 서군은 20개국 9만 명의 군사를 동원했다. 전력상으로는 동군이 유리해 보였지만, 2만 명의 오우치 씨가 새로 서군에 가담함으로써 승패는 쉽게 판가름 나지 않았다. 주요 전장터인 교토는 불태워져 황폐화되었으며(도2) 전란은 점차 지방으로 파급되었다. 그러나 1473년 가쓰모토와 모치토요가 연이어 사망함으로써 전선은 교착상태에 빠졌고, 1477년 전쟁은 유야무야 끝났다.

11년에 걸친 전쟁으로 많은 변화가 나타났다.

1. 오닌의 난 초기 양군 세력 분포

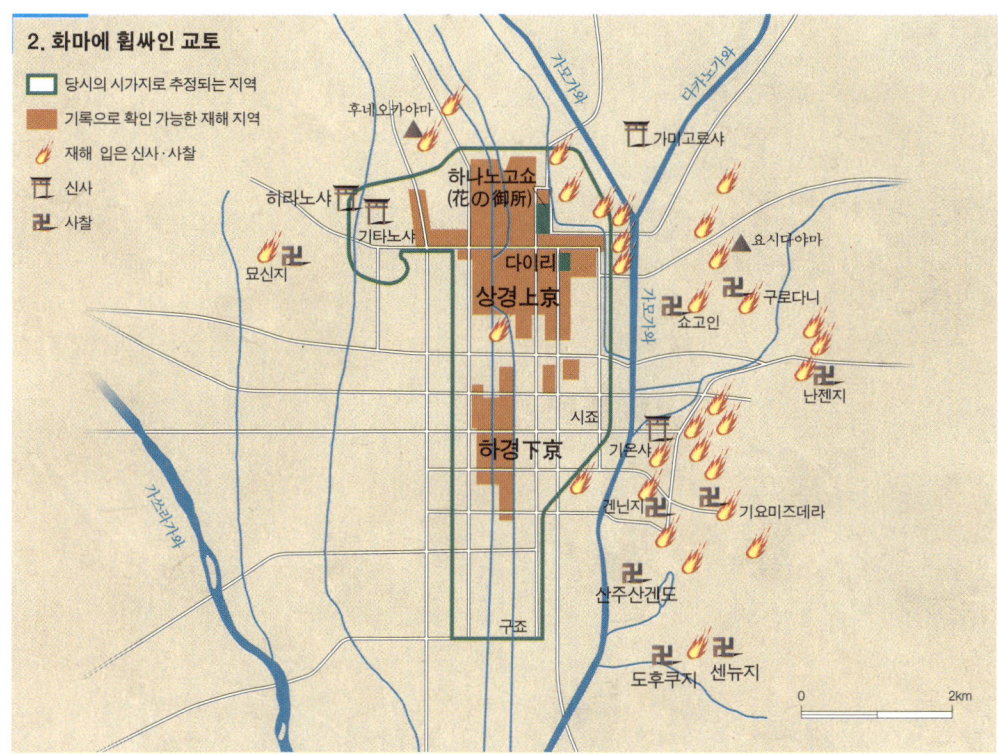

2. 화마에 휩싸인 교토

- 당시의 시가지로 추정되는 지역
- 기록으로 확인 가능한 재해 지역
- 재해 입은 신사·사찰
- 신사
- 사찰

우선 아시가루(足輕)의 존재를 들 수 있다. 경무장을 한 용병적 성격의 존재였던 아시가루는 양측 모두에게 전력상 중요한 존재가 되었다. 이들은 가는 곳마다 분탕질을 해서 쇼군의 거처, 유력 사원, 귀족과 무사의 저택을 잿더미로 바꾸었다. 쇼군의 권위 역시 크게 실추되었으며 막부의 지배력은 현저히 약화되었다. 막부의 실질적인 지배력이 미치는 곳은 야마시로 국(山城國)을 포함한 기나이 일부 지역으로 국한되었고, 무로마치 막부는 전국적인 정권으로서의 기능을 사실상 상실했다. 쇼군의 권위가 추락하자, 이에 의존하여 생활하던 중앙의 유력 귀족·사원세력도 크게 약화되었다. 많은 슈고 다이묘들이 자신들의 영지로 내려갔고, 더 이상 쇼군의 통제를 받으려 하지 않았다. 이에 따라 유력 슈고들이 교토에 머물며 막부 정치에 참가하는 체제도 붕괴했다. 각 지역에서는 슈고 다이묘와 재지영주들이 귀족(公家)과 사사寺社의 장원을 침탈하여 영지로 삼는 일이 빈발했다. 이에 따라 무사와 더불어 중세 지배층을 이루고 있던 귀족과 사원·신사 세력은 더욱 약화되었다.

그러나 슈고 다이묘들도 상속을 둘러싼 내분이 거듭되면서 몰락했고, 슈고의 영지를 지방에서 대신 다스려온 슈고다이 등 유력 가신들에게 지위를 빼앗기는 일이 비일비재했다. 이를 하극상이라 했으며, 당시 일반적인 사회 풍조이자 전국시대의 특징이었다. 그리하여 오닌의 난 후 약 반세기가 지나면서 유력 슈고 다이묘는 거의 몰락하고, 새로운 세력인 전국 다이묘가 각지에서 할거했다.

아시가루

이미 중세 초부터 나타나며 주로 방화 등 게릴라 전법을 구사했던 병사이다. '아시가루(足輕)'라는 말은 발이 가볍다는 데서 유래한다. 남북조시대 집단 전투가 도입되면서 아시가루가 활약했고, 전국시대에 이르러 조직화된 보병 집단을 구성하게 되었다. 신출귀몰의 민첩성과 방화·약탈 등의 악당성, 이익을 좇아 쉽게 배신하는 등 새로운 형태의 무사였다.

서민의 대두와 잇키의 시대

1426
오미 사카모토의 바샤쿠 잇키

1428
쓰치 잇키 발생
백성 봉기가 일상화됨

1441
가키쓰의 덕정 잇키

1448
오미 이마보리 촌락, 촌법 제정

1461~62
간쇼의 대기근

1466
야마시로·야마토·오미의 바샤쿠 잇키

1485~93
야마시로의 구니 잇키

1488~1580
가가의 잇코 잇키

1536
엔랴쿠지와 법화종의 충돌

1575
에치젠의 잇코 잇키

중세 초기 장원의 거주지는 여러 곳에 흩어져 있었고 집락은 형성되지 않았다. 그러나 가마쿠라 후기부터 기나이 인근 지역에서 점차 집락이 형성되기 시작했고, 장원 내부에는 무라(村)가 자연적으로 발생했다. 그런데 남북조시대를 맞아 무라의 백성들은 영주의 부당한 요구에 대항하기 위해, 또 자위의 필요에서 지역적으로 단결하기 시작했다. 백성들의 지역적 결합이 촉진되었고, 소(惣) 또는 소손(惣村)이라 불리는 공동 자치 조직이 만들어졌다. 영주(슈고 다이묘) 측에서도 마을을 통괄하여 지배하는 데 편리한 점이 있었으므로 소손의 존재를 부정하지 않았다. 이에 소손은 더욱 확산되었다.(도1)

자치 촌락공동체인 소가 발전함에 따라, 연공 수납 방식도 변화했다. 개개 백성들이 영주에게 연공을 직접 납부하는 대신 소가 책임지고 연공을 청부하는 제도가 점차 확산되었다. 그러나 백성들의 지역 결합과 연대의식이 강화됨에 따라, 소손은 영주의 부당한 압력에 대항하기 시작했고, 연공의 감면이나 불법을 저지른 장원 관리자의 파면 등을 요구했다. 나아가 이를 관철하기 위해 잇키(一揆)를 결성하거나 집단으로 고소하기도 하고 도망을 치기도 했다. 때로는 인근 지역의 소손까지 결합하여 연합 행동에 나서기도 했다.

1428년 쓰치 잇키(土一揆)가 발생하여 본격적인 잇키의 시대가 열렸다.(도2) 이는 '일본 개벽 이래 최초'로 일어난 잇키로 평가된다. 그렇다면 잇키란 무엇인가? 잇키는 본래 규揆(법규)를 하나(一)로 한다, 즉 마음을 합해 행동한다는 뜻이다. 가마쿠라 시대 때 무사가 각지에서 일규一揆를 맺은 사례가 있었는데, 무로마치 시대에 이르러 백성까지 확대되었다. 쓰치 잇키란 결속체인 잇키가 농민들의 봉기로 발전한 경우인데, 실제로는 농민 이외에 토호, 운송업자 등도 참가하여 구성원이 매우 복잡했다. 또한 쓰치 잇키는 막부에게 덕정령(채무 파기·매각한 토지의 반환)의 반포를 요구했기 때문에 덕정 잇키라고도 한다.

당시 쓰치 잇키가 빈번하게 발생한 이유는 농촌의 궁핍 때문이었다. 무로마치 시대에 두 차례에 걸쳐 대기근이 엄습했는데, 15세기 초에는 가뭄, 15세기 중엽에는 한발과 냉해가 그 원인이었다. 기근에 지친 유민이 잇키 구성원의 압도적 다수를 차지했다. 백성이 궁핍해진 것은 당시 기나이 지역에서 화폐경제가 발달한 것과도 관련이 있다. 고리대 자본이 농촌에까지 침투하자, 토지를 저당 잡힌 백성들이 생활에 많은 곤란을 겪게 되었던 것이다. 그리하여 발생한 쓰치 잇키는 교토를 비롯한 기나이 각지로 확산되었다.(도3) 전국시대에 이르면 잇키에 참가하는 계층이 더욱 확산되어, 지방의 유력 재지영주들이 사회 혼란이 심화되는 상황 속에서 자신들의 권익을 지키기 위해 잇키를 결성하기도 했다.

법화 잇키(法華一揆)·잇코 잇키(一向一揆)와 같이 종교적 성격이 짙은 잇키도 확산되었다. 법화 잇키는 니치렌이 창시한 법화종을 따르고,

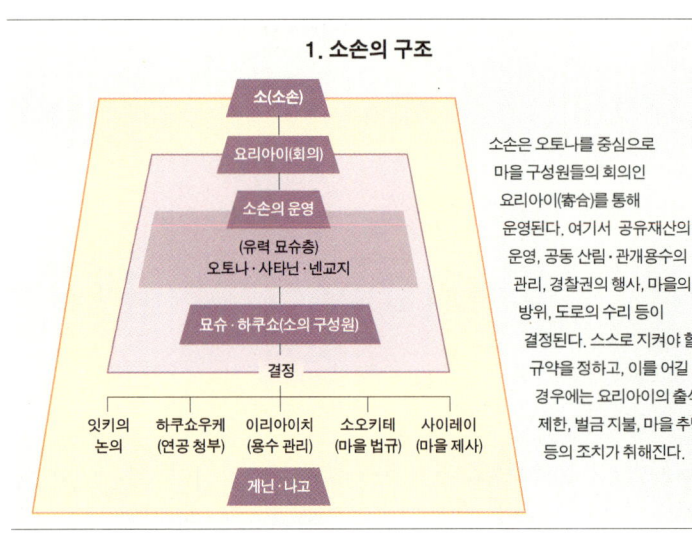

1. 소손의 구조

소손은 오토나를 중심으로 마을 구성원들의 회의인 요리아이(寄合)를 통해 운영된다. 여기서 공유재산의 운영, 공동 산림·관개용수의 관리, 경찰권의 행사, 마을의 방위, 도로의 수리 등이 결정된다. 스스로 지켜야 할 규약을 정하고, 이를 어길 경우에는 요리아이의 출석 제한, 벌금 지불, 마을 추방 등의 조치가 취해진다.

교토의 투석전
교토 시민의 전투 모습을 잘 보여주는 그림이다. 투석전은 전국시대 때 아동의 유희로 시작되었으나 부상자가 많았다. 그림은 투석전이 끝나고 접근전으로 바뀌는 시점을 포착하여 묘사한 것이다.

교토의 상공업자 등 도시 주민을 주축으로 결성되었다. 이들은 다른 종교 세력에게 적대적이어서, 1532년에는 잇코 잇키, 1536년에는 엔랴쿠지(延曆寺)와 충돌했다. 잇코 잇키의 종교인 잇코종은 신란이 창시한 정토진종의 별칭이다. 정토진종 혼간지(本願寺)파는 15세기 중엽부터 활발하게 활동했다. 백성들은 혼간지의 문도가 되어 소촌을 결성하고 재지영주의 지배에 반항했다. 재지영주들도 이들과의 싸움에서 점차 불리해지자 스스로 종교에 귀의하여 자신들의 기득권을 유지하려 했다. 그리하여 잇코 잇키 세력은 더욱 확대되었고 나아가 슈고 다이묘에게도 대항하기에 이르렀다. 이들은 단순한 연공 감면·부채 탕감 등을 요구하는 데 그치지 않고, 점차 지역 정권 수립을 위한 권력투쟁으로 나아갔다. 그리하여 1488년 마침내 가가 국에서 슈고 다이묘를 몰아내고 정권을 잡았다. 이후 가가 국은 오다 노부나가에게 제압될 때까지 약 1세기에 걸쳐 '백성이 지배하는 나라(百姓持國)'가 되었다.

3. 중세의 잇키

- ■ 덕정 잇키
- ▼ 슈고에 대한 반항
- ■ 잇코 잇키
- ✕ 요구 불명
- □ 그 외의 잇키
- ⊙ 관소 철폐

〈쓰치 잇키의 발생 빈도〉
■ 30회 이상 ■ 8회 이상 □ 5회 이상

2. 1428년의 쓰치 잇키
오미 지역(운송업자) 봉기를 계기로 일어난 잇키로, 수만의 쓰치 잇키가 교토를 점거하고 주변 지역으로 퍼져나가면서 무로마치 막부에 덕정령 반포를 요구했다. 막부는 이에 굴복했다.

전국 다이묘의 지배체계

1491~95
호조 소운, 이즈·오다와라 점령

1493
관령 호소카와 마사모토, 쇼군 요시키(요시타네)를 폐위

1542
사이토 도산, 미노 장악

1543
포르투갈인, 다네가시마에 총을 전래

1550년경
기나이에서 총이 실전에 사용

1551
오우치 씨, 가신 스에 씨에게 권력을 뺏김

1555
모리 씨, 이쓰쿠시마 전투로 스에 씨를 멸망

1561
우에스기 겐신, 다케다 신겐과 가와나카지마에서 대규모 싸움 (1553·55·57·61·64년 5회)

1565
미요시 요시쓰구·마쓰나가 히사히데, 쇼군 요시테루를 살해

오닌의 난을 계기로 쇼군과 막부의 권위가 현저히 실추되자, 지역을 독자적으로 지배하는 세력이 나타났다. 이를 전국 다이묘(戰國大名)라고 한다. 전국 다이묘로 성장한 경우는 크게 두 가지로 나누어볼 수 있다. 하나는 슈고 다이묘에서 전국 다이묘로 변신한 경우로, 가이의 다케다 씨(武田氏)가 대표적이다. 다른 하나는 슈고 다이 등이 하극상이라는 사회 풍조를 이용하여 슈고 다이묘 등을 타도하고 권력을 탈취한 경우이다. 오다 노부나가로 유명한 오와리의 오다 씨(織田氏)가 대표적이다. 그 외에 아키의 모리 씨(毛利氏)처럼 재지영주에 불과한 무사가 전국 다이묘로 성장하거나, 미노의 사이토 씨(齋藤氏)와 같이 외지인이 내부세력을 제압하고 전국 다이묘로 등장한 경우도 있다.(도1)

'동족 결합'을 중심으로 했던 가마쿠라 시대의 무사단과 달리, 전국 다이묘는 혈연이 다른 재지영주와 백성을 포함하는 '지역 결합'을 군사력의 핵심으로 삼았다. 전국 다이묘는 다수의 재지영주를 자신의 유력 가신 밑에 배속시킴으로써 그들에 대한 통제의 효율성을 높였다. 총과 창을 활용한 집단 전투를 도입했고, 군량미와 무기 운송에 일반 백성들을 동원했다. 일부 전국 다이묘는 군사적 필요성과 통제의 필요성 때문에 주요 가신들을 자신의 저택에 모여살게 하기도 했다.

전국 다이묘는 군사력을 유지하고 영국領國 지배를 확고히 하기 위해 연공 수취체계를 정비해야 했다. 그래서 가신들이 보유한 토지에 따라 세금을 부과했다. 비록 현지 토지조사까지는 실시하지 못하여 장부에 기재된 내용에 근거하여 부과할 수밖에 없었지만, 이를 기반으로 각종 과역을 통일적으로 부과할 수 있는 정책 기준이 마련되었다는 점에서 획기적이었다.

오다 노부나가의 도장
1567년 미노의 사이토 씨를 멸망시킨 노부나가는 새로 '천하포무天下布武'라는 글을 새긴 도장을 사용했다.

1. 전국 다이묘의 할거

전국 다이묘는 영국을 원활하게 지배하기 위해 분국법分國法 또는 전국가법戰國家法이라 부르는 독자적인 성문법을 제정했다. 이와 같이 법체계를 정비한 것은 전국 다이묘가 통일적인 광역 지배체제를 수립했기 때문이다. 영국의 규모가 달라진 이상, 예전처럼 개별적이고 분산적인 방식으로는 영국을 원활하게 지배할 수 없었다. 예전에는 재지영주와 촌락이 상호 분쟁을 일으켜 개별적으로 투쟁을 벌이는 일이 많았지만, 전국 다이묘는 개별적인 투쟁을 금지하고 이를 위반할 경우 양지 모두를 처벌하는 법을 새로 도입했다. 전국 다이묘는 자신들의 권력을 공권력으로 규정했다. 이는 독자적 법체계를 제정하지 않고 막부와 쇼군의 권위에 의존했던 기존의 슈고 다이묘와는 다른 모습이다. 그러나 법제정 과정과 내용은 지역에 따라 큰 편차를 보이고 있었으며, 다이묘와 가신 사이의 역학 관계가 어떠냐에 따라서도 크게 달랐다.

전국 다이묘는 농업 생산력의 향상과 발전을 목표로 하여 신전新田을 개발하고 대규모 치수공사를 적극적으로 추진했다. 또 농업 인구를 확보하기 위해 도망 농민을 잡아올 수 있는 법을 시행하기도 했다. 대량의 무기와 군수품을 조달하는 과정에서 화폐와 금·은의 수요도 높아졌다. 그리하여 금·은 광산도 적극 개발되었는데, 사도 금광과 이와미 은광이 유명하다. 새로운 광산의 제련 기술도 도입되었다. 이와미의 은광에서는 조선에서 도입한 하이후키 법(灰吹法)이라는 새로운 제련법이 이용되었고, 가이에서는 새로운 갱도굴착법이 개발되었다.

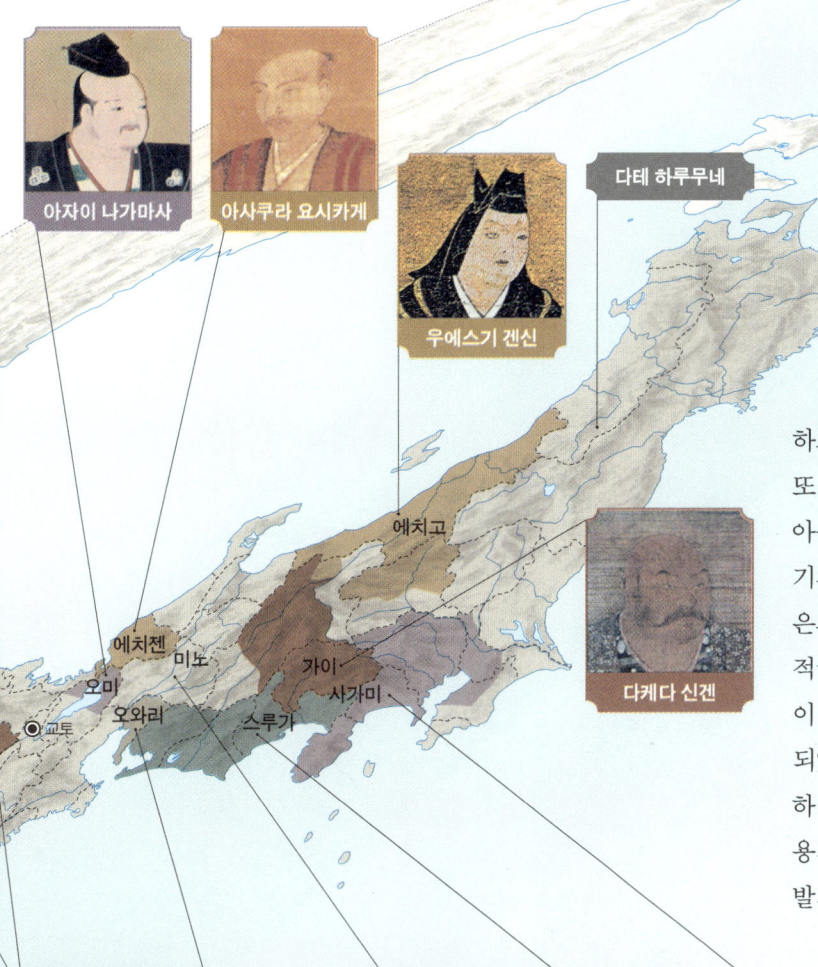

무로마치·전국 시대의 경제

1330
조정, 쌀값 급등에 따라 교토 내 쌀 가격 통제

1352
오미·미노·오와리의 반제령 반포로 무사의 장원 침략 본격화

1369
막부, 도박·사치를 금지

1483
요시마사, 명에 동전을 요청

1500
막부, 에리제니 령 반포

1526
이와미 은광의 채굴 시작

1538년경
다량의 일본 은이 수출되기 시작

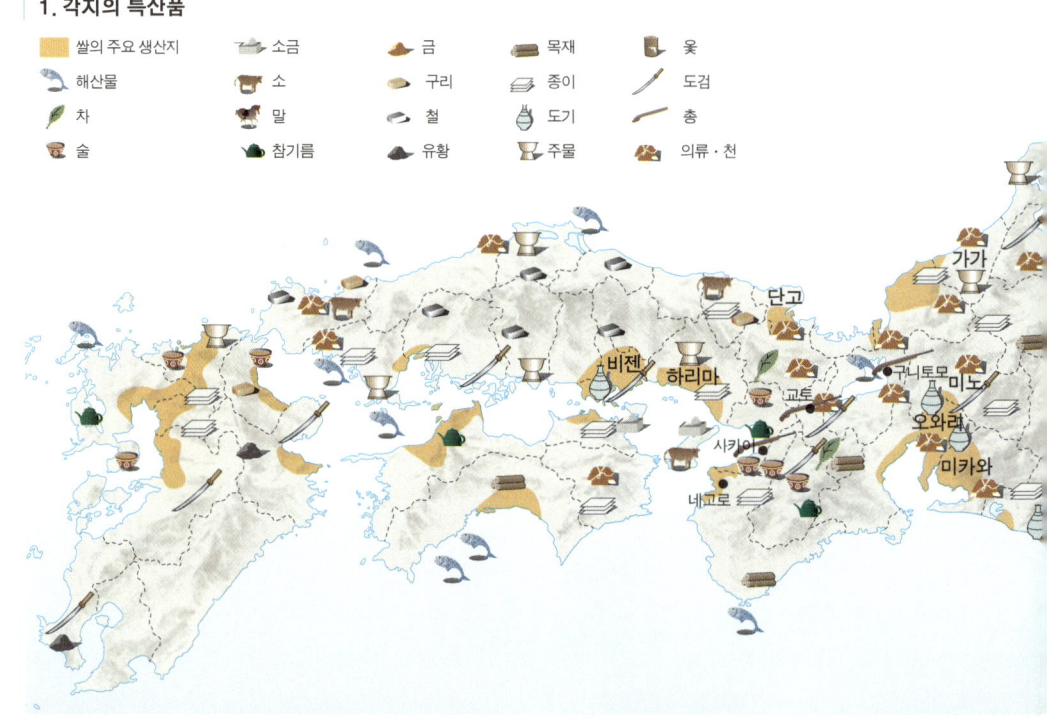

1. 각지의 특산품

쌀의 주요 생산지 / 소금 / 금 / 목재 / 옻 / 해산물 / 소 / 구리 / 종이 / 도검 / 차 / 말 / 철 / 도기 / 총 / 술 / 참기름 / 유황 / 주물 / 의류·천

용골차
물을 긷는 관개 설비의 하나로 18세기 답차踏車가 그 역할을 대신할 때까지 널리 사용되었다. 주로 농업용 양수기로 사용되었으나 17세기 중반 사도 금광의 갱내 배수를 위해 사용되기도 했다.

무로마치 시대가 시작된 이래 전란은 계속되었지만, 농업은 꾸준히 발달했다. 이 시기 농업의 특색은 토지 생산의 집약화와 다각화이다. 용골차가 사용되기 시작했고, 시비법도 개량되었다. 수도작 벼의 품종 개량도 진행되었고 이앙법도 도입되었다. 반反당(1반=360보) 수확량은 평균 1석石 전후였으나, 기나이에서는 최고 3석까지 수확했다. 특히 쌀과 보리를 교대로 심는 교모작이 간토 지방까지 보급되었다. 조선 사신 송희경宋希璟(1376~1446)은 기나이에서 쌀·보리·메밀의 3모작이 이루어지고 있는 모습을 목격했다고 한다. 상품 작물도 재배되어 무로마치 말기에 조선에서 수입된 목면이 미카와 지방에서 널리 재배되었다.

상공업도 현저히 발달했다. 우선 지역적 특색을 살린 다양한 특산품들이 등장했다.(도1) 가가·단고의 견직물, 미노·하리마의 종이, 미노·오와리의 도기, 비젠의 도검이 유명했으며, 도검은 대량으로 생산되어 중국으로 수출되었다. 전국시대에는 총이 급속히 확산되어 이를 제조하는 공방도 발전했다. 사카이와 구니토모는 총 생산으로 유명한 곳이다. 비단은 처음에는 수입에만 의존했으나 점차 교토에서 자체 기술

교토 쌀 매매
오닌의 난 이후 교토의 상경·하경에 각각 쌀 시장이 들어섰다. 원래는 오미, 사카모토와 우지에 있었던 쌀 시장이 이곳으로 옮겨왔다. 이 그림은 바샤쿠에 의해 옮겨온 쌀이 소매로 매각되는 풍경을 그린 것이다.

로 생산되기 시작했다.

 가마쿠라 시대 때까지만 해도 월 3회 열리던 정기시는 오닌의 난 이후 월 6회 열리게 되었다. 교토 등의 도시에는 상품 진열대를 가진 상설 소매점이 일반화되었고, 쌀 시장, 생선 시장, 소금 시장 등 전문시장도 생겼다. 그러나 시장의 활동은 지역적으로 제한되어 있었기 때문에, 행상行商이 이를 보완하는 역할을 했다. 행상에는 여성의 활약이 두드러졌다.

 이 시기 상공업의 현저한 특징은 자(座)의 발달이다. (도2) 수공업자와 상인의 자는 중세의 특권적 동업 조직으로, 유럽의 길드와 유사한 성격을 띠고 있었다. 천황가와 사원·신사의 보호 아래 세금을 면제받고 광범위한 독점적 판매권을 인정받아 전국적으로 활약하는 자도 있었다. 그러나 15세기 말 이후 자에 속하지 않는 신흥 상인이 출현했다. 전국 다이묘 중에서는 자의 특권을 제약하여 신흥 상인의 자유로운 활동을 보장하는 정책을 펴기도 했다.

 상공업과 상품경제가 발달함에 따라, 화폐의 유통도 활발해졌다. 농민도 연공·잡세·부역을 화폐로 납부했다. 무로마치 시대에는 영락통보永樂通寶를 비롯한 중국 화폐를 대량으로 수입하여 통화로 삼았다. 그러나 전국시대가 되면 수입 화폐의 양이 감소하여 통화 부족 상태에 빠졌고, 조악한 사주전私鑄錢이 유통되기도 했다. 그런데 상행위에서 사주전은 거부되고 양질의 동전만이 선호되었기 때문에 화폐의 유통은 원활하지 않았다. 이 때문에 막부와 전국 다이묘는 양질의 동전(세이센, 精錢)과 조악한 동전(아쿠센, 惡錢)의 교환 비율을 규정하기도 했다.

2. 자의 주요 분포

도시와 교통

1346
막부, 새로운 관소와 통행세 부가를 금지

1409
막부, 교토 등의 관소 쇼쓰분을 폐지

1413
야마시로의 우지 교 완성

1417
막부, 이와시미즈 하치만 궁에 셋쓰·효고의 관소에 내는 통행세를 면제

1448
교토 일대의 대홍수로, 고조·세타 대교가 파괴됨

1451
막부, 고후쿠지의 효고 관소를 몰수하려 했으나 고후쿠지의 반발로 중지

1459
막부, 교토 일곱 출입구에 새로운 관소를 설치하여 그 세수로 이세 신궁의 조영료로 삼음

호상 교통

비와 호는 요도가와(오사카를 관류하는 강)와 더불어 물류 수송에 매우 중요했다. 호쿠리쿠 지방의 물자는 비와코를 통해 사카모토나 오쓰에 도착한 후, 바샤쿠 등에 의해 교토로 운송되었다.

무로마치 시대의 경제 발달은 교통의 발달로 이어졌다. 상품 수송은 주로 수운水運을 통해 이루어졌다. 회선廻船으로 불리던 당시 선박은 대개 200~300석石 정도를 실을 수 있었으며, 1000석 규모를 넘기지 않았다. 수운의 이용이 활발해지면서 교통의 요지에는 숙박업과 운송업을 하는 도이야(問屋)가 생겨났고, 다량의 물자가 운반되는 교토로 통하는 운송로에서는 육상 운송업자인 바샤쿠(馬借)와 샤샤쿠(車借)가 활약했다.

전국 각지의 중요 가도街道도 정비되었다.(도1) 고대에는 교토와 규슈 지역을 연결하는 도로가 중시되었지만, 가마쿠라 시대에는 가마쿠라와 교토를 연결하는 도로가 발달했다. 무로마치 시대에는 각 지역의 다이묘가 영국 내에 있는 주요 간선도로를 정비했다. 전국 다이묘는 군사적·경제적 목적을 달성하기 위해 중요 도시와 항만을 직할 지배했으며, 불필요한 관소를 철폐하는 등 교통운송망을 정비하고 통제하는 데 힘썼다.

도시의 발달은 전국시대에 이르러 특히 현저해졌다. 그 이전의 도시는 나라·교토·가마쿠라 등 중앙정권의 소재지를 기반으로 형성된 정치·종교도시에 불과했지만, 전국시대에 이르러서는 농촌 수공업과 상품경제가 발달함에 따라 중세도시가 비약적으로 증가했다.

전국 다이묘는 영국의 중심지에 큰 성을 쌓고 그 주위에 가신들을 모여 살게 하는 정책을 실시했다. 그 결과 조카마치(城下町)가 형성되기 시작했다. 조카마치란 전국시대 이래 전국 다이묘의 거점인 성을 중심으로 형성된 도시를 말한다. 또한 신사와 사원의 주변 지역을 중심으로 지방 소도시들이 나타났다. 이들 종교도시는 사회적으로 사원과 신사참배가 유행함에 따라 그 지방 상업권의 중심이 되었다. 특히 지나이초(寺內町)는 주로 정토진종 계열의 사원이 건설됨에 따라 형성되는 경우가 많았다.

항구도시인 미나토마치(港町)의 발달도 전국시대의 주요 특징이다. 사카이, 효고, 하카타는 외국 무역의 중요 거점으로 번영했다. 비록 이들 도시가 다이묘의 지배로부터 완전히 독립된 것은 아니었지만, 부유한 상공업자들이 스스로 자치 조직을 만들고 일정 정도 자율적으로 시정市政을 운영하기도 했다.

전국시대에 이르러 도시의 형성과 관련하여 상공업자의 독립적인 움직임도 주목된다. 촌락이 소(惣)라는 자치 조직을 운영했듯이, 도시 상공업자도 조(町) 공동체를 형성시켜나갔다. 교

토의 경우, 오닌의 난 때 황폐해졌던 상경上京과 하경下京이 다시 부흥되어, 기존에는 상업지역을 뜻하던 조가 생활 조직을 지칭하게 되었다. 이러한 도시민의 자치적인 운영은 크든 작든 각 도시에서 보이는 새로운 움직임이었다. 그러나 전국시대의 도시는 유럽의 자치도시처럼 발전하지 못했고 전국 다이묘의 지배체제에 편입되고 말았다.

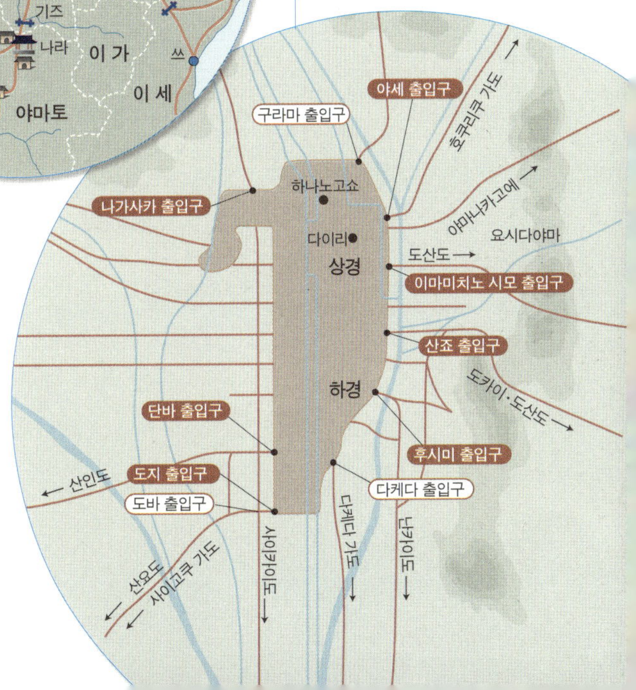

1. 중세 일본의 도시와 교통

- 정치도시
- 종교도시
- 항구도시
- 주요 육로
- 주요 해로

2. 기나이의 도시와 교통

- 정치도시
- 바쿠후의 소재지
- 주요 관소
- 주요 항구
- 주요 육로

3. 교토의 교통

- 교토 일곱 출입구

관소
원래는 국경 및 요처에 설치되어 통행인과 통행 화물을 검사하고 수상한 자의 탈출 및 침입을 막는 곳이었다. 그러나 중세에는 통행세 징수를 목적으로 도처에 설립되었다.

무로마치 문화

1339
다카우지, 고다이고 천황의 명복을 빌기 위해 덴류지를 창건
기타바타케 지카후사의 『진노쇼토키(神皇正統記)』 완성

1342
고잔짓사쓰제(五山十刹制)의 서열을 재편

1364년경
『겐코샤쿠쇼(元亨釋書)』 간행

1397
요시미쓰, 금각 조영

1427년경
꽃꽂이·다도 유행

1450년경
렌가 유행

1489
요시마사, 은각 조영

무로마치 문화는 남북조 전란 시기의 '남북조 문화', 3대 쇼군 아시카가 요시미쓰의 '기타야마(北山) 문화', 8대 쇼군 아시카가 요시마사의 '히가시야마(東山) 문화'로 구분된다. 무로마치 시대는 막부가 교토에 자리 잡고 동아시아와 활발히 교류함으로써 무가 문화와 귀족 문화, 나아가 대륙 문화와 일본의 전통 문화가 하나로 융합되었다. 여기에 당시 급속히 성장하고 있었던 소손(惣村)과 조(町)의 서민 문화까지도 포함되었고, 오닌의 난을 계기로 중앙 문화와 지방 문화의 융합도 진전되었다. 그 과정에서 노(能), 교겐(狂言), 차도(茶湯), 꽃꽂이(生花) 등 일본 고유의 문화가 탄생했다.

남북조시대는 전환기라는 사회 상황을 반영하여 역사서와 군기軍記 소설이 널리 유포되었다. 전통과 기존의 권위를 부정하고 화려함과 사치스러움을 추구한 '바사라'라는 신흥 무사도 등장했다.

기타야마 문화의 특색은 무가 문화와 귀족 문화의 융합에 있다. 3대 쇼군 아시카가 요시미쓰는 교토 기타야마에 화려한 산장을 건립하고 여기에 금각金閣을 지었다. 원래 정원이었던 금각은 선종 계통의 승려가 입주한 후 요시미쓰의 극락왕생을 빌기 위한 사원으로 바꾸었다. 선종 계통의 승려 가운데에는 중국에서 온 승려나 유학승 출신이 많았다. 이들을 통해 선종뿐 아니라 선禪의 정신을 구체화한 수묵화와 건축·정원 양식 등도 전래했다. 이들은 주자학과 한시에도 뛰어나, 막부의 정치·외교 고문으로도 활약했다. 요시미쓰 시기에 집대성 된 노(能)도 기타야마 문화를 대표하는 예능이었다.

아시카가 요시마사는 오닌의 난 이후 교토 히가시야마에 산장을 세우고 요시미쓰를 흉내 내어 은각銀閣을 만들었다. 히가시야마 문화는 선禪의 정신에 기초하여 간소함과 고담枯淡의 미를 기조로 삼았다. 선의 영향은 암석과 모래를 조합하여 상징적인 자연을 만들어낸 가레산스이(枯山水)라는 정원 양식에서도 잘 보인다. 셋슈(雪舟)는 수묵화를 집대성했고, 가노파(狩野派)는 수묵화에 전통적인 야마토에(大和繪) 수법을 도입한 새로운 그림 양식을 창출했다. 히가시야마 시기가 되면 기타야마 시기에 보였던 중국 문물에 대한 집착이 상대적으로 약해지면서 이를 일본식으로 재해석하고 재변형하는 경향이 강해졌다.

무로마치 시대의 가장 큰 특징은 문화의 서민적 경향과 지방 보급이다. 노는 여전히 상류 사회에서 사랑받았지만, 동시에 소박하고 오락성이 강한 노가 나타나 각 지역으로 전파되었다. 특히 노의 막간에는 교겐이 공연되었는데,

금각
금각은 원래 사리전舍利殿이라 하여 기타야마 산장의 사원으로 지어진 3층 누각 건축이었다. 1층은 전통적인 귀족 저택의 신덴즈쿠리(寢殿造) 풍으로, 2층은 일본풍 모양(和樣)으로 만들었으며, 3층은 선종풍으로 구성하는 등 다양한 문화를 융합하여 만들었다.

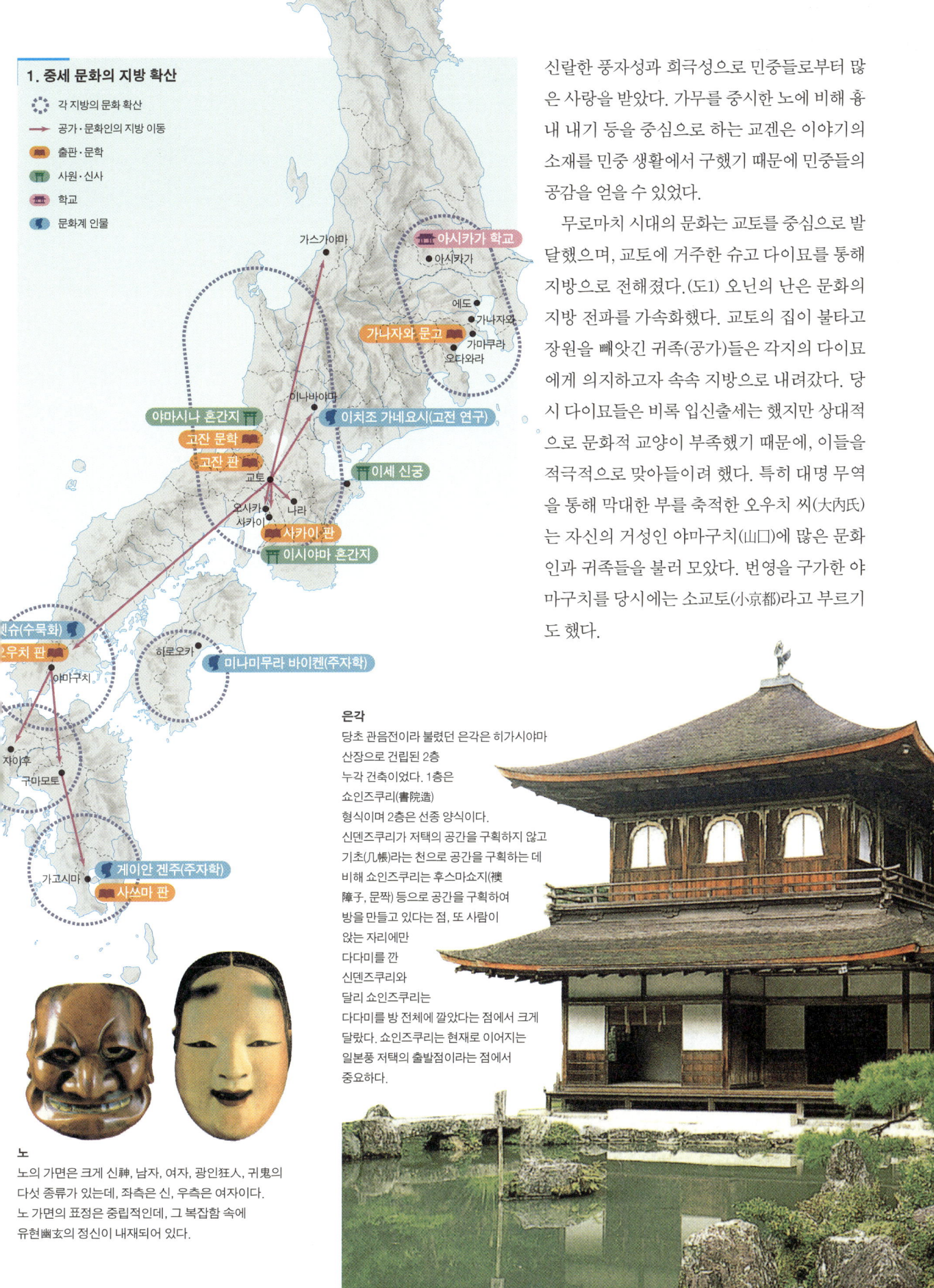

신랄한 풍자성과 희극성으로 민중들로부터 많은 사랑을 받았다. 가무를 중시한 노에 비해 흉내 내기 등을 중심으로 하는 교겐은 이야기의 소재를 민중 생활에서 구했기 때문에 민중들의 공감을 얻을 수 있었다.

무로마치 시대의 문화는 교토를 중심으로 발달했으며, 교토에 거주한 슈고 다이묘를 통해 지방으로 전해졌다.(도1) 오닌의 난은 문화의 지방 전파를 가속화했다. 교토의 집이 불타고 장원을 빼앗긴 귀족(공가)들은 각지의 다이묘에게 의지하고자 속속 지방으로 내려갔다. 당시 다이묘들은 비록 입신출세는 했지만 상대적으로 문화적 교양이 부족했기 때문에, 이들을 적극적으로 맞아들이려 했다. 특히 대명 무역을 통해 막대한 부를 축적한 오우치 씨(大內氏)는 자신의 거성인 야마구치(山口)에 많은 문화인과 귀족들을 불러 모았다. 번영을 구가한 야마구치를 당시에는 소교토(小京都)라고 부르기도 했다.

은각
당초 관음전이라 불렸던 은각은 히가시야마 산장으로 건립된 2층 누각 건축이었다. 1층은 쇼인즈쿠리(書院造) 형식이며 2층은 선종 양식이다. 신덴즈쿠리가 저택의 공간을 구획하지 않고 기초(几帳)라는 천으로 공간을 구획하는 데 비해 쇼인즈쿠리는 후스마쇼지(襖障子, 문짝) 등으로 공간을 구획하여 방을 만들고 있다는 점, 또 사람이 앉는 자리에만 다다미를 깐 신덴즈쿠리와 달리 쇼인즈쿠리는 다다미를 방 전체에 깔았다는 점에서 크게 달랐다. 쇼인즈쿠리는 현재로 이어지는 일본풍 저택의 출발점이라는 점에서 중요하다.

노
노의 가면은 크게 신神, 남자, 여자, 광인狂人, 귀鬼의 다섯 종류가 있는데, 좌측은 신, 우측은 여자이다. 노 가면의 표정은 중립적인데, 그 복잡함 속에 유현幽玄의 정신이 내재되어 있다.

03
근세

전국시대 이후 오다 노부나가·도요토미 히데요시 정권을 거치면서 이전의 막부 시대에 비해 중앙집권적 성격이 상대적으로 강해진 에도 막부가 출현한다. 한편 16세기 중반부터 서양 상인과 기독교 선교사들이 몰려들어 일본에 서양 문명과 기독교를 전파한다. 이로써 일본은 중세 봉건 사회가 서서히 해체되고 근세로 돌입한다. 도쿄, 오사카, 교토 등 도시가 발달하고 농촌사회는 무라를 중심으로 재편된다.

도시의 발달과 함께 성장한 부유한 상인층들이 사회와 문화를 주도하는 한편, 기득권 세력이었던 무사층은 관료화와 빈곤화의 과정을 겪고, 농촌에서도 잇키가 끊이지 않는다. 이에 막부는 일련의 개혁 정책을 실시한다. 이 시기에 일본은 난학을 통해 서양 문물을 접하고 서양 열강을 맞이하면서 근대를 맞이할 준비를 하게 된다.

「어느 화가의 그림 여행」

안도 히로시게는 1832년 막부의 관리와 함께 도카이도를 여행하며 풍경화를 그렸다. 이것이 바로 〈도카이도 고주산쓰기(東海道五十三次)〉이다. 이 그림책은 기점인 에도의 니혼바시에서 종점인 교토까지 연결된 53곳의 역참과, 니혼바시, 교토 산조의 다리 그림을 합쳐 55매로 구성되어 있다. 아래에 몇 개의 작품을 소개한다.

교토(京都)
교토 산조(三條) 오하시(大橋)와 그 위를 오가는 사람들의 모습.

세키(關)
칙사·공가·다이묘의 전용 숙소.

쇼노(庄野)
폭우 속에서 가마꾼과 가마를 탄 사람이 길을 가고 있다.

고유(御油)
가도를 사이에 두고 여관들이 줄지어 있는 모습.

1575				1625		1650	1675	1700

1582년 혼노지의 변
오다 노부나가가 교토 혼노지에서 부하 아케치 미쓰히데에게 살해당했다. 이로써 그의 통일 사업은 좌절되었다.

1590년 도요토미 히데요시의 전국 통일
도요토미 히데요시가 오다와라에서 호조 우지마사를 멸하여 간토를 평정하고 이어서 도호쿠 지방을 복종시켜 전국 통일을 완수했다.

1600년 세키가하라 전투
도쿠가와 이에야스가 이끈 동군이 미노 국 세키가하라에서 서군에게 승리를 거두고 패권을 장악했다.

1603년 에도 막부의 개설
도쿠가와 이에야스가 조정으로부터 쇼군에 임명되어 에도 막부를 열었다. 이후 에도 막부는 260여 년 동안 지속되었다.

1615년 오사카 전투
도쿠가와 이에야스가 도요토미 히데요시의 후계자 히데요리를 오사카성에서 물리쳐 도요토미 가문을 멸망시켰다.

1639년 쇄국 체제의 형성
포르투갈 선박의 내항을 금지시켰다. 이때부터 200년 가까이 쇄국 체제가 유지되었다.

아카사카(赤坂)
숙박업소에서 화장을 하거나 손님의 식사 시중을 들고 있는 여성들의 모습.

니혼바시(日本橋)
니혼바시를 오가며 생계를 이어가는 에도 서민들의 일상.

간바라(蒲原)
눈 내리는 밤에 도롱이를 걸친 사람이 길을 가고 있다.

후지에다(藤枝)
숙박업소에서 사람과 말을 교대하는 업무를 하는 도이야바(問屋場)의 모습.

마리코(丸子) 주쿠(鞠子)
마리코의 명물 국물을 파는 업소.

| 1725 | 1750 | 1775 | 1800 | 1825 | 1850 |

1716~35년
교호 개혁
8대 쇼군 도쿠가와 요시무네는 재정난에 빠진 막부를 다시 일으키기 위해 개혁 정책을 실시했다.

1767~86년
다누마의 정치
9대 쇼군과 10대 쇼군의 최고 측근 다누마 오키쓰구는 요시무네의 농본주의적 정책을 버리고 상업의 발전과 무역의 확대를 꾀하는 중상주의 정책을 시도했다.

1787~93년
간세이 개혁
로주 마쓰다이라 사다노부는 에도와 전국 주요 도시의 소요와 농촌의 황폐화를 막기 위해 다양한 경제 개혁과 사회 개혁을 추진했다.

1841년~
덴포 개혁
로주 미즈노 다다쿠니는 막부의 권위 회복을 위해 개혁 정책을 실시했으나, 다이묘와 농민의 반발로 실패하여 막부의 권위는 더욱 실추되었다.

유럽의 일본 진출과 기독교 전파

1543
포르투갈 인, 다네가시마에 표착
화승총 전래

1549
사비에르, 가고시마 도착

1563
루이스 프로이스, 일본 도착
오토모 요시시게, 세례를 받음

1570
포르투갈 선박, 나가사키 내항

1580
영국 선박, 히라도 내항

1582~90
덴쇼 유럽 사절단 파견

1584
스페인 선박, 히라도 내항

1610~11
다나카 쇼스케, 멕시코 도항

1613~20
게이초 유럽 사절단 파견

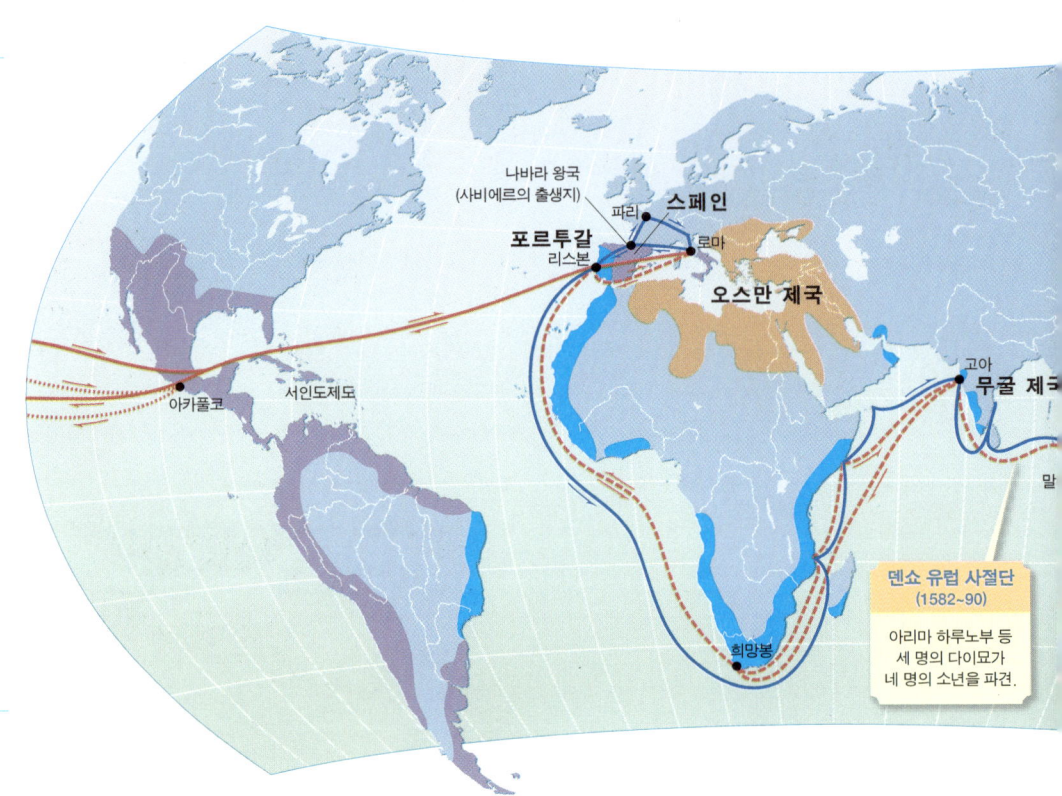

덴쇼 유럽 사절단 (1582~90)
아리마 하루노부 등 세 명의 다이묘가 네 명의 소년을 파견.

1. 서양과 일본의 만남

— 사비에르의 행로
--- 덴쇼 유럽 사절단의 행로
····· 다나카 쇼스케의 행로
— 게이초 유럽 사절단의 행로
■ 포르투갈 영토
■ 스페인 영토
■ 오스만 제국 영토

15세기 후반~16세기에 유럽은 르네상스와 종교개혁이 일어나 근대사회로 이행하고 있었다. 한편 유럽과 아시아를 잇는 동지중해와 중동 지역은 오스만 제국 등 이슬람 세력이 장악, 유럽과 아시아의 중계무역을 독점하고 있었다. 따라서 유럽은 유럽과 아시아를 직접 잇는 새로운 항로를 개척해 무역의 확대, 기독교의 포교, 식민지의 획득을 도모했다.

1543년 포르투갈 인을 태운 중국 선박이 규슈 다네가시마에 표착한 것을 계기로 포르투갈과 일본의 무역이 시작되었다. 한편 다네가시마의 도주 다네가시마 도키타카는 포르투갈 인이 가지고 있던 화승총을 구입, 가신들에게 그 사용법과 제조법을 배우게 했다. 포르투갈 인들은 화승총과 화약, 중국산 생사, 견직물, 설탕, 약품을 일본산 은과 교환하여 많은 이익을 챙겼다. 특히 화승총은 곧이어 사카이, 네고로 등지에서 대량생산되어 기마전법에서 보병전법으로의 전술 변화를 가져왔다.

1549년 예수회의 프란시스코 사비에르가 가고시마에 왔다.(도1) 유럽의 일본 무역은 기독교 선교 활동과 일체를 이루었고 다이묘들은 선교사에게 협조했다. 사비에르는 다이묘들의 협조로 교토 지역까지 포교했다.(도2) 이후에도 많은 선교사들이 도일하여 교회와 선교사 양성 학교를 세우는 등 포교 활동을 벌였다. 특히 가스파르 빌렐라, 루이스 프로이스 등은 규슈를 중심으로 긴키, 주고쿠 지역의 포교에 힘썼다. 그 결과 기독교 신자는 히젠, 히고, 이키 등지에 11만 5000여 명, 분고 등지에 1만여 명, 기나이 지역에 2만 5000여 명에 달했다.

1569년 오다 노부나가는 프로이스의 교토 거주를 허락하고, 1576년 교토에 남만사南蠻寺 건립을 허가했다. 그리고 1581년 아즈치 성 밑에

인이 일본인을 노예로 매매한다는 사실을 알게 되었다. 이에 히데요시는 유럽과의 교역은 계속 인정했지만, 선교사에게 해외추방령을 내리고 나가사키를 회수했다. 그러나 교역과 선교는 한 몸으로 행해졌기 때문에, 교역을 인정하는 한 기독교의 포교는 어쩔 수 없는 것이었다.

그런데 히데요시는 1596년 스페인이 영토를 확장하기 위해 선교사들을 이용한다는 정보를 전해 듣고 스페인계 프란시스코회를 중심으로 한 선교사와 신자 26명을 체포, 나가사키에서 처형했다. 이 사건의 배후에는 프란시스코회와 예수회의 대립이 있었으며, 이를 통해 당시 일본 지배층이 기독교에 경계심을 가지고 있었음을 알 수 있다.

2. 기독교 전파와 사비에르

- 사비에르 전도 경로
- 교회 소재지
- 신학교·선교사 양성 학교
- 주요 기독교인 다이묘

1549년 가고시마에 도착한 예수회 선교사 사비에르는 다이묘들의 보호를 받으면서 히라도, 야마구치, 교토 등을 돌며 포교 활동을 했다. 이후 많은 선교사들이 도일하여 교회당인 남만사, 선교사 양성 학교인 코레지오와 세미나리오 등을 세웠다.

세미나리오(神學校) 건립을 허가했다. 노부나가는 자신의 지적 호기심 때문에 기독교에 관용적 태도를 보였지만, 그것은 불교로 대표되는 중세적 종교 권위를 부정하는 것이기도 했다. 히데요시 또한 처음에는 기독교에 대해 비교적 관용의 태도를 취했다. 그런데 1587년 오무라 스미타다가 1580년에 나가사키를 예수회에 기진한 것과 포르투갈

포르투갈 상선의 입항
일본과 서양인의 접촉을 소재로 하여 그린 〈남만병풍南蠻屛風〉의 일부로, 포르투갈 상선에 실린 물품을 작은 배로 인양하고 있는 모습을 담고 있다. 검은 복장의 선교사가 선장을 맞이하고 있고, 선교사의 뒤로는 교회당인 남만사가 보인다. 서양 의복을 갖춘 일본인도 눈에 띈다.

오다 노부나가 정권

1559	노부나가, 오와리 통합
1560	오케하자마 전투 승리
1568	검문소 철폐령을 내림
1571	엔랴쿠지를 불태움
1573	무로마치 막부 멸망
1575	나가시노 전투 승리
1577	라쿠이치·라쿠자 령을 내림
1580	이시야마 혼간지 정복
1582	노부나가, 혼노지의 변으로 사망

나가시노 전투

1575년 노부나가·이에야스 연합군이 다케다 가쓰요리의 군대와 맞붙는 장면을 그린 〈나가시노 합전병풍도〉이다. 노부나가 진영은 다량의 조총을 이용한 전법으로 당시 다케다 가쓰요리가 자랑하는 최대의 기마 군단을 격파했다.

오다 노부나가는 오와리 슈고다이의 가신 오다 노부히데의 아들로 태어났다. 그는 1559년 오와리를 통합하고, 1560년 3만의 군세를 이끌고 교토로 향하던 이마가와 요시모토를 오케하자마에서 물리쳐 다이묘로서 두각을 나타냈다. 이어 1567년 미노의 사이토 씨를 멸하여 비옥한 노비 평야를 손에 넣고, 1568년 아시카가 요시아키를 옹립하여 교토에 입성했다. 이리하여 그는 천하 통일의 일보를 내디뎠다.

이후 노부나가는 피비린내 나는 통일 전쟁을 계속 추진해갔다. 1570년 아자이 나가마사와 아사쿠라 요시카게의 연합군을 아네가와 전투에서 물리치고, 1571년에는 강력한 종교적 권위와 경제력을 자랑하던 중세적 종교세력인 엔랴쿠지를 불태웠다. 한편 쇼군 요시아키는 노부나가 세력에 대항하여 아자이·아사쿠라·다케다 가문과 연합을 꾀했으나, 강력한 반노부나가 세력이었던 다케다 신겐이 1573년 교토로 향하던 중 급사했다. 이러한 상황에서 노부나가는 나가마사와 요시카게를 물리치고, 아시카가 요시아키를 교토에서 추방하여 무로마치 막부를 멸망시켰다. 그리고 1575년 나가시노 전투에서 대량의 총포를 이용한 전법으로 당시 최강의 기마 군단을 이끌던 다케다 가쓰요리를 물리쳐 전국 통일의 기틀을 마련했다.(도1) 한편 1576년 노부나가는 자신의 권력을 상징하는 아즈치 성(安土城) 건설에 착수, 1579년에 완성했다.

그러나 노부나가에게 최대의 적은 이시야마 혼간지를 정점으로 하는 잇코 잇키 세력이었다. 혼간지의 문주門主 겐뇨가 1570년 전국의 문도들에게 노부나가에게 대항할 것을 명한 이후, 노부나가와 잇코 잇키의 지루한 싸움이 지속되었다. 그러나 노부나가는 1574년 이세 나가시마의 잇코 잇키를, 1575년 에치젠의 잇코 잇키를 평정하고 1580년 이시야마 혼간지를 굴복시켰다. 이로써 약 1세기에 걸쳐 존속한 잇코 잇키 세력이 해체되었다. 이와 같이 교토를 중심으로 긴키·도카이·에치젠 북쪽 지역을 지배하에 넣음으로써 노부나가는 전국 통일에 한발 더 다가섰다.

이 과정에서 노부나가는 중세의 정치·경제·질서·권위를 부정하고 새로운 지배 질서를 창출하고자 했다. 노부나가는 당시 최고의 경제도시이자 자치도시인 사카이를 지배하에 넣었다. 이를 통해 기나이의 높은 생산력을 자신의 통제 아래에 집중시킬 수 있었다. 그리고 교통과 유통에 장애를 초래하는 검문소를 철폐하여 유통을 원활하게 했다. 또한 라쿠이치·라쿠자(樂市·樂座) 령을 내려 상인의 자유로운 왕래와 영업 활동을 장려했다.

종교 정책으로는 엔랴쿠지와 잇코 잇키를 제압하고, 교토에 깊이 뿌리내리고 있던 니치렌종과 정토종을 논쟁시킨 후 니치렌종을 패소시켜 탄압했다. 이리하여 세속 권력이 종교 권력보다 우위에 있다는 것을 천하에 보여주었다. 한편, 전통적인 불교세력에 견제당하고 있던 예수회 선교사들에게는 호의적인 태도를 취하여, 선교 활동을 지원하고 유럽과의 무역에도 큰 관심을 보였다.

한편 무사와 상공인의 도시 집주를 추진하여 근세적 도시를 창출했고(병농분리와 조카마치 건설), 영주에게는 토지의 생산량을 신고하도록 하여 토지의 지배자, 경작자, 경작 면적, 생산량을 정확히 파악하고자 했다. 이러한 정책들은 중세를 부정하고 근세로 나아간 선구적 정책으로 평가할 수 있다.

1582년 노부나가는 덴모쿠 산의 싸움에서 숙적 다케다 가쓰요리를 멸하고, 모리 씨 정벌을 위해 교토 혼노지에 머물고 있었다. 그런데 아케치 미쓰히데가 반역하여 노부나가를 죽였다. 이로써 노부나가의 전국 통일의 꿈이 목전에서 실패하고 말았다.

1. 오다 노부나가의 전국 통일 과정

- 1560년경 (오케하자마 전투)
- 1575년경 (나가시노 전투)
- 1581년경
- 1582년
- 친親노부나가 계열 다이묘
- 노부나가에게 토벌된 다이묘
- 반反노부나가 세력
- ①~⑭ 노부나가의 활동

① 오케하자마 전투(1560)
② 이나바야마 성 전투(1567)
③ 아시카가 요시아키를 대동하여 교토 입경(1568)
④ 아네가와 전투(1570)
⑤ 엔랴쿠지를 불태움(1571)
⑥ 무로마치 막부를 멸함(1573)
⑦ 이세 나가시마의 잇코 잇키 평정 (1574)
⑧ 나가시노 전투(1575)
⑨ 아즈치 성 건설 시작(1576)
⑩ 네고로·사이카 잇키와 전투(1577)
⑪ 주고쿠 지방 공격(1577~)
⑫ 이시야마 전투(1570~80)
⑬ 덴모쿠 산 전투(1582)
⑭ 혼노지의 변(1582)

아즈치 성
1576년 축성을 시작하여 1579년 완성된 아즈치 성은 5층 7단의 천수각과 무가 저택지, 그리고 조카마치의 상인 거주지로 구성되었다. 금빛으로 빛나는 최상층과 붉은색의 난간, 푸른색의 기와에서 드러나는 장엄함과 화려함은 노부나가가 지닌 권력을 상징적으로 드러낸다. 사진은 아즈치 성의 복원 모형이다.

도요토미 히데요시의 전국 통일

1582
히데요시, 야마자키 전투에서 승리
야마시로에서 토지조사 실시

1583~86
오사카 성 축조

1585
관백이 됨
시코쿠 평정

1586
태정대신에 오름

1587
규슈 평정
선교사의 해외 추방령 내림

1588
도검 몰수령과 해적 금지령 내림

1590
호조 씨 평정
전국 통일 완수

1592~98
임진왜란 및 정유재란 발발

1596
나가사키 기독교인 26성인 순교

1598
히데요시 사망

오와리 농민의 아들로 태어난 도요토미 히데요시는 노부나가에 발탁되어 고위 장군으로 출세했다. 노부나가가 사망하자, 히데요시는 대치하던 모리 씨와 화해하고, 군세를 교토로 몰아 1582년 야마자키 전투에서 아케치 미쓰히데에게 승리했다. 이어 1583년 노부나가의 고위 장군 시바타 가쓰이에를 시즈가타케 전투에서 패망시키고, 가쓰이에에 협조했던 노부나가의 셋째 아들 노부타카를 자살로 몰아넣어 노부나가의 후계자가 되었다.

1584년 히데요시는 노부나가의 차남 오다 노부오의 편을 들고 있던 도쿠가와 이에야스와 고마키·나가쿠테 전투를 벌였다. 싸움이 교착 상태에 빠지자, 히데요시는 이에야스와 화해하여 그를 휘하에 두는 데 성공했다. 1585년 기이를 평정한 후, 시코쿠를 정벌하여 조소카베 씨를 복종시켰다. 1587년에는 규슈를 정벌하여 시마즈 씨를 복종시키고, 1590년 호조 우지마사를 멸망시켜 전국을 통일했다.(도1)

1583년 히데요시는 노부나가 후계자의 지위를 확보하고, 이시야마 혼간지의 자리에 자신의 본거지로 오사카 성(大阪城)을 축조했다(1586년 완성). 한편 1586년 교토에 성곽풍의 주라쿠테이(聚樂第)를 축조하여(1587년 완성) 천하의 지배자임을 나타내고, 1588년 고요제이 천황의 행행行幸을 기회로 전국 다이묘들에게 충성을 맹세하게 했다. 한편 전국 통일을 완성한 1591년 관백의 지위를 조카 히데쓰구에게 물려주고, 자신은 태합太閤으로서 전국 지배와 조선 침략에 전념했다.

히데요시는 약 200만 석에 달하는 직할령과 주요 금·은 광

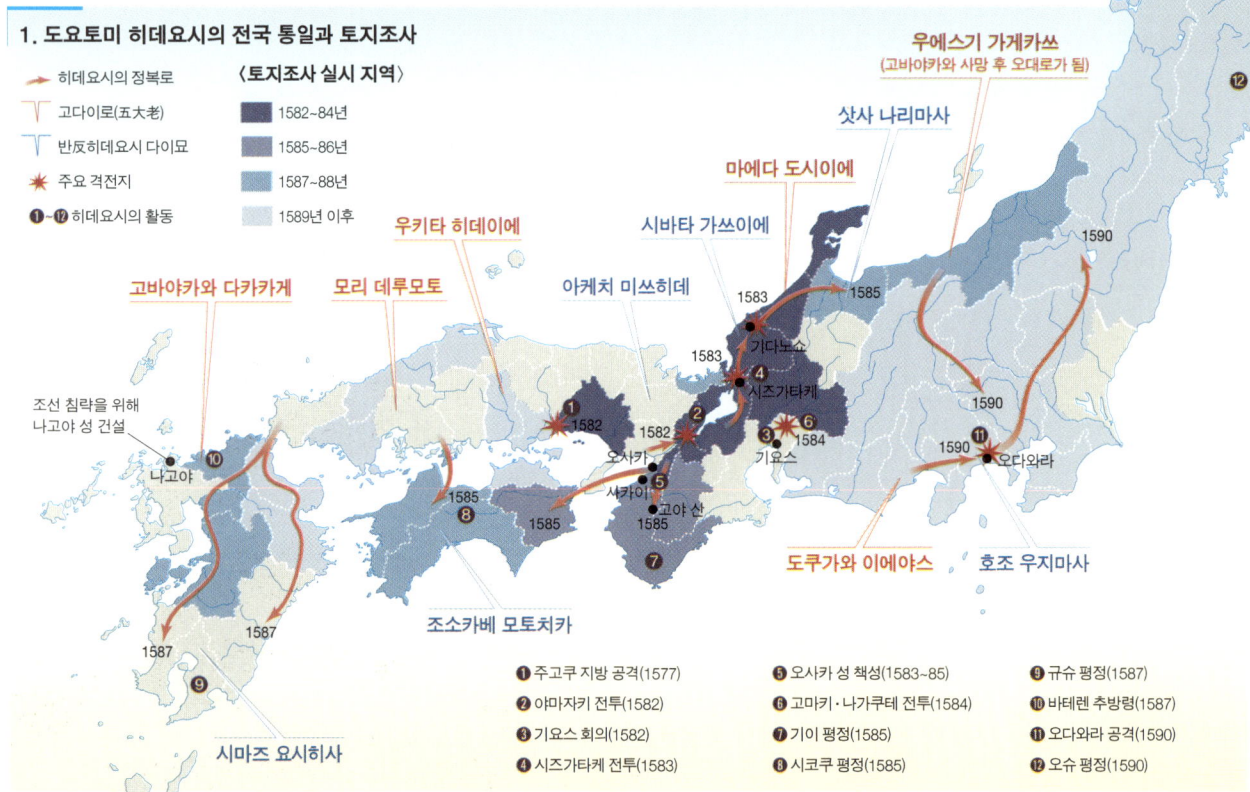

1. 도요토미 히데요시의 전국 통일과 토지조사

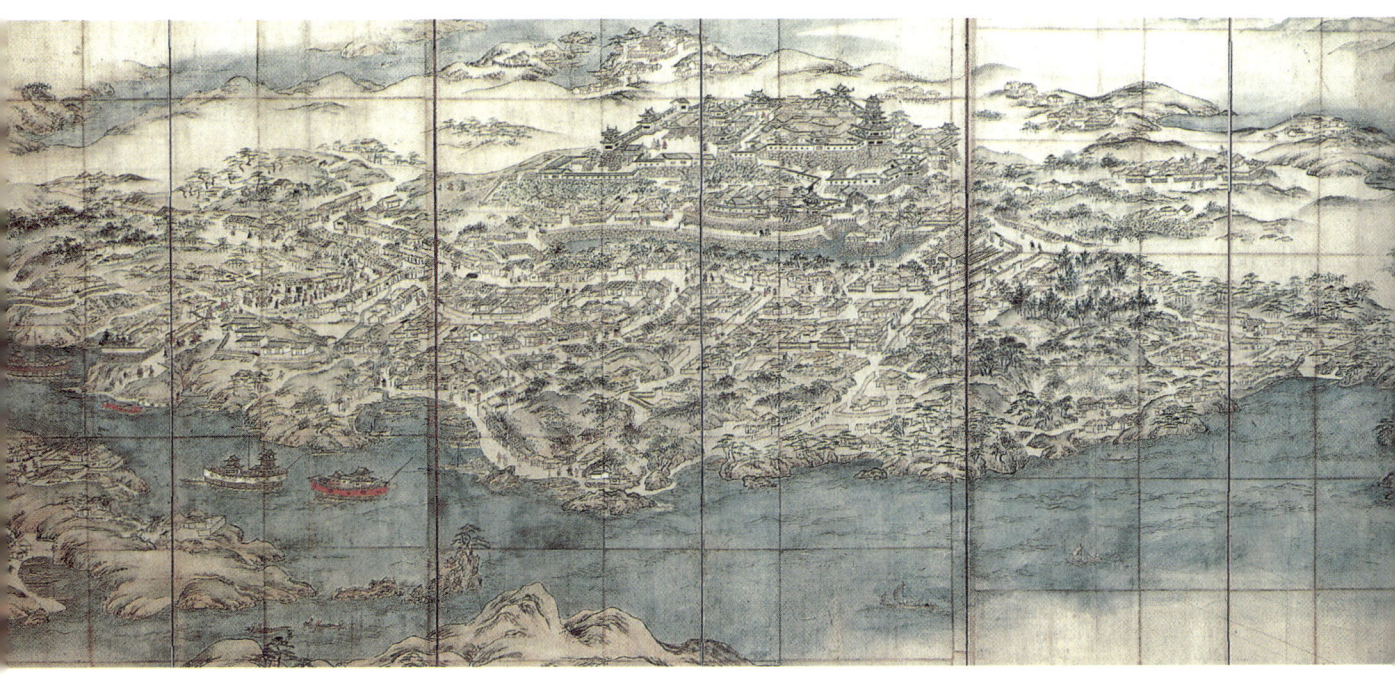

산, 각지의 도시와 호상, 도로를 장악하여 경제적 지배를 강화하는 한편, 토지조사를 실시했다. 전국의 토지를 동일한 자로 직접 측량하여 논, 밭, 집터 등 모든 토지를 4등급으로 분류, 각각의 토지에 기준 생산량을 곱하여 쌀의 생산고인 고쿠다카(石高)를 정했다. 그리고 토지대장에 직접 토지를 경작하는 농민의 이름과 경작 면적을 등재했다. 이것은 한 토지에 여러 사람의 권리를 인정하던 것을 부정하고 일지일작인 제一地一作人制를 확립한 것을 의미한다. 이로써 농민은 자신의 경작지 보유권을 법으로 인정받고, 세금의 부담자로 자리하게 되었다.

히데요시는 고쿠다카를 기준으로 다이묘에게 영지를 주고 군역을 부과했다. 한편 1588년 농민의 저항(잇키)을 봉쇄하고자 농민이 보유하고 있던 도검 등의 무기를 몰수했다(도검 몰수령). 1591년에는 무가에 고용된 무가 봉공인武家奉公人이 농민이나 상인이 되는 것을 금지했다. 이러한 정책을 통해 직업을 바탕으로 한 신분 사회의 기초를 창출하고, 원칙상 농촌에는 농민이, 도시에는 무사와 상공인이 거주하는 병농 분리를 완성했다.

한편 히데요시는 전국을 통일한 후 조선에 정명가도征明假道를 요구했다. 조선이 이를 거절하자, 히데요시는 1592년 15만의 군대를 파견하여 조선을 침략했다(임진왜란). 명과 화해 교섭이 결렬되자, 1597년 히데요시는 다시 조선을 침략했다(정유재란). 일본군은 조선과 명의 반격에 참패하고, 히데요시의 사망으로 철군했다. 이 전쟁의 실패로 히데요시 정권은 붕괴되었다.

나고야 성

히데요시는 1590년 전국을 통일하자, 1591년 히젠 나고야에 조선 침략의 전진 기지인 나고야 성을 축조하게 했다. 서국 다이묘들은 대부분 조선에 출병했고, 나고야에는 동국 다이묘의 군대가 주둔했다. 사방이 내려다보이는 산 정상에 히데요시가 거주하는 저택이 있고, 그 주위에 다이묘의 저택과 상인 거주지가 있었다. 〈나고야 성 병풍도〉이다.

도요토미 히데요시의 초상화

아즈치·모모야마 문화

1576
아즈치 성 축성 시작
교토 남만사 건축(1587년 파각)

1577
아즈치 성에 라쿠이치·라쿠자령을 내림

1583~86
오사카 성 축조

1590
서양 인쇄술 전래
가노 에이토쿠 사망

1591
센노 리큐 사망

1594
후시미 성 완성

1597
조선 활자로 게이초 칙판 인쇄 시마즈 씨, 조선 도공에게 도기를 생산하게 함

히메지 성
히데요시의 거성으로, 이후 이케다 데루마사가 개축하여 1609년에 완성했다. 대천수각과 세 개의 소천수각으로 구성되어 있다. 흰색의 외벽과 날개 모양의 지붕이 마치 백로와 같아서 하쿠로 성(白鷺城)으로 불리기도 한다. 숨어서 공격할 수 있는 장소가 2500여 곳이나 있을 정도로 상대의 공격을 방어하는 데 유리한 구조를 지니고 있다. 건축 당시의 모습을 현재까지 간직하고 있는 몇 안 되는 성곽 건축 가운데 하나이다. 높이는 46미터, 넓이는 234만 제곱미터. 효고 현 소재.

약 1세기에 걸친 전란을 통해 지역 간 경제·문화 교류가 활성화되었다. 한편 시대의 변동에 편승해 전쟁과 교역을 이용하고 전국적인 상품 경로를 장악하여 거액의 부를 축적한 호상도 출현했다. 그리고 노부나가·히데요시가 이제까지 문화를 담당하던 사원세력을 약화시켜, 불교적인 문화 색채가 약해졌다. 이러한 분위기는 부와 권력이 집중된 통일 정권 시기에 이르자 더욱 확산되어 새로운 문화가 탄생했다. 이 문화를 아즈치 성과 후시미 성(伏見城)의 별칭인 모모야마 성을 합쳐 아즈치·모모야마 문화라고 한다.

아즈치·모모야마 문화의 특징은 크게 네 가지로 살펴볼 수 있다. 첫째, 개방적 분위기를 반영하여 신선미가 넘치며, 거대한 권력과 부를 반영하여 호화롭고 장대하다. 둘째, 불교 문화의 색채가 약해져 현실적·현세적 성향이 강하다. 셋째, 유럽 문화와의 접촉을 통해 문화가 다채로워졌다. 넷째, 학문과 종교보다는 미술 공예와 생활문화 영역에서 변화가 크게 일어났다.

아즈치·모모야마 문화를 대표하는 것은 성곽 건축이다. 이 시대의 성곽은 이전까지의 산성山城과 달리 교통이 편리한 평지에 위치하며, 중층의 천수를 가진 혼마루(本丸)와 도루이(土壘), 해자로 둘러싸여 있고, 석단을 쌓아 만들었다. 이는 전국시대의 성처럼 전투적 기능을 계속 유지하면서도 영국 지배의 거점으로서의 성격까지 지니게 되었음을 의미한다. 따라서 이 시기의 아즈치 성, 오사카 성, 후시미 성은 성주의 거관이자 정청政廳으로 웅대하고 화려하게 축조되어 천하 통일의 위세를 상징적으로 드러내고 있다.

성 내부에 있는 성주의 거관은 쇼인즈쿠리의 형식(무사계급의 주거양식)을 취하고 있으며, 후스마쇼지, 벽, 천정, 병풍 등은 금박지에 청색과 녹색을 채색한 다미에(濃畵) 형식의 호화로운 장벽화障壁畵(障屛畵)로 장식되어 있다. 이 시기의 건축물은 현존하지 않으나, 후시미 성의 일

부를 옮겨다 만든 쓰쿠부스마(都久夫須麻) 신사 본전, 주라쿠테이의 일부를 옮겨다 만들었다고 추정되는 다이토쿠지(大德寺) 당문과 니시혼간지(西本願寺) 당문 등에서 그 화려함을 엿볼 수 있다.

성과 전각의 내부를 장식하는 장벽화의 중심에는 가노파(狩野派)라는 회화 유파가 있었다. 특히 가노 에이토쿠는 무로마치 시대에 유행하던 수묵화와 일본 고래의 화풍을 혼융하여 풍부한 색채와 강력한 선묘, 웅대한 구도를 갖는 새로운 화풍을 열었다. 〈당사자도병풍唐獅子圖屛風〉, 〈회도병풍檜圖屛風〉 등은 그의 작품 세계를 잘 보여준다. 가노파 화가들은 장벽화 이외에도 신흥세력으로 등장한 도시와 서민의 생활과 풍속 등을 소재로 한 풍속화도 많이 그렸다. 에이토쿠의 〈낙중낙외도병풍洛中洛外圖屛風〉, 가노 나가노부의 〈화하유락도병풍花下遊樂圖屛風〉, 가노 나이젠의 〈풍국제례도병풍豊國祭禮圖屛風〉 등은 이를 대표한다.

한편 신흥 무장들과 더불어 대도시에서 활동하던 부유한 상인들도 이 시대 문화의 담당자였다. 사카이의 센노 리큐는 다도를 확립했다. 그가 확립한 와비차(侘び茶) 방식은 간소하고 소박해 화려하고 웅장한 아즈치·모모야마 문화의 성격과는 다르지만, 이 시기 다도는 다이묘들의 보호를 받으면서 크게 유행했다. 특히

니시혼간지 당문
호화로운 조각이 장식되어 있어, 당시 화려했던 모모야마 문화의 진면목을 느낄 수 있다. 높이 8미터.

다완
다도를 확립한 센노 리큐가 주도하여 만든 다완이다.

히데요시는 오사카 성에 황금 다실을 만들고, 교토 내리内裏, 오사카 성, 나고야 성 등에서 다회를 개최하는 등 공가公家나 다이묘들과 자주 다도를 즐겼다.

일본은 이 시기에 유럽 문화도 접촉했다. 시계, 안경, 화승총, 포도주, 오르골, 오르간, 비올라 등의 문물을 접했고, 서민들 사이에 흡연의 풍습도 퍼졌다. 그리고 의학, 천문학, 지리학 등의 학문과 항해술과 서양화의 기법 등이 전해지고, 서양식 활자 인쇄술이 들어와 『이솝 이야기』, 『헤이케 모노가타리(平家物語)』 등의 서적도 간행되었다. 그리고 임진왜란을 계기로 약탈해 온 동활자를 이용하여 서적을 간행하고, 붙잡아 간 도공들의 손으로 도기를 생산하기 시작했다.

가노파의 그림
가노파의 대가 가노 에이토쿠의 만년작으로, 암수 당사자의 당당한 모습을 그린 〈당사자도병풍〉의 일부이다. 당시의 호방한 화풍이 잘 드러난다. 전체 222.8×452센티미터.

에도 막부의 성립

1598
이에야스, 고다이로의 필두가 됨

1600
세키가하라 전투에서 승리

1603
쇼군에 취임. 에도 막부 성립

1605
쇼군직을 히데타다에게 물려줌

1609
조선과 기유조약 체결
시마즈 씨, 류큐 정복

1611
공가중법도 내림

1612
기독교 신앙 금지령 내림

1615
오사카 성 전투에서 승리
일국일성령·무가제법도·금중병공가
제법도·제종제본산법도 반포

1616
이에야스 사망

히데요시는 1590년 호조 씨를 멸망시킨 후, 이에야스를 간토로 이동시켜 약 250만 석을 영유하게 했다. 히데요시 정권 아래에서 2인자의 지위를 유지하고 있던 이에야스는 1598년 히데요시가 사망하자 고다이로(五大老)의 필두로 올라섰고, 조선과의 외교를 지휘하면서 지배권을 확립해갔다.(도1)

히데요시 정권의 실무 관료로 오봉행五奉行의 한 사람인 이시다 미쓰나리는 이에야스의 지배권 확대에 불만을 품고, 고니시 유키나가와 더불어 고다이로인 모리 데루모토, 우키타 히데이에, 시마즈 요시히로를 끌어들여 반反이에야스의 군사를 일으켰다(서군). 이에 대해 이에야스는 후쿠시마 마사노리, 가토 기요마사, 구로다 나가마사와 동맹하여(동군) 우에스기 가게카쓰를 물리치고, 1600년 9월 세키가하라에서 건곤일척의 일전을 전개했다.(도2)

이에야스는 세키가하라 전투에서 승리한 후, 서군에 가담한 다이묘들의 영지 440만 석을 몰수하고, 모리 데루모토를 120만 석에서 47만 석으로, 우에스기 가게카쓰를 120만 석에서 30만 석으로 감봉했다. 이렇게 하여 얻은 토지를 동군의 다이묘들에게 증봉하거나 자신의 가신들에게 지행하여 후다이다이묘(譜代大名, 세키가하라 전투 전부터 도쿠가와 가문의 신임이 두터웠던 다이묘) 28명을 새로 세웠다. 그리고 이에야스는 도카이도와 나카센도 등 전국의 주요 가도를 정비·장악하고, 교토, 후시미, 사카이, 나가사키 등 주요 도시와 항구를 직할지로 삼았다. 그와 동시에 오모리, 이쿠노, 도사, 이즈 등의 주요 금·은광을 장악, 화폐 주조권을 장악하여 전국적인 경제 기반을 확보했다.

1601년 이에야스는 서국의 다이묘와 조정을 감시하기 위해 교토쇼시다이(京都所司代)를 설치하고, 1603년 쇼군이 되어 막부를 개설했다(에도 막부). 이리하여 전국의 다이묘들에 대한 지배권을 확보했다. 그리고 1605년에는 쇼군직을 그의 아들 히데타다에게 물려주어 도쿠가와 씨가 쇼군직을 세습한다는 것을 천하에 공포하고, 오고쇼(大御所)로서 슨푸에서 천하의 정치를 주관했다. 한편 도요토미 히데요리는 히데요시의 후계자 지위를 유지하면서 오사카 성에 기거하고 있었다. 마침내 이에야스는 1614년 10월 도요토미 히데요시의 아들로 오사카 성에 머물고 있던 히데요리와 싸움을 일으켰다. 11월 양 진영은 일단 화해했으나, 1615년 4월 다시 싸움이 시작되었고, 5월 결국 오사카 성은 함락되었다.

오사카 전투 직후인 1616년 이에야스는 다이묘가 거주하는 본성을 제외한 모든 지성을 파괴

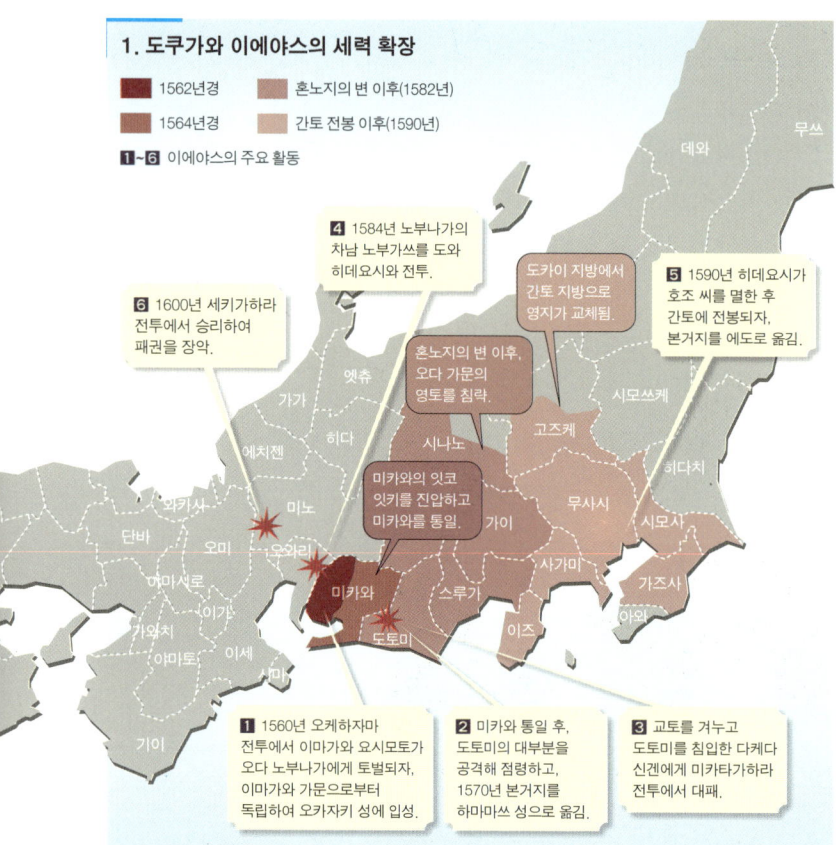

1. 도쿠가와 이에야스의 세력 확장

하라는 일국일성령一國一城令을 내렸다. 이 명령은 막부에 대항할 수 있는 다이묘들의 군사적 거점을 제거하기 위한 것이었으나, 각지의 성을 거점으로 다이묘에게 저항하려는 무사 세력을 약화시키는 효과도 있어 다이묘의 권력 강화에도 도움이 되었다. 그리고 오사카 성 함락 직후인 1615년 이에야스는 다이묘들을 후시미 성에 소집하여 무가제법도武家諸法度를 공포했다. 무가제법도는 기본적으로 다이묘를 통제하는 성격을 띤다. 이 법도에 의해 막부와 다이묘들 간의 사적 주종관계가 공적인 정치 관계로 전환되었다. 한편 1611년 공가중법도公家衆法度를 내려 공가에 대한 통제를 꾀하고, 1615년 금중병공가제법도禁中並公家諸法度를 제정하여 조정 통제의 기준을 마련했다. 위의 두 법령은 다이묘와 천황 및 공가를 규정하는 일본 근세 국가의 기본법이다.

사원과 신사에 대해서는 막부가 사사령寺社領을 주어 국가의 안온을 기도하게 했다. 그리고 1615년 제종의 본산에 제종제본산법도諸宗諸本山法度를 내려 통제를 강화했다. 기독교에 대한 대책으로는 1612년 직할령에 기독교 신앙 금지령을 내리고, 이듬해에는 전국의 기독교 신자에게 개종을 명했다. 이윽고 1614년 다카야

오사카 전투에 나서는 도쿠가와 이에야스
74세의 이에야스가 도요토미 가문을 멸망시키기 위해 오사카로 출진하는 모습을 담은 그림이다. 말을 탄 이에야스의 당당한 모습이 잘 묘사되어 있다.

마 우콘 등 300여 명의 기독교 신자를 마닐라와 마카오로 추방하고, 1616년 중국선 이외의 무역선의 기항을 히라도와 나가사키로 제한했다. 이어 1622년에는 55명의 선교사와 신도가 나가사키에서 처형되었다. 이를 겐나(元和)의 대순교大殉教라고 한다.

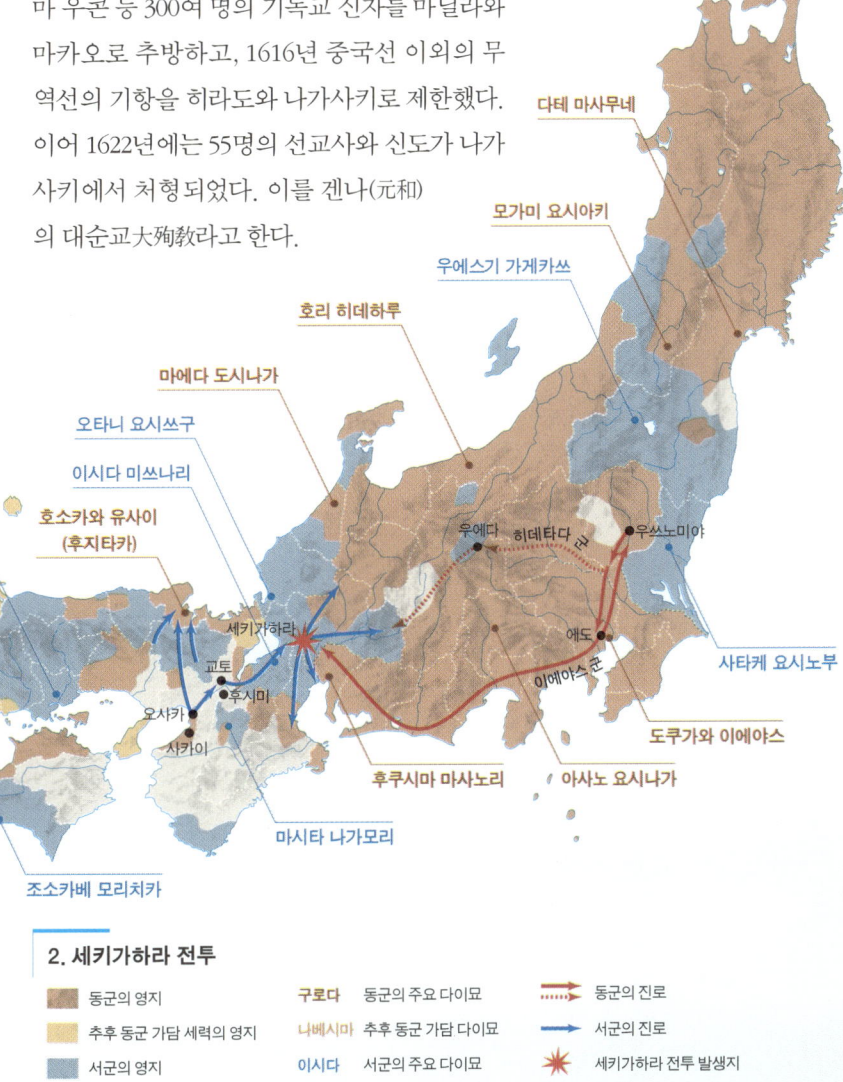

2. 세키가하라 전투

- 동군의 영지
- 추후 동군 가담 세력의 영지
- 서군의 영지
- **구로다** 동군의 주요 다이묘
- **나베시마** 추후 동군 가담 다이묘
- **이시다** 서군의 주요 다이묘
- 동군의 진로
- 서군의 진로
- 세키가하라 전투 발생지

막부와 번

1619
히데타다, 후쿠시마 마사노리를 전봉함

1623
이에미쓰, 쇼군에 취임

1629
무가제법도 개정

1633
로쿠닌슈(이후 와카도시요리) 설치
군역령 반포

1634
이에미쓰, 교토 입성

1635
참근교대제 제정
무가제법도 개정

1640
다이묘·하타모토에 검약령을 내림

1714
쇼도쿠 금·은화 발행

1. 다이묘의 전국 배치

- 막부 직할령
- 신판·후다이다이묘 령
- 도자마다이묘 령

도쿠가와 고산케의 이름
마쓰다이라 신판다이묘의 이름
이케다 도자마다이묘의 이름

고산케(御三家)란 이에야스의 후손 가문인 오와리, 미토, 기이를 가리킨다. 이 세 가문은 쇼군의 후계자를 낼 자격이 있었다.

- 1664년의 상황임
- 숫자는 고쿠다카(단위: 만 석)

이에야스가 죽은 이듬해인 1617년 이에야스의 아들 히데타다는 다이묘·공가·사원·신사에 영지 지배를 확인하는 문서를 발행하여, 자신이 전국 토지의 영유자임을 나타냈다. 한편 1619년 49만 8000석의 히로시마 성주 후쿠시마 마사노리를 무가제법도 중 성곽 수리에 관한 조항을 위반했다는 이유로 신슈의 가와나카지마(4만 5000석)로 전봉했다. 이것은 막부가 서국 지역의 유력 도자마다이묘(外樣大名, 세키가하라 전투 이후 도쿠가와 가문에 복종한 다이묘)도 처분할 수 있을 만큼 압도적인 힘을 소유하고 있음을 천하에 보여준 사건이었다. 1623년 히데타다는 이에미쓰에게 쇼군직을 물려주고 오고쇼 정치를 행했다. 1632년 히데타다가 사망하자, 이에미쓰는 히고의 유력 도자마다이묘 가토 다다히로(54만석)를 처분했다. 이후 이에미쓰는 도자마다이묘 29가, 일문一門·후다이다이묘 19가를 개역하는 등 다이묘들을 강력히 통제했다.

막부는 다이묘의 권력을 약화시킴과 동시에 다이묘를 재배치하여 권력을 강화했다. 즉, 막부 권력의 중심지인 간토 지역과 전국의 군사·교통의 요지에는 도쿠가와 일가인 신판다이묘(親藩大名), 후다이다이묘를 집중 배치하고, 도자마다이묘는 변경에 배치하여 막부의 안정을 도모했다. 그리하여 막부는 전국 고쿠다카(쌀 수확량)의 약 4분의 1을 장악, 절대적 우위를 차지했다.(도1)

한편 이에미쓰는 1633년 고쿠다카에 입각한 통일된 군역령을 내리고, 1634년 이 군역령에 따라 군역을 부과, 30여 만의 군세를 이끌고 교토에 입성했다. 1635년 막부는 무가제법도를 개정하여, 다이묘의 처자를 에도에 거주시켜 인질로 삼고, 다이묘에게 에도와 영지를 1년마다 왕복하게 하는 참근교대제參勤交代制를 제도화했다. 쇼군이 교체될 때마다 다이묘에게 무가제법도를 제시하여 새로운 쇼군에 대한 충성심을 환기시켰다. 참근교대제

사타케 요시타카 21
우에스기 쓰나노리 15
다테 쓰나무라 56
도쿠가와 쓰나요시 25
마에다 쓰나타카 103
이케다 미쓰나카 32
도토 다카쓰구 32
도쿠가와 미쓰쿠니 24
이케다 미쓰마사 32
마쓰다이라 마사쓰카 45
소 요시마사 10
아사노 미쓰시게 38
에도
모리 쓰나히로 37
교토
나고야
나베시마 미쓰시게 36
하치스카 미쓰타카 26
오사카
사카이
도쿠가와 미쓰토모 62
야마노우치 다다요시 17
도쿠가와 요리노부 56
나가사키
시마즈 미쓰히사 73
구로다 미쓰유키 43
호소카와 쓰나토시 54

는 다이묘에게 막대한 재정을 소모하게 했으나, 에도와 오사카 등 도시와 참근 행렬이 지나는 가도·숙역을 번영하게 했고, 도로의 발전을 가져왔다.

1651년 7월 로닌(浪人)들이 가담한 유이 쇼세쓰의 난이 일어났다. 이 난은 엄격한 다이묘 통제 정책으로 발생한 다수의 로닌과 그들로 인한 사회 불안으로 발생했다. 이에 막부는 로닌 발생을 막기 위해 말기 양자의 금지를 완화했다. 한편 1664년 4대 쇼군 이에쓰나는 쇼군과 다이묘의 관계에서 쇼군의 우위, 다이묘와 가신의 관계에서 다이묘 우위를 규정했다. 5대 쇼군 쓰나요시는 1683년에 무가제법도를 개정하여 유교 의례에 입각한 상하질서를 중시하는 평화 시대의 지배 윤리를 강조했다. 1687년에는 동물애호령(生類憐み令), 1684년에는 복기령服忌令을 내렸다. 동물애호령은 살생을 금지하는 것이고 복기령은 죽음과 피를 꺼리는 것으로, 살생을 배제하는 사고의식을 사회 전체로 확대시켰다. 무력에 입각한 위압적 무단정치는 위의 여러 정책을 통해 유교에 입각한 문치 정치로 전환되었다.

6대 쇼군 이에노부는 아라이 하쿠세키를 등용, 정치 혁신을 도모했다. 우선 민중의 원성을 산 동물애호령을 폐지하고, 화폐 개주를 통해 물가의 하락과 화폐 가치의 회복을 도모했다. 그러나 화폐량이 반으로 줄어 상품 유통을 위축시켰다. 한편 1711년 쇼군의 외교상 명칭을 '일본국대군'에서 '일본국왕'으로 고치고 조선의 사절에 대한 예우를 간소화했다. 1712년 4세의 이에쓰구가 쇼군에 올랐다. 하쿠세키는 쇼군의

2. 에도 시대의 직제

지위가 격식과 위엄을 갖도록 의식·전례를 중시하고, 신분의 상하가 한눈에 보이도록 복제를 정비했다. 그리고 1714년 쇼도쿠 소판(正德小判)을 발행하여, 혼란스러운 화폐 유통 구조를 회복하고자 했다. 한편 하쿠세키는 네덜란드·중국과의 무역으로 일본에서 산출된 금의 4분의 1, 은의 4분의 3이 유출되었다고 생각하여, 두 나라 무역선의 수와 무역액을 제한했다.

참근교대
오와리 도쿠가와 가의 〈참근교대행렬도〉이다. 막부의 규정에 따르면, 오와리 번의 참근교대 규모는 6000명이었다. 번주를 중심으로 가신과 무사들이 배치되어 행진하고 있다.

대외 관계

1598
조선과 국교 재개 교섭 개시

1604~35
주인선 무역이 이루어짐

1604
에조치 통치 3개조 발령

1607
조선의 회답겸쇄환사, 일본 방문

1609
조선과 기유조약 체결
네덜란드 히라도 상관 설치

1611
중국선의 나가사키 무역을 허가

1624
스페인 선박의 일본 내항을 금지

1635
야나가와의 국서 위조 사건 발생,
일본인 해외 도항 금지

1637
시마바라의 난

1639
포르투갈 선박의 일본 내항을 금지

1641
네덜란드 상관, 나가사키의 데지마로 이전

1669
샤쿠샤인의 난

데지마
나가사키 앞바다를 매립하여 만든 넓이 1만 3000제곱미터의 인공 섬으로, 이곳에 네덜란드 상관이 설치되었다. 네덜란드는 매년 은 55관을 내고 데지마를 임차했다. 하나의 다리로 육지와 연결되었고, 출입은 엄격히 통제되었다.

이에야스는 히데요시와 달리 평화 외교를 표방하고 자유 통상 무역을 전개했다. 우선 1598년 쓰시마의 소 씨(宗氏)를 통해 조선과 국교 재개 교섭을 개시, 1607년 조선의 회답겸쇄환사(回答兼刷還使)가 일본을 방문했다. 이어 양국은 1609년 기유조약을 맺어 외교 관계와 무역을 정상화했다. 이 조약으로 부산에 왜관이 설립되고, 쓰시마는 양국으로부터 외교와 무역의 특권을 인정받았다. 이후 조선은 1811년까지 쇼군 취임을 축하하는 통신사를 여덟 차례 파견했다(회답겸쇄환사를 포함하면 12회). 명나라와도 국교를 회복하기 위해 조선에 중재를 요청하고 복건성을 통해 교섭하기도 했으나, 조선의 중재 거절과 명의 해금 정책 그리고 일본의 불신으로 실현되지 않았다.

1609년 사쓰마 번은 류큐가 표류민을 송환한 것에 대해 사의를 표하지 않았다는 이유로 공격하여 점령했다. 그러나 1655년 청이 류큐에 책봉사를 파견하자, 류큐를 둘러싼 일본과 청의 긴장 관계가 조성되었다. 이후 류큐는 일본의 지배를 받으면서 청의 책봉을 받는 이원 외교를 전개했다. 류큐는 사쓰마 번에 매년 연하사를 파견하고, 쇼군 취임 시에 경하사를 파견했다. 1644년 이후에는 류큐 왕이 새로 취임할 때마다 막부에 사은사를 보냈다.

홋카이도 남부 지역인 에조가시마(蝦夷が島)는 일본인과 아이누 인이 함께 거주하는 지역이었다. 이 지역의 가키자키 씨(蠣崎氏)는 1593년 히데요시로부터 마쓰마에 선박세 징수권을 인정받았다. 가키자키 씨는 1599년 마쓰마에 요시히로로 개명하고, 1604년 이에야스로부터 선박세 징수권과 아이누와의 무역 독점권을 인정받았다. 1669년에는 샤쿠샤인을 중심으로 이시카리(石狩) 지역을 제외한 모든 아이누 인 집단이 연합하여 봉기를 일으켰다. 막부는 쓰가루 번에 출동을 명하고, 아키타 번, 난부 번 등에 출

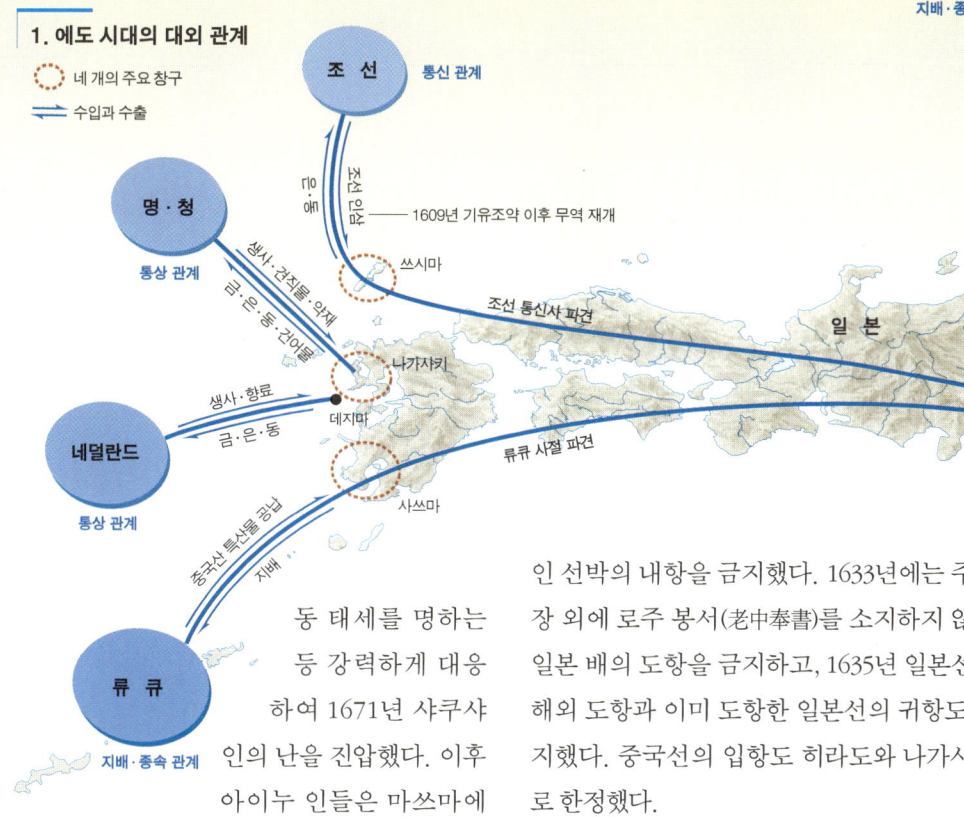

1. 에도 시대의 대외 관계

동 태세를 명하는 등 강력하게 대응하여 1671년 샤쿠샤인의 난을 진압했다. 이후 아이누 인들은 마쓰마에 번에 완전히 종속되었다.

한편 네덜란드는 1609년, 영국은 1613년 히라도에 상관을 설치했는데, 영국은 네덜란드와의 경쟁에서 패배하여 1623년 히라도의 상관을 폐쇄했다. 이에야스는 주인장朱印狀을 발급하여 동남아시아 지역에 무역선(주인선)을 파견했다. 이러한 주인선 무역을 통해 일본인의 동남아 진출도 활발해졌다. 그리하여 동남아 20여 개소에 자치도시 니혼마치(日本町)가 형성되었다.

막부는 유럽과의 관계에서 무역과 기독교 금지 정책을 분리하여 대응하고 있었고, 1624년 무역과 선교가 밀접히 결합되어 있던 스페인 선박의 내항을 금지했다. 1633년에는 주인장 외에 로주 봉서(老中奉書)를 소지하지 않은 일본 배의 도항을 금지하고, 1635년 일본선의 해외 도항과 이미 도항한 일본선의 귀항도 금지했다. 중국선의 입항도 히라도와 나가사키로 한정했다.

1637년에는 기독교인들이 기독교 금지와 가혹한 세금에 반발하여 시마바라의 난을 일으켰다. 이 난은 막부의 적극적 대처로 1638년 진압되었으나, 기독교에 대한 경계심은 더욱 강화되었다. 1639년 포르투갈 선박의 내항을 금지하고, 1641년 히라도에 있던 네덜란드 상관을 나가사키의 데지마로 옮겼다.

정리하면 에도 막부는 중국·네덜란드와는 나가사키를 통한 통상 관계, 조선과는 쓰시마를 통한 통신 관계, 북방의 에조와는 마쓰마에, 류큐와는 사쓰마를 통한 지배·종속 관계를 맺고 있었다.(도1)

조선 통신사의 국서 전달
이 그림은 〈조선통신사환대병풍도〉 (일부)로, 1655년에 다녀간 조선 통신사를 묘사한 것으로 추정된다.

도시와 도시민

1604 이토왓푸 제도 실시
1619 막부, 오사카를 직할지로 삼음
1622 교토에 시중 법도를 내림
1648 에도·오사카에 시중 법도를 내림
1657 에도에서 메이레키 대화재 발생
1671 종문개장제도(사청제도, 단가제도) 성립
1694 에도에 도쿠미도이야 성립

에도 시대에 접어들어 수많은 도시가 형성되었다. 쇼군과 다이묘의 거성에 형성된 계획도시인 조카마치(城下町)를 비롯하여 역참도시(宿場町), 광산도시(鑛山町), 항구도시(港町) 등 다양한 성격의 도시들이 존재했다. 특히 삼도三都라고 불린 에도, 오사카, 교토는 위의 성격을 두루 갖춘 종합적인 도시로, 전국 시장권의 형성·확립·유지에 중요한 역할을 수행했다. 그리하여 18세기 전반에 접어들어 에도는 인구 100만, 오사카는 35만, 교토는 40만의 대도시로 발전했다.

정치 중심지 에도에는 막부의 각종 시설들과 다이묘의 저택을 필두로 하타모토와 고케닌의 저택이 밀집하여 있고, 그들의 가신과 무가에 고용된 사람들이 거주했으며, 이들의 생활을 지탱하기 위해 상인과 수공업자, 일용노동자가 살고 있었다. 에도 전체를 놓고 보면, 무사 거주지가 70퍼센트, 사사지가 15퍼센트를 차지하고 있었고, 나머지 15퍼센트의 협소한 지역에 약 50만 명의 상인과 수공업자, 일용노동자가 거주하고 있었다. 이처럼 에도는 정치·군사·경제상 가장 중요 도시이자, 일본 최대의 소비도시로서 번영을 누렸다.

오사카는 서일본과 호쿠리쿠 등지의 물산이 집산하는 거대한 상업도시였다. 오사카에는 번이 세금으로 거두어들인 쌀과 특산품을 저장하는 창고가 있었고, 이를 관리하는 번의 관리들이 거주했다. 전국의 상품이 오사카에 집하된 후, 에도를 비롯한 전국으로 출하되었다. 다이묘 경제는 이러한 오사카에서의 거래를 통해 지탱되었다.(도1)

교토는 천황가와 공가, 유서 깊은 사원의 본산本山과 전통 있는 신사가 다수 집중된 도시였다. 또한 직물업 등 여러 분야의 고급 기술을 가진 수공업자들이 많이 거주했는데, 이들은 막부나 다이묘들의 주문에 응해 수공업품을 만들었다. 그리하여 교토는 전통을 유지하는 문화·학문의 도시이자 고급 직물 수공업의 중심 도시로 자리 잡았다.

한편, 지방에서는 조카마치가 번영을 누렸다. 조카마치는 영주가 거주하는 성곽, 무사 거주지, 사사지, 조닌지(町人地) 등 신분에 따라 거주지가 구분되어 있다. 도시의 대부분은 성곽과 무사의 거주지로 정치·군사의 주요 거점으로 기능했고, 사사지에는 다수의 사원과 신사가 존재했다.

조닌지는 상인과 수공업자 등이 거주하면서 생업을 영위하는 장소였다. 이 조닌지는 협소했지만, 삼도나 전국의 도시와 영지를 연결하는 경제·유통의 중심지이자, 번 경제의 중심지 역

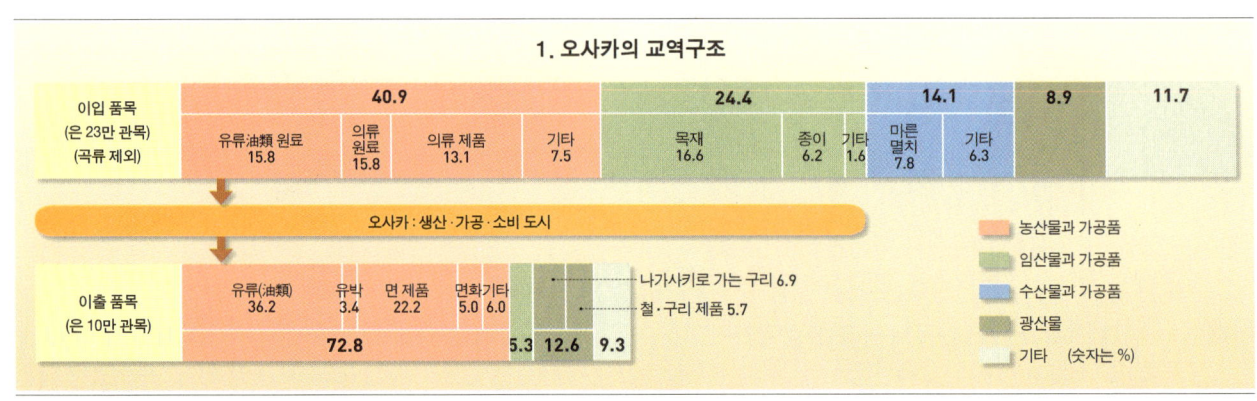

1. 오사카의 교역구조

번영하는 아지카와

강 건너편에 히가키도이야(菱垣問屋), 가까운 쪽에 다루도이야(樽問屋)가 아지카와(安治川)를 사이에 두고 마주 보고 있다. 연중행사로 배를 이용해 면포를 에도로 옮기는 시합을 벌이고 있다.

할을 담당했다. 조닌지에는 가도를 중심으로 양편의 거주지를 단위로 하는 조(町)가 다수 존재하고, 이들 조가 모여 마치(町)를 형성했다. 조는 공동체로서 자치 조직을 형성하여 주민의 생계를 지탱했다. 조 내에 토지나 택지를 가지고 있는 주민을 조닌이라 칭하며, 조닌은 조의 상·하수도 정비, 성곽과 해자의 청소 등의 부담을 졌다. 조닌 중에서 뽑힌 조나누시(町名主)·조토시요리(町年寄)·가치교지(月行事) 등이 조법(町法)에 따라 조 공동체를 운영했다. 한편 조에는 택지를 빌려 가옥을 지어 사는 지가리(地借), 가옥을 빌려서 사는 샤쿠야(借家), 점포를 빌려 생업을 영위하는 다나가리(店借) 등이 존재했다. 샤쿠야는 주로 소상인이고, 다나가리는 일용직이나 행상으로 그날그날 벌어먹고 사는 사람들이었다.

그리고 육상교통의 근간을 이루는 오가도五街道를 따라 수많은 역참도시가 건설되었다. 역참도시는 20~30리마다 설치되었고, 숙역의 도이야바(問屋場)에는 인마를 상비하여 여행자의 편리를 도모했다. 이곳에는 무사의 숙박 시설은 물론, 민간 여행자가 이용하는 숙박 시설인 하타고(旅籠)와 기친야도(木賃宿)도 존재했다. 하타고는 숙박과 아침 식사를 제공했고, 기친야도는 밥을 지을 도구와 땔감을 제공했다. 이러한 숙박업소는 일종의 유흥업소의 성격도 가지고 있었다. 그리고 차텐(茶店)도 있어서 차를 마시면서 여행의 피로를 풀 수 있었다.

니혼바시

에도의 니혼바시는 오가도의 기점이며, 물류의 중심지였다. 따라서 창고를 소유하고 있는 상가가 즐비했다. 당시 에도의 번성함과 활기찬 상인들의 모습을 엿볼 수 있다.

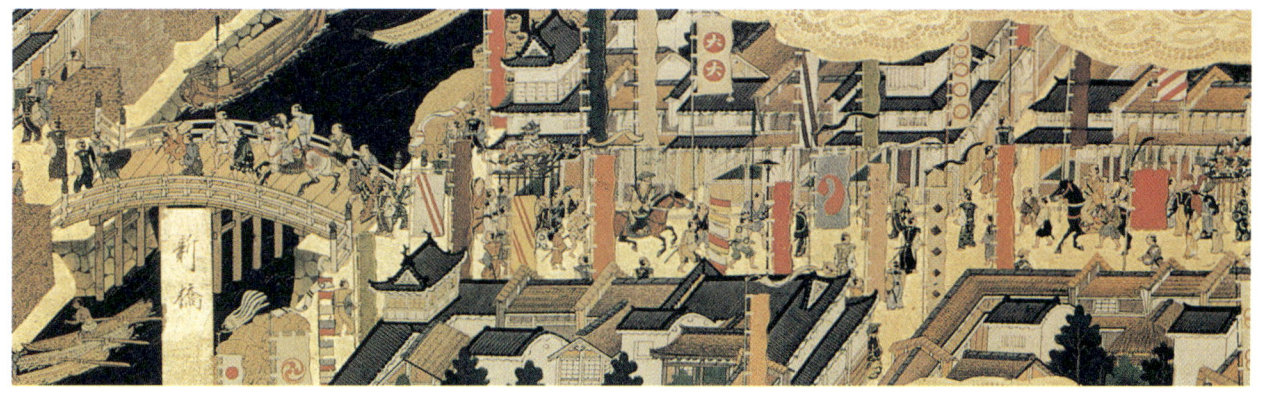

무라와 농민의 생활

1582~98
토지조사사업

1591~92
신분통제령

1594
토지조사 조목 제정

1603
향촌법 명령

1622~44
고닌구미 제도 확립

1643
토민土民 시오키 법·
전답영대매매금지령 발표

1649
게이안 오후레가키 발표

1673
분지제한령

근세의 무라(村)는 도요토미 정권 이후 도쿠가와 정권에 계승된 병농 분리 정책과 토지조사에 의해 형성되었다. 그러한 의미에서 무라는 자연 집락이 아니라 근세의 성립과 더불어 농민 지배를 위해 인위적으로 설정한 기초적 행정단위이다. 무라는 백성의 가옥이 모여 있는 집락을 중심으로 논밭 등의 경지, 그리고 들, 산, 강을 포함하는 넓은 영역으로 구성되며, 몇 개의 자연 집락을 합친 40~60호 정도의 지연 공동체이다.

막부는 무라 공동체를 유지하기 위해 1643년 전답영대매매금지령, 1649년에는 게이안 오후레가키(慶安御觸書)를 내려 농민들의 생활을 규제했다. 이는 "소박한 일상생활을 보내며 열심히 일해야 함을 깨우치고 연공만 제때 제대로 내면 농민만큼 편안한 계층은 없다"고 언급한 법령이다. 1673년에는 농업 경영 규모의 영세화로 인해 농민이 몰락하는 것을 막기 위해 분지제한령을 내렸다. 한편 기독교 신앙의 금지와 로닌 대책으로 고닌구미(五人組) 제도를 시행했다. 즉, 5가를 묶어 상호 감시하게 하고, 5가 내에 범법 행위가 발생하거나 범법 행위를 묵인하면 연좌하여 처벌했던 것이다.

무라에는 세금을 부담하는 본백성(高持百姓)과 본백성의 전답을 소작하는 무고백성(水呑百姓)이 있었다. 그리고 본백성에 종속된 나고(名子), 히칸(被官), 게호(家抱) 등이 존재했다. 즉, 근세 초기의 본백성 중에는 중세의 나누시(名主)나 지자무라이(地侍)의 계보를 잇는 유력 백성이 복합대가족경영을 행하는 경우도 있었다. 그러나 생산기술의 향상과 개발에 따른 경지의 확대가 진행됨에 따라 방계가족이 분가하거나, 나고, 히칸 등 예속 농민이 자립하여 부부 중심의 소가족(단혼소가족)을 형성하게 되었다. 이렇게 독립한 소가족은 토지대장에 등록되어 본백성과 법률상 대등한 지위를 획득했지만, 본가와 분가와 같은 무라 내에서

1. 무라의 구조

본백성
토지를 소유하고 연공부역을 부담.
무라카타 3역에 선발되기도 하고 선발하기도 함.

무라카타 3역

무고백성

나고·히칸·게호

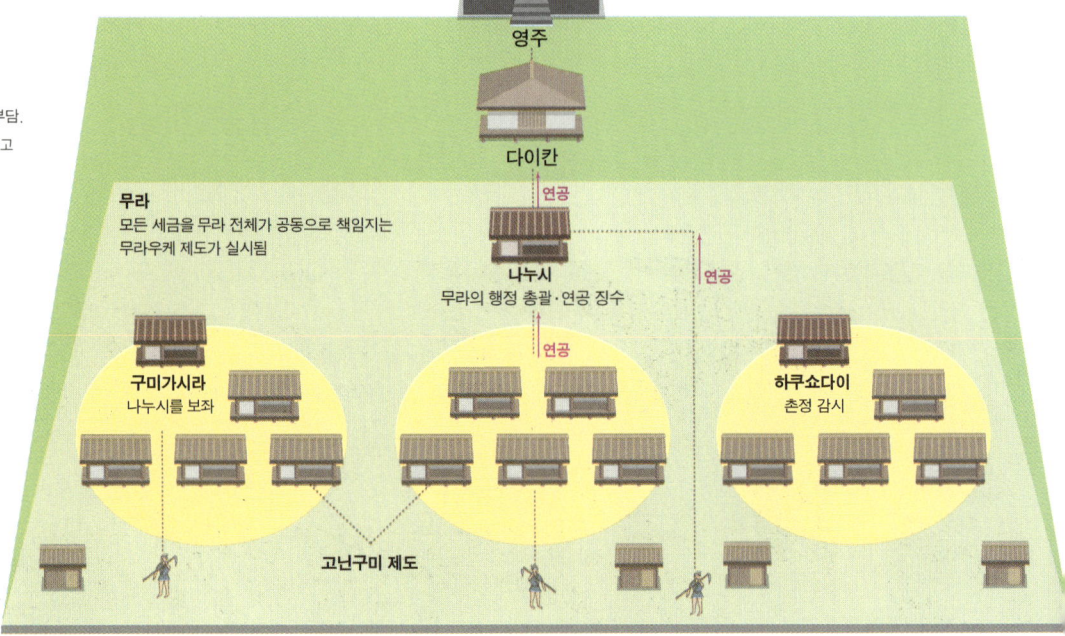

의 서열은 여전히 존재했다.

무라에는 백성의 노동과 생활을 지탱하는 공동체 조직이 있었다. 무라 공동체 조직을 운영한 것은 본백성이었다. 본백성은 토지를 보유하고 연공과 부역을 직접 부담해야 했는데, 이 업무를 원활히 하기 위해 자기들 내에서 대표자들을 선발했다. 이를 무라카타 3역(村方三役)이라고 한다. 무라카타 3역은 나누시[名主, 서일본에서는 쇼야(庄屋)], 구미가시라(組頭), 햐쿠쇼다이(百姓代)로 이루어져 있었다. 나누시는 무라의 행정을 총괄했는데, 무라 내의 유력 농민이 세습하는 경우가 많았다. 구미가시라는 주로 2~5명으로 나누시를 보좌했다. 그리고 소가족 경영이 확립되어 일반 본백성의 발언권이 강화되면서, 나누시와 구미가시라를 감시하기 위해 햐쿠쇼다이를 두게 되었다. 햐쿠쇼다이는 대개 선거로 선출했다.(도1)

백성이 부담하는 세금은 수확량을 기준으로 매겨졌고, 납세의 총 책임을 무라 전체가 공동으로 떠맡는 무라우케(村請) 제도가 행해졌다. 세금의 종류에는 혼넨구(本年貢), 고모노나리(小物成), 다카가카리모노(高掛物)가 있었다. 혼넨구는 전답과 가옥 등에 부과하는 것으로 미납米納을 원칙으로 하며, 세액은 수확고의 40~50퍼센트였다. 고모노나리는 산야와 하천을 이용하여 거둔 수익의 일부를 세금으로 바치는 것이었다. 다카가카리모노는 일종의 잡세로, 여기에는 공용의 인마나 교통 설비 등의 비용을 충당하기 위한 세금이나 성, 도로, 용수로 공사에 징발되는 부역 등이 포함되어 있었다. 이러한 세금 부담은 농민들로서는 지극히 무거운 것이었다.

한편 농민들은 퇴비, 연료, 용재, 꼴 등을 취하는 산야와 용수로를 공동으로 관리·이용했다. 무라 공동 관리지(入會地)는 경작지의 약 열 배 정도였다. 농민들은 이를 관리·이용·유지하고 무라를 운영하기 위해 노동과 비용을 분담했으며, 치안과 방재도 자주적으로 관리했다. 그리고 무라 내에는 모내기, 추수, 지붕 잇기 등 공동 작업을 위한 상호부조 조직이 존재했다. 미혼 젊은이들의 조직인 와카모노구미(若者組)는 무라의 경비·소방·도로공사·경작·재난 등의 공동 작업을 담당하고, 제례에도 관여했다. 무라는 촌법에 따라 운영되었으며, 촌법에 불복하면 공동 조직에서 배제하는 등 제재가 가해졌다.

토지조사
간세이 시기 아키타 번에서 토지조사를 하는 모습을 그린 것이다. 백성의 입회하에 토지조사관이 부정형의 논 면적을 측량하고 있다.

농민의 휴일
근세의 무라에는 정기휴일과 임시휴일이 있었다. 정기휴일은 날짜가 정해져 있는 것과 사정에 따라 날짜가 변하는 휴일로 나뉜다. 이 그림은 추수를 마친 후의 휴일의 모습이다. 주인이 손님들에게 식사를 대접하고, 마을 사람들이 함께 모여 즐거운 시간을 보내는 모습이 잘 나타나 있다.

17세기 중·후반의 산업

1626~62
고로베에 신전 개발

1638~78
오부케노 신전 개발

1668~72
쓰바키노우미 간척

1673
분지제한령

1682~1727
고즈·기즈쿠리 신전 개발

1697
『노교젠쇼』 발행

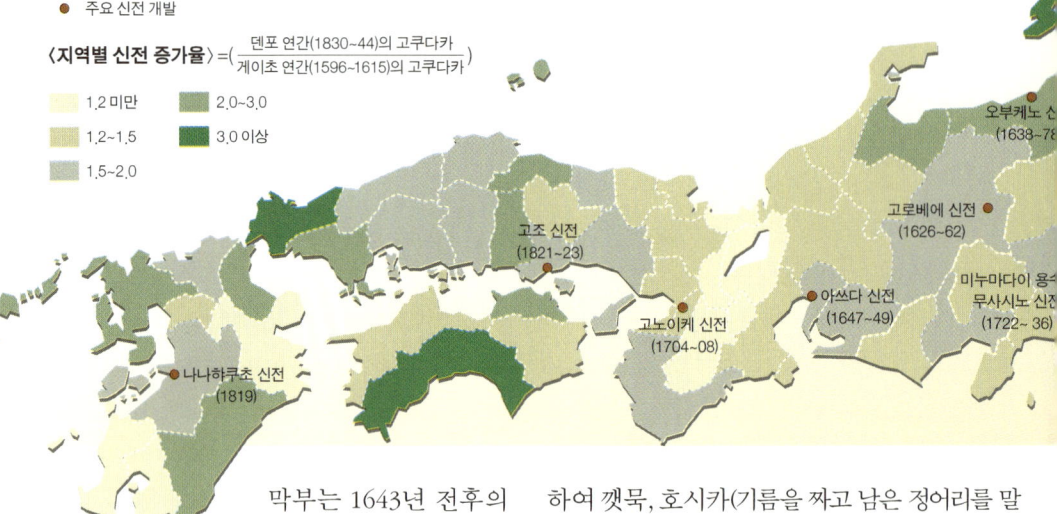

1. 에도 시대의 신전 개발

● 주요 신전 개발

〈지역별 신전 증가율〉 = (덴포 연간(1830~44)의 고쿠다카 / 게이초 연간(1596~1615)의 고쿠다카)

1.2 미만
1.2~1.5
1.5~2.0
2.0~3.0
3.0 이상

막부는 1643년 전후의 대기근을 계기로 농업을 장려하고 생산 기반을 확보하는 정책을 실시했다. 영주는 이전까지 개발되지 않았던 대지를 인부를 동원해 개간했다. 그리고 재력 있는 상인 및 토호들도 용수로를 파서 수전을 만들었다. 농민들도 소규모지만 서서히 경지를 확대해갔으며, 이로 인해 새로운 촌락이 형성되었다. 이러한 다양한 개발이 이루어진 시기를 '대개발시대大開發時代'라고 한다. 그리하여 에도 시대 초기에 약 164만 정보였던 경지 면적이 18세기 초기에 297만 정보로 크게 증가했다.(도1) 인구도 에도 초기의 약 두 배가 되었다.(도2)

경지 면적이 확대되는 한편 농업기술이 발전했고 이는 생산력 증가로 이어졌다. 겐로쿠 시기부터 심경용 도구 빗추쾡이와 탈곡 도구 나락홅기(千齒扱)가 발달했고, 선별 조정구인 풍구(唐箕, 千石簁), 양수 도구로는 용골차를 대체하여 간편한 답차가 점차 보급되었다. 기존에는 무라 안팎의 산야에서 자라는 풀과 나뭇잎 그리고 인분을 비료로 사용했으나, 겐로쿠 시기를 전후하여 깻묵, 호시카(기름을 짜고 남은 정어리를 말린 것) 등을 상품작물 생산지에서 이용했다. 비료와 농구의 보급에는 『노교젠쇼(農業全書)』가 큰 역할을 했다. 이 농서는 겐로쿠 시기에 널리 보급되었다.

농업생산력이 급속히 증가하면서 상품작물을 재배하는 지역이 점차 확대되었다. 뽕나무, 마, 목면, 등유 원료인 유채, 염료 재료인 쪽(藍), 잇꽃(紅花), 담배, 차, 채소 등도 많이 재배되었다. 농민들은 상품작물의 생산과 판매를 통해 도시를 중심으로 하는 상품유통에 접촉하기 시작했고, 각 지역에서 특산물을 재배하기 시작했다.

어업도 어망으로 생선을 잡는 기술의 발전과 연안 어장의 개발을 통해 중요 산업으로서의 지위를 확고히 했다. 가즈사의 정어리, 히젠의 다랑어, 마쓰마에의 청어 등은 어망 어업을 대표한다. 염업도 크게 발전했다. 특히 세토나이카이 연안을 중심으로 다량의 소금이 생산되어 전국에 유통되었다. 임업은 도시의 발전에 따른 건축 자재의 수요가 증가하면서 급속히 발달했으며, 특히 오와리 번과 아키타 번 등에서는 영

⊙ 에도 시대의 농기구들

나락훑기
적당량의 벼를 쇠꼬챙이 사이에 넣어 훑어내 추수한다.

빗추괭이
밭을 깊이 갈 때 사용하는 도구

답차
발로 밟아 용수로를 통해 물을 논으로 보내는 도구

풍구
손으로 돌려 바람이 불게 해서 현미, 쭉정이, 검불 등을 선별한다.

주가 직할하는 산림에서 벌채된 목재가 상품화되기도 했다. 또한 전국시대 이래 통화량의 수요가 증가함에 따라, 금은의 채굴과 제련의 기술 등 광산업이 발전했다. 그러나 그 생산량이 점차 감소하는 경향을 보이기 시작했다. 17세기 후반부터는 동의 채굴이 중시되었다.

여러 산업이 발전함에 따라 수공업도 다양하게 발전했다. 인구 증가로 인한 잉여 노동력의 증가와 화폐경제의 침투가 수공업 발전을 촉진시켰다. 수공업은 주로 도시의 직인들이 하는 일이었지만, 농촌의 백성과 부녀자에 의한 농촌 가내수공업이 발전하여 전국 각지의 특산품을 만드는 원동력이 되었다. 목면 직물은 여성 노동으로 지탱되었으며, 가와치, 미카와의 목면과 오미의 마, 나라의 무명 등 직물의 명산지도 생겨났다. 고급 견직물은 교토 니시진(西陣)이 독점적으로 생산했다.

종이는 닥나무를 원료로 에치젠, 하리마 등지에서 생산되었다. 값싼 종이가 서민에게까지 대량으로 보급되면서, 학문과 문화를 발달시키고 사람들의 식자율을 높이는 결과를 가져왔다. 임진왜란 때 조선 도공을 강제로 연행해서 생산하기 시작한 도자기는 국내뿐 아니라 네덜란드 동인도회사를 통해 유럽에 수출되었다. 양조업은 후시미, 이타미, 나다 등이 유명했고, 겐로쿠 시기 이후 청주淸酒가 보급되었다.

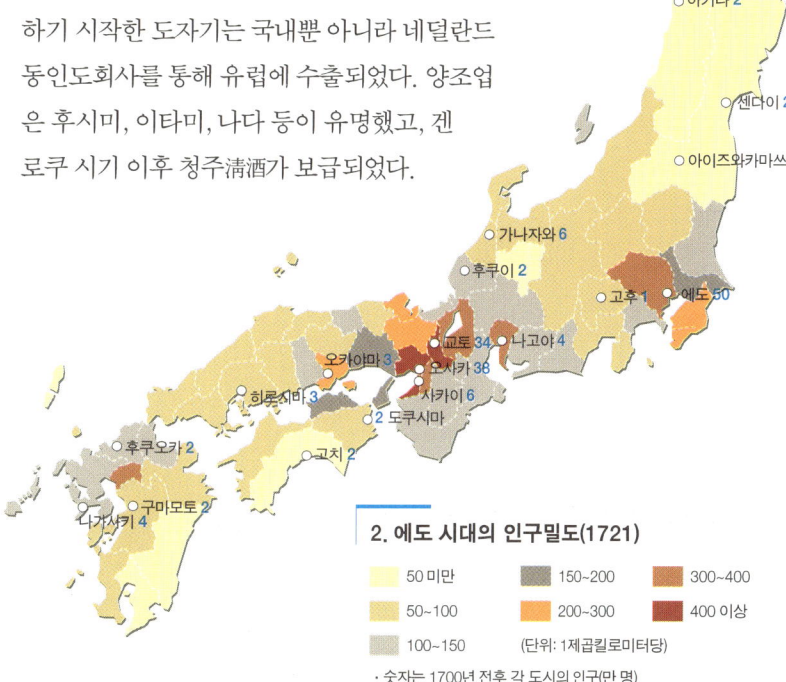

2. 에도 시대의 인구밀도(1721)

- 50 미만
- 50~100
- 100~150
- 150~200
- 200~300
- 300~400
- 400 이상

(단위: 1제곱킬로미터당)
· 숫자는 1700년 전후 각 도시의 인구(만 명)

에도 시대의 술 생산
이타미는 17세기 초부터 주조업이 시작되어 미주의 생산지로 명성을 얻었다. 그러나 18세기 초기에는 나다에 137가家, 이타미에 54가, 이케다에 26가가 양조업에 종사, 양조업이 크게 발전한다. 이 술들은 오사카에 집하되어 에도로 운송되었다.

17세기 중·후반의 유통

1601
역전제 실시
금은의 자(座)를 설치

1619
남해로 운행 개시

1655
이토왓푸 제도 폐지

1671
동회항로 개통

1672
서회항로 개통

1694
에도 도쿠미도이야 성립
이 무렵 오사카에도
니주시쿠미도이야 성립

각종 산업이 발달하면서 상업의 발달도 촉진되어, 도로와 수로의 개발과 교통 시설의 정비가 필요하게 되었다. 육상 교통은 참근교대와 군사 통제 그리고 막부와 제번을 연결하는 지배체제를 강화하고자 하는 성격이 강했고, 대량의 물자를 값싸게 운반하는 데에는 해상 교통이 적합했다. 에도 시대 초기의 해상 교통은 세미稅米를 수송하기 위해 오사카와 에도를 기점으로 정비되었다.

17세기 전반에 개설된 히가키 항로(菱垣廻船)는 겐로쿠 시기에 이르러 에도의 동업조합 도쿠미도이야(十組問屋)와 제휴해서 정기적으로 오사카와 에도를 운항했다. 이에 대항하여 다루 항로(樽廻船)가 생겼다. 이 항로는 셋쓰에서 술 선적을 중심으로 하는 항로로 시작하여, 1730년 에도의 도쿠미도이야에서 분리된 사카다나구미(酒店組)와 제휴하면서 오사카와 에도를 정기 운항하게 되었다. 다루 항로는 화물을 싼값에 빠르게 운반할 수 있었던 덕분에 히가키 항로와의 경쟁에서 유리했다. 그 결과 히가키 항로는 쇠퇴한다.

17세기 중엽에는 전국 규모의 해상 교통 체계가 확립되었다. 도호쿠·호쿠리쿠 지방의 번들은 세금으로 거둔 쌀을 에도와 오사카로 운반하려면 직항로를 열어야 한다고 주장했다. 이에 막부는 17세기 초 이래 이용해오던 에도와 오사카 사이의 남해로南海路를 정비하고, 가와무라 즈이켄에게 명하여 동회항로와 서회항로를 정비했다. 동회항로는 아키타에서 쓰가루 해협을 거쳐 태평양 쪽으로 나와 에도에 이르는 항로였고, 서회항로는 동해東海 연안을 돌아 아카마세키를 거쳐 세토나이카이에서 오사카에 이르는 항로였다. 또한 가와무라 즈이켄은 후시미에서 오사카에 이르는 수운로를 열었다. 이러한 하천 수운은 이후에도 계속 정비되어 내륙 지방의 교통과 물자 수송을 원활하게 했다.(도1)

에도 시대 초기의 호상들은 막번 권력과 긴밀한 관계를 맺고 거액의 부를 챙겼다. 그러나 쇄국정책에 의해 해외 교류가 제한되어 호상의 국제적인 활동 무대가 사라졌다. 또한 육상과 해상 교통의 정비로 전국 시장의 형성이 가속화되고 생산력 상승으로 상품 유통량이 증가하면서, 상품 가격의 지역차가 사라졌다.

에도 시대의 숙박업소
가도를 사이에 두고 여러 여관이 줄지어 있는 모습을 그린 것이다. 숙박업소 사람들이 거리로 나와 지나가는 행인들에게 호객 행위를 하고 있다.

그리하여 겐로쿠 중기를 기점으로 초기 호상들을 대신해 새로운 상인들이 출현하기 시작했다. 이들은 희소성이 있는 소량의 고가 상품을 판매하는 대신 대량으로 상품을 판매하기 시작했다. 이 신흥 상인층은 나카마(仲間)라는 동업자 단체를 결성하고, 독자적인 법을 정해 영업권의 독점을 도모했다.

막부는 나카마를 처음에는 인정하지 않았지만, 18세기 이후 영업세 납입을 조건으로 영업의 독점을 허가했다. 이렇게 해서 인정을 받은 영업의 독점권을 가부(株)라고 부르고, 가부를 부여받은 나카마를 가부나카마(株仲間)라고 부른다. 가부나카마 가운데 가장 대표적인 것이 에도의 도쿠미도이야와 오사카의 니주시쿠미도이야(二十四組問屋)이다.

에도 막부는 초기부터 화폐 주조권을 장악하고 금화金貨·은화銀貨·전화錢貨를 만들어 전국으로 유통시켰다. 금화·은화·전화는 교환이 번거롭고 각 화폐의 시장가가 늘 변했기 때문에 유통이 안정적이지 못했다. 특히 에도를 중심으로 하는 동일본에서는 주로 금으로, 오사카 등 서일본에서는 주로 은으로 거래했으므로 양 지역 사이의 상품 거래는 무척 불편했다. 이런 상황을 이용해서 환전상들은 많은 이익을 올렸다. 환전상들의 업무는 공금의 출납과 환전, 대부 등 오늘날 은행의 업무와 비슷했다. 그러나 세 종류의 화폐만으로는 유통량이 충분치 않게 되자 지폐인 번찰藩札을 발행하여 번 내에서 유통시켰다. 이는 번 경제의 활성화와 번 재정의 궁핍을 해결하기 위한 것이었다.

1. 에도 시대의 도시와 교통

간에이쓰호 1문 전화 (지름 23밀리미터)

에도 시대의 화폐
금화는 1냥=4분分, 1분=4주朱의 4진법으로 계산하는 계수 화폐이고, 은화는 무게로 계산하는 칭량 화폐였다. 전화는 간에이쓰호(寬永通寶) 1문전文錢, 4문전 등을 구리와 철로 주조했다. 그림은 왼쪽부터 금화, 은화, 전화, 그리고 번찰.

게이초 1냥 금화 (길이 72밀리미터)

게이초 정은 (길이 83밀리미터)

번찰(길이 158밀리미터)

겐로쿠 시기의 사상과 문화

1657
『다이니혼시』 편찬을 시작 (1906년 완성)

1670
『혼초쓰간』 완성

1673
이치카와 단주로, 에도에서 가부키 창시

1681
우키요에 화풍 등장

1682
이하라 사이카쿠, 『고쇼쿠이치다이오토코』 지음

1685
미야자키 유젠, 유젠 염색 고안

1689
마쓰오 바쇼, 『오쿠노 호소미치』의 배경이 되는 여행을 떠남

1703
지카마쓰 몬자에몬, 〈소네자키신주〉 초연

장기간에 걸쳐 정치가 안정되고 경제가 발전하면서, 17세기 말 무사로부터 조닌에 이르기까지 다양한 계층이 문화 활동에 활발하게 참여했다. 막부의 공인된 학문이었던 유학은 각지의 번에서도 주자학자가 등용되고 민간의 학문소도 개설되어 무사나 조닌 출신의 유학자가 등장할 정도로 발전을 이루었다.

주자학에서는 5대 쇼군 쓰나요시의 시강侍講이었던 기노시타 준안, 6대 쇼군 이에노부의 시강이었던 아라이 하쿠세키, 무로 규소, 쓰시마 번에서 조선과의 외교 업무를 담당했던 아메노모리 호슈 등을 배출했다. 남학南學에서는 다니 지추 이후, 도사 번에서 활약을 펼친 노나카 겐잔이나 신도와 유학을 융합시킨 스이카(垂加) 신도를 확립하고 존왕론을 제시한 야마자키 안사이 등을 배출했다.

한편, 주자학을 비판하여 독자적인 생각을 표출한 유학자들도 등장했다. 나카에 도주와 구마자와 반잔은 올바른 행위의 실천을 강조하는 양명학을 중시했다. 야마가 소코, 이토 진사이, 오규 소라이 등은 고대의 공자 사상으로 돌아가서 유학을 설파하여야 한다는 고학古學과 고문사학을 수립했다. 소라이는 중국의 고전으로 거슬러 올라가 유학의 본질을 탐구함과 동시에 현실의 정치에도 제언을 하여 훗날 국학의 발전에도 영향을 미쳤다.(도1)

유학이 가진 합리적이고 실증적인 성격은 다양한 분야의 연구 방법에 영향을 끼쳤다. 통치자의 역할과 정치의 성쇠와의 관련성에 눈뜬 막부나 번의 무사들을 중심으로 역사 연구가 활발하게 이루어졌다. 막부의 유관인 하야시 가문에 의해『혼초쓰간(本朝通鑑)』이 편찬되었고, 미토 번의 다이묘 도쿠가와 미쓰쿠니에 의해『다이니혼시(大日本史)』의 편찬이 시작되었다.

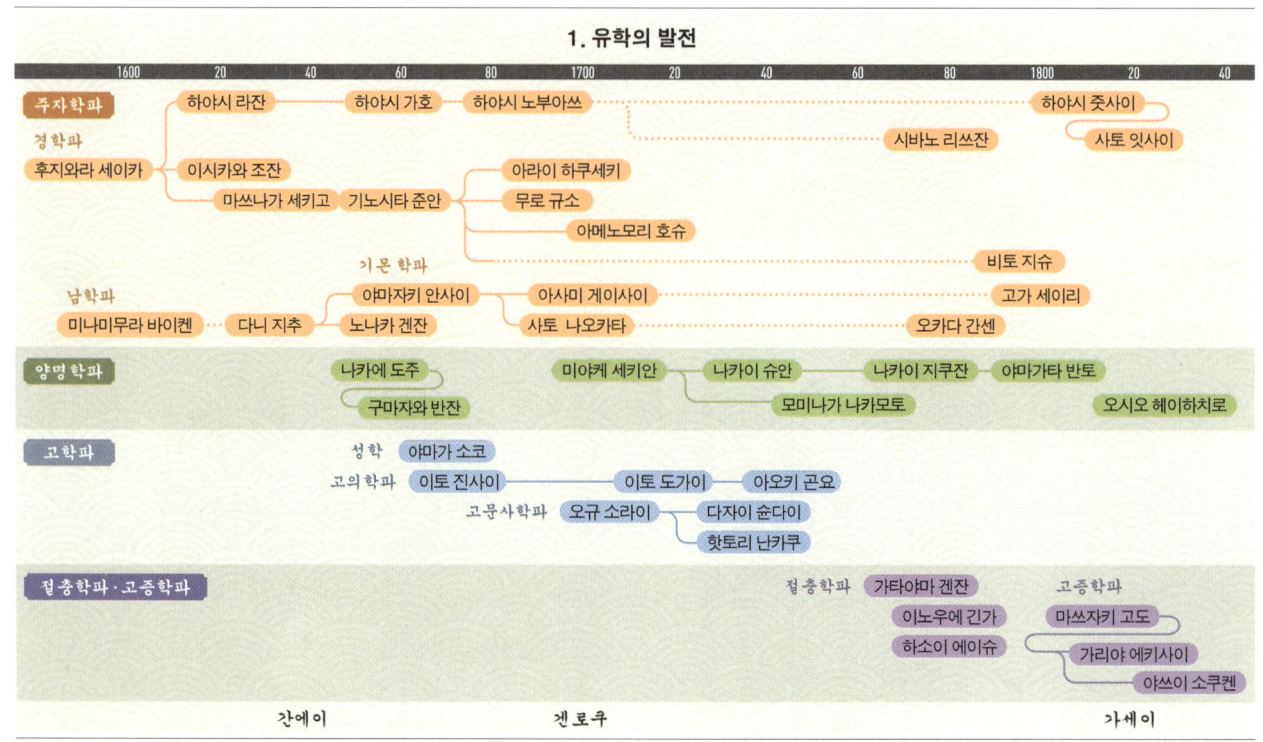

1. 유학의 발전

가부키 극장
에도 나카무라자의 극장 내부를 그린 그림이다. 하나미치(花道)에 서 있는 사람은 5대 이치카와 단주로이며, 극의 제목은 「시바라쿠(暫)」이다. 무대가 관람석으로 튀어나와 있는 것이 특징이다.

겐로쿠 시기의 도자기
이 시기의 공예품은 지배층의 전유물에 그치지 않고 널리 서민층에도 전파되었다. 사진은 화려한 색과 우아미를 드러내는 도자기로, 노노무라 닌세이의 최고 걸작이다.

이 시기에 전국 시장의 중심지인 오사카나 교토를 중심으로 한 가미가타(上方, 기나이 지방)에서 부유한 신흥 조닌이 중심이 되어 겐로쿠 문화라는 새로운 문화를 꽃피우게 되었다.

문예에서는 가미가타의 조닌이 현세를 긍정하는 삶의 방식을 있는 그대로 묘사하는 우키요조시(浮世草子)라는 소설이 유행했다. 오사카의 조닌이었던 이하라 사이카쿠는 인간의 욕망을 긍정하고 조닌의 영리에 대한 재능이나 소비 생활을 즐기는 모습을 가벼운 필치로 묘사하여 많은 독자를 얻었다.『고쇼쿠이치다이오토코(好色一代男)』는 그의 대표작이다.

렌가(連歌)에서 파생한 하이카이(俳諧)는 형식이나 용어를 자유롭게 하여 조닌의 심정을 솔직하게 표현하는 데 성공했다. 마쓰오 바쇼는 민중의 말을 사용하면서 와카(和歌)나 렌가의 전통을 살려 새로운 풍의 하이카이를 만들어냈다. 그는 무사의 신분을 버리고 각지를 여행하며 문인들과 교류하여『오쿠노 호소미치(奥の細道)』등의 뛰어난 기행문도 남겼지만, 문인의 다수는 신흥 상인이나 유복한 농민이었다.

겐로쿠 시기에 민중 예능으로서 인기가 높았던 것은 닌교조루리(人形淨琉璃)와 가부키였다. 지카마쓰 몬자에몬은 세상의 의리와 인정, 체면과 의지에 구속되면서도 사랑을 선택한 남녀의 비극을 그린 세태극과 역사극을 집필했다. 이들 작품은 다케모토 기다유의 해설과 능숙한 인형 조작에 의해 상연되어 감동을 주었다. 〈소네자키신주(曾根崎心中)〉는 그의 대표작이다. 가부키는 여성 배우의 출연이 금지되고 춤보다는 서사에 중점을 둔 연극으로 발전하여 에도의 이치카와 단주로나 가미가타의 사카타 도주로 등 개성이 풍부한 배우를 배출했다.

회화에서는 교토의 조닌의 화풍을 배운 오가타 고린이 화려하고 우아한 독특한 장식화법을 발전시켰다. 에도에서는 유녀, 배우, 스모 선수 등을 그린 우키요에(浮世繪)가 등장했다. 여기에서 '우키요'란 당대 민중의 풍속을 뜻한다. 처음에는 붓으로 그렸지만, 히시카와 모로노부가 목판의 우키요에 판화를 완성하면서 대량의 그림을 값싸게 공급할 수 있게 되었다.

미인 그림
히시카와 모로노부가 그린 대표적인 우키요에 작품으로, 판화로 찍어낸 최초의 그림이다. 이는 일본 회화사상 획기적인 사건이었다.

무사의 관료화와 궁핍화

1615
오사카 원정
무가제법도 반포

1629
무가제법도 개정

1635
참근교대제 제정

1637
시마바라의 난

1651
말기양자의 금지 완화

1663
순사의 금지

1683
말기양자 허용

1723
인재 등용책 다시다카 제도 시행

1724
막부, 다이묘와 하타모토에 검약령을 내림

1. 하타모토·고케닌의 수(1705)

상위에 속할수록 수가 줄어드는 피라미드형 그래프이다. 이 중에서 장군을 알현할 수 있는 하타모토가 약 5000명 정도이고, 나머지가 고케닌으로 대부분이 100석 미만의 수입을 가지고 있었다.

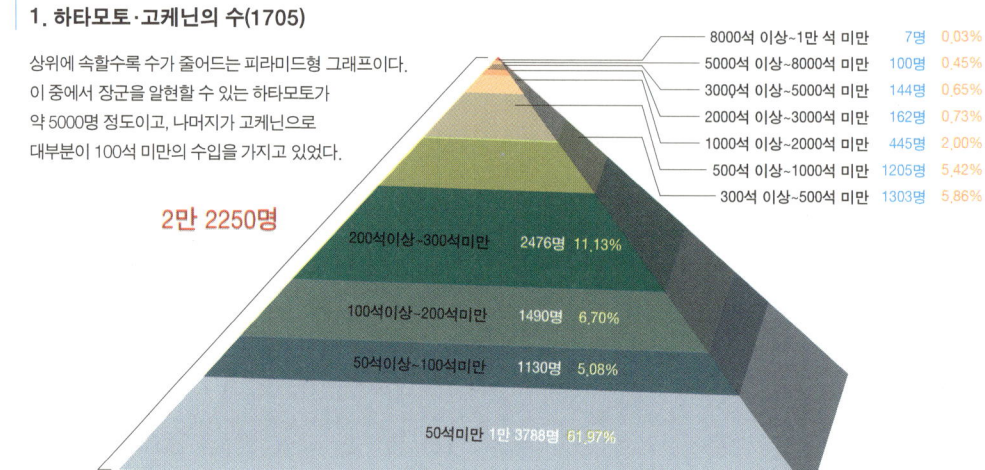

2만 2250명

구분	인원	비율
8000석 이상~1만 석 미만	7명	0.03%
5000석 이상~8000석 미만	100명	0.45%
3000석 이상~5000석 미만	144명	0.65%
2000석 이상~3000석 미만	162명	0.73%
1000석 이상~2000석 미만	445명	2.00%
500석 이상~1000석 미만	1205명	5.42%
300석 이상~500석 미만	1303명	5.86%
200석이상~300석미만	2476명	11.13%
100석이상~200석미만	1490명	6.70%
50석이상~100석미만	1130명	5.08%
50석미만	1만 3788명	61.97%

무사 계급은 위로는 쇼군과 다이묘로부터 아래로는 아시가루(足輕)에 이르기까지 신분과 직책에 맞는 군사적 기예를 갖추어야 했다. 무사들은 전투 요원이면서 동시에 지배자로서 번과 막부의 행정을 담당했다. 그들의 임무는 일반적으로 무사 본래의 군사적 기능을 담당하는 직책과 일반 행정을 담당하는 직책으로 나뉘어 있었다. 이에야스의 오사카 원정(1615)과 시마바라의 난(1637) 이후 에도 막부의 평화 시대가 전개되고 대규모 군사 동원이 자취를 감추게 됨에 따라, 일반 행정 직책이 군사 직책보다 중요해졌다.

막부는 직할지인 덴료(天領)와 번에 대한 지배권 행사를 위해 매우 복잡하고 체계적인 관료조직을 발전시켰다. 번들도 번과 에도에서의 번정의 원활한 운영을 위해 번의 형편에 따른 독자의 관료조직을 갖추고 있었다.

막부의 관료 조직은 후다이다이묘, 막부의 직속 가신인 하타모토와 고케닌에 의해 충원되었다. 관료 조직의 최정상에 위치한 로주와 최상급 부교(奉行)는 번의 영주인 후다이다이묘가 차지했고 그 이하의 직책에는 하타모토 이하의 무사들이 가문의 등급에 따라 진출했다. 번에서도 다이묘의 가신들이 가문의 등급에 따라 직책에 진출했다.(도1)

무사들은 수십 개 계층으로 구분된 정교한 위계질서 속에 편성되어 있었다. 이들 계층 간의 차이가 엄격하게 준수되었기 때문에 승진 등에 의한 가문의 등급의 변화는 매우 예외적인 것이었다. 다만, 17세기 말부터 심각한 재정 문

2. 에도 시대 어느 무사의 생계비

무사들의 실제 수입은 지행지(근세 다이묘의 소유지)의 30~40퍼센트에 불과했다. 아래의 하타모토의 예(1615)는 고쿠다카 500석의 지행지에서 획득한 연공미가 금화로 환산하여 150량 정도였음을 보여준다. 이것은 목수 수입의 다섯 배를 넘는 수입이었는데, 무사의 경우 많은 사람을 고용해야 했기 때문에 인건비와 교제비의 부담이 매우 컸다.

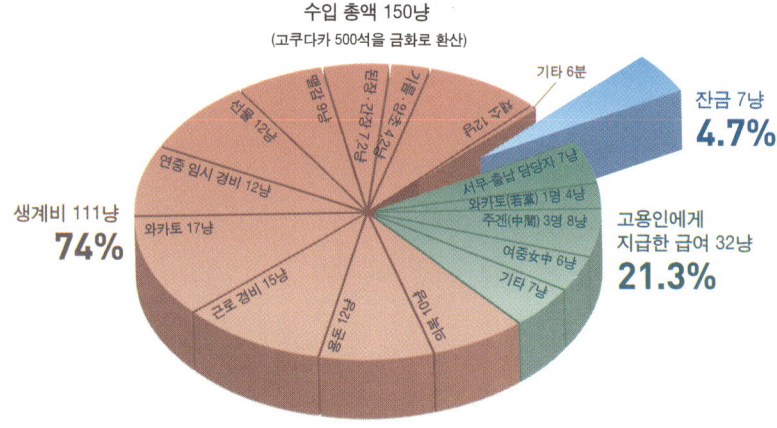

수입 총액 150냥
(고쿠다카 500석을 금화로 환산)

생계비 111냥 74%
고용인에게 지급한 급여 32냥 21.3%
잔금 7냥 4.7%

제에 직면하게 된 막부나 번이 이 분야에 탁월한 능력을 지닌 인사를 가문의 등급을 초월하여 고위직에 발탁하는 경우가 존재했다.

막번 체제 내에서 무사들은 최상위의 지배계급이었지만, 경제적 부를 확보하는 데는 제도적인 한계에 직면했다. 무사들은 영지나 봉록을 주된 수입원으로 하고 있었는데, 그 절대 다수가 1000석 이하의 수입을 지니고 있었고 실제 수입은 그 절반에도 미치지 못했다. 무사들은 원칙적으로 농업이나 상업과 같은 생업에 종사할 수 없었기 때문에, 연공 수입 외에 추가 수입의 가능성은 거의 없었다. 반면에 농민은 농업 생산성의 증가와 상품 작물의 경작을 통해 수입을 증대할 기회를 가졌고 상인은 상업과 화폐경제의 발달에 따라 막대한 부를 축적할 수 있었다.

무사들은 소득이 증대되기는커녕 화폐경제가 발달하면서 쌀값이 떨어져 오히려 소득이 감소했다. 게다가 소비 문화가 발달하고 그에 따라 무사 계급의 사교 문화도 발달했다. 무사들의 소비 수준은 더욱 높아졌고, 이로 인해 대부분의 무사들이 재정 위기에 내몰렸다. 번이 재정 위기를 타개하기 위해 종종 실시한 영지의 삭감 정책 또한 무사들의 재정을 더욱 악화시켰다.(도2)

어려운 재정 형편에 놓인 무사들은 막부의 검약령으로 생활이 곤궁해졌어도, 지배계급으로서 품위를 지켜야 했다. 유일한 길은 막대한 부를 축적한 상인들에게 빚을 얻는 것이었다. 이러한 상황에서 쇼군에서 하급 무사에 이르기까지 거의 전 무사 계급이 피지배계급인 상인의 채무자가 되는 사태가 발생했다. 일부 번이나 무사들은 부채가 불어 이자도 부담하기 힘든 최악의 재정 상태에 놓인 경우도 있었다.

이러한 무사들의 곤궁화는 하타모토 층에서 극심했고 100석 미만의 하급 무사들은 지배계급으로서의 품위를 유지하기 힘든 상태에 놓이는 경우가 많았다. 막부나 번은 무사들이 직면한 재정적 곤란을 외면할 수 없었지만 뾰족한 대책을 내놓지 못했다. 이따금 실시한 채무정리령과 같은 극단적인 방법이 금융시장을 교란하여 오히려 무사 계급에 더 큰 어려움을 안겨준 점이 그러한 사정을 잘 보여준다.

무사를 궁핍으로 몰아넣은 유곽
그림은 에도 시대의 유곽 요시와라의 모습을 그린 것이다. 앞부분에는 구경하는 남녀가, 방에는 유흥을 즐기는 손님의 모습이 보인다. 이러한 유곽에는 무사, 직인, 상인 등 다양한 계층 사람들이 드나들었는데, 특히 무사들은 이곳에서 과도한 소비를 함으로써 재정 위기에 빠지기도 했다.

백성의 저항

1652
사쿠라 소고로의 잇키

1681
하리쓰케 모자에몬의 잇키

1754
구루메 잇키

1783
아사마 산 분화

1787
오사카·에도에서 우치코와시 발생

1831
호초 잇키

1833
덴포의 대기근

1837
오시오 헤이하치로의 난
이쿠다 요로즈의 난

1840
쇼나이 농민 잇키

1866
부슈 잇키

농민인 백성들로부터 거두어들이는 연공미와 다양한 부담이 막부나 번의 주된 수입원이었기 때문에, 막부와 번은 백성들과 상충하는 이해관계에 놓일 수밖에 없었다. 재정적으로 어려워진 막부와 번이 연공증진책을 꾀함에 따라 양자 간의 갈등은 첨예화되었고 잇키라는 백성들의 집단적 저항이 빈발했다.

집단 도주, 상소, 대규모 폭력 행위 등 저항의 형태도 다양했는데, 16세기 말부터 메이지 유신 전까지 약 7000회 이상 발생하여 그 빈도도 매우 높았음을 알 수 있다. 다만 형태에 따른 빈도수를 살펴보면 근세 사회에서 발생한 농민의 저항은 봉건제의 개폐를 요구하는 것이 아니라 영주의 인정仁政을 요구하는 비폭력적 성격의 도주나 상소가 대부분을 차지하고 있었다. 백성들은 잇키를 조직하는 과정에서 마을과 마을의 연합을 이루었고, 18세기 후반에 이르러서는 번의 영역을 넘어서서 광역 투쟁을 벌이기도 했다.

초기의 잇키가 주로 영주 계급의 수탈에 대한 반발에서 비롯되었다면, 후기의 잇키는 마을 내부의 갈등이 주를 이루어 호농이나 촌역인村役人이 비판과 공격의 대상이 되었다. 아울러 발생 지역에도 변화가 나타나는데, 초기에 저항운동이 주로 농촌 지역에서 발생했던 데 비해 18세기 이후에는 도시 지역의 저항운동이 주도적인 역할을 수행했다.(도1)

18세기 중엽 막부나 번이 재정을 늘리기 위해 연공증진책을 채택하고 상품작물의 생산과 판매에 대해 세금을 부과하거나 통제를 강화했기 때문에, 농민의 생활은 더욱 핍박받게 되었다.

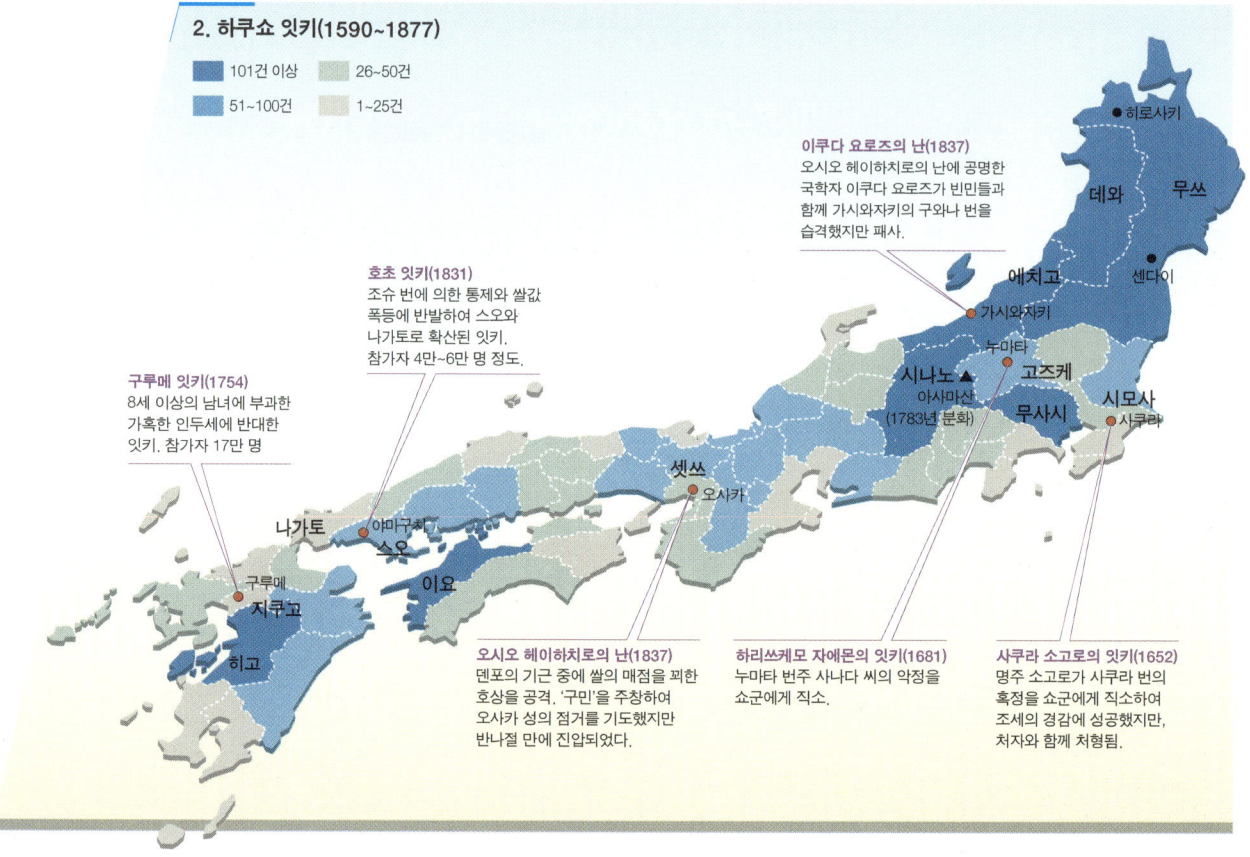

2. 햐쿠쇼 잇키(1590~1877)

- 101건 이상
- 51~100건
- 26~50건
- 1~25건

이쿠다 요로즈의 난(1837)
오시오 헤이하치로의 난에 공명한 국학자 이쿠다 요로즈가 빈민들과 함께 가시와자키의 구와나 번을 습격했지만 패사.

호초 잇키(1831)
조슈 번에 의한 통제와 쌀값 폭등에 반발하여 스오와 나가토로 확산된 잇키. 참가자 4만~6만 명 정도.

구루메 잇키(1754)
8세 이상의 남녀에 부과한 가혹한 인두세에 반대한 잇키. 참가자 17만 명

오시오 헤이하치로의 난(1837)
덴포의 기근 중에 쌀의 매점을 꾀한 호상을 공격. '구민'을 주창하여 오사카 성의 점거를 기도했지만 반나절 만에 진압되었다.

하리쓰케모 자에몬의 잇키(1681)
누마타 번주 사나다 씨의 악정을 쇼군에게 직소.

사쿠라 소고로의 잇키(1652)
명주 소고로가 사쿠라 번의 혹정을 쇼군에게 직소하여 조세의 경감에 성공했지만, 처자와 함께 처형됨.

에도의 우치코와시
1866년 6월 에도에서 일어난 대규모 우치코와시의 모습을 그린 것이다. 머리에 띠를 두른 우치코와시 무리는 쌀가마니를 집어던지며 쌀을 흩뜨리고 있지만, 이와 대조적으로 오른쪽 구석에서는 쌀을 훔치는 사람들의 모습도 보인다.

궁지에 몰린 농민들은 연공 감면을 요구하거나 상품작물에 대한 과세의 경감이나 철폐를 요구하는 탄원을 했다. 그러나 막부나 번이 이러한 농민의 요구를 자주 무시했기 때문에, 그들은 번이 연공을 정하는 방식 자체에 대한 이의를 막부에 호소하는 옷소(越訴)나 햐쿠쇼 잇키(百姓一揆)를 일으켰다.(도2) 잇키의 형태도 고소(强訴)에 머물지 않고, 막부나 번에 가담한 특권 상인을 농민을 곤궁하게 만든 장본인으로 간주하여 사회적으로 제재를 가하기 위해 그들의 가옥이나 가재를 파괴하는 경우가 늘었고, 막부나 번의 영역을 넘어 대규모화했다.

막부나 번은 농민들의 요구에 어느 정도 응했지만 잇키의 지도자를 처벌하고 금지령을 내려 탄압을 강화했다. 한편 농민들은 목숨을 희생하여 자신들의 소원所願을 전한 지도자들을 의민義民으로 모셔 제사를 지내며 그 덕을 후세에 전했다.

햐쿠쇼 잇키가 빈발하는 가운데 도호쿠, 호쿠리쿠, 간토 지방에서는 18세기 후반에 수년에 걸쳐 극심한 냉해가 찾아왔다. 설상가상으로 아사마 산의 분화가 거듭되자, 주변 지역이 토사와 화산재로 뒤덮혀 대흉작이 발생했다. 이에 따라 쌀값이 폭등하고 기근이 확산되어 수많은 아사자가 나오는 지경에 이르렀다.

대규모 기근에 대해 막부나 번이 제대로 손을 쓰지 못했던 탓에 도시나 농촌에서는 불만이 고조되었고, 빈민들이 쌀값 인하를 요구하며 쌀을 매점한 조카마치의 쌀도매상을 습격하는 우치코와시(打毀)를 일으켰다. 1787년에는 오사카와 에도에서 대규모 우치코와시가 발생하는 등 사회 불안이 한층 고조되었다.

19세기에 이르러 잇키는 더욱 고양되어 광역 투쟁, 고소, 도시 파괴 행위가 발생했고 오사카에서는 사무라이 출신인 오시오 헤이하치로의 난이 일어났다. 이는 지배자들에게 강렬한 위기의식을 초래하여 덴포 개혁의 요인이 되었다.

1. 에도 시대 잇키의 발생 추이

- 햐쿠쇼 잇키
- 도시의 소란
- 농촌의 소동

- 1710 교호의 개혁
- 1730 교호의 대기근
- 1730 에도의 우치코와시
- 1780 덴메이의 대기근
- 1780 덴메이의 우치코와시
- 1790 간세이의 개혁
- 1830 덴포의 대기근(1833)
- 1840 오시오 헤이하치로의 난
- 1840 덴포 개혁

도쿠가와 요시무네와 교호 개혁

1716
요시무네, 8대 쇼군에 취임

1719
당사자 간 합의령 내림

1721
조멘 제도 실시

1722
아게마이 제도 실시
참근교대제 완화

1723
다시다카 제도 시행

1724
검약령 발령

1730
아게마이 제도 폐지

1732
교호의 대기근

1751
요시무네 사망

1716년 7대 쇼군 이에쓰구가 후사 없이 죽자 고산케인 기이 번의 다이묘 도쿠가와 요시무네가 8대 쇼군에 취임했다. 이 무렵에는 상품경제의 진전과 문화의 발달로 사람들의 소비생활이 증대되어, 수입과 지출이 균형을 잃어 재정적으로 궁핍한 상태에 빠져 있었다. 겐로쿠 시기 이래로 막부의 재정도 악화되어 재정문제가 막부의 최대 관심사로 떠올랐다. 쇼군이 된 요시무네는 강력한 쇼군 권력의 부활과 재정 재건을 목표로 정치개혁을 시행했는데, 이것을 교호 개혁이라고 한다.

요시무네는 막정의 개혁을 시도했다. 우선 이전 쇼군의 시대에 극성했던 소바요닌 등에 의한 측근 정치의 폐단을 바로잡고, 쇼군의 친정을 강화함과 동시에 막정에서 로주의 역할을 회복하려고 했다. 또한 능력 있는 인재를 가문의 등급을 넘어서 등용하기 위해 다시다카(足高) 제도를 도입했는데, 수입이 막부 역직의 봉록보다 낮아 특정 관직에 오르지 못하는 사람들이 기용될 수 있도록 길을 열어주기 위해서였다.(도1) 요시무네는 정규 권력의 정점에 있는 로주 권력의 회복을 꾀했지만, 동시에 외부자로서 기이 번 출신의 측근을 등용하여 막신들의 동태를 파악하도록 했다. 폭넓은 의견 수렴을 위한 노력의 일환으로 1721년에는 누구나 불만 사항과 의견을 서면으로 제출할 수 있는 투서함을 설치했다.

행정을 조직화하고 효율적으로 운영하기 위해 요시무네는 1742년 당시까지의 법령과 판결 예를 집대성하여 재판의 기준을 정하는 등 법제의 정비를 추진했다. 한편 하타모토와 고케닌에 대해 무예를 장려하고 검약령을 내려 불만과 요구 사항을 억제했다. 그리고 무사들의 경제적 궁핍을 해결하기 위해 당사자 간 합의령(相對濟し令)을 내려 채무에 대한 소송을 당사자들끼리 해결하도록 했다.

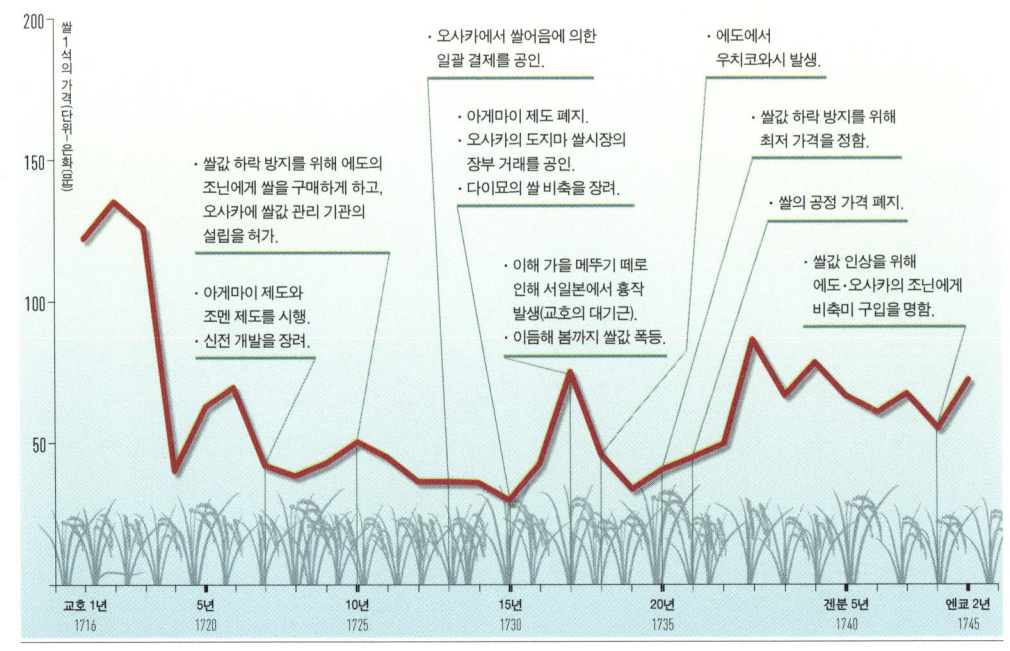

2. 요시무네 시대의 쌀값 변동과 쌀 대책

도지마의 쌀 거래

오사카의 쌀시장은 처음에는 호상 요도야(淀屋)의 점포 앞에 개설되었지만, 사람들의 왕래에 장애가 되자 1697년 도지마(堂島)로 옮겨졌다. 1730년 당시까지 금지되던 장부 거래가 허용되자 이곳이 전국의 쌀값을 좌우하는 중앙 쌀시장이 되었다. 그림은 사람들이 쌀 거래에 열중하여 거래가 끝나지 않아 물을 끼얹어 거래를 중지시키는 모습이다.

 한편 막부의 재정을 확충하기 위해 다이묘들에게 헌상미를 부과하는 아게마이(上米) 제도를 도입했다. 다이묘들에 대한 직접적인 부과는 전례가 없는 것이었기 때문에, 이들의 에도 체류 기한을 반년으로 줄여주는 대가를 지불해야 했다. 나아가 근본적인 재정 수입 증대를 위해 전답의 저당을 금지하고 농민의 소작인화를 방지하는 한편, 다이칸(代官)에게 신전 개발지를 선정하도록 함과 동시에 상인에게 신전 개발에 투자할 것을 권유하는 등 신전 개발을 장려하여 경지 확대를 통한 조세 수입의 증가를 꾀했다. 그리고 조세를 징수하는 방법도 매년 수확에 따라 조세 비율을 적용하는 대신 작황에 관계없이 일정 액수를 바치는 조멘(定免) 제도를 채용하여 안정적인 수입과 증세를 꾀했다.(도2)

 이러한 정책과 함께 데라코야(寺子屋)에서 유교 교육을 실시하도록 함으로써 신분 질서의 안정화를 도모했다. 1721년에는 중국어로 번역된 서양 서적의 수입을 허락했고, 오규 소라이 같은 유학자들에게는 경세론을 집필하게 했다.

 교호 개혁은 막부의 통치력이 어느 정도 영향력을 발휘하고 사회 기강을 확립하는 과정에서 막부를 더욱 강력한 행정조직으로 거듭나게 했다. 요시무네가 단행한 조치들은 당시에 발생한 경제적 변화를 다루기 위해서는 행정 절차 상에도 변화가 필요하다는 사실을 막부의 관료들이 인식하게 되었음을 보여준다. 그러나 당시 일본이 안고 있던 문제는 행정 조치를 통해 정권이 해결할 수 있는 수준을 넘어선 상태였고, 엄격한 통제를 받은 농민과 도시민의 불만이 대규모 봉기로 표출되면서 개혁 정치는 동요했다.

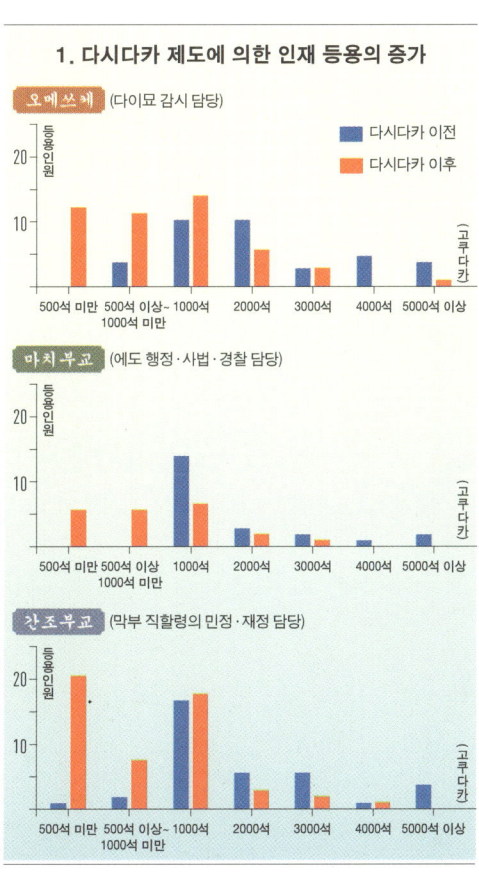

1. 다시다카 제도에 의한 인재 등용의 증가

다누마 시대에서 간세이 개혁까지

1767
다누마 오키쓰구, 소바요닌이 됨

1772
다누마, 로주가 됨

1782~88
덴메이의 대기근

1783
아사마 산의 분화

1785
다누마, 에조치 조사대 파견

1786
다누마 실각

1787
마쓰다이라 사다노부, 로주에 취임
검약령 발령

1790
닌소쿠요세바 신설

1791
7부 적금법 실시

1793
사다노부, 로주 사직

하급 가신에서 출발하여 쇼군의 측근이 되어 막부 권력의 정점에 도달했던 대표적 인물이 다누미 오키쓰구였다. 그는 9대 쇼군 이에시게와 10대 쇼군 이에하루의 측근에서 출발하여 다이묘와 로주로 승진하면서 막정을 좌지우지하며 실권을 행사했다. 그의 권력 행사는 측근 정치의 전형적인 예를 보여준다. 특히 그는 요시무네의 농본주의 정책과 달리 상업적 발전과 무역의 확대를 꾀하는 등 중상주의 정책을 추구했다.

다누마는 요시무네가 시행했던 조세의 증진을 통한 재정재건책에는 한계가 있다고 보고 상업자본의 힘을 이용하여 막부 재정의 재건을 꾀했다. 그는 에도와 오사카의 도매상들뿐 아니라 농촌 지역의 상인들에게도 일종의 동업조합인 가부나카마 조직을 확대하여 그들에게 영업의 독점권을 부여하는 대신 영업세 등을 거두어들였다.

다누마는 구리의 생산 감소로 인해 위축되고 있는 해외무역을 되살리기 위해 구리 광산의 생산 증대를 꾀했다.(도1) 아울러 새로운 수출품으로서 건조한 해산물을 개발하여 일정 정도 성과를 거두었다. 일본 내 채굴량이 격감한 금과 은을 수입하고 그 은으로 화폐를 개주하여 막부의 수입을 증대히고 화폐의 유통량을 증가시키려고 했다.

이러한 일련의 정책 시행 결과 상업 활동이 활발해졌고, 신분적으로 차별받던 상인이 사회적으로 인정을 받았다. 도시민인 조닌에 대한 풍속 통제가 완화되고 무사와 조닌의 교류가 빈번해져 무사가 조닌의 풍속에 동화되는 등 자유로운 분위기가 조성되면서 새로운 문화가 생성되었다.

그러나 다누마의 정책은 빈부의 격차를 더욱 심화시켰다. 몰락하여 농촌을 떠나는 농민이 증가하고 도시 영세민이 빈민화하는 등 농촌과 도시가 황폐해졌다. 그의 권력 행사와 정책 추진은 이권과 결탁했고, 그로 인해 뇌물 수수가 횡행하여 막부 정치의 부패를 가져와 사회적 풍기를 문란케 했다는 비판을 받았다.

1783년에 발생한 아사마 산의 대폭발과 덴메이의 대기근 등 자연재해가 빈발하여 쌀값이 폭등하면서 서민의 생활은 매우 어려워졌다. 그

광업 기술의 발달
갱도가 길고 깊어지면 땅속에서 물이 솟아나오거나 빗물이 갱에 흘러들어가기 때문에 반드시 배수를 해야 했다. 처음에는 물통으로 물을 날랐으나 점차 새로운 도구가 개발되었고, 그림과 같은 수상륜水上輪이 발명되어 작업의 효율을 높였다.

결과 각지에서는 쌀값 인하를 요구하며 미곡상과 거상을 습격하고 난동을 부리는 일이 잦아졌고, 다누마와 그의 권력 행사에 대한 비판이 고조되었다. 결국 1787년 그의 정적 마쓰다이라 사다노부가 로주에 취임했고 그를 중심으로 간세이 개혁이 시작되었다.

개혁 담당자들은 국가 기강을 강조하고, 다누마 정권하에서 중용된 관리들을 숙청했다. 그리고 다누마 정권과 결합되어 있던 전매 기관과 물가 폭등의 요인이었던 동업조합인 가부나카마의 일부를 해산했다. 나아가 대량 발행으로 유통 혼란과 물가 폭등을 초래한 화폐 주조를 정지시켰다.

한편 황폐해진 농촌을 부흥시키기 위해 숙역을 유지하고자 인근 농촌에 부과하던 스케고(助鄕)를 경감하여 농민에 대한 부담을 줄였다. 이에 더하여 식목, 치수, 개간을 장려하고 부업을 금지하여 농민 생활의 안정을 꾀했다. 막신인 하타모토, 고케닌의 경제난을 해결하기 위해 채무를 파기하는 기연령棄捐令을 내리는 한편 전국적으로 곡식 저축을 장려하고, 특히 에도에서는 마을 운영비 절약분 7할을 저금하는 7부 적금법을 시작했다. 사회 갱생 시설인 닌소쿠요세바(人足寄場)를 신설하여 기근으로 증가한 도시의 부랑자를 수용하고 사회 안정을 꾀했다.

전통적인 유교적 도덕의 부활과 사회적 기풍의 진작을 위한 제반 통제 조치가 내려졌다. 그 결과 각 번에서는 번교藩校가 신설되었고 이곳을 중심으로 지역의 인재가 양성되고 유학이 대중화되었다. 한편 사다노부는 난학蘭學을 후원했고 막부 내에 서양 서적을 수집하는 기관을 설립했다. 또한 사회적 풍속에 대한 통제를 강화했는데, 이것은 종전의 사치 금지보다는 성풍속과 일탈 행위에 대한 규제에 초점을 맞춘 것이었다.

1. 에도 시대의 광산 분포

- 금
- 은
- 구리
- 납·주석
- 철
- 석탄

덴메이의 대기근
1782~88년 냉해나 아사마 산의 분화로 인한 흉작으로 각지에서 대기근이 일어났다. 특히, 도호쿠 지방의 피해가 매우 커서 쓰가루 번에서는 아사자가 십수만에 달했다. 위의 그림은 덴메이의 대기근 당시 아이즈 지방의 참상을 묘사한 것이다.

번정 개혁

1768
요네자와 번, 번정 개혁 시작

1776
요네자와 번, 번교 개교

1782
덴메이의 대기근

1787
아이즈 번, 번정 개혁 시작

1827
사쓰마 번, 번정 개혁 시작

1830
미토 번, 번정 개혁 시작

막번체제하에서 대부분의 번들은 심각한 재정 위기에 빠졌다. 이러한 문제를 해결하기 위해 18세기 중엽부터 몇몇 번들이 전반적인 개혁에 착수하여 적지 않은 성과를 거두었다. 이를 번정藩政 개혁이라 한다.

대부분의 번에서 공통으로 보이는 재정난은 다양한 요인에 의해 초래되었다. 증대되는 참근교대 비용과 막부의 잦은 대규모 토목공사 참여 등과 같은 막부 관련 지출이 번의 재정을 압박했다. 다음으로 화폐경제의 발달과 그에 따른 쌀값 하락이 번의 수입을 감소시켰던 점을 들 수 있다. 번의 수입이 감소했는데도 다이묘와 가신들의 생활은 점점 더 사치스러워졌고, 이것이 재정 지출의 증대로 이어져 번의 재정수지를 악화시켰다. 이렇게 악화된 번의 재정은 빈발하는 재해나 기근으로 치명적인 타격을 입었다. 번은 상인들로부터 대부를 받거나 가신들의 봉록을 삭감하고 검약령을 발령하는 등의 대책을 내놓았지만 그 효과는 일시적인 것에 지나지 않았고, 오히려 이러한 조처들이 번과 가신들의 경제를 황폐화시켜 더욱 심각한 위기를 자초했다.

18세기 후반에 도호쿠, 호쿠리쿠, 간토 북부 지방에서 발생한 덴메이의 기근은 이미 어려움을 겪고 있던 이 지역의 번들에 치명타를 가했다. 대량의 아사자가 발생했고 유랑민이 증가하여 농촌 인구가 격감했으며 많은 경지가 황폐화되었다. 이로 인해 연공 수납량이 크게 감소하여 많은 번이 심각한 재정난에 빠졌다.

이러한 상황에 직면하여 각 번에서는 재정 재건을 이루고 번의 국력을 회복하기 위해 번정 개혁을 실시했다. 경지의 재개발을 권장하고, 출생아에게 양육비를 보조하는 아기양육법을 채택했으며, 기근 등에 대비하기 위해 비황備荒 저축 제도를 실시하여 국력의 회복에 힘썼다. 그뿐 아니라 번의 어용상인이 출자한 자금으로 농민에게 대부를 제공하거나, 종이, 면화, 쪽, 잇꽃 등을 국산품으로 생산한 후 이들 특산

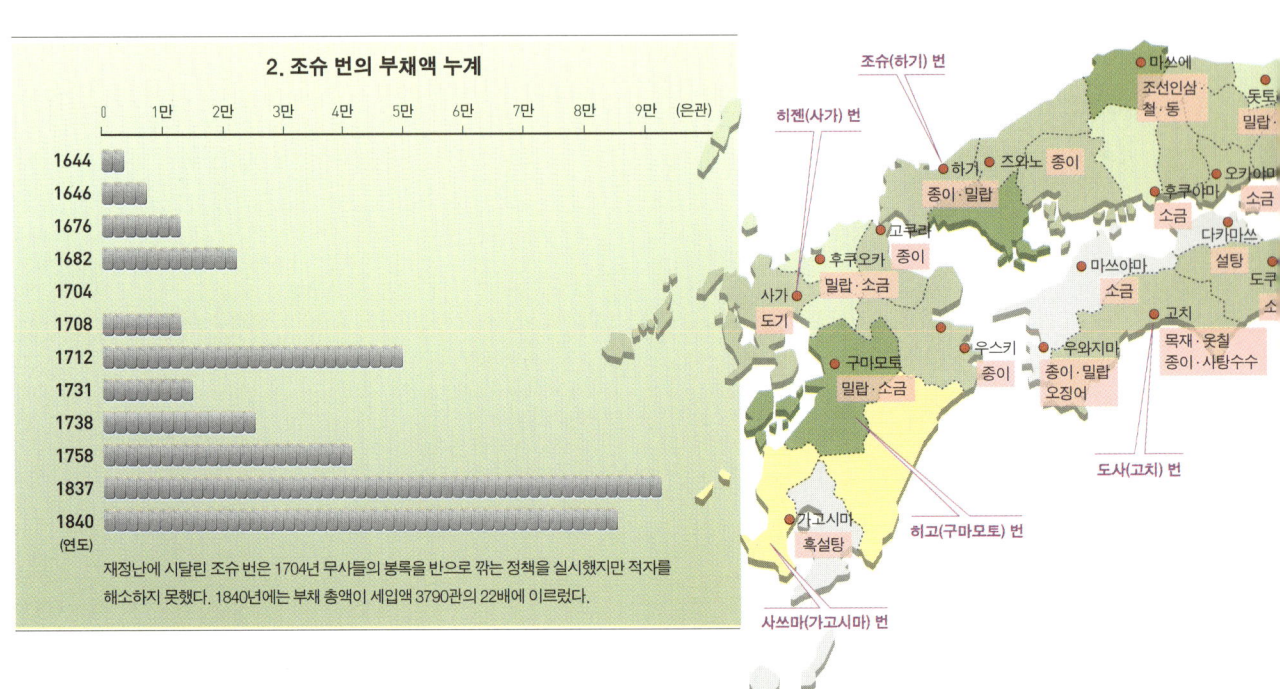

2. 조슈 번의 부채액 누계

재정난에 시달린 조슈 번은 1704년 무사들의 봉록을 반으로 깎는 정책을 실시했지만 적자를 해소하지 못했다. 1840년에는 부채 총액이 세입액 3790관의 22배에 이르렀다.

품을 중앙시장에서 판매하여 이익의 일부를 번에 환원시켜 재정을 재건하는 정책을 실행에 옮겼다.

번에서는 가신 교육에 힘을 기울여 번교를 열고 민정에 뛰어난 인재를 육성하는 데 힘썼다. 수업은 주자학을 중심으로 한 한학이 중심이었지만 새로운 지식을 얻기 위해 국학이나 난학의 과목도 추가되었다. 또한 번교에 준하는 향교를 개설하여 교육하기도 했다.

요네자와 번의 우에스기 하루노리, 아키타 번의 사타케 요시마사, 마쓰시로 번의 사나다 유키히로, 구마모토 번의 호소카와 시게카타 등의 다이묘는 번정 개혁에 적극적으로 임하여 명성을 높였다.

막부가 덴포 개혁을 실시한 때를 전후해서는 주로 서남 지방의 조슈 번, 사쓰마 번, 히젠 번 등이 번정 개혁을 실시하여 커다란 성과를 거두었다. 이들 번은 특산품을 개발하고 금융업과 창고업 등의 확대를 통해 번의 수입을 늘렸으며, 이러한 재정을 토대로 대포를 제조하는 등 서양식 군비를 갖추었다. 이들 번이 수행한 번정 개혁은 막부 말기의 정국에서 이들이 주도적인 역할을 하는 데 크게 기여했다.

서당에서 공부하는 아이들
에도 시대의 서당 데라코야(寺子屋)의 풍경을 그린 것이다. 수업은 책 읽기를 중심으로 이루어졌다. 개별 지도를 원칙으로 했으며, 서민, 무사, 승려 등이 교사를 맡았다. 오전 8시부터 오후 2시경까지 수업했다.

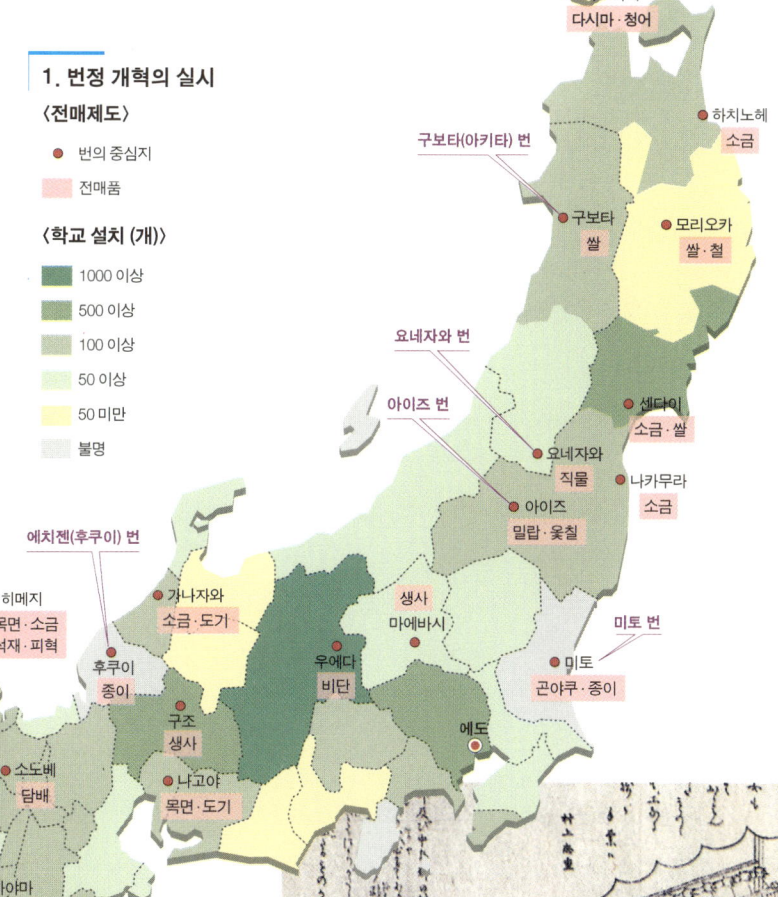

1. 번정 개혁의 실시
〈전매제도〉
- 번의 중심지
- 전매품

〈학교 설치 (개)〉
- 1000 이상
- 500 이상
- 100 이상
- 50 이상
- 50 미만
- 불명

직물공장
여성들이 분업하여 작업하는 모습을 그린 것이다. 에도 시대 후기 오와리에서는 견과 면을 혼합하여 복잡한 그림을 넣은 유키 천이 직조기로 만들어졌다.

가세이 문화

1802
짓펜샤 잇쿠, 『도카이도추히자쿠리게』를 지음

1809
시키테이 산바, 『우키요부로』를 지음

1821
이노 다다타카, 〈대일본연해여지전도〉 완성

1825
아이자와 야스시, 『신론』을 지음

1829
가쓰시카 호쿠사이, 〈후가쿠 36경〉을 그림

1832
안도 히로시게, 〈도카이도 고주산쓰기〉를 그리기 시작

1841
다키자와 바킨, 『난소사토미핫켄덴』 완성

후지 산 그림
가쓰시카 호쿠사이의 〈후가쿠 36경(富嶽三十六景)〉의 한 장면으로 후지 산을 그린 46매 연작 가운데 1매. 구름이 떠 있는 남색의 하늘에 후지 산의 붉은 산등성이와 녹색의 산기슭을 대비시킨 그림으로 색채의 대비와 대담한 구도가 사람들의 의표를 찔렀다.

분카(文化), 분세이(文政) 시기를 합쳐 일명 가세이(化政) 시대로 불리는 19세기 초반의 30년은 에도 시대 중에서 매우 평온한 시기였다. 흉년이 없었고, 농민들의 저항도 18세기 말처럼 규모가 크거나 격렬하지 않았다. 이 시기에는 신흥 상인이나 하층 상공인 등 주로 도시인의 생활이나 심정을 주제로 하는 문화가 발전했다. 또한 지역에 뿌리를 둔 문화가 각지에서 생겨나 에도, 오사카 등 대도시와 문화 교류도 이루어졌다. 가세이 문화는 이와 같이 평온한 시기에 에도를 중심으로 전개되었던 문화를 말한다.

가세이 문화는 전국적으로 확산되었고 향락적이고 퇴폐적 경향이 강했다. 그러나 학문이나 사상에서는 과학적인 정신이 싹텄고 근대로의 태동을 보여주는 새로운 사고방식을 낳기도 했다. 양학의 발달과 함께 유학과 국학에서도

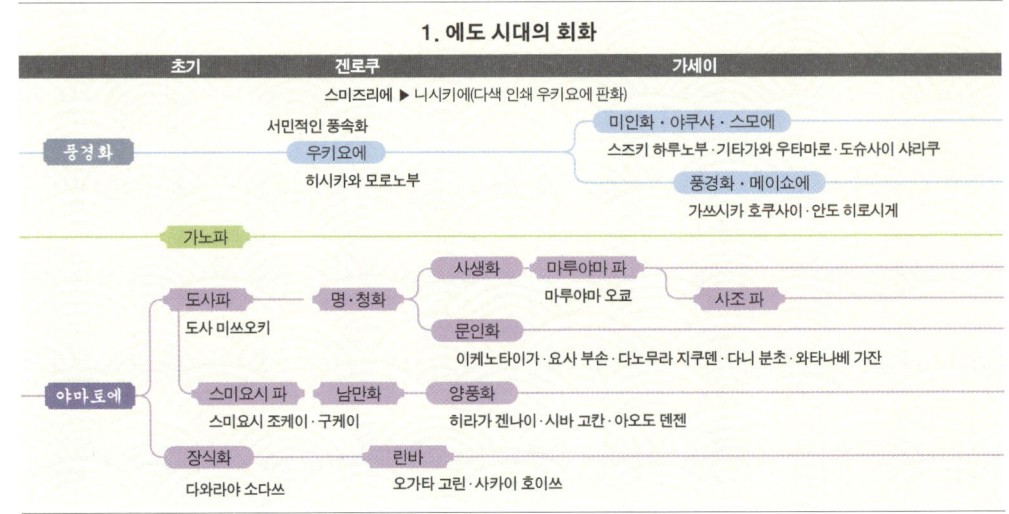

가세이 시대의 풍속화
기타가와 우타마로의 작품 〈후조닌소짓핀〉이다. 종래 풍속화 판화에서는 전신상이나 군상이 보통이었지만 기타가와는 상반신을 화면 가득 그림으로써 여성을 더욱 섬세하고 관능적으로 표현했다.

비판적 연구가 활발히 진행되어, 막번체제의 체제 안정을 꾀하면서 동시에 새로운 진로를 모색하는 사상으로 발전해갔다.

가세이 시대는 문화의 대중화가 확대되어 민중이 문화를 향유하게 되었고 중앙의 문화가 지방으로 확산되었다. 특히 소설류의 출판이 왕성했는데, 대표적인 소설로는 짓펜샤 잇쿠의 『도카이도추히자쿠리게(東海道中膝栗毛)』, 다키자와 바킨의 『난소사토미핫켄덴(南總里見八犬傳)』 등이 있다.

짓펜샤 잇쿠는 에도 후기의 통속소설 작가로 1794년부터 소설을 쓰기 시작해서 400여 작품을 남겼는데, 가장 성공한 작품이 바로 『도카이도추히자쿠리게』이다. 이 작품은 에도에 사는 야지로베(彌次郎兵衛)와 기타하치(喜多八)가 도카이도를 지나 이세 신궁을 참배하고 오사카 등을 구경한 후 에도로 돌아올 때까지의 이야기를 해학적인 필치로 묘사한 것으로 서민의 웃음이 담겨 있는 작품이다.

다키자와 바킨은 삽화가 들어가는 통속소설을 많이 썼지만 삽화보다는 글을 중심으로 교훈적 내용을 주로 담았다. 그의 대표작 『난소사토미핫켄덴』은 1841년 완성될 때까지 무려 28년이 걸렸다. 여덟 명의 호걸이 활약하여 주군의 집안을 다시 일으킨다는 내용이다.

미술 부문에서는 기타가와 우타마로의 〈후조닌소짓핀(婦女人相十品)〉, 안도 히로시게의 〈도카이도 고주산쓰기(東海道五十三次)〉 등이 유명하다.(도1) 기타가와 우타마로는 초기에는 통속소설의 삽화를 그렸는데, 1791년 미인화로 전환하여 새로운 반신상 양식을 만들어냈다. 종래 풍속화 판화에서는 전신상이나 군상群像이 보통이었지만 기타가와는 상반신을 화면 가득 그림으로써 여성을 더욱 섬세하고 관능적으로 표현했다. 안도 히로시게는 처음에는 미인화를 주로 그렸지만 1832년부터 막부의 관리와 도카이도를 여행하며 풍경화를 그리기 시작했다. 〈도카이도 고주산쓰기〉는 에도에서 교토까지 연결된 53곳의 역참과, 니혼바시, 교토 산조에 있는 다리를 합쳐 55매로 되어 있는데, 낭만적 정취가 잘 드러나 있다.

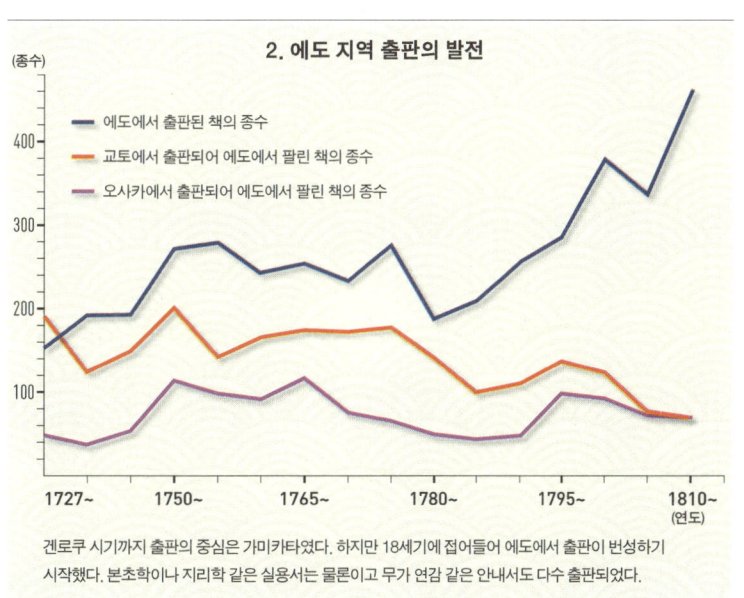

겐로쿠 시기까지 출판의 중심은 가미카타였다. 하지만 18세기에 접어들어 에도에서 출판이 번성하기 시작했다. 본초학이나 지리학 같은 실용서는 물론이고 무가 연감 같은 안내서도 다수 출판되었다.

1778 • 1853　　　　　　　　　　　　　　　　　에도 시대　　근세

열강의 접근과 새로운 사상의 대두

1778
러시아의 나타리아 호, 앗케시에 내항

1792
러시아의 락스만 사절, 네무로에 내항

1804
러시아의 레자노프 사절, 나가사키에 내항

1808
페튼 호, 나가사키를 불법 침입

1811
러시아 함장 고로닌 체포

1821
이노 다다타카, 〈대일본연해여지전도〉 완성

1825
이국선 격퇴령 발령

1837
미국의 모리슨 호, 우라가에 내항 격퇴당함

1840
중국에서 아편전쟁 발발

1842
외국선 격퇴령 완화하고 신수급여령 내림

1844
네덜란드 국왕, 막부에 개국 권고

1846
미국의 비들 제독, 우라가에 내항

1853
미국의 페리 제독, 우라가에 내항

18세기 말부터 일본 각지의 연안에 외국선이 빈번히 드나들기 시작하자, 쇄국정책을 고수해온 막부는 심각한 도전에 직면하게 되었다. 대외적 위기가 고조되자 사회적 위기의식이 심화되었고 다양한 사상적 모색이 시도되었다.

18세기에는 주로 러시아가 개항에 대한 압력을 행사했고, 19세기에는 영국과 미국이 압박했다. 외국선의 출몰이 더욱 빈번해지자, 막부는 최고의 강경책을 내놓았다. 1825년 막부는 연안에 접근한 중국 이외의 외국선을 무조건 격퇴하는 이국선 격퇴령을 발령했다. 이러한 막부의 강경책에도 불구하고 밖으로부터의 불안은 커지고 있었다.

막부의 강경책은 외국선을 격퇴하는 데 어느 정도 효과를 거두었지만 위험성도 내포하고 있었다. 1837년 미국의 상선 모리슨 호가 일본의 심장부인 에도 만의 입구 우라가에 내항하여 일본인 표류민의 송환과 통상을 요구하는 사태가 발생했는데, 에도 만의 경비를 담당하고 있던 번들이 이국선 격퇴령에 의거하여 모리슨 호에 포격을 가해 격퇴시켰다.(도1)

1. 일본의 북방 탐험과 외국선 내항

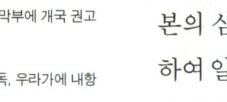

- ➡ 모가미 도쿠나이(1786)・곤도 주조(1798)의 행로
- ➡ 모가미 도쿠나이(1792)의 행로
- ➡ 이노 다다타카(1800)의 실측로
- ➡ 곤도 주조(1807)의 추정 행로
- ➡ 마미야 린조(1808)의 1차 행로
- ➡ 마미야 린조(1808~09)의 2차 행로
- ❶~❿ 은 주요 외국선의 내항

❶ **락스만 내항(1792)**
다이코쿠야 고다유의 송환을 명목으로 통상을 요구. 나가사키 입항 허가를 얻음.

❷ **레자노프 내항(1804)**
통상을 거절당하고 귀국하던 중 에조치 번소 등을 공격.

❸ **페튼 호 사건(1808)**
페튼 호가 불법 침입, 네덜란드 상관원을 체포하고 장작과 물, 식품 등을 요구.

❹ **고로닌 사건(1811~13)**
구나시리 섬을 측량하던 고로닌 함장이 사로잡힘. 다카다야 가헤와 교환하여 석방됨.

❺ **영국 선원, 오쓰하마에 상륙(1824)**
포경선원이 땔감, 식수, 식량을 요구하며 미토 번과 충돌.

❻ **영국 선원, 다카라시마에 상륙(1824)**
포경선원이 상륙. 섬의 초소를 습격하고 약탈.

❼ **모리슨 호 사건(1837)**
표류민을 송환하며 통상 요구. 우라가와 다음의 기항지 야마카와에서 격퇴됨.

❽ **비들 내항(1846)**
해군제독 비들이 통상 요구. 막부 거절.

❾ **페리 내항(1853)**

❿ **푸차친 내항(1853)**
극동사령장관이 통상 요구. 이듬해 시모다에 다시 내항하여 러일화친조약을 체결.

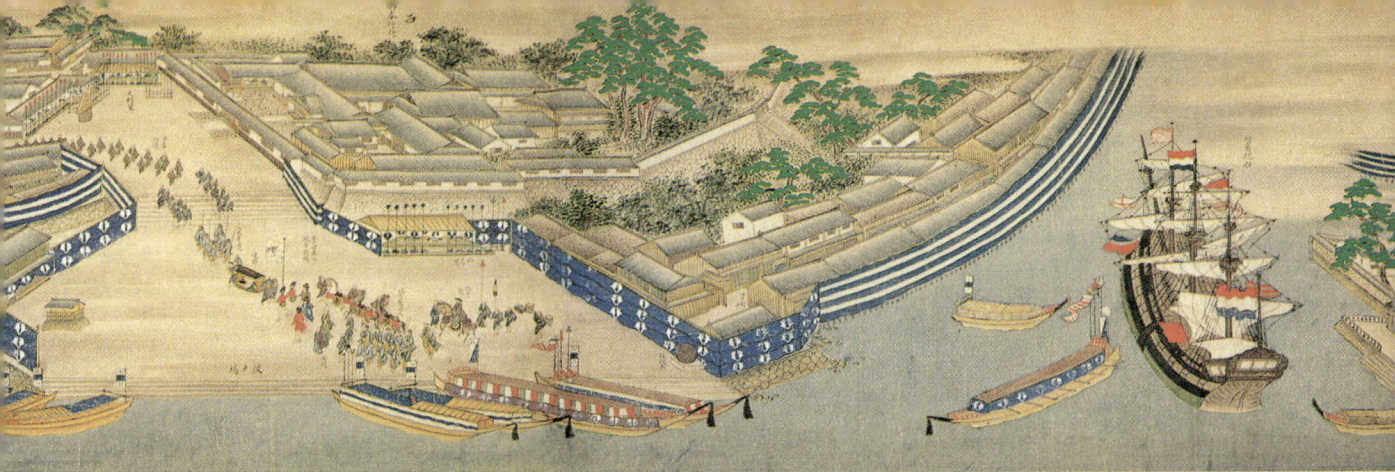

양이론자인 미토 번의 다이묘 도쿠가와 나리아키는 이를 매우 심각한 사태로 인식하고 엄중한 해안 경비책을 즉각 실행해야 한다고 막부에 촉구했다. 한편, 난학 연구를 통하여 구미 열강의 강대한 국력을 인식하고 있던 다카노 조에이나 와타나베 가잔은 일본을 둘러싼 국제정세의 관점에서 막부의 외국선 대책이 무모하다고 비판했지만, 막부는 조에이와 가잔을 처벌했다.

막부는 에도 만의 해방체제를 조사하고 서양 포술을 도입하여 이국선 대책의 강화를 꾀했지만, 아편전쟁에서 중국이 영국군에 패배했다는 소식이 전해지자 외국과의 불필요한 충돌을 방지하기 위해 이국선 격퇴령을 철회하고 이국선에 식수와 연료를 공급할 수 있도록 했다(신수급여령).

외국선의 접근이 빈번해짐에 따라 18세기 말 일본 내에서는 외국이나 에조치에 대한 관심이 커지고 있었다. 하야시 시헤이는 『가이코쿠헤이단(海國兵談)』을 지어 에조치 개척과 해안 방비의 필요성을 역설했다. 막부는 인심을 불안하게 만든다는 죄목으로 그를 처벌했지만, 다른 한편으로는 귀국 표류민으로부터 정보를 수집하고 에조치 조사와 에도 만 연안의 경비를 강화했다. 모가미 도쿠나이나 곤도 주조에 의한 지시마 열도(쿠릴 열도) 조사와 마미야 린조에 의한 사할린 조사와 에조치 전역의 직할지화는 이 지역에 대한 막부 정책의 변화를 보여준다.

한편, 네덜란드 인으로부터 입수한 서양의 과학과 기술을 연구하는 난학은 18세기 전반에 시작되었지만 이 시기에 이르러 본격적으로 발전했다. 독일인 의사 시볼트가 진료소를 겸해서 열었던 나가사키의 나루타키주쿠나 오가타 고안이 연 오사카의 데키주쿠에 전국의 젊은이들이 난학을 배우기 위해 모여들었다. 천문학도 큰 관심을 끌어서 다카하시 요시토키 등과 같은 훌륭한 천문학자나 역학자를 배출했다. 다카하시 요시토키의 제자 이노 다다타카는 해방海防의 목적으로 일본 전국의 연안을 실측한 〈대일본연해여지전도〉를 완성했다. 막부도 난학자를 등용하여 양서를 번역하고 서구의 지식을 흡수하는 데 힘썼다. 그러나 막부는 서구 문화의 섭취가 쇄국의 질서를 어지럽힌다고 판단되면 엄격한 처벌을 내렸다. 다카하시 가게야스가 처벌을 받은 1828년의 시볼트 사건은 그 대표적인 예라 할 수 있다.

나가사키에 상륙하는 레자노프 일행
레자노프는 일본인 표류민을 대동하고 러시아의 두 번째 사절로 나가사키에 내항했다. 그러나 상륙을 허락받지 못해 오랫동안 외항에 머물러야 했고, 교섭에서는 굴욕적인 대우를 받았다. 이것이 뒷날 러일 간에 분쟁이 일어나는 계기가 된다. 그림은 레자노프 일행이 통상조약 교섭을 위해 나가사키에 상륙하여 다치야마의 나가사키부교소로 향하는 모습이다.

〈대일본연해여지전도〉
이노 다다타카가 1800년부터 18년 동안에 걸쳐 전국의 연안을 측량하여 작성한 매우 세밀한 지도이다. 지도는 그가 죽은 후에 완성되었다. 그림은 지도의 일부분으로 도쿄 인근 지역을 나타낸다.

덴포 개혁과 웅번의 대두

1833
덴포의 대기근

1837
오시오 헤이하치로의 난

1838
도쿠가와 나리아키, 막부에 의견서 제출

1841
미즈노 다다쿠니, 로주가 됨
사치금지령 내림
서양 포술을 채용
가부나카마 해산령 내림

1843
백성의 귀농령 내림
사치를 금지함

1830년대 중반에 도호쿠 지방과 간토 지방을 강타한 기근으로 이 지역에서 수많은 아사자가 나왔고 이로 인한 심각한 식량 부족은 대도시 지역으로 확산되었다. 1837년 오사카에서 무사 출신 오시오 헤이하치로가 일으킨 반란도 이러한 식량 위기에 의해 촉발되었다고 해도 과언이 아니다. 이 시기에 더욱 빈번해진 이국선의 출몰로 막부 내에서는 위기감을 느끼고 있었고, 오시오의 난이 발생한 그해에 미국의 모리슨 호가 에도 만에 접근한 사건은 이러한 위기의식을 더욱 고조시켰다.

이러한 내우외환의 위기 속에서 1841년 로주 미즈노 다다쿠니는 막번체제의 재건 강화를 위한 덴포 개혁에 착수했다. 첫째, 화려한 풍속의 유행이 물가등귀의 원인이 되었다고 생각하여 검약령을 발령하여 풍속에 대한 엄격한 단속과 통제를 실시했다. 이러한 사회적 분위기 속에서 대중적인 작가나 가부키 배우가 처벌되기도 했다. 둘째, 귀농령을 발령하여 에도에 유입한 사람들의 귀향을 추진하여 에도 시가의 사회불안을 해소하고 덴포의 대기근으로 황폐화된 농촌의 재건을 꾀했다. 셋째, 가부나카마의 상품유통 독점이 물가등귀의 주된 원인이라 생각하여 가부나카마의 해산을 명령하고 상인들의 자유로운 거래를 인정하여 에도와 오사카에 유입하는 물자가 늘어나도록 했다. 넷째, 막부 재정의 확대를 위해 연공률을 조사하고 황무지의 재경작을 시도했으며, 에도, 오사카 주변의 영지를 막부의 직할지로 만드는 몰수령을 내렸다.

그러나 막부의 권력 강화와 재정의 안정을 목표로 한 야심찬 개혁 시도는 성공을 거두지 못했다. 엄격한 풍속 통제와 물가 통제가 오히려 경제활동의 위축을 가져왔고 연공증대책은

'구민'의 깃발을 들고 진격하는 오시오의 군대
무사 출신 오시오 헤이하치로는 1837년 난을 일으켰다. 그는 제자 20여 명, 농민 약 300명을 이끌고 목제 대포 3문으로 무장했다.

히젠 번의 대포 제조소
히젠 번은 바다 방어를 위해 대포 제조소를 설립했다. 그림은 1853년에 만든 대포 제조소.

1. 서남지역 웅번의 개혁

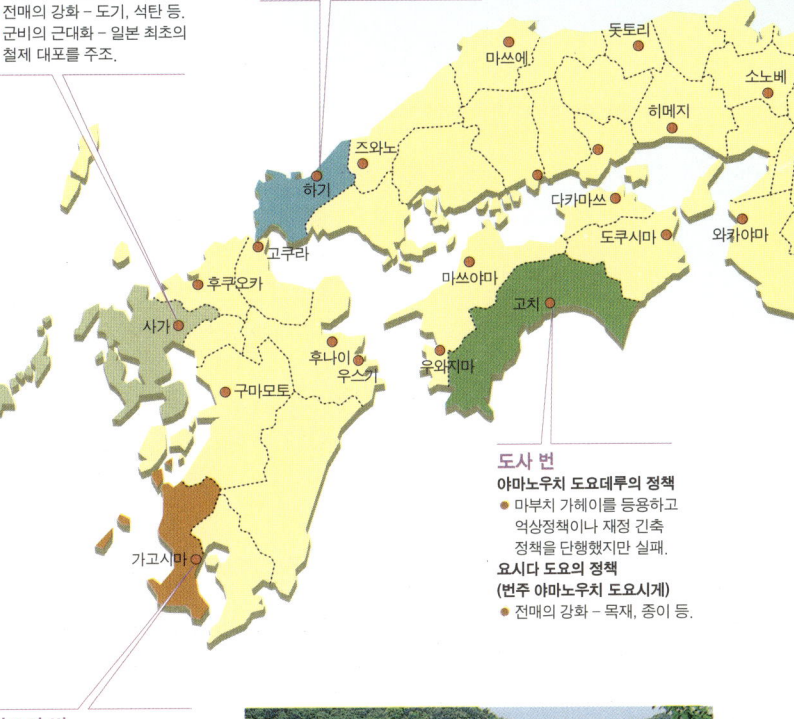

히젠 번
나베시마 나오마사의 정책
- 농지개혁 – 소작료의 감면과 균전제도의 도입.
- 전매의 강화 – 도기, 석탄 등.
- 군비의 근대화 – 일본 최초의 철제 대포를 주조.

조슈 번
무라타 세이후의 정책(번주 모리 다카치카)
- 번의 부채 은 8만 5000관의 정리, 37년 분할상환법.
- 전매의 강화 – 종이, 소금 등.
- 번영의 금융업 겸 창고업의 확대.
- 군사력 강화 – 양식군비, 하급 무사의 등용.

도사 번
야마노우치 도요데루의 정책
- 마부치 가헤이를 등용하고 억상정책이나 재정 긴축 정책을 단행했지만 실패.
요시다 도요의 정책
(번주 야마노우치 도요시게)
- 전매의 강화 – 목재, 종이 등.

사쓰마 번
즈쇼 히로사토의 개혁
(번주 시마즈 나리오키)
- 번의 부채 500만 량의 무이자 250년 분할상환.
- 전매의 강화 아마미 3도의 흑설탕의 전매.
- 류큐와의 밀무역.
시마즈 나리아키라의 정책
- 군제의 개혁.
- 용광로, 유리공장, 서양식 방적공장을 갖춘 공장군(슈세이칸) 건설.

농민의 강력한 저항을 불러왔을 뿐이었다. 에도, 오사카 일원의 몰수령도 농민이나 다이묘, 하타모토의 강력한 반대에 직면하여 철회하지 않을 수 없었다. 덴포 개혁의 실패는 막부의 권위 실추를 더욱 가속화시키는 계기가 되었다.

막부가 추진한 덴포 개혁이 실패로 끝난 것과 대조적으로 덴포 개혁을 전후한 시기에 각 번에서도 번정 개혁이 실시되었는데, 특히 서남지역에 위치한 조슈, 사쓰마, 도사, 히젠 등의 번에서 추진한 개혁이 커다란 성과를 거두었다.(도1)

조슈 번에서는 1831년 상품 유통의 자유나 연공 감면을 요구한 대규모 농민 잇키가 일어났는데, 이 사건을 계기로 중급 무사였던 무라타 세이후가 등용되었다. 무라타는 분할상환제도를 실시하여 번의 부채를 정리하고 목랍(木蠟)과 쪽의 전매를 폐지하는 식산흥업 정책을 실시했다. 또 세토나이카이 통과 선박을 대상으로 한 창고업과 금융업으로 번 수입의 증대를 꾀하는 등 번정 개혁에 성공을 거두었다. 사쓰마 번에서는 하급 무사 출신인 즈쇼 히로사토의 주도로 분할상환에 의한 부채 정리에 성공하고, 설탕의 전매와 류큐 무역의 강화를 통해 번의 수익을 늘려 그 자금으로 서양식 무기를 구입하는 부국강병책을 추진했다. 히젠 번에서는 다이묘 나베시마 나오마사가 서양식 군사 공업의 도입을 중심으로 번정 개혁을 시도하여 성과를 거두었다. 또한 도사 번에서도 다이묘와 개혁파가 힘을 합쳐 번정 개혁을 실시하여 성과를 거두었다. 그러나 미토 번 등에서는 문벌적인 무사의 세력이 강하여 개혁에 성공을 거두지 못했다.

이들 서남지역 번에서는 번정 개혁의 성공으로 유능한 하급 무사가 번정에 참여하는 길이 열리고 번 재정이 재건되었을 뿐 아니라 번 권력이 강화되어 식산흥업과 부국강병책을 취하고 군사 개혁을 행하여 막말의 정국을 주도하는 웅번으로서 활약하는 토대를 구축했다.

슈세이칸(集成館)
부국강병책을 취한 사쓰마 번의 다이묘 시마즈 나리아키라가 별저에 설치한 서양식 공장군. 용광로, 유리·도자기 제조소, 서양식 방적공장 등이 있었다.

04 근현대

일본은 19세기 후반 개항기를 통해 정치, 경제, 문화 각 방면에서 서구화와 근대화를 진행시킨다. 메이지 유신을 단행하여 정치·군사·행정·재정 전반에 걸친 급속한 개혁정책으로 봉건질서를 해체하는 한편 근대적 중앙집권체제의 기반을 마련하고, 청일전쟁과 러일전쟁에서 승리하며 제국주의의 길로 나아가게 된다.

2차 세계대전을 수행하여 대동아공영권을 꿈꾸던 일본은 전쟁에 패하고 미국의 통치를 받는다. 샌프란시스코 강화회의를 통해 국제사회에 복귀한 일본은 고도경제성장을 이룩하며 선진국으로 도약한다. 그러나 1990년대 이후 장기 불황을 겪으며 빈부 격차 등 여러 사회 문제를 안은 채 현재에 이르고 있다.

「일본의 아시아 침략과 식민지 지배」

❶ 중국: 남경대학살
1937년 남경에 입성한 일본군은 대량 학살 사건을 저질렀다. 중국 측 통계에 따르면, 남경 시민 30만 명이 목숨을 잃었다.

❷ 버마: 일본군의 길 안내를 하는 주민
1943년 초 일본군은 버마 북부 전선에서 전투를 벌이기 위해 버마인을 징발해 길 안내를 시켰다.

❸ 베트남: 기아에 허덕이는 베트남 어린이들
1944년 식량 공출로 베트남 사람들은 기아 상태에 빠졌으며 200만 명에 달하는 사람들이 굶어죽었다.

❶ 중국
❷ 버마
❸ 베트남

| 1850 | 1860 | 1870 | 1880 | 1890 | 1900 | 1910 | 1920 |

1853년 페리의 내항
페리의 개항 압력에 굴복하여 쇄국 정책을 폐지하고, 이듬해 미일화친조약을 체결하여 정식으로 개국했다.

1889년 대일본제국헌법 발포
일본은 헌법을 제정하여 근대국가 진입을 표방했다. 이 헌법은 천황에게 신이면서 동시에 군주라는 이중적 성격을 부여했다.

1894~95년 청일전쟁
한반도의 주도권을 놓고 청나라와 전쟁을 벌여 승리를 거두고 막대한 배상금과 대만을 획득했다.

1904~05년 러일전쟁
청나라에 이어 러시아와 한반도의 주도권을 놓고 대립하다가 전쟁으로 치달았다. 일본이 러시아 발틱 함대를 물리치고 승리를 거두었다.

1923년 관동대지진
대지진이 발생하여 도쿄, 요코하마 등지에서 엄청난 피해를 입었다. 이 와중에 수많은 조선인이 학살당했다.

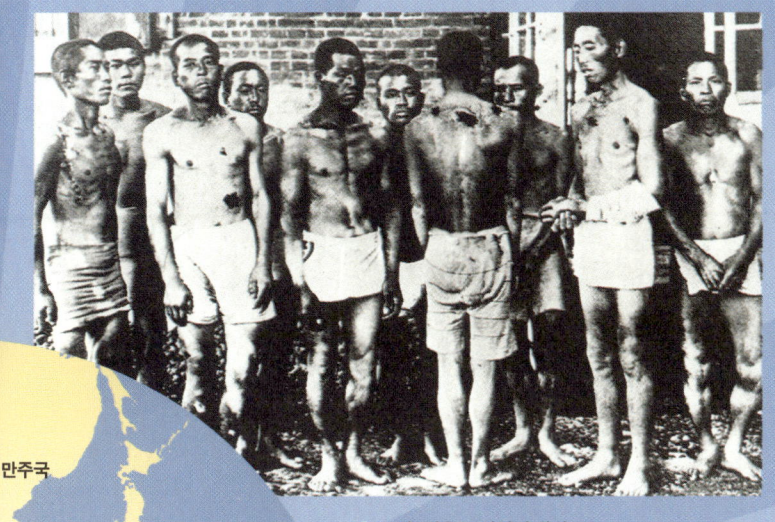

④ 조선: 징용 조선인의 참상
일본으로 강제 징용된 조선인 노동자들은 열악한 노동조건과 학대에 시달렸다.

⑤ 만주국: 식량 공출
1944년에 이르러, 일본 국내외를 막론하고 농촌 지역에서 식량을 강제 공출했다. 만주국에서도 전쟁을 완수한다는 이유로 농가에서 생산할 수 있는 최대치의 식량을 거둬들였다.

⑥ 파푸아뉴기니: 일본군에 의해 조직된 '근로봉사단'
일본군의 주민 징용은 '대동아공영권'의 최남단 파푸아뉴기니에서도 광범위하게 이루어졌다.

| 1930 | 1940 | 1950 | 1960 | 1970 | 1980 | 1990 | 2000 |

1931~33년
만주사변
일본 군부는 중국 동북 지방을 무력으로 침략하여 이듬해 '만주국'이라는 괴뢰국을 수립했다.

1941~45년
태평양전쟁
경제 봉쇄를 타파하기 위해 미국과 무모한 전쟁을 벌였다. 1945년 8월 포츠담 선언을 수락하고 무조건 항복했다.

1955년
'55년 체제' 성립
여당인 자민당과, 사회당을 중심으로 야당이 대립하는 '55년 체제'가 성립되었다. 이는 1993년 자민당이 선거에서 참패하여 붕괴할 때까지 지속되었다.

1960~70년대
고도경제성장
한국전쟁 특수로 부흥의 길에 들어선 일본은 고도경제성장에 돌입. 1968년에는 GNP 면에서 자본주의 국가 중 2위로 도약했다.

1991년~
거품경제 붕괴
경제성장률이 1퍼센트 대 미만으로 떨어지기 시작했고, 1997년 마이너스 성장을 기록했다. 이후 일본은 장기불황과 격차사회로 접어들었다.

페리의 내항과 개국

1840
아편전쟁 발발

1853. 7.
페리, 우라가 항에 내항

1854. 1.
페리, 다시 내항

1854. 3.
미일화친조약 체결

1854. 8.
영일화친조약 체결

1854. 12.
일러화친조약 체결

1856. 8.
미국 해리스, 시모다 도착

1858. 7.
미일수호통상조약·무역장정 조인
일란수호통상조약 체결
일영수호통상조약 체결
일러수호통상조약 체결

1853년 6월 3일(양력 7월 8일) 페리 제독이 미국 동인도 함대 소속의 군함 네 척을 이끌고 에도 앞의 우라가 항에 나타났다. 그는 막부의 관리들에게 미국 필모어 대통령의 친서를 전달하면서, 미국과의 통상을 요구하고 무력을 사용하겠다고 위협했다. 그리고 이듬해 봄 재차 내항하여 막부에게 답변을 준비할 것을 요구한 후 6월 12일 일본을 떠났다.(도1)

1853년 페리 내항은 결코 우발적 사건이 아니었으며, 막부도 어느 정도 예상하고 있었다. 페리가 내항한 19세기 중반의 동아시아는 서양 세력의 등장으로 커다란 변화를 겪고 있었다. 1840년 아편전쟁을 계기로 서양 열강이 중국에 진출하기 시작했다. 일본의 경우, 18세기 중반 태평양 연안에 도달한 러시아 세력이 간헐적으로 통상 요구를 해왔으며, 19세기 초부터 영국이 무역을 위해 접근해왔다. 미국도 1844년 중국과 통상조약을 체결하면서 태평양 항로의 중간 기착지로 일본에 관심을 갖기 시작했다.

도쿠가와 막부는 쇄국정책을 고수하면서 서양 열강의 통상 요구를 거부하고 있었다. 그러나 청이 영국군에게 참패한 아편전쟁의 소식이 전해지면서, 일본에서 서양의 군사력에 대한 우려가 증대했다. 막부는 1842년 외국 선박의 접근에 대해 기존의 무력 사용 정책(무이념타불령 無二念打拂令)을 대신하여 온건책(신수급여령)으로 전환했다. 또한 해역 방어를 강화하기 위한 조치들을 취했다.

도쿠가와 막부는 페리의 요구를 심각하게 받아들여 신속한 움직임을 보였다. 페리 내항 사실을 조정에 알리고 다이묘들에게 의견을 물었다. 그런데 막부가 전쟁을 피하기 위해서는 페리의 요구를 수용할 수밖에 없다는 현실론을 취한 반면, 조정과 다이묘들 사이에서는 오랑캐인 서양 세력을 쫓아내야 한다는 양이론이 우세했다. 이듬해 1월 페리가 일곱 척의 배를 이끌고 에도 만 안으로 다시 입항하여 답변을 재촉하자, 결국 막부는 그의 요구를 수용하여 1854년 3월 미일화친조약을 체결했다. 주요 내용은 시모다·하코다테의 개항과 제한 무역의 허용, 표류 선원의 구조 및 물자 보급, 영사 주재 허용, 미국에 대한 최혜국 조항이었다. 막부는 그 뒤를 이어서 영국, 러시아, 네덜란드와도 유사한 조약을 체결했다.

일본은 미일화친조약 체결로 서양에 대한 문호 개방의 길에 들어섰다. 그러나 1857년 12월

1. 페리의 항로와 주요 경유지

페리가 타고 온 흑선
'흑선'이란 전국시대 이래로 서양 선박을 부르는 명칭이다. 페리 함대는 처음 등장할 때 최신형 증기선 두 척을 포함한 네 척의 군함으로 군사적 위용을 자랑했다.

개항 직후의 요코하마
원래 개항장으로 예정되어 있었던 가나가와를 대신하여 요코하마가 1859년 7월 1일 정식 개항장으로 문호를 열었다. 개항 후 얼마 안 가서 요코하마는 전국의 상인들이 집결한 최대 무역항으로 성장했다.

미국의 초대 영사로 부임한 타운젠드 해리스는 제한적 개방에 불만을 갖고 통상의 자유화를 주장했다. 해리스의 강력한 요구에 따라 막부는 고심 끝에 1858년 2월 미일수호통상조약의 체결을 약속하고 7월 29일 정식 조인했다. 이 조약은 개항장을 다섯 개(요코하마, 하코다테, 니가타, 고베, 나가사키)로 늘리고, 무역의 전면 자유화 및 협정 관세 채택, 외국인에 대한 영사재판권 인정 등과 같은 불평등한 내용을 담고 있다. 막부는 다시 네덜란드, 러시아, 영국, 프랑스와 통상조약(안세이 5개국 조약)을 체결했다.(도2)

개국으로 일본은 서양 열강이 지배하는 국제질서에 편입되었다. 에도에 서양의 외교관들이 주재하게 되었고 개항장에서는 서양과의 무역과 문물 교류가 확대되었다. 초기의 무역을 보면, 생사와 차가 주요 수출품이었고, 모직물, 면직물, 무기 등이 주요 수입품이었다. 생사의 수출이 증가하자 국내 시장에서 가격이 상승했으며, 외국에 비해 가격이 낮았던 금이 대량으로 유출되면서 경제적 혼란이 발생했다. 그 결과 민중들의 삶도 커다란 변동에 휩싸이게 되었다.

2. 일본의 개항과 개시開市

- 미일화친조약에 따른 개항장
- 미일수호통상조약에 따른 개항장

하코다테
1차 개항(1855. 4. 19)
2차 개항(1859. 11. 1)

니가타
개항(1869. 1. 1)

미일수호통상조약 체결(1858. 7. 29)
개시(1869. 1. 1)

에도

요코하마
미일화친조약 체결(1854. 3. 31)
개항(1859. 7. 1)

우라가
페리 내항(1853. 7. 8)

고베
개항(1868. 1. 1)

오사카
개시(1868. 1. 1)

시모다
해리스 도착(1856. 8. 21)
개항(1854. 3. 31~1859. 12. 31)

나가사키
개항(1859. 7. 1)

막부 말기의 정치 변동과 왕정복고

1858
이이 나오스케, 다이로에 취임
안세이의 대옥

1860
이이 나오스케 피살

1862
나마무기 사건 발생

1863
사쓰에이 전쟁 발발

1864
막부군, 교토에서 양이파 축출
1차 조슈 정벌
시모노세키 전쟁 발발

1866
사쓰마·조슈 동맹 성립

1867
대정봉환
왕정복고

1868~1869
보신 전쟁

1858년 미일수호통상조약의 칙허 문제를 계기로 국내의 정치적 갈등이 전면에 드러났다. 막부는 통상조약 체결을 결정하고 천황에게 칙허를 요청했는데, 고메이 천황이 이를 거부했다. 예상 못했던 천황의 반대에도 불구하고, 4월 막부 최고 책임자인 다이로직에 취임한 이이 나오스케는 통상조약 조인을 강행했다. 이러한 막부의 태도에 대해 양이를 주장하는 세력들이 비판을 함으로써, 도쿠가와 막부의 정치적 권위에 대한 도전이 시작되었다.

막말의 반막부 세력은 존왕양이론에 입각하여 막부를 비판했다. 존왕양이론은 도쿠가와 후기 미토 학파의 명분론에 입각한 존왕론과 화이사상을 바탕으로 한 양이론이 결합한 것이다. 원래 별개의 논리였던 존왕론과 양이론은 통상조약에 대한 천황의 거부와 이를 무시한 막부의 결정을 계기로 막부의 개국 노선을 비판하는 주장으로 통합되었다.(도1)

막부는 반막부세력의 움직임에 대해 처음에는 '안세이의 대옥'으로 불리는 강경 탄압책으로 대응했다. 이이 나오스케는 양이파 인사들을 체포하여, 사형을 포함한 처벌을 내렸다. 그러나 막부에 대한 불만은 사라지지 않았다. 결국 1860년 3월 이이 나오스케의 암살 사건(사쿠라다몬 사건)이 발생했으며 친막부파 인사와 서양인들에 대한 테러가 확산되었다. 과격파 존왕양이론자들은 천황이 거주하는 교토에 집결하여 정치 활동을 전개했으며, 1862년 대표적

시모노세키 전쟁
시모노세키 해협을 지나는 서양 선박을 조슈 번이 공격한 데 대한 보복으로, 1864년 영·불·미·란 4개국 연합함대가 시모노세키를 포격했다. 조슈의 패배로 서양의 군사력을 확인하게 되었다.

1. 막부 말기의 정치 상황

1~3 존왕양이 운동의 주요 사건 전개
★ 주요 양이 사건
■ 막말의 지역별 주요 인물

3 존왕양이파의 몰락
1차 조슈 정벌(1864. 7~12)
2차 조슈 정벌(1865. 4~1866. 8)

1 존왕양이 운동의 격화
사쿠라다몬 사건(1860. 3)
사카시타몬 사건(1862. 1)

다카스기 신사쿠
기도 다카요시
이토 히로부미

오쿠마 시게노부
에토 신페이

조슈
시모노세키
조슈 번 외국선 포격 사건(1863)
시모노세키 전쟁(1864)

교토
에도
나마무기 사건(1862)

히젠
이쿠노의 변(1863)

도사

사쓰마
오쿠보 도시미치
사이고 다카모리
사카모토 료마
이타가키 다이스케

2 존왕양이파의 축출
8·18정변(1863. 8)
긴몬의 변(1864. 7)

사쓰에이 전투(1863)

웅번인 조슈에 양이론자들이 득세하면서 한층 세력이 강화되었다. 한편, 막부는 존왕양이론을 억압하기 위해 조정과의 관계 개선 정책(공무합체론公武合體論)을 꾀했다. 그 일환으로 막부는 고메이 천황의 여동생 가즈노미야와 14대 쇼군 도쿠가와 이에모치의 결혼을 추진했다.

이와 같이 막부·조정·친막부세력·반막부세력이 복잡하게 얽혀 있던 정세는 1863년 막부측이 무력을 행사하면서 급변했다. 1863년 막부는 군사력으로 교토에서 존왕양이파를 제거했고(8월 18일의 정변), 1864년에는 존왕양이파의 교토 탈환 시도가 실패하고(긴몬의 변), 막부가 1차 조슈 정벌을 단행하면서 무력에 굴복한 조슈 번이 존왕양이파를 처벌했다.

잠시 주춤했던 반막부 운동은 조슈에 도막파 정권이 수립되면서 다시 활기를 얻었다. 조슈의 도막파는 양이론을 포기하고 개국 노선을 취했으며 군사력 강화를 꾀했다. 1866년에는 조슈·사쓰마 양대 번이 동맹을 체결(삿초 동맹)하면서 도막 운동은 한층 힘을 얻었다.

막부는 도막 세력의 도전에 위협을 느끼고 사카모토 료마가 제안한 도쿠가와씨 중심의 봉건연방제 계획을 받아들여 1867년 10월 14일(양력 11월 9일) 대정봉환大政奉還을 단행했다. 막부의 의도는 반막부세력의 요구를 부분 수용하면서도 도쿠가와 가문의 정치적 위상을 유지하는 데 있었다.

이러한 막부의 조치에 대해 반막부세력은 12월 9일(양력 1868년 1월 3일) 왕정복고 쿠데타로 대응했다. 사쓰마·조슈 연합군은 천황의 궁정을 장악하고 천황의 이름으로 '왕정복고의 대호령'을 발표했다. 이에 따라 막부의 폐지와 삼직(총재·의정·참여)의 설치, 장군의 관직 사임과 영지 몰수가 결정되었다. 260여 년간 계속되어온 도쿠가와 막부가 막을 내리는 순간이었다.

그러나 반막부세력이 주도한 신정부는 도쿠가와 세력의 존속을 주장하는 친막부세력의 저항에 직면했다. 결국, 사쓰마·조슈 연합군과 도쿠가와 군이 도바·후시미에서 충돌하면서 보신 전쟁이 발발했다. 신정부군은 초반부터 군사적인 우세를 유지했지만, 전쟁은 다음 해 5월에야 종결되었다.(도2)

2. 보신 전쟁과 왕정복고

도바·후시미 전투
1868년 1월 3일 교토 근처의 도바·후시미에서 막부군과 신정부군이 충돌했다.

메이지 유신과 중앙집권화

1868. 3.
5개조의 서문 발표

1868. 7.
에도를 도쿄로 개칭

1869. 5.
보신 전쟁 종결

1869. 6.
판적봉환 시작

1871. 7.
폐번치현의 조서 공포

1872
학제 공포

1873. 1.
징병령 공포

1873. 7.
지조개정조례 공포

폐번치현의 조서 공포
1871년 7월 14일 폐번치현이 전격적으로 단행되었다. 메이지 천황의 조칙 포고로 번의 폐지가 결정되었다. 그림은 우대신 산조 사네토미가 조서를 낭독하는 모습이다.

신정부는 국내의 혼란 속에서 정치적 기반을 안정시키기 위한 정책들을 추진했다. '5개조의 서문'을 발표하여 개국 방침과 공의 여론에 따른 통치 원칙을 밝혔고, 고대의 태정관제를 바탕으로 정부기구를 조직하였다. 또한 에도를 도쿄로 개칭하고 천황을 도쿄로 옮겨 새로운 수도로 삼았다.

1869년 보신 전쟁이 마무리되어 군사적 안정이 회복되자, 정부는 중앙집권화를 위한 정책들을 본격적으로 전개했다. 1869년 1월 정권의 핵심인 사쓰마·조슈·도사·히젠의 번주들을 설득하여 이들이 누려온 토지와 인민에 대한 세습적 권리를 정부에 반환하는 판적봉환版籍奉還을 단행했으며, 다른 번들도 이를 따랐다. 판적봉환을 원만히 진행하기 위해 번주들을 지번사에 임명하여 번을 지배하게 했다. 또한 신분제도를 개혁하여 다이묘와 상층 귀족은 화족, 일반 무사는 사족, 농공상민은 평민으로 정했다.(도1) 더불어 사민평등의 원칙에 입각하여 평민의 성씨 사용, 신분 간의 결혼과 직업 선택의 자유를 허용했다. 1871년에는 번들을 통폐합하여 현을 설치하고 중앙정부가 직접 임명한 지사를 파견하는 폐번치현廢藩置縣을 단행했다.(도2,3) 중앙정부가 지방을 직접 통제하게 됨으로써, 막번 체제는 완전히 해체되고 전국의 중앙집권화가 완성되었다.

메이지 정부는 1872년에 징병제를 실시하여 일반 국민을 기초로 한 근대적 군사제도를 탄생시켰다. 막말의 반막부 운동 과정에서 조슈 번이 창설했던 무사·농민 혼성부대의 경험을 통해 근대적 전투에서 무사가 아닌 평민으로 구성된 군대가 효율적임이 확인된 바 있다. 이러한 경험을 바탕으로 1872년 국민개병의 원칙을 담은 징병고유를 발표하고, 1873년에는 징병령을 공포했다. 더불어 1872년에는 병부성을 폐지하고 육군성과 해군성을 설치하여 군제 정비를 진행했다.

1873년에는 지조개정을 단행하여 조세제도

2. 폐번치현

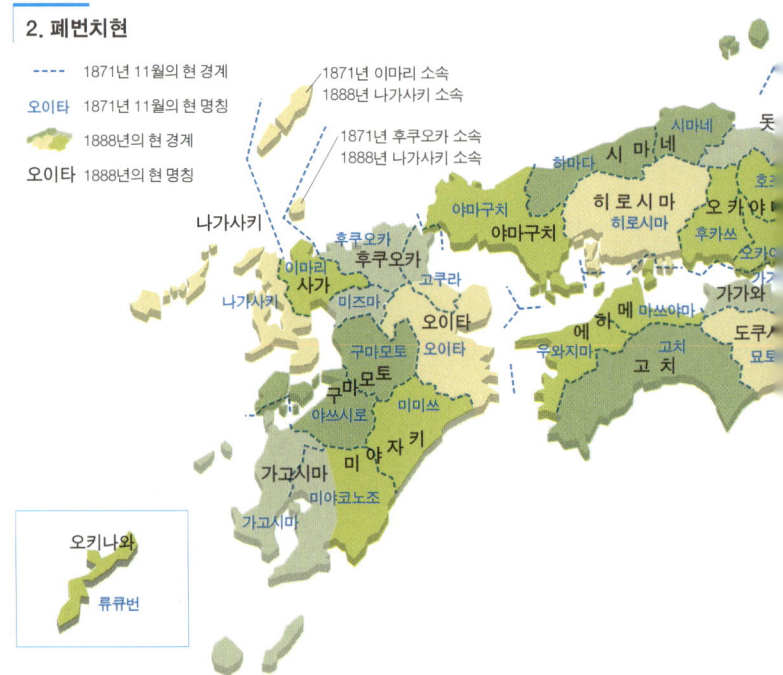

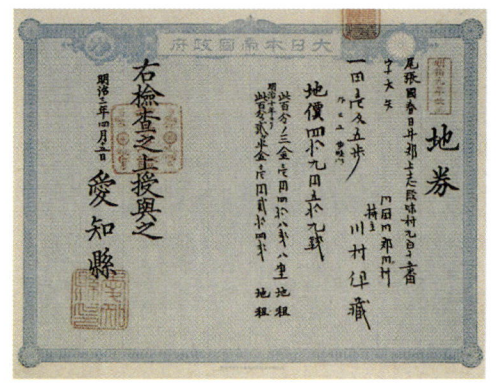

지권
1872년 토지 소유를 법적으로 증명하는 토지증권인 지권이 발행되었다. 소재지, 면적, 생산량, 토지 가격, 소유주가 명기되어 있다.

의 근대화를 꾀했다. 정부는 막부의 연공징수권을 계승했지만, 연공 수취가 미가의 변동과 작황에 따라 변동이 심했기 때문에 안정적인 재정을 확보할 수 없었다. 정부는 토지세제의 개편을 목적으로 1871년 법적으로 금지되어 온 토지소유권과 매매권을 인정하고 토지 권리 문서인 지권을 교부했다. 다음 단계로 1873년에는 지조개정조례를 공포했는데, 주요 골자는 지조를 지가의 3퍼센트로 정하고, 이를 지권 소유자가 매년 현금으로 지불하는 것이었다. 이와 같은 지조개정으로 매년 일정한 세수가 확보되어 재정 운영을 안정화시킬 수 있었다.

메이지 정부는 정치·행정·군사·재정 전반에 걸쳐 급속한 개혁 정책을 통해 봉건 질서를 해체하고 근대적 중앙집권체제의 기반을 마련했다. 그러나 이러한 개혁 정책들은 대다수 일본인들에게 혼란과 고통을 안겨주었다. 특히 봉건적 특권을 빼앗기게 된 사족층의 불만과 반발이 이어졌다. 징병제·지조 개정과 같은 정부 정책은 농민들에게 경제적·물리적 부담을 가중시켜 1870년대 내내 각지의 농민 반란이 끊이지 않았다.

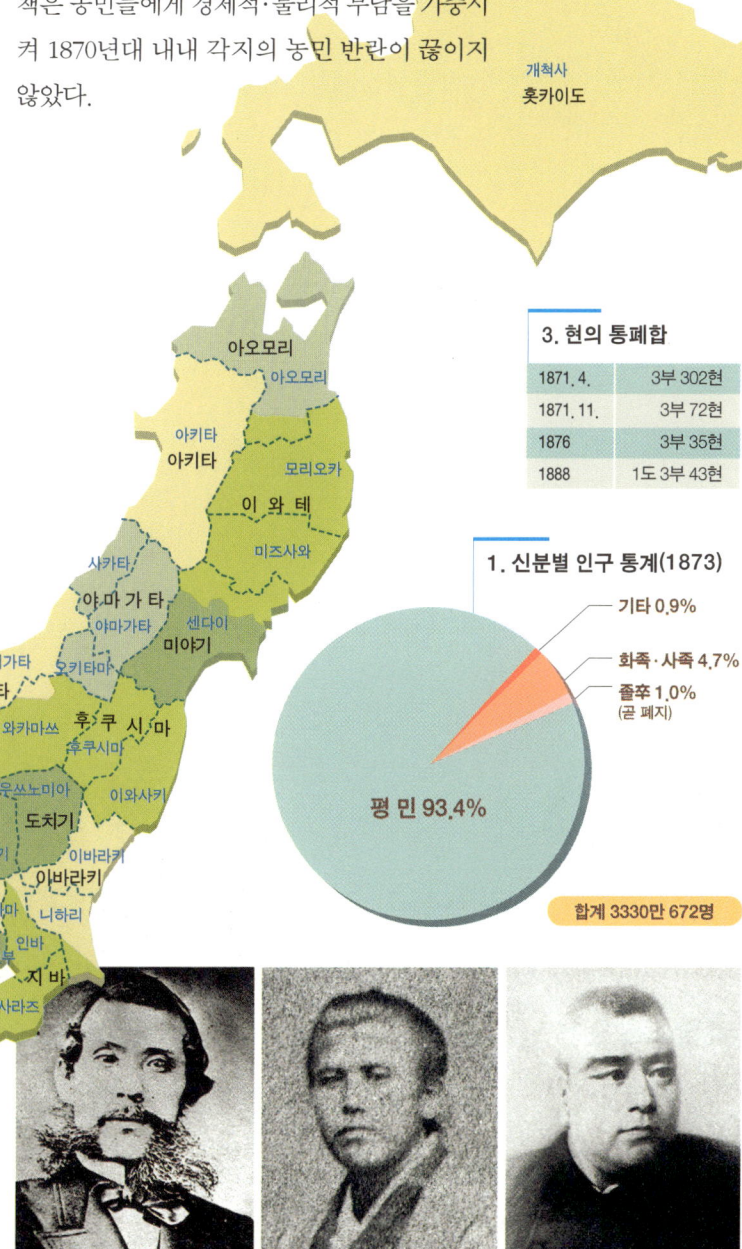

3. 현의 통폐합

1871. 4.	3부 302현
1871. 11.	3부 72현
1876	3부 35현
1888	1도 3부 43현

1. 신분별 인구 통계(1873)
- 기타 0.9%
- 화족·사족 4.7%
- 졸쭈 1.0% (곧 폐지)
- 평민 93.4%

합계 3330만 672명

유신 3걸
메이지 유신을 이끌어 유신 3걸維新三傑로 일컬어지는 세 인물이다. 왼쪽부터 오쿠보 도시미치, 기도 다카요시, 사이고 다카모리.

문명개화

1866 • 1873 | 에도~메이지 시대 | 근현대

1866
후쿠자와 유키치, 『서양사정』 출간

1868
도쿄~요코하마 간 전신 개통

1871~73
이와쿠라 사절단 파견

1871
우편제도 개시
최초의 여자 유학생 파견

1872
학제 공포
신바시~요코하마 간 철도 개통
태양력 채용

1873
최초의 근대은행, 제일은행 설립

1870년대에 접어들어 서구 문물을 적극적으로 받아들이면서 일본의 근대화가 문화적으로도 커다란 진전을 보였다. 문명개화는 메이지 정부뿐 아니라 민간의 적극적인 참여 속에서 진행되었다.

메이지 정부는 막말의 정변 과정에 양이론에서 개국론으로 전환한 인사들이 주도하여 성립했기 때문에 정권 수립 이후 적극적인 개국론을 표방했다. 정부의 서구화 방침은 이와쿠라 사절단(1871~73)의 경험을 통해 한층 확고해졌다.(도1) 이와쿠라 사절단은 원래 서양 제국과 맺은 불평등조약의 재협상을 하기 위해 구성되었으며, 전권대사 이와쿠라 도모미, 부사 기도 다카요시, 오쿠보 도시미치와 같이 정부의 실권자들이 포함되었다. 이들은 미국을 시작으로 유럽 주요국을 순방하면서 선진국의 제도와 문물을 상세히 시찰했다. 이와쿠라 사절단의 경험은 메이지 정부가 서구화의 불가피성을 절감하는 계기가 되었다.

신정부는 각종 제도와 문물의 서구화를 추진했다. 1872년 학제를 제정하여 전국을 여덟 개 대학구로 구분하고 소학교·중학교·대학교와 사범학교 등의 제도를 설치했다. 그리고 6세 이상 남녀의 소학교 진학을 의무화했다. 부국강병에 도움이 되는 국민 육성이라는 정부의 목표에 발맞추어, 1870년대 소학교 교과는 서구의 근대적 지식을 강조했다. 그러나 소학교 설치비와 수업료는 민간이 부담해야 했기 때문에 민중의 불만을 샀다.

1871년 단발령을 공포했는데, 천황이 직접 단발하는 예를 보여 서양식 두발의 유행을 가져

이와쿠라 사절단
이와쿠라 사절단을 사진 촬영한 모습이다. 가운데에 정사 이와쿠라 도모미가 전통 복장을 한 채 앉아 있다. 주위 인물은 왼쪽부터 기도 다카요시, 야마구치 나오요시, 이토 히로부미, 오쿠보 도시미치.

1. 이와쿠라 사절단의 활동

❶ 워싱턴 1872. 3. 4.
그랜트 대통령 회담
❷ 런던 1872. 12. 5.
빅토리아 여왕 알현
❸ 파리 1872. 12. 26.
티에르 대통령 회담
❹ 브뤼셀 1873. 2. 18.
레오폴드 2세 알현
❺ 헤이그 1873. 2. 25.
빌렘 3세 알현
❻ 베를린 1873. 3. 11.
빌헬름 1세 알현
❼ 상트페테르부르크 1873. 4. 3.
알렉산드르 2세 알현
❽ 코펜하겐 1873. 4. 19.
크리스티안 9세 알현
❾ 스톡홀름 1873. 4. 25.
오스카르 2세 알현
❿ 로마 1873. 5. 3.
임마누엘 2세 알현
⓫ 빈 1873. 6. 8.
프란츠 요제프 1세 알현
⓬ 베른 1873. 6. 21.
세레솔 대통령 회담

출발 1871. 12. 23.
도착 1873. 9. 13.

소학교의 수업 모습
1872년 학제가 공포되면서 소학교 의무교육이 시작되었다. 사진은 괘도를 활용한 수업의 모습이다.

왔다. 같은 해에 우편 규칙을 제정하여 전국적으로 우편제도를 정비했고, 근대적 화폐제도를 정비하면서 금본위제의 태환지폐를 발행했다. 1872년에는 태음력을 폐지하고 태양력을 채택함과 동시에 1일을 24시간으로 통일하는 내용의 포고령을 내렸다. 태양력 사용에 따라 1872년 12월 3일이 1873년 1월 1일로 변경되었다. 일본 정부는 서양의 기술 수용에도 적극성을 보여, 1872년에는 신바시와 요코하마를 잇는 최초의 철도를 부설하고, 1874년에는 아오모리-도쿄-나가사키 사이에 전신을 설치했다.

서양 문물은 일상생활에도 침투했다. 서양식 단발머리에 양복, 모자, 구두를 갖춰 입고 소고기 음식을 먹는 것이 유행했다. 요코하마와 같은 개항장과 대도시에 서양식 건물이 축조되었고 의자와 테이블 같은 가구도 수입되었다.

문명개화의 풍조가 대부분의 제도나 일상 문물에 집중되기는 했지만 서양의 학문과 사상도 알차게 수용되었다. 1866년 후쿠자와 유키치는 『서양사정西洋事情』을 출간하여 서양의 역사와 제도, 문화 전반을 소개했다. 문명개화 시기가 되자 서양 관련 저술과 번역을 통해 서양 학문이 적극 소개되었다. 1873년에는 후쿠자와와 함께, 가토 히로유키, 니시무라 시게키, 니시 아마네, 모리 아리노리 등이 명륙사를 조직하고, 이듬해부터 『명륙잡지』를 발간하여 서구사상을 소개했다. 이들은 서양 문명이 과학기술뿐 아니라 사상 면에서도 우월하다고 보고, 자유주의·천부인권론·진화론에 이르는 서양의 최신 사상들을 소개했다.

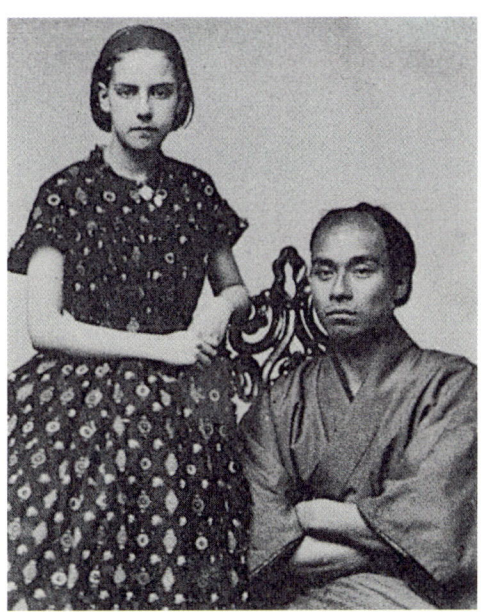

후쿠자와 유키치
근대 일본의 계몽 사상가이자 교육자 후쿠자와 유키치가 1860년 샌프란시스코를 방문했을 때 찍은 젊은 시절의 모습이다.

자유민권운동

1874 • 1884 　　메이지 시대　　근현대

1874
민선의원설립건백서 제출
사가의 난 발발
입지사 설립

1875
애국사 결성
입헌칙조 공포
참방률·신문지조례 제정

1877
세이난 전쟁 발발

1880
국회기성동맹 결성

1881
국회개설 조서 발표
자유당 결성

1884
군마 사건·지치부 사건 발발

메이지 정부의 개혁 정책은 표면적으로는 순조롭게 진행되는 듯 보였지만, 내부의 불만과 갈등이 적지 않았다. 정부의 근대화 정책은 봉건적 특권을 상실하게 된 사족층의 저항을 야기하는 한편, 더욱 급진적인 개혁을 요구하는 자유민권운동의 등장에 직면했다.

먼저 메이지 정부가 취한 일련의 중앙집권화 정책은 사족층의 해체를 초래했다. 1869년에 시행된 판적봉환은 번에 소속된 사족들에게는 사실상 실직을 의미했다. 1876년 정부는 질록처분秩祿處分을 단행하여 사족들에 대한 봉록의 지불을 중단했다. 정부 정책에 반감을 품은 사족들은 1869년 정부 요인 오무라 마스지로를 암살했고 이후 수차례에 걸쳐 소요를 일으켰다.

1. 1870~80년대 주요 반정부 사건
- 사족 반란
- 자유민권운동 결사
- 자유민권운동 격화사건

입지사 결성(1874)
하기의 난(1876)
하기
고치
사가의 난(1874)
사가
신푸렌의 난(1876)
구마모토
가고시마
세이난 전쟁(1877)

이러한 사족들의 반란은 1873년에 정한을 둘러싼 대립으로 정부의 중심인물이었던 사이고 다카모리 등이 하야하는 사태를 초래한 '정한논쟁' 이후 본격화되었다. 1874년 사가의 난, 1876년 신푸렌의 난과 하기의 난을 거쳐, 1877년에 사이고를 중심으로 한 세이난 전쟁이 발발했다. 세이난 전쟁(四南戰爭)은 무력 진압되었고 사족층의 무력 반란은 종식되었다. 그러나 계속된 사족 반란들은 앞서 본 농민 반란의 경우와

세이난 전쟁의 발화점
1877년 사이고 다카모리 등은 세이난 전쟁을 일으켰다. 사진은 세이난 전쟁의 발화점이 된 육군 화약고 유적. 가고시마 소재.

헌개진당(1882)이 결성되었고, 개인이나 정사들에 의해 헌법 초안들이 마련되었다.

자유민권운동에 대한 메이지 정부의 입장은 양면적이었다. 메이지 정부는 서양 열강을 모델로 삼아 근대화를 추진하고 있었기 때문에 서양의 입헌체제를 일본도 수용해야 한다고 보았다. 그에 따라 1875년 '입헌칙조'에서 점진적인 입헌제 채택을 천명했고, 1881년에는 '국회 개설의 조칙'에서 10년 안에 헌법 제정과 국회 설치를 약속했다. 하지만 자유민권운동 자체에 대해서는 탄압책을 취하여 세력이 확대되는 것을 막았다. 1875년에는 참방률과 신문지조례를 제정하여 자유민권파 언론을 탄압했고 1880년에는 집회조례를 제정하여 집회·결사의 자유를 제한했다.

1882년에 정부가 강력한 통화억제책(마쓰가타 디플레이션)을 실시하면서 자유민권운동의 주도세력이었던 상층 농민들이 쌀 가격 폭락으로 인해 타격을 입었다. 더불어 정부는 1882년 집회조례 개정, 1883년 신문지조례 개정을 통해 집회와 언론에 대한 통제를 강화했으며, 1882년 후쿠시마 사건에서와 같이 조작된 근거로 자유민권파를 체포하는 등 탄압책으로 압박했다. 그 결과 자유민권운동은 1884년을 고비로 급격히 약화되었다.

마찬가지로 당시 정부 정책에 대한 사회적 저항과 동요가 얼마나 심각했는지를 보여준다.

한편, 정부 정책에 대한 더욱 심각한 도전이 자유민권운동의 형태로 전개되었다. 자유민권운동 지지자들은 정부의 전제정치를 비판하고 입헌체제의 수립을 요구했다. 자유민권운동은 문명개화 시기에 소개된 천부인권론과 자유주의와 같은 서양 정치사상의 영향을 받았다는 점에서 사족·농민의 저항과 성격이 달랐다.(도1)

자유민권운동은 1874년 1월 정한논쟁으로 참의직을 사임한 이타가키 다이스케, 고토 신페이 등이 애국공당을 결성하여 정부에 '민선의원설립건백서'를 제출한 것을 계기로 시작되었다. 정부 요인들이 정치를 독점하고 있는 현실을 비판하면서 민선의원 설립을 주장한 건백서의 내용이 신문에 공개되자, 그에 대한 지지가 급속히 확산되었다. 이에 호응하여 고치에 입지사와 같은 정사政社가 각지에 결성되었으며, 최초의 전국 조직인 애국사를 거쳐 1880년에 국회기성동맹이 결성되면서 자유민권운동은 절정기를 맞이했다. 또한 입헌체제 수립에 대비하여 정당 결성 움직임이 일어나 자유당(1881)과 입

이타가키 다이스케(왼쪽)
메이지 초기의 정치가. 1874년 '민선의원설립건백서' 제출을 주도하고 자유당을 결성하는 등 자유민권운동의 지도자로 활약했다.

비판받는 이타가키(오른쪽 위)
자유민권운동이 고조되던 1882년, 갑작스럽게 외유를 결정한 이타가키를 비판한 『마루마루신문』의 삽화.

정부의 언론 탄압(오른쪽 아래)
1887년 보안조례와 신문지조례 제정으로 정부①이 언론②의 자유를 억압하는 상황을 삽화가③이 엿보고 있다.

입헌체제의 수립과 근대 천황제

1882~83
헌법 조사단 유럽 파견

1885
내각제도 확립

1886
화족세습재산법 공포

1887
헌법 초안 작성.

1888
추밀원 설치

1889
대일본제국헌법, 중의원 의원선거법, 귀족원령 공포

1890. 5.
부현제·군제 공포

1890. 7.
중의원 선거 실시

1890. 10.
교육칙어 공포

1890. 11.
제국의회 소집

메이지 천황
122대 천황(재위 1867~1912). 메이지 헌법은 천황을 권력의 핵심 축으로 삼았다.

메이지 정부는 1881년 국회 개설의 방침을 밝히면서 입헌제 도입을 추진하기 시작했다. 당시 최고 실력자였던 이토 히로부미는 헌법 초안을 준비하기 위해 1882년 3월 유럽 헌법 조사단을 이끌고 18개월에 걸쳐 유럽 주요 나라를 방문했다. 그 결과 이토는 루돌프 폰 그나이스트, 로렌츠 폰 슈타인과 같은 헌법 학자의 주장을 받아들여 독일식 헌법을 채택하기로 방침을 정했다. 1886년부터 이토의 지휘 아래 독일인 헤르만 뢰슬러, 알프레드 모세를 고문으로 삼아 헌법 초안 작성이 시작되었고, 1886년 6월 추밀원 심의를 거쳐 1889년 2월 11일에 대일본제국헌법(메이지 헌법)이 천황에 의해 공포되었다.

정부 주도로 이루어진 메이지 헌법은 제정 과정에서 민의를 철저히 배제했기 때문에 개인의 권리 보장이라는 자유민권운동의 요구보다 국가권력의 강화라는 정부의 의도에 충실했다는 한계를 지녔다. 메이지 헌법 2장은 '신민권리 의무'를 규정하고 있었지만, 그 대부분이 '법률의 범위 내' 혹은 '법률이 정한 경우를 제외한'이라는 조건에 의해 제한되었다. 반면 국가의 권력은 '천황대권'의 명목하에 선전포고, 조약 체결, 군통수권 등이 광범위하게 보장되었다. 천황은 신이면서 동시에 군주라고 하는 이중적 성격을 부여받으면서, 초헌법적 존재이면서 헌법적 기관으로 규정되었다.(도1)

정부의 형태는 내각·의회·재판소의 삼권분립 형식을 취했지만, 각 기관은 다양한 제약을 받았다. 먼저, 내각은 각 국무대신의 임면권을 가진 천황에게 종속되었다. 의회는 귀족원·중의원의 양원으로 구성되었는데, 이중 귀족원은 황족·화족 출신의 세습직과 천황에 의해 임명되는 칙선의원으로 구성되어 내각의 방패 역할을 했다. 선거에 의해 구성되는 중의원은 국세 납부액을 기준으로 하는 선거제도 때문에 자산가들의 대변인들로 구성될 수밖에 없었다. 의회의

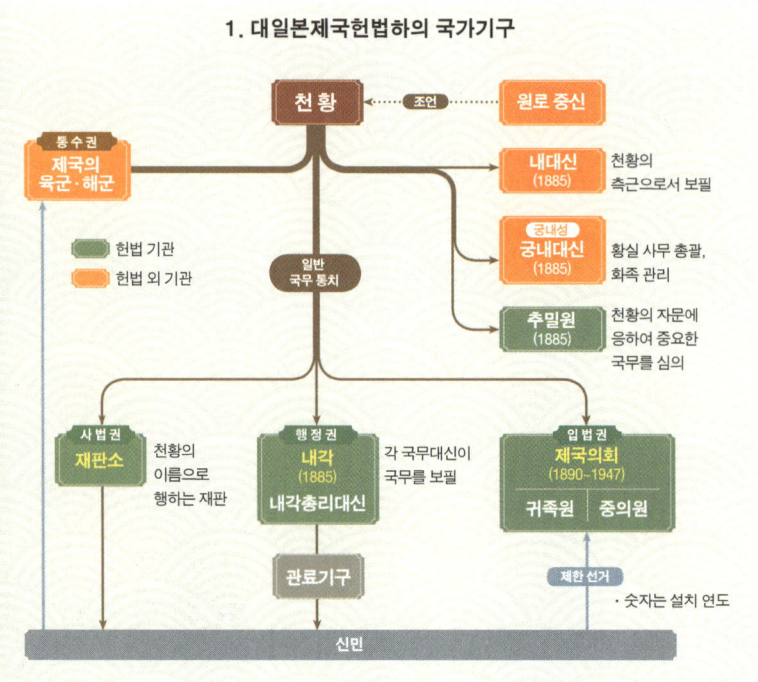

1. 대일본제국헌법하의 국가기구

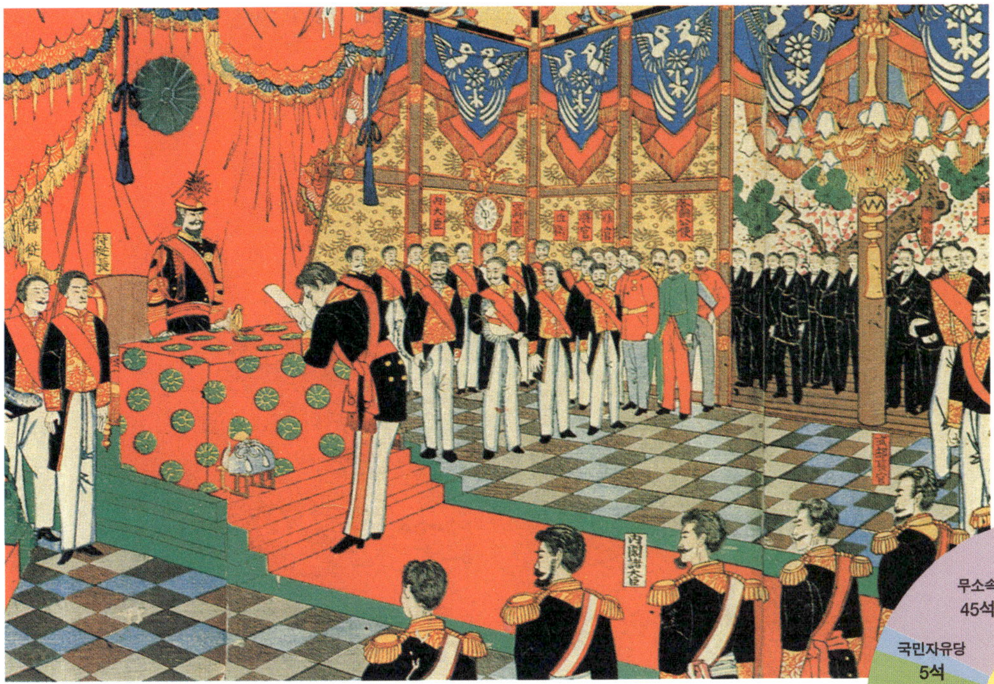

헌법 발포 식전
1889년 2월 11일, 메이지 천황이 황궁에서 수상 구로다 기요타카에게 헌법을 하사하고 있는 모습을 그린 것이다.

2. 제국의회 초대 중의원 선거와 정당별 의석 수 (1890)

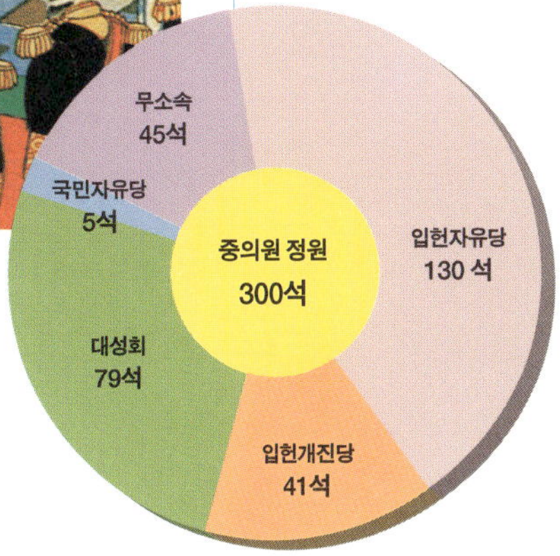

무소속
45석
국민자유당
5석
중의원 정원
300석
입헌자유당
130 석
대성회
79석
입헌개진당
41석

가장 큰 권한은 예산 선결권이었다. 그러나 의회의 반대로 예산 통과가 안 될 경우에 전년도 예산의 시행을 가능하게 한 조항을 두어 의회의 영향력을 제한하였다. 마지막으로 사법권의 경우, '천황의 이름으로 법률에 의해 재판소가 그것을 행한다'라고 규정된 것처럼, 천황을 내세운 내각의 행정권에 종속된 면이 많았다.

헌법의 제정에 따라 1890년 7월 첫 중의원 선거가 실시되었다. 선거는 정부의 의도와 달리 입헌자유당·입헌개진당을 중심으로 하는 반反정부적인 민당이 승리하여 다수의석을 차지했다. 중의원 선거와 함께 귀족원의 구성이 마무리되면서 11월에는 제국의회가 수립되어, 입헌체제의 틀이 완성되었다.

메이지 헌법의 제정은 일본이 근대국가로서 제도적 토대를 갖추게 되었다는 점에서 중대한 의의를 지녔다. 무엇보다도 헌법의 제정에 따라 국가권력의 행사에 대한 법적 테두리가 마련되고 중의원 선거를 통해 의회가 구성된 점은 입헌체제의 형식적 완성을 보여준다.

그러나 메이지 헌법에 의해 수립된 근대 일본의 국가체제는 천황 중심의 전제적 성격이 두드러졌다. 먼저 천황의 권위를 강화하기 위해 화족령을 제정하고 황실 재산을 설정했으며, 정부의 권력을 효율적으로 행사하기 위해 내각제를 도입하고 관료제를 정비했다. 마지막으로 1890년에는 충효라는 유교 도덕을 강조한 교육칙어를 공포하여, 천황주의를 국가 이념의 차원에서 뒷받침했다. 그 결과, 근대 일본은 근대 천황제 국가로서의 면모를 갖추게 되었다.

교육칙어
메이지 천황의 이름으로 국민도덕의 근원, 국민교육의 기본 이념을 명시한 칙어이다. 1890년 10월 23일 발포.

朕惟フニ我カ皇祖皇宗國ヲ肇ムルコト宏遠ニ德ヲ樹ツルコト深厚ナリ我カ臣民克ク忠ニ克ク孝ニ億兆心ヲ一ニシテ世世厥ノ美ヲ濟セルハ此レ我カ國體ノ精華ニシテ教育ノ淵源亦實ニ此ニ存ス爾臣民父母ニ孝ニ兄弟ニ友ニ夫婦相和シ朋友相信シ恭儉己レヲ持シ博愛衆ニ及ホシ學ヲ修メ業ヲ習ヒ以テ智能ヲ啓發シ德器ヲ成就シ進テ公益ヲ廣メ世務ヲ開キ常ニ國憲ヲ重シ國法ニ遵ヒ一旦緩急アレハ義勇公ニ奉シ以テ天壤無窮ノ皇運ヲ扶翼スヘシ是ノ如キハ獨リ朕カ忠良ノ臣民タルノミナラス又以テ爾祖先ノ遺風ヲ顯彰スルニ足ラン

斯ノ道ハ實ニ我カ皇祖皇宗ノ遺訓ニシテ子孫臣民ノ倶ニ遵守スヘキ所之ヲ古今ニ通シテ謬ラス之ヲ中外ニ施シテ悖ラス朕爾臣民ト倶ニ拳拳服膺シテ咸其德ヲ一ニセンコトヲ庶幾フ

明治二十三年十月三十日

御名 御璽

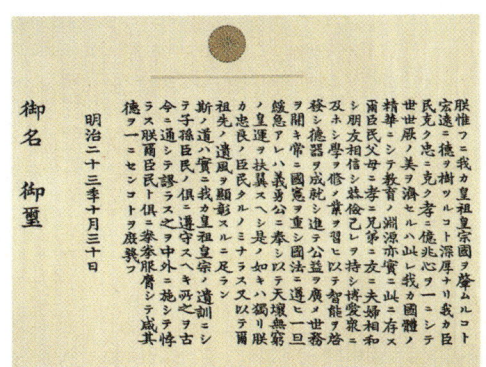

이토 히로부미
메이지 시대의 정치가. 유신 후 번벌 정권 내에서 힘을 키워 헌법 제정의 중심이 되었다. 수상, 추밀원 의장, 귀족원 의장을 역임했고, 정우회를 창설했으며 1905년 조선통감을 지냈다. 1909년 하얼빈에서 안중근에게 암살당했다.

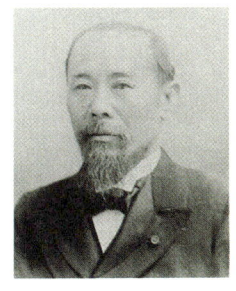

메이지 정부의 대외 정책과 청일전쟁

1871
청일수호통상조약 체결

1872
류큐 번 설치

1874
대만 출병

1876
조선과 수호조약 체결

1879
류큐 번 폐지하고 오키나와 현 설치

1882
조선에서 임오군란 발생

1884
조선에서 갑신정변 발생

1885
천진조약 체결

1894
조선에서 동학농민운동 발생
청일전쟁 시작

1895
시모노세키 조약 조인
삼국간섭
을미사변 발발

1896
고종의 아관파천

서양 열강의 출현으로 동아시아 지역 내에서 중국의 영향력이 급속히 약화되는 가운데, 일본의 움직임이 빨라졌다. 일본은 1876년 강화도조약을 체결하여 조선에 대한 영향력을 확대하기 시작했다. 이에 대해 청은 1882년 임오군란에 군대를 파견하면서 적극적으로 조선에 대한 종주권을 주장하기 시작했다. 청일 양국의 대립은 1884년 갑신정변 발발 후 체결된 천진조약天津條約에 의해 청의 우위로 일단락되었다.

1890년대가 되면서 일본은 청에 대해 좀 더 적극적인 입장을 보이기 시작했다. 일본은 군사력, 특히 해군력의 열세를 만회하기 위해 추진해온 군비확장책에 따라 군사력에 대한 자신감을 얻게 되었다. 또한 1890년부터 가시화된 러시아의 시베리아 횡단 철도 건설을 우려한 영국이 일본에 대한 우호 정책을 강화했고, 그 결과 1894년 7월에는 영일항해통상조약을 체결하기에 이르렀다.

청일전쟁의 직접적 계기는 조선에서 발발한 동학농민운동이었다. 일본은 조선이 동학농민운동을 진압하기 위해 청에 원군을 요청한 사실을 보고받자, 천진조약의 동시 출병 조항을 근거로 내세워 즉시 파병을 결정했다. 일본은 파병 직후인 7월 23일 조선의 왕궁을 점령하고, 조선의 내각을 교체하여 내정 개혁을 명분으로 내정간섭을 시도했다. 8월 1일에는 청에 선전포고를 한 후, 평양 전투에서 크게 승리하여 조선을 군사적으로 장악했다. 이어서 황해 해전에서 청의 북양대군을 격파하고 여순과 위해위를 점령했다. 전쟁이 일본의 압도적 우위로 진행되자 청은 결국 패배를 인정하고 강화를 모색하기에 이르렀다.(도1)

시모노세키에서 열린 일본과 청의 강화 회담은 일본 측 대표 이토 히로부미와 청 측 대표 이홍장이 1895년 4월 17일 강화조약에 조인하면서 마무리되었다. 흔히 시모노세키 조약이라고 불리는 청일전쟁의 강화조약에서, 전쟁의 이유였던 조선 문제는 청이 조선에 대해 종주권 주장을 포기하는 것으로 마무리되었다. 그뿐 아니라 일본은 청으로부터 요동반도와 대만·팽호열도의 할양, 거액의 배상금 지불 등을 약속받았다.

그러나 일본이 시모노세키 조약에서 얻은 성과가 그대로 실현된 것은 아니었다. 먼저, 일본

일본군의 인천 상륙
인천은 청일전쟁 당시 일본군의 병력과 물자의 보급지 역할을 했다.

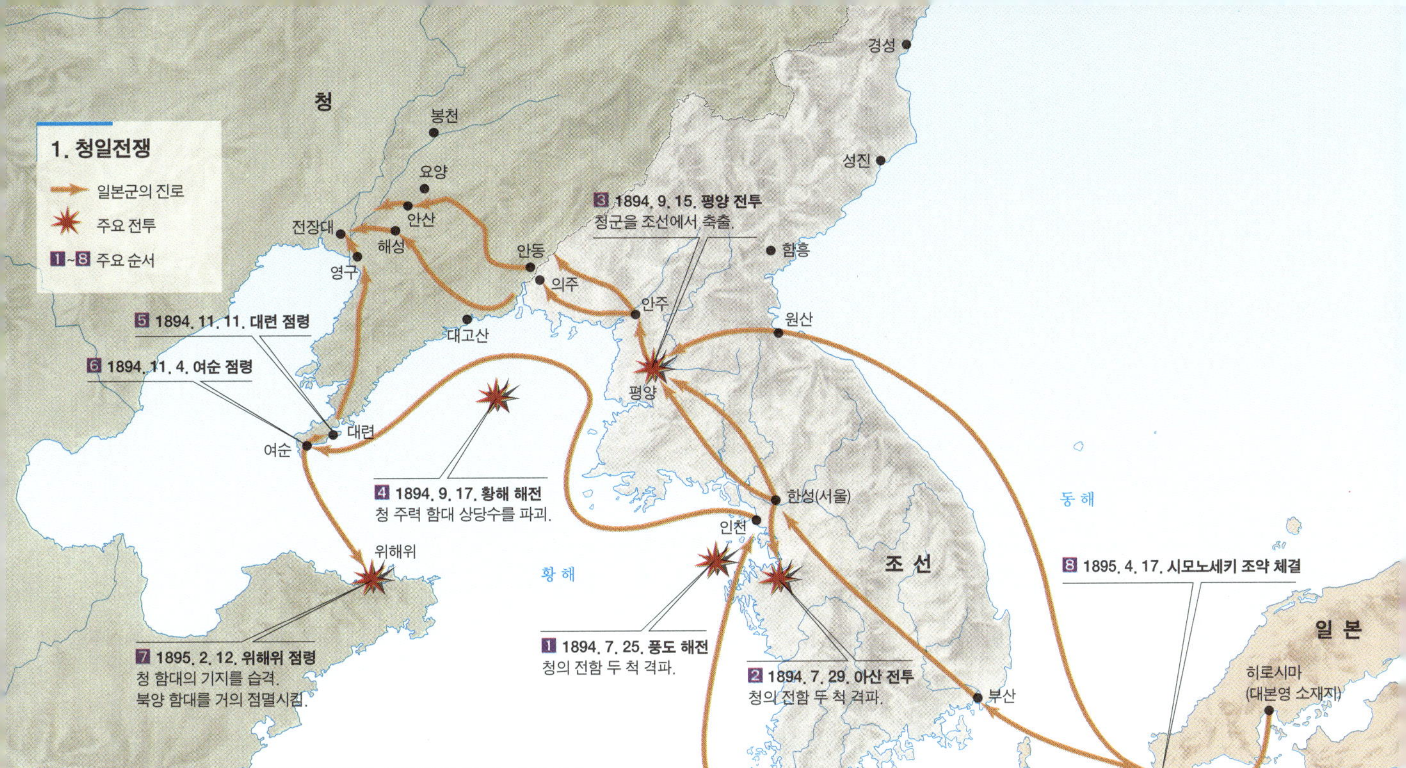

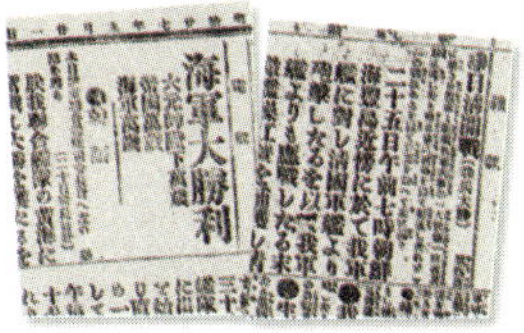

1. 청일전쟁

- 일본군의 진로
- 주요 전투
- 1~8 주요 순서

5 1894. 11. 11. 대련 점령

6 1894. 11. 4. 여순 점령

7 1895. 2. 12. 위해위 점령
청 함대의 기지를 습격, 북양 함대를 거의 전멸시킴.

4 1894. 9. 17. 황해 해전
청 주력 함대 상당수를 파괴.

3 1894. 9. 15. 평양 전투
청군을 조선에서 축출.

1 1894. 7. 25. 풍도 해전
청의 전함 두 척 격파.

2 1894. 7. 29. 아산 전투
청의 전함 두 척 격파.

8 1895. 4. 17. 시모노세키 조약 체결

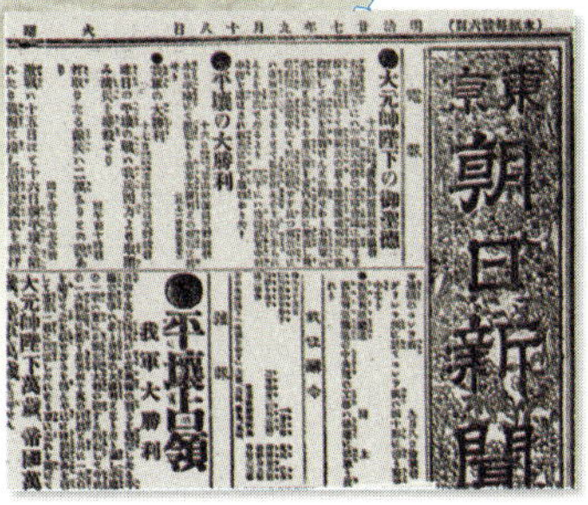

전황을 보도하는 신문 기사
청일전쟁 당시 일본군이 연전연승하고 있다는 소식을 전하는 『아사히 신문』의 기사. 풍도 해전, 평양 전투 등의 소식을 전하고 있다.

의 요동반도 할양은 서양 열강의 강력한 견제를 받았다. 만주로의 남하 정책을 취하고 있던 러시아를 필두로 독일과 프랑스가 요동반도 환부를 강력히 요구하자, 일본 정부는 어쩔 수 없이 요동반도를 포기했다. 삼국간섭이라 불리는 이 사건으로 인해 만주를 통해 대륙으로 직접 진출하려던 일본의 야심은 제동이 걸리게 되었다. 한편 조선에 대해 일본은 10월에 을미사변을 일으켜 반일 정권을 주도한 민비를 살해하고 친일 정권을 세우는 등, 강력한 내정간섭책을 추진했다. 그러나 지나친 간섭 정책으로 조선 내의 반발이 고조되고, 고종이 아관파천을 단행하면서 친러 정권이 수립되었다.

청일전쟁 이후 일본이 일련의 후퇴를 맛보기는 했지만 제국주의 국가로서의 첫발을 내디뎠다는 점은 분명하다. 무엇보다도 동아시아의 최대 강국으로 인식되고 있던 청을 군사적으로 압도함으로써 일본의 군사력을 대내외에 과시할 수 있었다.

한편, 일본은 대만의 영유권을 인정받은 후 대만의 식민 지배를 시작했다. 초기에는 무력을 전면에 내세운 군정을 실시했지만 1895년에는 대만총독부를 설치하고 토지조사사업을 실시하면서 식민 지배의 토대를 구축해갔다. 이러한 대만 지배의 경험은 조선의 식민지화 과정에서도 활용되었다.

구 대만총독부
일본이 대만을 식민통치하기 위해 설치한 기관이다. 1895년 5월 10일 대북시에 설치되었고, 1945년 10월 25일 폐쇄되었다.

러일전쟁과 일본 제국주의의 성립

1900 • 1910 　　　　메이지 시대 　　근현대

1900
일본 정부, 의화단사건에 파병

1902
영일동맹 협약 체결

1903
러일 협상 결렬

1904
러시아에 선전포고, 러일전쟁 시작
1차 한일협약 조인

1905
포츠머스에서 러일강화조약 조인
2차 한일협약

1906
남만주철도주식회사 설립

1907
3차 한일협약 조인

1909
안중근, 이토 히로부미 암살

1910
조선병합조약
조선총독부 설치

청일전쟁이 끝난 후 일본과 러시아 사이에 갈등이 심화되었다. 삼국간섭 이후 러시아는 만주와 한반도에 걸쳐 세력을 확대해갔다. 1896년 고종의 아관파천으로 조선에 친러 정권이 수립되었고 러시아는 1898년에 청 정부로부터 요동반도의 여순·대련을 조차했다.

러일 양국의 갈등은 1900년 러시아군의 만주 진군에 의해 결정적으로 증폭되었다. 중국의 반외세 운동인 의화단사건이 확대되자 서양 열강들은 8개국 연합군을 파견하기로 결정했다. 그 일환으로 러시아도 군대를 만주로 진군시켰는데, 미처 군사작전을 펼치기도 전에 의화단사건이 진압되었다. 그럼에도 러시아는 만주에 군대를 주둔시키면서 이 지역에 대한 세력 확장을 꾀했다.

러시아군의 만주 주둔은 다른 열강들의 비판을 받았다. 특히 영국과 일본은 러시아의 남하정책에 위기의식을 느끼면서 1902년 1월 30일 런던에서 영일동맹을 체결했다. 영일동맹은 유사시 군사적 개입을 명문화했으며 일본이 조선

1. 러일전쟁
→ 일본군의 진로
→ 발틱 함대의 진로
✶ 주요 전투 지역
1~5 주요 순서

1 1904. 6 ~ 1905. 1. 여순 함대 봉쇄
2 1904. 8. 28 ~ 9. 4. 요양 회전
3 1904. 8. 19 ~ 1905. 1. 1. 여순 총공격 및 함락
4 1905. 3. 1 ~ 3. 10. 봉천 회전
5 1905. 5. 27 ~ 28. 동해 해전

2. 러일전쟁 당시 양군의 비교

		일본	러시아
병력	육군	13개 사단	70개 사단
	동원 수	108만 8996명	200만 명
군사비 지출		5억 2321만 4209엔	21억 8000만 엔
전사·포로		약 12만 명	약 19만 4000명

에 대해 특별한 수준의 이해관계를 갖는다고 인정하여 일본의 조선 식민지화를 사실상 승인했다. 영일동맹의 압력으로 러시아는 1902년 4월 단계적인 만주 철군을 약속했지만, 일부만 철수하는 데 그쳤다. 1903년에 러시아와 일본은 러일 협상을 진행하여 만주와 조선에 대한 권익을 조정하고자 했다. 그러나 일본 국내에서는 전쟁을 불사할 것을 주장하는 강경론이 확산되었다. 러일 협상이 1903년 말 사실상 결렬되자, 양국 간의 갈등은 전쟁으로 치닫게 되었다.

일본은 1904년 2월 4일 러시아와 단교할 것을 선언하고 8일에는 여순 공격으로 전투를 시작했으며 10일에는 전쟁의 시작을 정식으로 포고했다. 일본군은 5월 들어 압록강을 넘어 만주로 진격했고, 이듬해 1월 드디어 여순항을 함락시킨 후, 만주의 중심 도시인 봉천을 공격하여 3월 10일에 장악했다. 5월 27일에는 극동으로 급파된 러시아의 발틱 함대를 전멸시키는 성과를 얻었다.

그러나 봉천 전투에서 일본군은 커다란 인적·물적 피해를 입으면서 전투력의 한계에 봉착했다. 러시아도 군 사적 패배와 함께 1905년 1월 혁명으로 정치적으로 혼란에 빠져 있었다. 양국은 미국 루즈벨트 대통령의 중재를 받아들여 8월에 미국 포츠머스에서 강화 회담을 시작했고, 9월 5일에는 강화조약에 조인했다. 조약의 주요 내용은 일본의 조선에 대한 우월한 지

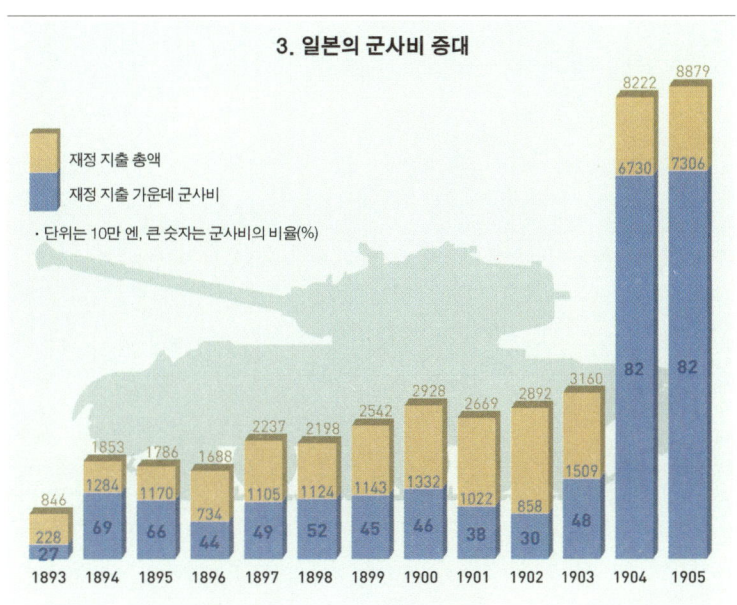

위 승인, 여순과 대련의 이양, 만철과 부속지의 양도 및 수비 병력 주둔권 승인, 사할린 남부의 양도 등이었다.(도1, 2)

일본은 러일전쟁에서 승리하면서 본격적인 식민지 건설에 돌입했다. 포츠머스 조약에 따라 일본은 조선과 사할린 남부, 여순과 대련을 지배하에 두게 되었다. 조선의 경우 1905년 을사보호조약에 의해 보호국화했고 1910년에는 완전한 식민지로 편입했다. 일본은 청과 러시아라는 강대국들에 군사적 승리를 거둠으로써 국제사회에서도 제국주의 열강의 일원으로서 지위를 확고히 했다.

일본의 전함들
발틱함대의 내항에 대비하여 진해만에서 대기하고 있는 일본함대의 모습이다.

산업화의 진전과 사회 변화

1870
공부성 설치(1885년 폐지)

1872
관영공장인 도미오카 제사공장, 조업 개시

1877
1차 내국권업박람회 개최

1880
관영공장 불하 결정

1882
오사카 방적회사 설립

1891
아시오 광독 사건 제기

1897
야하타 제철소 건설 결정, 면사 수출액이 수입액 초과

1901
대일본노동단체연합회본부 결성

1902
노동자동맹회 결성

1906
일본사회당 1회 대회 개최
철도국유법 공포
남만주철도주식회사 설립

1909
생사 수출량 세계 1위
면포 수출액이 수입액 추월

1910
대역사건 발생

오사카 방적회사
1882년 시부사와 에이이치 등의 민간 실업자들이 오사카에 설립했다. 영국의 최신 기술을 채용한 당시 최대 규모의 근대적 방적공장이다.

일본 사회의 근대화는 경제 부문에서도 급속히 진행되었다. 메이지 유신이 단행되었을 당시만 해도 농업 중심의 전통적 경제 구조를 지녔던 일본은 20세기 초에 공업과 대외무역의 비중이 급증하면서 근대적 산업사회의 면모를 갖추게 되었다.

일본 정부는 일찍이 1870년대 초에 '식산흥업' 정책을 통해 서양의 근대산업을 도입하고자 노력했다. 1870년에 설립된 공부성은 철도 부설, 광산 개발, 군수공장 경영과 같은 사업을 통해 부국강병의 경제적 기반을 마련하고자 했다. 정부 중심의 기업 운영이 큰 효과를 얻지 못하자, 1873년부터는 내무성이 중심이 되어 방적·해운·목축과 같은 민간의 경공업 육성을 도모했다.

이러한 정부의 노력은 1880년대 후반이 되자 성과를 보이기 시작했다. 1882년에는 오사카 방적회사가 설립되어 본격적으로 생산을 시작했으며, 1880년대 말에는 민간 자본에 의해 여러 대규모 방적회사들이 설립되었다. 이와 함께 1887년부터 정부 소유 관영사업들이 싼값에 불하되면서 미쓰이(三井)나 미쓰비시(三菱)와 같은 재벌이 형성되는 기반이 마련되었다.

일본의 산업화는 청일전쟁을 계기로 비약적 발전을 이루었다. 청일전쟁이 발발하면서 대규모 군수 수요가 창출되었다. 또한 전쟁 승리의 대가로 청으로부터 받은 대규모 배상금을 야하타 제철소 건설비와 같은 산업자본으로 활용했다. 전쟁을 전후하여 면방적업과 같은 부문의 공업 생산이 급증했고, 조선과 같은 해외시장에 대한 수출도 크게 증가했다.

러일전쟁을 거치면서 일본 경제는 중공업 부문의 발전이 두드러졌다. 야하타 제철소는 1906년 국내 철강 생산의 90퍼센트를 차지했으며, 민간 제철소인 니혼 제철소도 1907년 건설되었다. 조선업과 공작기계 생산도 증가했다. 경공업 부문은 섬유산업이 중심이었는데, 면제품은 중국과 조선에, 견제품은 미국과 프랑스에 수출되었다. 러일전쟁 이후 불경기에 따라 기업의 흡수·합병이 진행되면서 미쓰이, 미쓰비시, 스미토모, 야스다와 같은 재벌들이 지주회사를 통해 여러 산업 부문을 지배하는 독점화가 확립되었다.(도1)

자본주의의 진전과 더불어 노동자가 급증하면서 새로운 사회문제가 발생했다. 청일전쟁을 전후한 산업화 초기에는 농촌 소작농가 출신의 미숙련 여성 노동자들이 노동력에서 큰 비중을 차지했지만, 기업의 규모와 기술력이 발전하면서 남성 숙련노동자의 비중이 커졌다. 그러나 노동자들의 임금과 처우가 열악했기 때문에 노동쟁의가 속출했다. 노동조합 결성 움직임과 더불어 초기 사회주의가 등장했다. 초기 사회주의는 정치적 측면보다는 사회문제의 해결에 목적을 두었다. 한편 러일전쟁 이후 노동쟁의가 격화되면서, 1906년에는 일본사회당이 결성되었으며, 정부의 탄압이 강화되면서 직접행동주의가 부상했다. 그러나 1910년 5월에는 대역사건에서 고토쿠 슈스이 등의 사회주의자들이 천황 암살을 꾀했다는 이유로 체포되어 그중 12명이 사형에 처해졌다. 그 결과 사회주의는 한동안 침체 국면을 맞이했다.

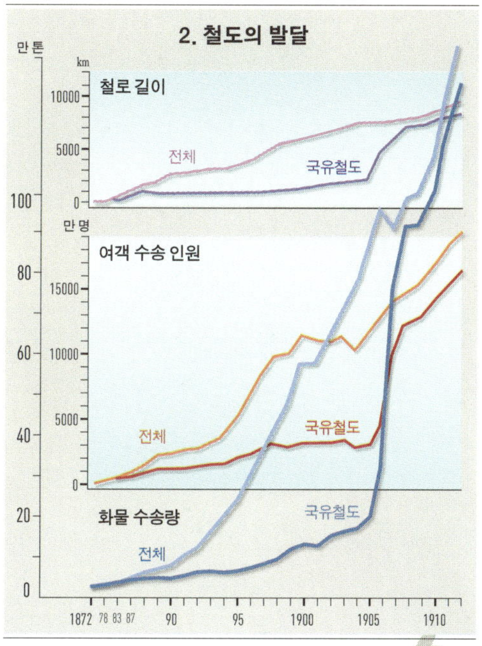

1. 1900년대 초 주요 산업 시설
- 주요 공장
- 주요 광산
- 1905년 이전까지의 철도망

야하타 제철소
후쿠오카 현 야하타에 건설된 최신 설비의 대규모 제철소. 청일전쟁 배상금으로 1897년 건설을 시작하여 1901년 조업을 개시했다. 본격적인 가동은 기술적인 문제로 1904년 시작되었다.

근대 문화의 발전

1872 • 1910 | 메이지 시대 | 근현대

1872
학제 반포
1877
도쿄 대학 설립
1886
제국대학령 공포
도쿄 대학을 제국대학으로 개칭
1894
고등학교령 공포
1897
교토 제국대학 설립
1899
고등여학교령 공포
1903
전문학교령 공포
1907
소학교령 개정
1910
규슈 제국대학 설립

1890년대가 되면 일본 사회는 서구 문물을 받아들이기만 하는 것에서 벗어나, 한층 성숙한 근대 문화의 발전을 이루었다. 여기에는 근대 교육의 확산이 커다란 역할을 했다. 1872년의 학제 반포를 계기로 시작된 근대 교육은 1886년에는 소학교 재학생이 학령기 아동의 46퍼센트, 1895년에는 60퍼센트, 1900년에는 90퍼센트, 러일전쟁 후에는 95퍼센트에 이르렀고, 남녀의 취학률도 거의 비슷해졌다.(도1)

고등교육도 점차 확대되었다. 도쿄 대학은 1886년에 도쿄 제국대학으로 개칭되었다. 그 후 제국대학은 교토(1897), 도호쿠(1907), 규슈(1910)에 각각 설치되었다. 사학私學 중에서는 후쿠자와 유키치가 1868년 설립한 게이오기주쿠, 오쿠마 시게노부가 1882년 설립한 도쿄 전

2. 고등교육기관의 정비
- 제국대학
- 관립고등학교
- 전문학교
· 숫자는 설립 연도

홋카이도 제국대학 (1918)
삿포로 농학교 (1876)
도호쿠 제국대학 (1907)
제2고등학교 (1886)
니가타 의학전문학교 (1910)
도쿄 제국대학 (1886)
제1고등학교 (1886)
도쿄 외국어학교 (1873)
도쿄 미술학교 (1887)
도쿄 음악학교 (1887)
제4고등학교 (1886)
교토 제국대학 (1897)
제3고등학교 (1886)
고베 고등상업학교 (1902)
나고야 제국대학 (1939)
제8고등학교 (1909)
제6고등학교 (1900)
오카야마 의학 전문학교 (1901)
야마구치 고등학교 (1896)
규슈 제국대학 (1910)
오사카 제국대학 (1931)
나가사키 의학전문학교 (1901)
제5고등학교 (1886)
제7고등학교 (1887)

1. 의무교육 취학률

문학교(와세다 대학의 전신)가 많은 인재를 배출했다. 1899년에는 고등여학교령이 공포되어, '양처현모' 교육을 목적으로 하는 여자 중등교육이 시작되었다. 민간에서도 기독교 계통의 여학교들이 설립되어서 여성 교육의 발전에 공헌했다.(도2)

메이지 초기에는 인쇄용 연활자鉛活字를 이용한 신문·잡지가 간행되기 시작했다. 신문은 문명개화기에 본격적으로 발행되기 시작했고, 자유민권운동기에는 정치적 색채가 짙은 정론지가 발달했다. 1874~75년경에는 서민층을 대상으로 하는 『요미우리 신문』, 『도쿄에이리 신문』이 발간되었고, 1879년에는 『아사히 신문』이 창간되었다. 1890년대가 되면 대중적 기반을 확보한 종합잡지가 발전했다. 1887년 민우사에서 『국민지우』를 발행했다. 1895년에는 박문사의 『태양』이, 1897년에는 현재까지 발행되고 있는 『중앙공론』이 창간되었다.

메이지 초기 일본 사회에는 서구 문명의 우월성을 바탕으로 서구화를 지향하는 구화주의歐化主義가 뿌리를 내렸다. 1880년대 말에 접어들면서 이러한 구화주의 풍조에 대한 비판 움직임이 나타났으며, 그 대표적인 흐름이 평민주의와 국수주의였다. 평민주의는 도쿠토미 소호에 의해 주창되었는데, 도쿠토미는 자신의 입장을 정부의 귀족적 구화주의에 대한 평민적 구화주의라고 표명했다. 미야케 세쓰레이 등이 중심이 되서 설립된 정교사政敎社는 잡지 『일본인』을 통해 전통문화의 가치를 긍정하고 일본 문화의 보존을 중시하는 입장을 취하면서 정부의 비자주적 구화정책을 비판했다.

청일전쟁을 계기로, 일본 사회에는 국가주의적인 사상이 부상했다. 도쿠토미 소호는 국가에 최고의 가치를 부여하면서, 기존의 평민주의에서 국가주의로 전향했다. 다카야마 조규는 약육강식, 국력 만능의 사고방식을 긍정하는 일본주의를 주창했다. 이처럼 일본의 제국주의적 발전과 더불어 많은 일본의 사상가들이 정부가 주창하는 국가주의를 옹호하는 입장을 취해갔다.

문화계도 각 부문에서 근대적 체제를 갖추었다. 문학의 경우, 쓰보우치 쇼요가 1885~86년 발표한 『소설신수』를 기점으로 전개된 사실주의에서 본격적인 근대문학이 출범했다. 기타무라 도코쿠는 자유민권운동의 좌절을 경험한 후 현실 세계보다 정신 세계를 중시하는 낭만주의를 표방했다. 러일전쟁 이후에는 시마자키 도손을 중심으로 자연주의가 발전했다.

미술계는 문명개화의 풍조에 의해 서양 미술이 유행하면서 전통 미술이 급격히 위축되었다. 그러나 미국인 교사 페놀로사의 영향을 받은 오카쿠라 덴신이 1887년 관립 도쿄 미술학교를 설립하면서 전통 미술의 부흥이 본격화되었다.

가부키는 신토미자, 가부키좌 등 근대식 시설을 갖춘 대극장이 건립되어 사교장화되었으며, 이치카와 단주로와 같은 유명한 가부키 배우들이 활약하여 전성기를 맞이했다. 연극 분야에서는 청일전쟁 이후 신파극을 거쳐 20세기 초 시마무라 호게쓰의 근대 연극 운동에 의해 근대극이 등장했다.

쓰보우치 쇼요와 『소설신수』
쓰보우치 쇼요(1859~1935)는 소설가, 극작가, 평론가이다. 그는 권선징악적 문학관을 부정하고 사실주의를 표방한 『소설신수』를 저술했다.

1차 세계대전과 일본

1914. 7.
1차 세계대전 발발

1914. 8.
일본, 1차 세계대전 참전

1914. 11.
청도 점령

1915.
중국에 21개조 요구 제출

1918. 8.
시베리아 출병 단행

1918. 11.
1차 세계대전 종결

1919. 1.
파리 강화회의 개최

1919. 3.
조선에서 3·1운동 발생

1919. 5.
중국에서 5·4운동 발생

1919. 6.
베르사유 강화조약 조인

1914년 7월 28일 시작된 1차 세계대전은 제국주의 열강 대부분이 연루된 국제전이었다. 전쟁은 오스트리아 황태자 부부 암살에 항의하여 오스트리아가 세르비아에 선전포고를 하면서 시작되었는데, 8월에 접어들면서 영국과 독일을 중심으로 하는 삼국동맹과 삼국협상의 대결로 비화되었다. 1차 세계대전은 19세기 말 이래로 심화되어온 제국주의 열강 간의 세력 경쟁에 기인했기 때문에 제국주의 열강들 간의 전쟁이라는 역사적 성격을 지닌다. 또한 1차 세계대전은 새로운 시대의 도래를 의미한다. 전쟁이 대규모의 소모전으로 전개되면서 총력전이라는 전쟁 개념이 등장했고, 전후 국제연맹 설립과 군축 회담과 같은 국제질서의 패러다임이 수립되었다.

일본은 유럽에서의 전쟁에 직접 연루되지 않았음에도 8월 23일에 영일동맹을 구실로 독일에 선전포고를 하면서 전쟁에 개입했다. 일본은 참전 직후부터 동아시아에서 세력 확장을 꾀했다. 일본은 독일의 조차지였던 산동성의 청도를 점령하고, 1915년 1월에는 중국 정부에 21개조 요구를 하여 만주와 몽고, 산동성에 대한 독점적 이권을 확보하고 중국 정부를 자신의 세력 하에 두려고 했다. 1918년 8월 2일에는 1917년 러시아 혁명에 따른 혼란을 틈타 시베리아 출병을 감행했다.(도1)

1차 세계대전 동안 일본 자본주의는 비약적으로 성장했다. 대부분의 제국주의 열강들이 유럽에서의 전쟁에 휘말리게 되면서 일본은 아시아, 특히 중국 무역을 사실상 독점했다. 무역에서 수출이 수입을 초과하게 되었고, 해운업과 조선업의 호황이 이어졌다. 공장의 증설과 신설, 투자의 확대로 인한 호경기가 이어지면서 나리킨(成金)이라고 불리는 신흥 부자들이 속출했다. 중화학공업이 발달하면서 1918년에는 공업 생산액이 농업 생산액을 초과하며 아시아 1위의 공업국이 되었다.

1919년 1월 파리의 베르사유 궁전에서 열린 강화회의를 통해 오랜 소모전이 마무리되었다. 강화회의 결과 체결된 베르사유 강화조약은 승전국 측의 일방적 주장을 반영하여 패전국 오스트리아와 독일은 막대한 배상금을 물어야 했고, 독일의 식민지는 국제연맹의 위임통치라는 명목으로 사실상 연합국들에게 분배되었다. 승전국의 일원으로 강화회의에 참여한 일본은 산동성에 대한 이권의 획득과 적도 이북 남양군도 영유를 요구하여 관철시켰다.

그러나 1차 세계대전이 끝나면서 일본 제국주의의 모순이 노출되기 시작했다. 급격한 경제 성장에 따라 사회적 갈등과 모순이 심화되었다. 전쟁 중의 호경기로 산업 생산이 확대되면서 노동자 수가 크게 늘어났지만 1920년대의 경기 침체로 노동쟁의가 크게 증가했다.

한편, 일본의 세력 팽창은 한국의 3·1운동과 중국의 5·4운동 등 식민지 민족해방운동에 직면했다. 1차 세계대전 중에 미국의 윌슨 대통령이 주창한 민족자결주의에 자극을 받은 약소 민족들의 민족 독립 요구가 고조되기 시작했다.

중국 산동성에 관한 조약
이 문서는 일본의 대중국 21개조 요구에 대한 협상의 결과 체결된 조약 문서이다.

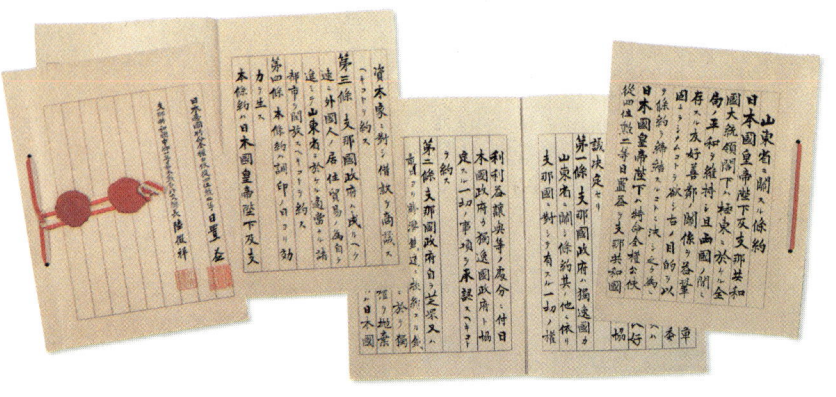

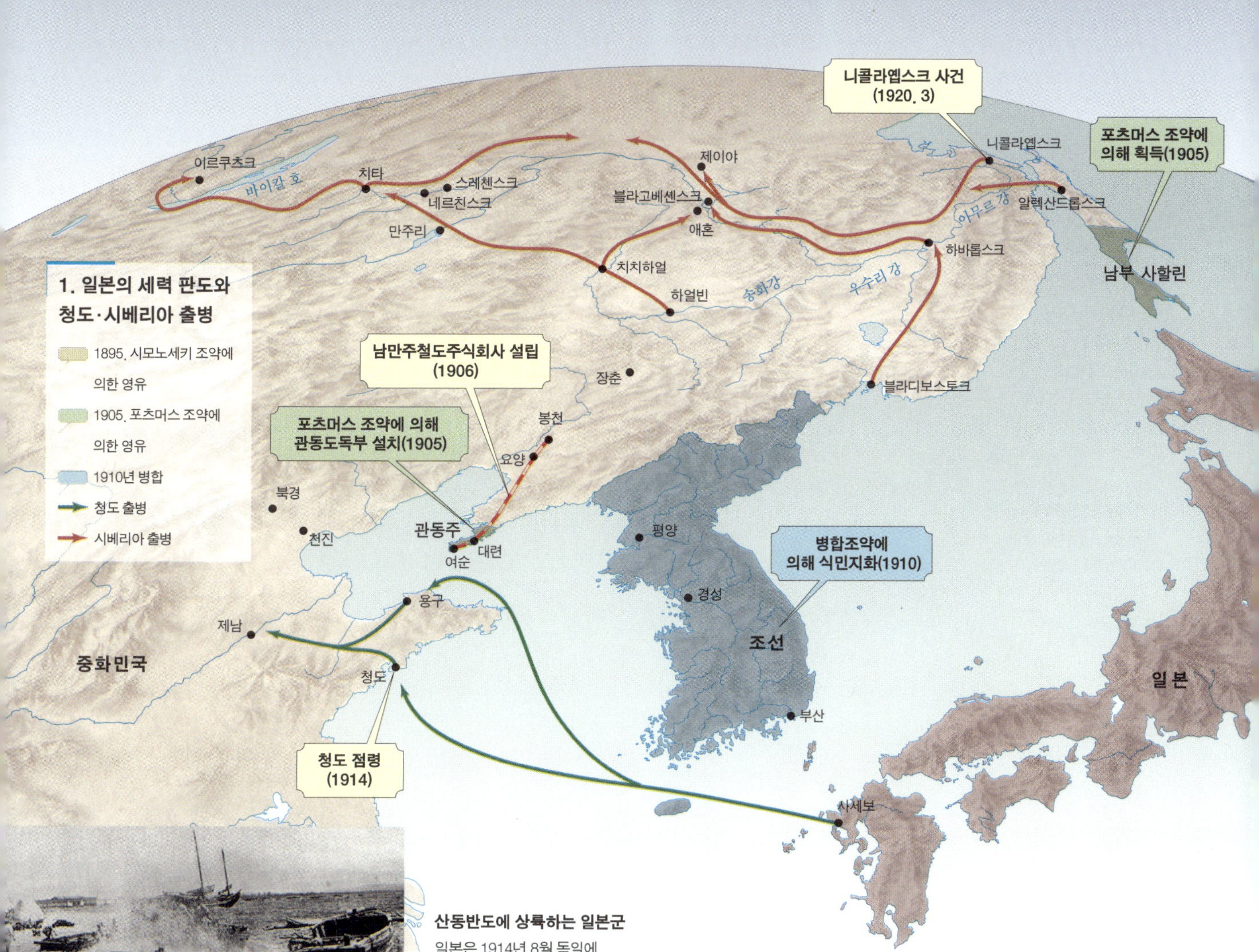

1. 일본의 세력 판도와 청도·시베리아 출병

- 1895, 시모노세키 조약에 의한 영유
- 1905, 포츠머스 조약에 의한 영유
- 1910년 병합
- 청도 출병
- 시베리아 출병

산동반도에 상륙하는 일본군
일본은 1914년 8월 독일에 선전포고한 뒤 독일의 동양 거점인 중국의 산동반도를 공격했다. 사진은 같은 해 9월 폭풍우 속에서 산동반도의 용구에 상륙하는 장면이다.

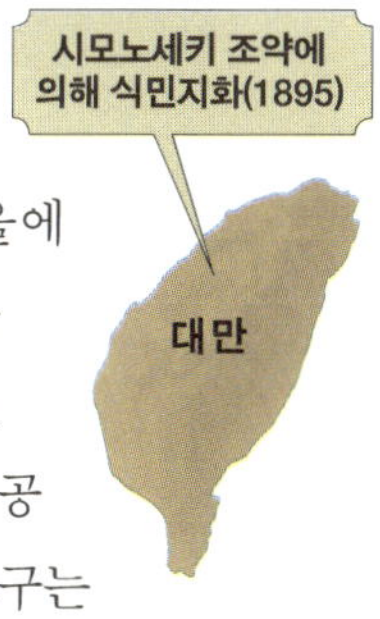

먼저 한국의 3·1운동은 서울에서 시작된 민중들의 시위운동이 전국으로 확산되었다. 일본 당국은 무력 진압에 성공했지만, 한국 민족의 독립 요구는 식민지 제국으로서의 일본이 풀어야 할 주요 현안으로 떠올랐다. 한편, 중국에서는 1915년 21개조 요구를 계기로 생겨난 반일 민족주의가 일본의 산동성 영유가 결정된 소식에 대한 반발로 폭발하여 5·4운동이 발발했다. 그 결과 일본은 산동성을 중국에 반환했을 뿐 아니라 1920년대 내내 중국 반일 민족주의의 저항에 부딪히게 되었다.

일본 상품 배척 운동
5·4운동 이후 반일 운동이 고조되면서 중국의 주요 지역에서 일본 상품 배척 운동이 일어났다.

정당정치의 전개

1905
히비야 폭동 발생

1912
호헌 운동 시작

1913
가쓰라 내각 사퇴

1914
지멘스 사건, 야마모토 내각 사퇴

1916
요시노 사쿠조, 민본주의 주창

1918
쌀 소동 발생과 확산
하라 내각 수립

1921
하라 수상 암살

1924
호헌 3파 내각 수립

1925
치안유지법·보통선거법 공포

1928
최초로 보통선거 실시

메이지 헌법이 제정되었는데도 일본의 정치는 여전히 사쓰마·조슈 출신으로 형성된 번벌 세력에 의해 좌우되었고 정당들의 영향력은 극히 제한적이었다. 그런데 러일전쟁 이후 번벌 세력에 대한 도전이 시작되었다. 다이쇼 시대(1912~1926, 다이쇼 천황의 재위 기간)가 되면서 사회 변화에 따른 정치적 민주화가 전개되었다. 이른바 '다이쇼 데모크라시'의 시대를 맞이한 것이다.

다이쇼 데모크라시는 민중과 정당의 성장을 바탕으로 전개되었다. 먼저 1905년 히비야 폭동에서 산업화에 따라 크게 성장한 도시 민중들이 정부의 러일전쟁 처리에 대한 반감을 표출함으로써, 번벌 내각에 대한 비판세력으로 등장했다. 1912년 12월 조슈 번벌을 배경으로 가쓰라 내각이 성립된 것에 항의하는 1차 호헌 운동이 시작되었다. 여기에는 야당뿐 아니라 수만 명에 이르는 민중이 '벌족 타도·헌정 옹호'를 구호로 참여했고, 결국 가쓰라 내각이 붕괴되었다.

1918년에는 미가 앙등에 따른 생활고에 반발하여 쌀 소동이 전국적으로 발생했다.(도1) 민중들의 대규모 저항 움직임은 정치적으로 큰 충격을 주었고, 이로 인해 조선 총독 출신의 데라우치 마사타케가 이끄는 번벌 내각이 총사퇴했다. 이후 사태 수습을 위한 대안으로 하라 다카시가 이끄는 정우회 내각에 의해 정당내각이 수립되었다. 하라 내각은 본격적인 정당정치의 효시라는 점에서 중요한 의의를 지녔지만, 민주주의의 구현이라는 점에서는 중대한 한계를 지녔다. 하라는 여론을 배경으로 정우회의 당세 확장에 주력하며 미쓰이를 중심으로 하는 대재벌과 대지

나고야의 쌀 소동

1918년 7월 23일 도야마 현의 한 어촌에서 시작된 쌀 소동이 8월 11일에는 나고야, 교토에서도 폭발했다.

1. 쌀 소동

- ● 쌀 소동 발생지
- → 쌀 소동의 파급 방향
- ■ 주요 도시의 참가 인원

쌀 소동 최초 발생지 (1918. 7. 23)

1만 명, 3만 명, 19만 명, 13만 명, 5만 명

하카타, 히로시마, 오카야마, 고베, 교토, 오사카, 후쿠이, 도야마, 나고야, 도쿄, 와카마쓰, 후쿠시마, 니가타, 센다이

호헌 3파의 영수 회담(왼쪽)
1924년 1월 18일 호헌 3파의 영수가 모여 회담을 가졌다. 오른쪽부터 혁신구락부의 이누카이 쓰요시, 헌정회의 가토 다카아키, 정우회의 다카하시 고레키요. 맨 왼쪽의 미우라 고로는 을미사변을 지휘한 인물이다.

보통선거 요구 시위(오른쪽)
1921년 1월 도쿄 니혼바시 근처에서 민중들이 보통선거를 요구하며 시위를 벌이고 있다.

주의 이익을 대변하는 데 주력했다. 그 결과 여론의 불신이 심화되어 1921년 11월 도쿄 역에서 하라 다카시가 암살된다.

하라 내각에 이어 다시 귀족원을 기반으로 하는 기요우라 게이고 내각이 출범했다. 그러나 1924년 정우회, 헌정회, 혁신구락부(호헌 3파)가 연합하여 정당내각 수립을 목표로 하는 2차 호헌 운동을 전개했고, 5월의 중의원 선거에서 크게 승리했다. 그 결과 헌정당 총재 가토 다카아키를 수반으로 하는 호헌 3파 내각이 수립되면서 정당내각이 관행화되었다. 정당정치의 성립은 선거에서 다수의 지지를 받은 다수당이 내각을 구성함으로써 민주주의에 한층 가까워졌다는 점에서 다이쇼 데모크라시의 진전이라는 역사적 의미를 지닌다.

호헌 3파의 승리는 정당들의 연합세력에 의한 것으로, 민중운동으로서의 성격은 미미했다. 민중의 정치적 요구는 1900년 보통선거기성동맹회가 중의원에 보통선거 청원서를 제출한 이래로 지속되어왔다. 이 동맹회는 1918년 쌀 소동 이후 활동을 재개했고, 노동자들을 중심으로 하는 광범한 민중운동으로 성장했다. 1920년에는 7만 5000명이 참가하는 대규모 집회가 열리기도 했지만, 하라 내각에 의해 좌절되었다. 1924년 호헌 3파가 민중의 지지를 얻기 위해 보통선거의 실시를 약속하면서, 결국 1925년 25세 이상 남성에게 재산에 상관없이 선거권을 부여하는 보통선거법이 제정되었다. 보통선거법의 제정은 민중의 정치적 요구를 수용함으로써 민주주의의 확대를 가져왔다는 점에서 의미가 크다. 그러나 호헌 3파 내각은 보통선거법과 동시에 치안유지법을 제정함으로써 사회운동의 확대를 제한했다. 또한 여성의 정치 참여를 위한 부인 참정권 운동은 별다른 성과가 없었다. 여성의 참정권은 전후에야 실현될 수 있었다.(도2)

2. 선거제도의 변천

개정 전	유권자의 자격		유권자의 비율
	직접국세	연령·성별	
1889	15엔 이상	25세 이상 남자	1.1%
1900	10엔 이상	25세 이상 남자	2.2%
1919	3엔 이상	25세 이상 남자	5.5%
1925	제한 없음	25세 이상 남자	20.8%
1945	제한 없음	20세 이상 남녀	50.4%

협조 외교와 중국 문제

1921~22
워싱턴 회의

1926
중국 국민당, 북벌 시작

1927. 3.
국민혁명군, 남경의 일본 총영사관 공격

1927. 5.
1차 산둥출병
동방회의 개최

1928. 4.
북벌 재개
2차 산둥출병

1928. 5.
제남사건 발생

1928. 6.
장작림 폭사 사건 발발
국민당, 북벌 완료

1929
하마구치 내각 성립
협조외교 체제로 복귀

1930
런던 해군 군축 조약 조인

1차 세계대전 종결 후 국제사회에서 전쟁 중 일본이 중국으로 세력을 크게 확장한 것에 대한 열강들의 불만이 고조되었다. 이에 따라 1921년 11월에서 1922년 2월까지 미국의 워싱턴에서 해군 군축, 태평양 및 중국 문제의 논의를 위한 국제 회담이 개최되었다. 워싱턴 회의에서는 미국·영국·일본의 해군 주력함 비율을 5:5:3으로 규정한 해군 군축 조약이 체결되었으며(도1) 영일동맹을 폐기하는 대신 영국·미국·일본·프랑스의 공동 협력을 약속하는 4개국 조약과 중국의 영토와 주권 존중 및 문호 개방을 골자로 하는 9개국 조약이 체결되었다. 이 회의에서 수립된 1920년대 동아시아 국제관계의 기본 체제를 흔히 '워싱턴 체제'라고 부른다.

워싱턴 체제는 1차 세계대전 이후 국제사회의 주도 세력으로 등장한 영미세력에 의해 편성된 것이었다. 일본 정부는 국제질서의 현실에 따라 워싱턴 회의에서 군축과 중국 주권의 인정을 골자로 하는 협조 외교의 원칙을 채택했다. 이에 따라 해군력과 육군의 감축, 시베리아 철병(1922년 완료), 산동 문제 해결(1922년 산동 반환)을 실행했다.

1920년대 일본 외교는 협조 외교의 원칙을 근간으로 하고 있었지만, 중국 문제는 여전히 중대한 현안이었다. 일본 정부는 중국에 대해 내정불간섭 원칙을 취하면서 군벌 정부와의 우호 관계를 통해 일본의 국익을 지키고자 했다. 그러나 1926년 7월 국민혁명군이 반외세·반군벌을 내세우고 북벌北伐을 시작하면서, 일본의 중국 정책은 커다란 위기에 봉착했다. 북벌이 성공적으로 진행되던 1927년 3월 국민혁명군의 남경 점령 과정에서 일본 총영사관을 공격하는 사건이 발생하면서, 일본 국내에 중국 혁명에 대한 무력 개입 목소리가 대두되었다.

1927년 4월 성립한 다나카 기이치 내각은 기존의 협조 외교 대신에 대륙 적극 정책을 전개했다. 다나카 내각은 동방회의를 개최하여 만몽 지역을 중국 본토에서 분리하여 일본의 세력하에 두기로 결정했고, 장개석이 북벌을 진행하자 산동으로 출병하여 무력 대응했다. 1928년에는

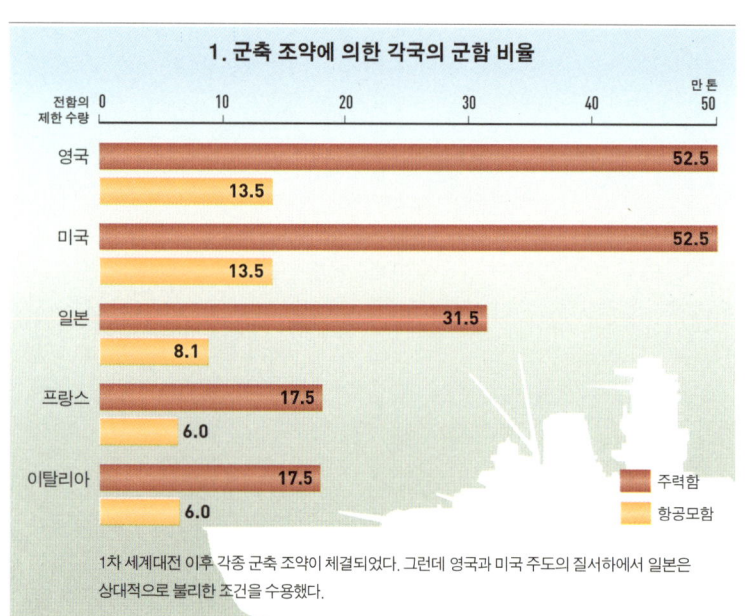

1차 세계대전 이후 각종 군축 조약이 체결되었다. 그런데 영국과 미국 주도의 질서하에서 일본은 상대적으로 불리한 조건을 수용했다.

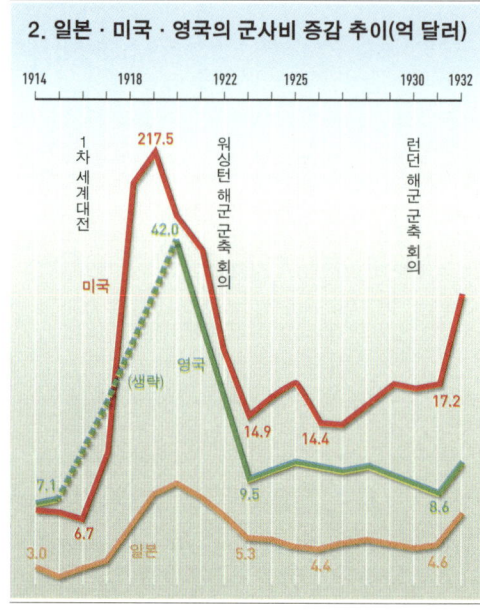

만주 군벌 장작림이 장개석에 접근하는 것을 막기 위해 관동군의 계획에 따라 철도 폭파 사고를 위장한 장작림 암살을 실행했다. 그러나 다나카 내각의 개입 정책은 국내외로부터 강한 비난 여론에 직면하면서 실패로 돌아갔다.(도3)

그 뒤를 이어 새로 하마구치 내각이 성립하면서 일본은 다시 협조 외교 체제로 돌아갔다. 하마구치 내각의 외상으로 다시 임명된 시데하라 기주로는 중국 국민당과의 관계 개선을 모색하며 중국의 관세자주권 인정을 약속했다. 1930년에는 런던에서 열린 해군 군축 조약에 참가하여, 영국·미국·일본의 해군 보조함 비율을 5:5:3으로 감축하는 데 동의했다.

일본 정부는 협조 외교를 재차 천명했지만 중국 문제를 둘러싼 국내외 갈등을 해결하지는 못했다. 특히 일본 국내에서는 군부를 중심으로 하는 강경론자들이 중국에 대한 무력 개입을 주장하면서 일본 정부의 협조 외교를 '연약 외교'로 강력히 비판했다. 1920년대 내내 일관되게 유지되던 일본의 협조 외교는 중대한 전환점에 이르렀다.

만성 불황과 세계 공황

1920 • 1930 | 다이쇼~쇼와 시대 | 근현대

1918
쌀 소동 발생

1919
베르사유 강화조약 조인

1920
전후공황 발생, 주가 폭락

1923
관동대지진 발생

1927
금융공황 발생
다나카 내각 성립

1929
뉴욕 증시 폭락, 세계대공황 시작

1930
금본위제 복귀
세계대공황, 일본에 파급됨

1차 세계대전 시기의 호경기는 전쟁의 종결과 더불어 막을 내렸다. 전쟁 중 일본에서는 미국에 대한 생사 수출과 중국으로의 면제품 수출이 증가하는 가운데, 급속한 호경기의 여파로 물가가 상승하고 노동자들의 임금이 인상되었다. 그러나 1920년대가 되면서 경제 상황은 더욱 악화되었다.

1920년대 일본 경제는 전쟁 중의 과잉생산과 수출의 감소로 기업의 이윤이 저하되면서 만성 불황에 시달렸다. 일본 자본주의 성장을 이끌어 온 재벌들은 전쟁 중에 막대한 자본을 투자했던 조선과 철강 등 중공업 부문이 외국 제품에 비해 경쟁력을 갖지 못하여 어려움을 겪었다. 면제품과 생사 수출의 약세도 지속되었다.

일본 경제의 침체는 1920년 전후 공황의 발생에 의해 본격적으로 시작되었다. 1920년 3월 도쿄 증권시장의 주식 가격이 급락하면서 일본 경제는 공황 사태에 빠져들었다. 면사 수출은 가격 앙등과 중국의 일본 상품 배척 운동으로 인해 수출이 감소했으며, 미국에 대한 생사 수출이 줄어들면서 농가의 주요 수입원인 생사 가격이 하락했다. 전후 공황으로 실업자가 증대하여 사회 불안의 요인이 되었으며, 기업의 도산과 합병에 따른 독점화가 진행되었다.

1923년 관동대지진이 발생하면서 전후 공황의 여파에서 아직 벗어나지 못하고 있던 일본 경제는 심각한 타격을 입었다. 관동대지진의 피해액은 전년도 국민총생산액의 3분의 1에 이르는 막대한 규모였으며, 수많은 기업들이 도산의 위기를 맞이했다. 일본 정부는 기업의 도산 사태를 막기 위해 '진재어음'을 발행했는데, 이는 기업의 어음 결제를 연기해줌으로써 지진에 따른 위기 상황을 수습하는 것이었다. 그러나 위기 수습책에도 불구하고 일본 경제는 불황에서 쉽게 벗어나지 못했으며, 기업들의 이윤 하락과 도산 위기는 계속되었다.

전쟁 직후부터 지속된 만성 불황은 1927년에 이르러 금융공황으로 비화되었다. 금융공황은 1927년 초 진재어음 처리 문제가 부각되면서 발생했다. 일본 정부는 경영이 부실한 기업을 구

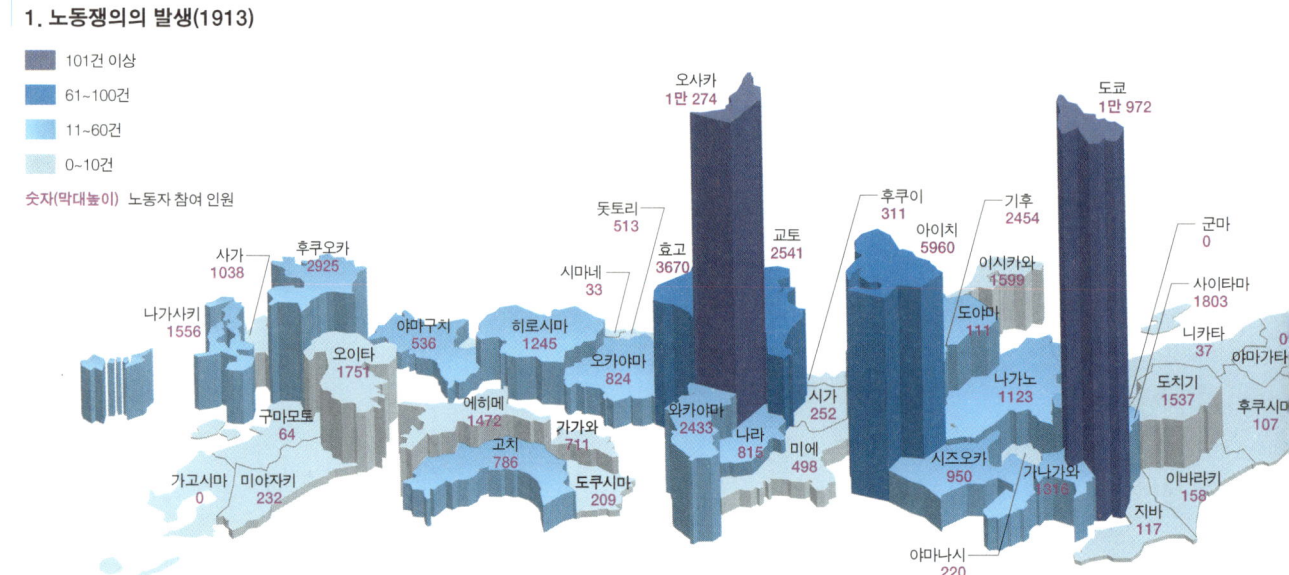

1. 노동쟁의의 발생(1913)

제하는 기존의 정책을 전환해야 한다는 판단하에, 진재어음에 대한 정부의 지불보증을 중단하는 법안을 의회에 제출하여 심의했다. 그런데 이 사실이 일반인들에게 알려져 부실기업들의 대규모 도산에 대한 불안심리가 촉발되었다. 부실 은행의 도산을 우려하는 일반인들이 전국적인 예금 인출 사태를 벌였고, 이에 따라 중소 은행의 도산이 잇따랐다. 그해 4월 사태 수습에 실패한 와카쓰키 내각의 뒤를 이어 성립된 다나카 내각은 은행에 대해 3개월간의 지불유예령을 내림으로써 겨우 공황 상태를 진정시킬 수 있었다.

1929년 하마구치 내각은 만성 불황의 해소를 위해 금본위제 복귀와 긴축재정을 골자로 하는 이른바 '이노우에 재정'을 추진했다. 긴축재정을 통해 통화의 안정과 물가하락을 모색하고, 기업에 대해서는 경쟁력 강화를 위한 산업합리화 정책을 진행했다. 그러나 1929년 10월 뉴욕 주식시장의 폭락으로 인해 시작된 세계 대공황의 여파로 일본 경제는 돌이킬 수 없는 타격을 입게 되었다. 세계 대공황으로 수출 시장이 축소(수출 37퍼센트 감소)되고, 공업 생산이 급감(30~70퍼센트 감소)하고 물가도 하락(물가지수는 174.5에서 120.4로)했다.

1920년대 일본 경제의 만성 불황은 사회 전반에 걸쳐 커다란 영향을 끼쳤다. 청일전쟁 이래 지속적으로 성장해온 결과, 기업과 노동자의 비중이 크게 증대했다. 특히 노동자를 비롯한 도시의 임금 생활자들이 성장하면서 1차 세계대전 시기가 되면 정치 및 문화 전반을 주도하기에 이르렀다. 그러나 1920년대 내내 경제 불황이 지속되면서 임금 하락과 실업 증가로 인한 사회적 불안이 가중되어갔다.

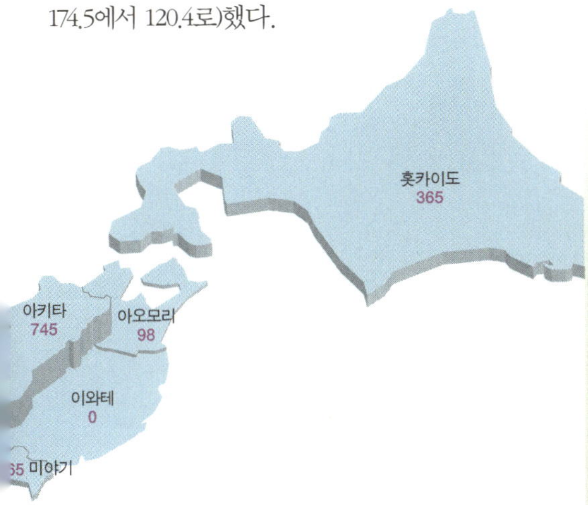

금융공황
1927년 금융공황이 발생하자, 부실 은행의 도산을 우려하는 일반인들이 예금 인출 사태를 벌였다. 사진은 1927년 3월 23일 도쿄 나카노 은행 앞에서 줄을 서서 예금을 인출하려는 사람들의 행렬이다.

2. 노동자 수의 변화 추이(1928~36)
(1926년 평균=100)
남성 노동자 수
여성 노동자 수

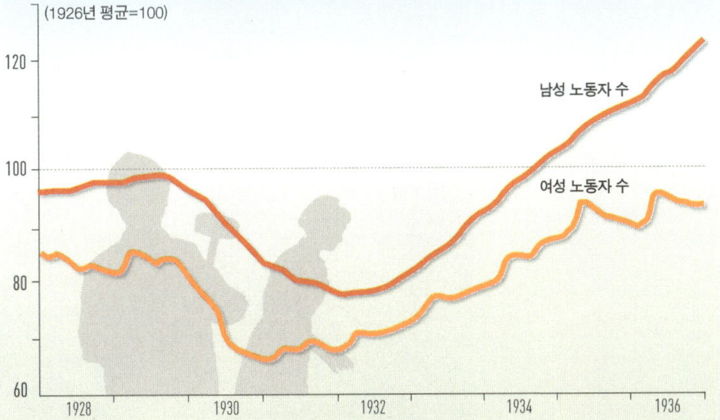

3. 주가지수의 동향(1921~34)
(1913년 평균=100)

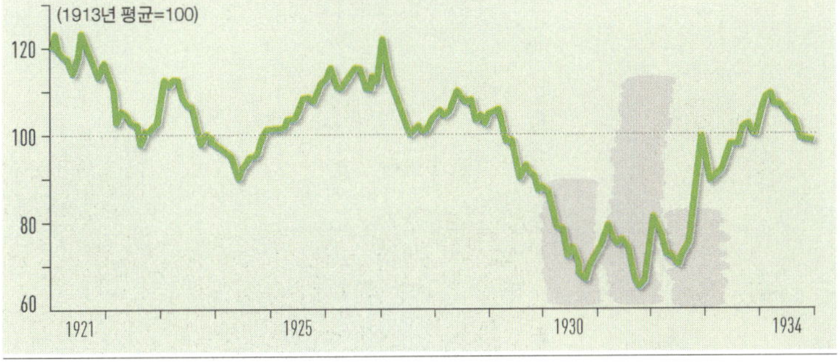

도시문화와 대중문화

1909
자유극장 설립(신극)

1910
무샤노코지 사네아쓰 등, 『백화』 창간

1911
히라쓰카 라이쵸 등, 청탑사 결성

1912
최초의 영화사, 닛카쓰 창립

1914
다카라쓰카 소녀 극장, 최초 공연
아사쿠사 오페라 개장

1918
대학령 제정

1920
쇼치쿠 영화사 창립

1925
『킹』 창간
도쿄방송국, 라디오 방송 시작

1926
가이초샤, 현대일본문학전집 발간
NHK 설립

1927
이와나미 문고 간행 개시

1931
일본 최초 유성영화 개봉

1920년대가 되면서 일본은 세계적 규모의 경제력을 지닌 산업사회로 자리 잡았다. 산업화와 자본주의 발전에 따라 일본은 사회·문화 전 영역에 걸쳐 본격적인 근대사회로 진입했다.

일본은 청일전쟁 이후 산업화가 급속히 진행되면서 노동자의 증대, 도시의 발달과 같은 사회적 변화를 경험했다. 러일전쟁을 전후하여 도쿄와 오사카의 인구가 100만 명이 넘었으며, 1918년에는 도쿄 235만, 오사카 164만, 교토 67만, 고베 59만, 요코하마 45만, 나고야 44만의 인구를 기록했다. 도시 인구의 팽창은 노동자·봉급생활자와 같은 도시 대중의 증가와 함께, 이들의 경제적·문화적 영향력 확대를 수반했다.

도시 대중이 확대되면서 이들을 위한 교육 기회가 확충되었다. 1918년 제정된 대학령에 의해 기존의 제국대학 이외에 국립단과대학·공립대학·사립대학 등 다양한 대학의 설립이 가능해졌다. 중등교육도 크게 확대되어, 1920년에는 소학교에서 중등학교로의 진학률이 남자 20퍼센트, 여자 12퍼센트에 이르렀다.

1920년대는 대중매체의 영향력이 크게 확장되었다. 신문과 잡지의 경우, 독자층이 대중화되면서 1924년 국민 대중잡지를 표방한 『킹』이 공전의 성공을 거뒀고 발행부수 100만 부를 넘는 신문들도 생겨났다. 1926년 가이초샤가 현대일본문학전집을 권당 1엔의 저가로 발행하는 '엔폰(圓本)'을 판매하기 시작했고, 1927년에는 이와나미 문고의 간행이 시작되었다. 1925년부터 라디오 방송이 시작되었으며, 영화도 인기를 모으면서 상영이 확대되었다.(도1)

한편, 1차 세계대전을 지나면서 일본 사회에 서구의 최신 문화가 유행했다. 당시 일본의 지식인들은 유럽

잡지 「킹」
고단샤가 발행한 대표적 대중잡지. 창간호는 1925년 1월호이며, 1928년 최대 150만 부의 발행부수를 기록하며 잡지의 대중화를 선도했다.

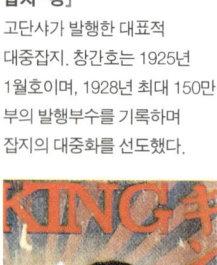

잡지의 홍수(아래)
다이쇼 말기에 수많은 대중잡지가 잇달아 창간되었다. 사진은 쇼와 초기 한 서점의 잡지 진열대 모습이다.

의 자유주의와 코즈모폴리터니즘, 인도주의, 사회주의와 같은 사상들을 수용했다. 잡지나 영화 등을 통해 서양식 생활양식과 사고방식이 소개되었다. 도시의 유행을 선도하는 모던 보이·모던 걸이 시대의 아이콘이 되었다. 일상생활에서는 서구화된 주택(문화주택)이 교외에 건축되어 보급되었다. 가스, 수도, 전기, 전화와 같은 도시의 기반시설도 확충되었다.

1920년대는 사회적 불안이 심화되는 시기이기도 했다. 만성 불황은 고용 불안과 임금 하락을 야기하여 노동운동의 성장을 가져왔다. 특히 1917년 러시아혁명의 영향으로 급진적 사회

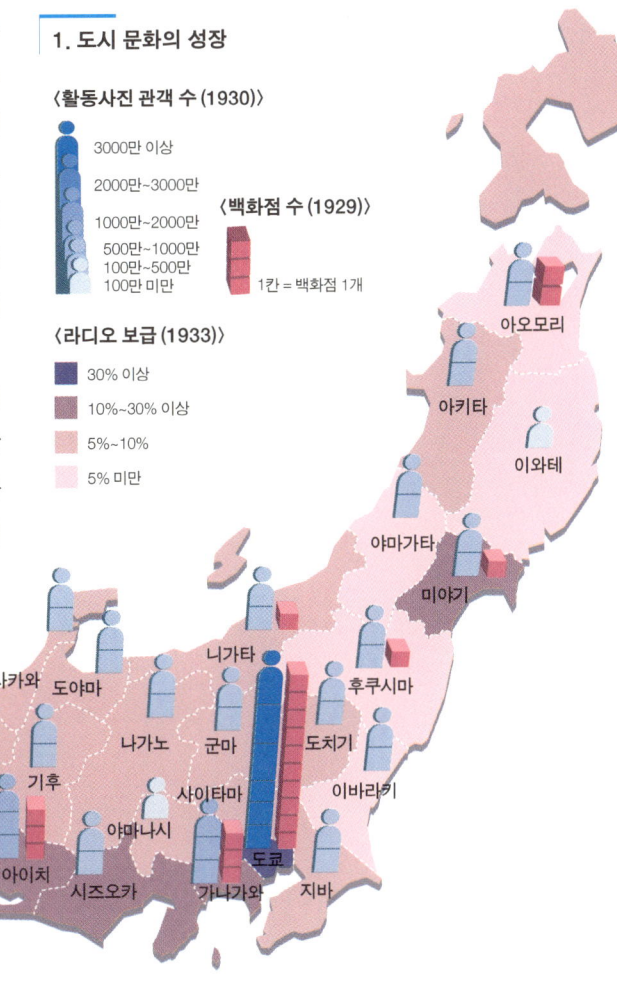

1. 도시 문화의 성장

〈활동사진 관객 수 (1930)〉
- 3000만 이상
- 2000만~3000만
- 1000만~2000만
- 500만~1000만
- 100만~500만
- 100만 미만

〈백화점 수 (1929)〉
1칸 = 백화점 1개

〈라디오 보급 (1933)〉
- 30% 이상
- 10%~30% 이상
- 5%~10%
- 5% 미만

주의와 공산주의가 노동운동에 영향을 주었다. 1918년 요시노 사쿠조가 중심이 되어 결성한 신인회가 모태가 되어 대학생과 지식인들에 의한 사회주의 연구가 본격화되었고, 1922년에는 일본공산당 결성으로까지 이어졌다. 그러나 정부가 1925년 치안유지법의 제정을 통해 노동운동에 대한 탄압 정책을 강력히 추진했기 때문에, 노동운동과 사회주의운동은 한계를 벗어날 수 없었다.

그밖에 차별 철폐를 위한 사회운동도 전개되었다. 1922년에 전국수평사가 결성되어 부락민에 대한 차별 철폐 운동을 주도했다. 여성의 교육과 사회 진출이 확대되면서 1911년 결성된 청탑사, 1920년 신부인협회, 1921년 적란회와 같은 여성운동 조직이 결성되었다.

도쿄 중심가
도쿄는 고층 빌딩과 자동차가 가득 들어찬 대도시로 발전했다. 사진은 당시 도쿄 긴자의 모습.

만주사변과 만주국의 성립

1931. 7.
만보산사건 발생

1931. 9.
유조호사건 발생

1932. 1.
상해사변 발생

1932. 2.~9.
리튼 조사단, 만주에 파견

1932. 3.
만주국 건국

1933. 2.
일본, 국제연맹 탈퇴

1933. 5.
당고 정전협정 체결

1934. 3.
만주국, 만주제국으로 승격됨

1934. 11.
만철 아시아호 운행 시작

1945. 8.
만주국 멸망

1930년대에 일본을 둘러싼 국제관계가 급변하기 시작했다. 군축 조약을 둘러싸고 영·미와의 갈등이 고조되는 가운데, 중국국민당의 세력 확대는 러일전쟁 이후 만주 지역에 심어놓은 일본의 세력을 위협했다. 이에 대한 반응이 1931년 9월 관동군이 일으킨 만주사변이었다. 때마침 중국인과 조선인 농민이 충돌한 만보산사건萬寶山事件으로 긴장이 조성되어 있던 시점에서 관동군은 심양 교외의 유조호柳條湖에서 철로를 폭파하고, 이를 장학량 동북군의 도발로 몰아 군사행동에 나섰다. 조선 주둔 일본군의 일부도 압록강을 건너 관동군을 지원했다. 외무성 등의 견제에도 불구하고 전선은 확대되어, 관동군은 만주(중국 동북) 전역을 점령하기에 이른다.(도1)

만주사변은 중국 국민혁명의 확산으로 초래된 위기 상황뿐 아니라 간도間島 항일운동으로 인한 조선의 동요를 타개하고, 세계 대공황의 여파로 빈사 상태에 빠진 일본 자본주의의 활로를 모색하려 한 군사적 대응이었다. 또 소련과 미국에 대한 지구전의 기반을 마련하고 이를 동력으로 일본의 '국가 개조'를 추진한다는 전략에 입각한 것이기도 했다. 관동군 참모 이시하라 간지가 이 구상의 입안자였다.

국제연맹은 일본의 군사행동을 국제법 위반이라 비난하고 조사단을 파견하기로 결정했다. 애초에 대만과 조선처럼 총독부를 설치하려 했던 관동군은 국제연맹의 리튼 조사단이 도착하기 전에 '독립국'을 세우는 것으로 방침을 전환한다. 관동군은 1932년 1월 상해사변을 일으켜 열강의 관심을 돌린 뒤, 청나라 마지막 황제 부의를 내세워 괴뢰 국가 '만주국'을 수립했다. 그러나 국제연맹이 리튼 조사단의 보고서를 토대로 중국의 주권을 확인하고 일본군의 철수를 결의하자, 일본은 1933년 국제연맹을 탈퇴함으로써 국제적 고립을 자초하게 되었다.

만주국은 실권을 관동군 군사고문과 차관급 일본인 관료들이 장악했지만, 국가원수 이하 장관 등 주요 관직에는 중국인을 기용하는 지배 형식을 취했다. 실질적으로는 괴뢰 국가였지만 대외적으로 '독립국'의 면모를 과시하기 위해서였다. 지배 이념으로서 유교적 '왕도주의王道主義'와 다민족 공존의 '민족협화民族協和'를 내걸기도 했다. 이는 1차 세계대전 이후 민족자결주의의 대두와 식민지형 지배의 쇠퇴라고 하는 세계사적 변화를 반영한 것이다. 만주국은 2차 세계대전 이후 등장하는 '신식민지형' 간접 지배의 원형에 해당하는 실험장이었다.

구舊 동북군에서 동북항일연군으로 이어진 중국의 항일무장투쟁이 차츰 약화되는 가운데, 1930년대 중반 이후 일본은 만주국을 무대로 다양한 실험들을 진행시켰다. 우선 정치적으로 일본의 치외법권을 스스로 철폐하는 조치를 단행함으로써 독립국의 형식을 강화하는 제스처를 취했으며, 경제적으로는 소련을 모델로 경제개발 5개년 계획을 수립해 전시체제에 대비한 통제경제의 정비에 나섰다. 통제 계획

만보산사건 당시 평양 화교 거리
1931년 7월 만보산사건이 발생하자, 분노한 평양 시민들이 화교들의 점포와 가옥을 습격했다. 사진은 당시 평양 화교 거리의 모습.

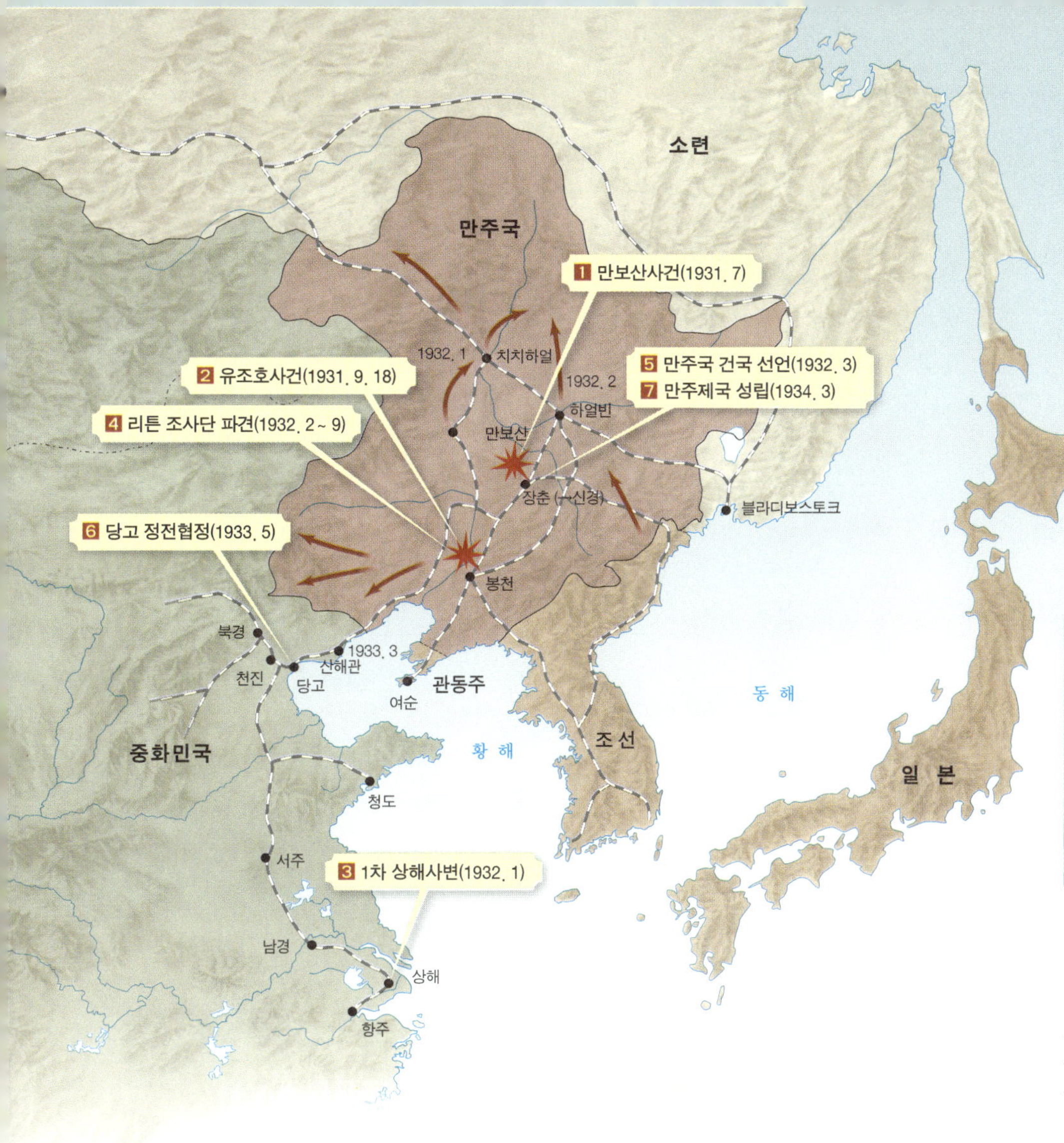
1. 만주사변의 전개
만주국의 영역
일본의 영역
철도
일본군의 진로
1931. 9 일본군의 점령 시기
1~7 주요 순서
소련
만주국
1 만보산사건(1931. 7)
2 유조호사건(1931. 9. 18)
3 1차 상해사변(1932. 1)
4 리튼 조사단 파견(1932. 2 ~ 9)
5 만주국 건국 선언(1932. 3)
6 당고 정전협정(1933. 5)
7 만주제국 성립(1934. 3)
1932. 1
치치하얼
1932. 2
하얼빈
만보산
장춘(→신경)
블라디보스토크
봉천
북경
천진
당고
1933. 3
산해관
관동주
여순
동 해
황 해
조 선
중화민국
청도
서주
일 본
남경
상해
항주

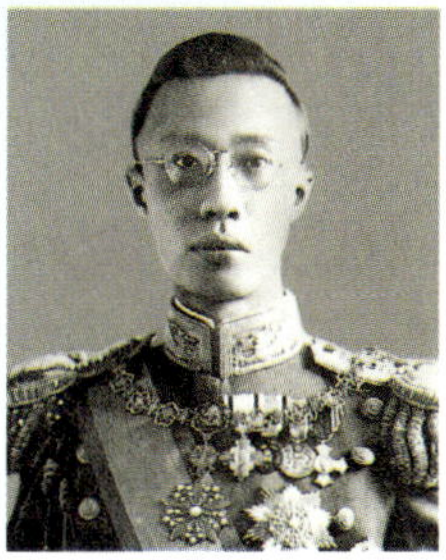
만주국 집정 부의
청나라의 마지막 황제 부의는 1932년 3월 1일 일본에 의해 만주국 집정의 자리에 올랐다. 사진은 부의가 일본으로부터 수여받은 훈장을 가슴에 달고 촬영한 것이다.

의 수립에는 만철(남만주철도주식회사) 조사부가 핵심적인 역할을 했다. 일본 본토의 전시 통제경제는 만주국을 원형으로 추진되었다고 해도 과언이 아니다. 문화적 측면에서도 만주국은 국책회사 만영(만주영화협회)을 통한 최첨단 선전전의 무대로서 두각을 나타냈다.

1945년 8월 소련군의 진주로 무너진 만주국은 14년에 불과한 수명에도 불구하고 동아시아 현대사에 긴 그림자를 드리웠다. 해방 직후 중국공산당은 만주 중화학공업 지대를 선점함으로써 국공 내전에서 승리할 수 있었다. 전후 일본의 보수 정치는 만주국 관료 출신의 기시 노부스케 수상 등에 의해 구축되었고, 이들은 한일회담의 주역 내지 막후 역할을 맡았다. 북한 김일성 체제의 역사적 정통성은 만주국 시기의 항일 무장투쟁에 있었으며, 남한의 박정희 정권도 만군(만주군관학교) 출신 등 소위 '만주 인맥'이 두드러졌다. 아직도 해결되지 못한 현지 '잔류 일본인' 문제도 만주국의 역사가 드리운 그림자를 말해주고 있다.

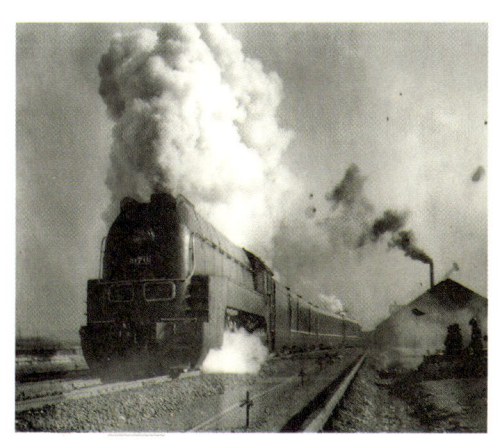

만철 아시아 호
1934년 11월 1일 운행을 시작한 '만철 아시아 호'. 종래에는 대련항에서 만주국의 수도 신경(현재의 장춘)까지 이틀이 걸렸으나, 이 열차의 운행으로 두 도시의 702킬로미터 거리를 여덟 시간 만에 주파할 수 있게 되었다. 1935년 소련으로부터 북만주 철도를 매수한 후, 하얼빈까지 운행 구간을 연장했다.

파시즘의 대두

1931. 3.
사쿠라카이 등, 군사정권 수립을 계획

1931. 10.
군부 내각 수립을 위한 쿠데타 계획 발각

1932. 2.
혈맹단사건 발생

1932. 5.
5·15사건 발생
사이토 내각 등장

1934
육군, 「국방의 본의와 그 강화의 제창」을 발표

1935. 2.
미노베, 귀족원에서 천황기관설 배격에 반론함

1935. 8.
국가주의 세력, 국체 명징 성명 발표
천황기관설을 배격하고
천황주권설을 내세움

1936. 2.
2·26사건 발생

1936. 3.
2·26사건 관련자 처벌

만주사변 발발은 일본 파시즘의 대두를 알리는 신호탄이었다. 대다수 일본인들은 만주사변을 열광적으로 지지했는데, 그 배경에는 중국의 반일 운동이 일본의 기득권을 위협하는 상황에 대한 대중적 반감이 작용했다. 군부는 이러한 정서를 활용하여 외무성의 영미협조론을 '연약외교'라고 비난하면서 대외 강경론의 기수로서 정치 무대의 전면에 부상했다. 육해군 청년 장교층을 중심으로 한 급진파 세력이 '국가 개조'라는 슬로건을 내걸고 일본의 파시즘화를 추진해 나갔다.

1931년 3월 육군 청년 장교들이 조직한 국가주의적 비밀결사 사쿠라카이(櫻會) 등이 군사정권을 세우기 위해 쿠데타를 계획했고, 10월에는 대외 협조적인 와카쓰키 내각을 타도하려는 쿠데타 계획이 수립되었으나, 두 사건 모두 불발로 끝났다. 그러나 1932년에 접어들면서 상황은 급변했다. 2월 국가주의자 이노우에 닛쇼가 조직한 우익 테러 결사 혈맹단이 前 대장대신 이노우에 준노스케와 미쓰이 재벌 이사장 단 다쿠마를 잇달아 암살했고, 5월에는 해군 청년 장교들이 수상 관저를 습격해 이누카이 쓰요시 수

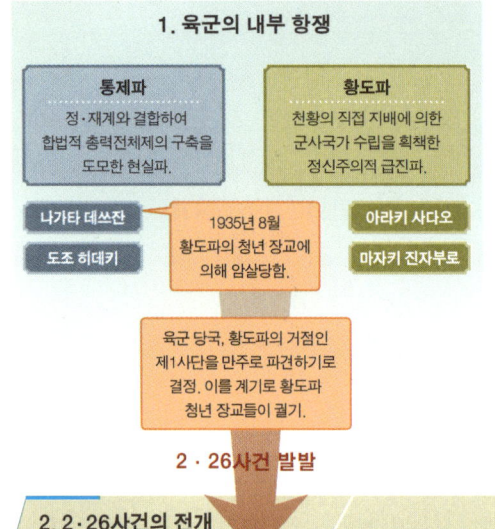

상을 사살하는 등 자유주의적 정당내각 자체를 부정하는 테러를 감행했다(5·15사건).

5·15사건의 결과 일본의 정당정치는 종말을 고하고 해군 출신으로 조선 총독을 역임했던 사이토 마코토가 이끄는 '거국 일치' 내각이 등장했다. 이로써 국가주의 혁신 세력의 발언권이 대폭 강화되었다. 그 중심인 육군은 1934년 「국방의 본의本義와 그 강화의 제창」을 발표하여 군사뿐 아니라 정치, 경제, 사회, 사상 전반에 걸친 체제 혁신을 기치로 내걸었다. 1935년 헌법학자 미노베 다쓰키치의 천황기관설天皇機關說을 배격한 '국체 명징 운동國體明徵運動'은 바로 체제 혁신을 내건 이념적 공세였다. 국가주의 세력은 '통치권의 주체는 국가이고 원수인 천황은 최고기관'이라는 메이지 말기 이래의 정설이 '국체'에 위배되는 주장이라 비난하면서 천황주권설을 내세웠다. 결국 미노베가 귀족원 의원을 사임하고 저서까지 발매 금지 처분을 받음으로써, 파시즘 세력의 이념 공세는 성공을 거두었다.

그런데 일본 파시즘을 주도한 육군은 내부적으로 파벌 대립 문제를 안고 있었다. 1930년대 초반 육군대신 아라키 사다오를 중심으로 결집한 '황도파皇道派'는 파시스트 사상가 기타 잇키의 영향을 받아 천황 중심의 급진적 체제 혁신을 주장하며 정·재계의 기성체제를 전면적으로 부정했다. 반면 군무국장 나가타 데쓰잔 등 중견 실무 장교 위주의 '통제파統制派'는 강력한 군부를 중심으로 군사 부문뿐 아니라 정당·재벌 등 기성세력과 사회민주주의 정당까지 동원하는 '국방국가'의 건설을 지향했다. 급진적 황도파는 아라키 등 수뇌부가 정치 일선에서 밀려난 1935년에 국체 명징 운동의 전면에 나서는 한편, 나가타 군무국장을 살해함으로써 통제파와의 대립을 격화시켰다.(도1)

양대 파벌의 대립은 이듬해 2월에 폭발했다. 만주국 전출을 앞둔 제1사단 소속 황도파 청년장교들이 1400명의 하사관

2·26사건의 반란 부대
노나카 시로(野中四郎) 대위가 이끄는 500여 명의 반란군이 경시청을 점거한 채 모여 있다.

과 사병을 동원하여 도쿄에서 쿠데타를 일으켰다(2·26사건). 이들은 군비 확장에 반대한 대장대신 다카하시 고레키요 등을 살해하거나 중상을 입히고 천황을 옹립한 군사정권을 수립하려 했다. 그러나 이들의 행동은 군부 주류의 통제파는 물론 천황 히로히토에게조차 통수권 침범으로 간주되었다. 반란군 전원이 체포당하고 배후로 지목된 기타 잇키 등 민간인까지 사형 등 대대적인 처벌을 받았다. 2·26사건은 황도파의 궤멸을 초래했지만 역설적으로 군부의 정치적 위상을 확립하는 계기가 되었다. 군비 확장에 저항했던 정·재계의 장애 요인들이 일시에 제거됨으로써, 중일전쟁과 태평양전쟁으로 이어지게 되는 총동원체제를 군부가 주도적으로 운용할 수 있게 된 것이다.(도2)

일본 파시즘의 특징은 파시스트 대중정당이 집권한 유럽과 달리 군부를 중심으로 한 기성체제의 '위로부터의' 파시즘화였다는 점, 파시즘 체제 수립 이후 대외 전쟁을 벌인 유럽과는 정반대로, 만주사변 이래 침략 전쟁의 일상화가 체제 변동을 이끌었다는 점을 들 수 있다. 그러한 차이점에도 불구하고 독일, 이탈리아, 일본이라는 파시즘 추축樞軸의 형성은 20세기 최대의 대량 학살을 낳았고, 그 역사적 후유증은 아직도 지워지지 않고 있다.

중일전쟁과 전시 동원

1937. 7.
노구교사건 발생

1937. 8.
상해사변 발생

1937. 12.
남경대학살 발생

1938. 10.
일본, 광동과 무한 점령

1938. 4.
국가총동원법 공포

1938. 11.
「동아신질서의 건설」 구상 발표

1940
왕정위 괴뢰정권 성립

1941
국민정신총동원운동 시작

1937년 7월 7일 밤, 북경 교외의 노구교 부근에서 중국군과 일본군이 충돌하는 사건이 발생했다. 일단 정전협정이 성립되었으나, 일본의 고노에 내각은 육군 및 정부 내 매파의 주장에 따라 군사행동 확대라는 강경 대응으로 선회했다. 같은 해 8월 2차 상해사변 발발을 계기로 해군까지 강경 방침으로 나아가 해군 항공부대가 중국 국민정부의 수도 남경을 폭격하는 등 양국은 전면전에 돌입했다.

일본군 수뇌부는 단기간에 중국을 제압할 수 있다고 판단했으나, 중국의 끈질긴 저항으로 고전을 면치 못했다. 병력을 대규모로 증원한 일본군은 12월 남경 점령 과정에서 패잔병 소탕이라는 명목으로 30만 명의 포로와 민간인을 학살했다. 이 남경대학살은 국제적인 비난이 집중되었고 중국인의 항일의식을 고취시켰다.(도1)

예상 외로 전쟁이 장기화되자 고노에 내각은 독일을 중개자로 내세워 중국과 화평 공작에 나섰다. 하지만 일방적으로 일본에게 유리한 화평 조건 탓에 중국 국민정부는 난색을 표했다. 1938년 1월 일본은 국민정부를 상대로 인정하지 않는다는 성명서를 발표하고, 10월에 광동과 무한을 점령하기에 이르렀다. 중경으로 수도를 옮긴 국민정부는 안으로는 국공합작을 맺은 중국공산당의 협력을, 밖으로는 미국·영국·소련 등의 지원을 받아 항일전쟁의 전선을 강화해나갔다.

일본 정부는 1938년 말에 '선린 우호', '협동 방공', '경제 제휴'라는 3원칙을 내세우는 한편, 전쟁의 목적이 영미 제국주의가 주도하는 기존 국제질서를 대신할 '동아신질서東亞新秩序'의 건설에 있다는 내용의 성명을 발표하여 중국 측의 동조자를 만들어내고자 했다. 장개석의 라이벌 왕정위 등이 이에 호응해 중경을 탈출하자, 1940년 일본군은 중국 각지에 수립했던 괴뢰정권들을 통합하여 남경에 왕정위 괴뢰정부를 세웠다. 이로써 일본은 본토와 식민지, 만주국과 중국 점령지를 잇는 이른바 '엔 블록'을 형성할 수 있게 되었다.

중일전쟁 이전부터 군사비의 대규모 증액을 추진해온 일본은 국제수지 악화에 봉착하자 국가 경제에 대한 직접 통제에 돌입했다. 중일전쟁 직후 일본 정부는 중요 물자의 수입 통제와 군수산업으로의 우선적 투입을 규정한 '수출입품 임시조치법'과 '임시자금 조정법' 등을 공포했다. 통제경제는 전쟁의 장기화에 따라 강화되기 시작했는데, 그 결정판은 국가 총력전에 대

1. 중일전쟁의 추이

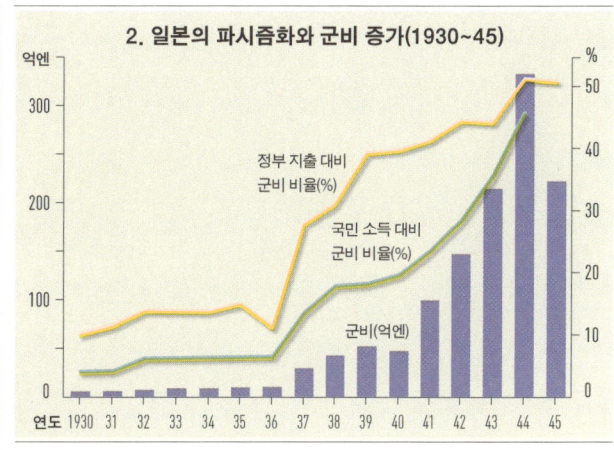

천인침(왼쪽)
약 1미터 길이의 흰 천 하나에 1000명이 붉은 실로 한 땀씩 꿰매어 만든 것으로, 전쟁에 나가는 일본군에게 주는 선물로 크게 유행했다. 천인침은 부적과 같은 역할을 하여 이것을 소지한 병사에게 행운을 준다고 믿었다.

응한 '국가총동원법'이었다. 이 법은 기존의 기획청을 확대 개편해 신설된 기획원이 총력전체제의 대응 입법으로 추진한 것으로, 1938년 4월에 공포되었다. 골자는 정부가 국가 경제와 국민생활의 모든 분야에 걸쳐 국회의 의결을 거치지 않은 채 칙령으로 통제할 수 있게 한다는 것이었다. 팽창된 국가 재정 가운데 군비의 비중은 점점 높아져서, 만주사변 직전에 국민소득의 5퍼센트였던 군비가 1940년에 20퍼센트를 넘어섰다.(도2)

기획원은 군수산업을 위한 물자 총동원 계획을 수립, 1939년부터 임금 통제령, 회사 이익 배당 및 자금 융통령, 국민징용령 등을 실시하여 노동자 임금, 주주 이익 배당, 회사 자금 조달 등에 국가가 직접 개입할 수 있도록 했고 징용을 통해 군민을 군수산업에 동원하도록 했다. 처음에는 통제경제에 저항했던 재계도 닛산 등 신흥 재벌을 중심으로 군부에 협조하기 시작했고 미쓰이·미쓰비시 등 구舊 재벌도 합세하여 전시경제를 뒷받침했다. 국가에 의한 노동자 조직 재편성도 추진되어, 직장마다 산업보국회産業報國會가 조직되고 '대일본 산업보국회'로 일원화됨으로써 노사협조가 강제되었다. 민간의 생산과 소비, 수입에 대한 통제도 강화되었다. 중소기업의 강제적 통폐합이 추진되었으며 1939

년 가격 통제령, 1940년 사치품 판매 제한령과 쌀 공출제, 1941년 쌀 배급제 등이 잇달아 시행되어 생필품에 대한 국가 통제가 확대되었다. 사상 통제 또한 강화되었다. 1940년 일본 정부는 내각정보국을 설치해 언론, 출판, 영화 등 대중매체에 대한 검열을 강화했고 1941년 '국민정신총동원운동'에 의해 군국주의·국가주의를 고취시켰다. 이러한 '황민화皇民化' 정책은 일본 본토뿐 아니라 조선·대만 등 식민지에서 더 가혹한 형태로 강요되었다.(도3)

3. 전시체제의 강화

연도	정치	경제	생활	교육·사상
1937	군수공업동원법 발동			
1938	국가총동원법 공포	전력 국가 관리법 공포		메이데이 집회 전면 금지
1939	국민징용령 공포	임금 통제령 공포 가격 등 통제령 공포	미곡배급통제법 공포	흥아봉공일(애국일) 실시
1940	일본노동총동맹 해산 대일본농민조합 해산	미곡 공출 강제 조치 결정	사치품 등 제조 판매 제한 규칙 공포	
1941	대미·대영 선전포고		6대 도시에서 미곡배급통장제 실시	국민학교령 공포
1942	대동아성 설치	식량 관리법 공포 기업 정비령 공포	사원의 불구佛具, 범종 등 강제 공출	대동아전쟁 미술전
1943	학도 전시동원체제 확립 요강 결정 징병 연령 하향(19세)	전력 증강 기업 정비 요강 결정		학도 전시동원체제 확립 요강 결정
1944	징병 연령 하향(17세)		가정용 사탕 배급 정지	학도근로령 공포 여자정신근로령 공포
1945	국민 근로 동원령		식량 배급 1할 감소	전시교육령 공포

'대동아공영권'의 환상

1940. 9.
독일·이탈리아와 삼국동맹 체결

1941. 6.
영국·미국과 전쟁 불사 선언

1941. 10.
도조 히데키 내각 성립

1941. 12.
태평양전쟁 발발

1942. 1.
일본군, 필리핀 마닐라 점령

1942. 6.
미드웨이 해전에서 참패

1943. 11.
대동아회의 개최

1944. 7.
미군, 사이판 섬 점령

1945. 7.
연합군, 오키나와 점령

1945. 8.
원자폭탄 투하
일본, 무조건 항복

'대동아공영권'이라는 말은 1940년 7월 마스오카 요스케가 2차 고노에 내각의 외무대신으로 취임한 직후에 처음 쓴 말이다. 일본 정부의 공식 표현은 「기본 국책 요강」에서 사용된 '대동아의 신질서'였다. 그것은 1938년에 제창된 '동아신질서'의 확대판이었다. 즉, 동북아시아 중심의 '동아신질서'에 동남아시아 지역까지 포괄하는 일본의 지배권을 가리키는 말이었다.

1940년 4월 이후 독일이 서부 전선에서 승리를 거두자, 이에 고무된 일본은 독일·이탈리아와 제휴를 강화하면서 동남아시아로의 '남진南進' 정책을 세웠다. 1940년 9월 일본 군부는 중국 국민정부의 보급선인 원장援蔣(장개석 지원) 루트를 차단한다는 명분 아래 베트남 북부에 무력 진주하는 한편, 독일·이탈리아와 삼국동맹을 체결했다. 이로써 일본은 메이지 이래의 기본적 외교 방침이었던 영국·미국 의존에서 탈피하는 방향으로 나아갔다.

일본의 동남아시아 침공에 반발한 미국은 가솔린과 고철의 대일 수출을 금지시켰다. 대미 관계 파탄을 우려한 고노에 내각은 외교 교섭을 병행했지만, 1941년 7월 일본군이 베트남 남부

진주를 강행하자 미국·영국·네덜란드 3국은 일본 재외 자산의 전면 동결과 대일 석유 수출 전면 금지라는 조치로 맞섰다. 미국 등의 경제 제재는 다시 군부 내 강경론을 자극하여, 이른바 'ABCD 포위진'의 위협을 선전하는 가운데 전쟁 불사의 분위기가 짙어졌다.(도1)

1941년 10월 주전파 도조 히데키 내각이 성립하고, 11월 천황이 참석한 어전회의에서 12월 초순에 전쟁을 개시하기로 결정했다. 미국이 만주사변 이전 상태로의 복귀를 요구하는 '헐 노트(헐은 당시 미국의 국무장관)'를 제출하자, 일본은 12월 1일 어전회의에서 12월 8일 개전을 최종 결정했다. 만주사변이나 중일전쟁과는 달리, 태평양전쟁을 결정할 때는 히로히토 천황을 비롯한 정부 및 군부 지도자들이 공식 회의를 통해 의견을 일치시켰다.

진주만 공격에 성공한 일본군은 반년 사이에

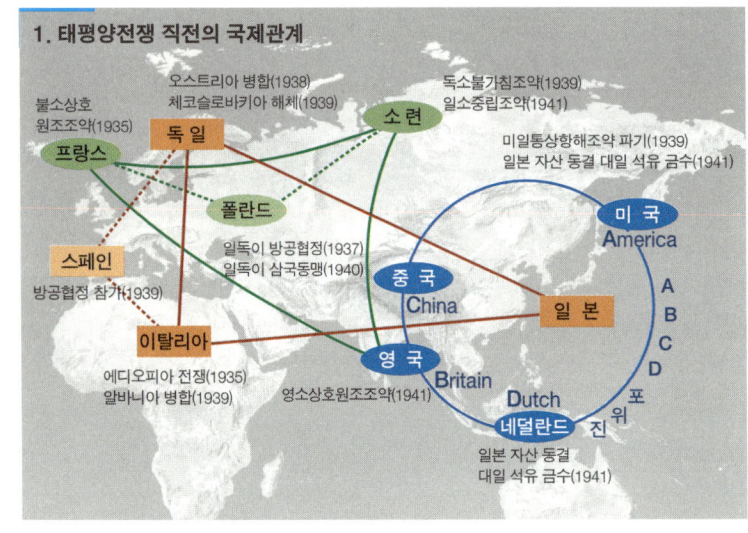

1. 태평양전쟁 직전의 국제관계

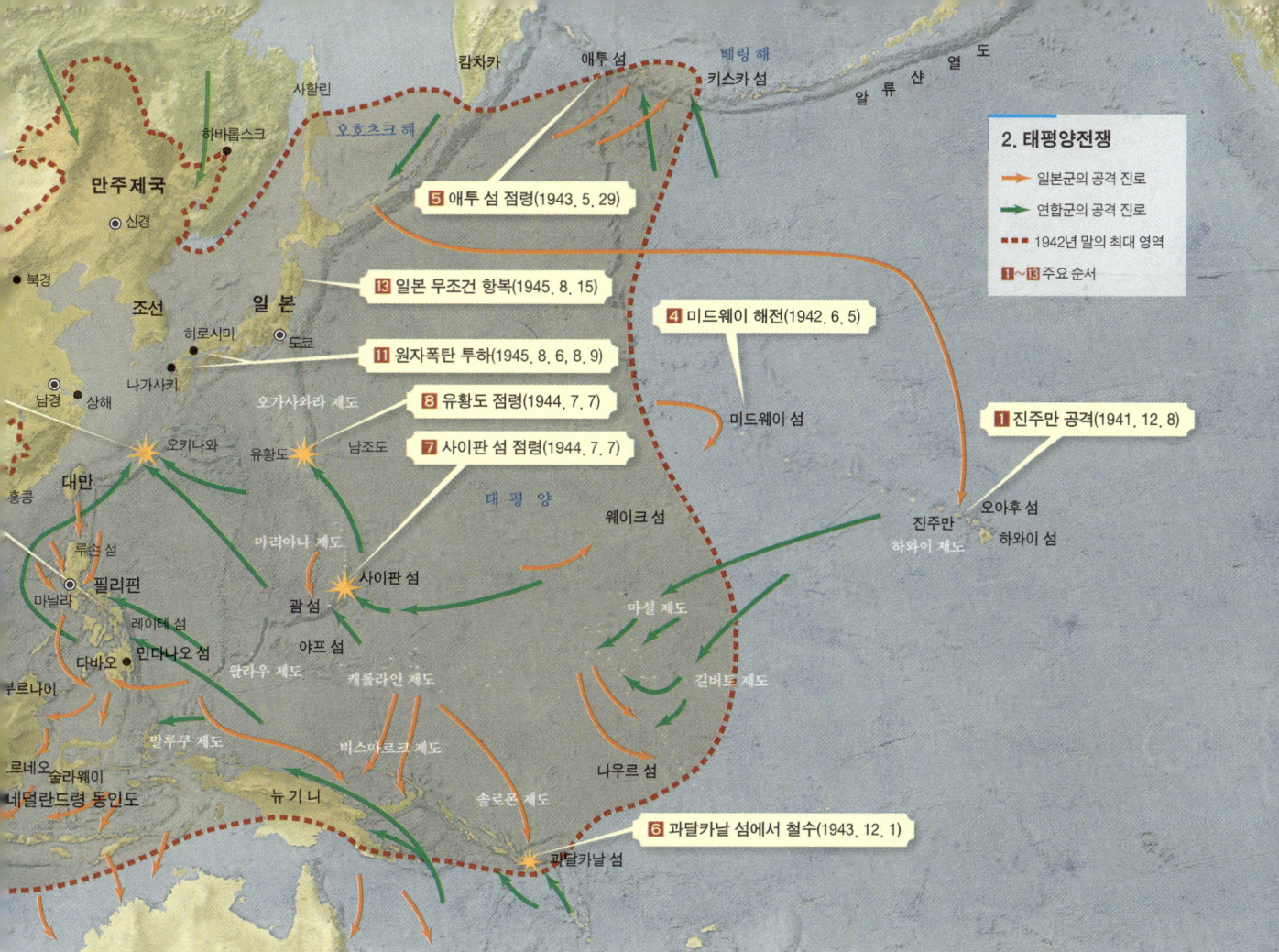

과달카날에서 버마, 알류샨 열도에서 자바에 이르는 광범위한 지역을 점령했다. 그러나 1942년 6월 미드웨이 해전에서 연합 함대가 항공모함 네 척을 잃는 참패를 당하면서, 일본은 태평양 방면에서 제해권과 제공권을 상실하기 시작했다.(도2) 1944년 후반 이후 일본은 공업 원료와 석유 수입이 곤란해졌고, 청년 노동력 부족, 인플레이션 진행, 공습 피해 가중 등으로 공업 생산이 붕괴되어 극단적인 생필품 부족에 봉착했다. 노동력과 비료 부족으로 농업 생산이 정체되면서 심각한 식량 부족에 직면했고, 강제공출 시행에도 불구하고 이를 타개하지 못했다.

이 시기에 일본은 식민지 조선과 대만을 후방 기지로 이용하기 위해 황민화 정책을 추진했다. 일본어 교육과 사용이 강제되고 일본식 의례와 신사 참배, 창씨개명이 강요되었다. 총동원법을 적용해 값싼 임금으로 군수산업을 발전시키는 한편, 농촌에서 쌀 강제공출을 시행했다. 병력 부족을 메우기 위해 조선인 약 21만, 대만인 약 2만 명을 징병했으며, 조선인 약 70만 명과 중국인 약 4만 명을 일본 본토와 사할린 등지로 강제 연행하여 광산 등지에서 혹사시켰다. 조선인 여성과 점령지 여성에게는 군 관리 하의 '위안부' 생활을 강요했다. 한편 동남아시아 점령지에 군정을 시행하며 황민화 정책을 추진했고, 자바 등지에서는 노동력을 확보하기 위해 강제 연행을 했으며, 필리핀과 싱가포르 등지에서는 반일 성향으로 보이는 주민을 학살했다. 버마, 필리핀, 인도네시아에 괴뢰정권을 만든 일본은 1943년 아시아 친일 정권의 대표를 소집해 도쿄에서 '대동아회의'를 개최했지만 아무런 실효도 거두지 못했다. 아시아 각지에서 항일 민족해방운동이 고양되었고 '대동아공영권'은 일본의 패전과 함께 소멸되었다.

점령과 전후 개혁

1945. 8.
일본 무조건 항복
점령군 40만 명의 일본 진주 시작

1945. 9.
시게미쓰 마모루, 항복문서에 조인
연합국 총사령부 설치

1945. 11.
연합국 총사령부, 4대 재벌 해체 지령을 내림

1945. 12.
농지 개혁 시작

1946. 1.
천황의 신격화를 부정하는 조서 발표

1946. 5~48. 11.
도쿄 재판

1946. 11.
신헌법 공포

1947. 3.
교육 기본법 공포

1947. 4.
독점 금지법·노동 기준법 공포

일본은 1945년 8월 15일 항복한 이후 미국을 중심으로 한 연합국의 지배하에 놓이게 되었다. 최고사령관 맥아더가 지휘하는 연합국 총사령부(GHQ)는 형식적으로 미국 외에 영국, 중국(중화민국), 소련 등이 참여한 극동위원회 산하에 있었다. 그러나 극동위원회는 미국 정부의 거부권과 지령권 때문에 권한이 제한적이었고 사령관 자문기구인 대일이사회 역시 큰 역할을 하지 못했다. 결국 연합국의 일본 점령은 미국의 단독 점령이나 마찬가지로 전개되어 유럽에서의 분할 점령과는 대조적이었다.

더욱이 일본 점령은 기존 일본 정부의 행정 기구를 활용하는 간접 통치 형태를 취했다. 물론 일본 정부가 총사령부의 지령을 제대로 시행하지 않을 때, 총사령부는 일본 정부와 사전 협의 없이 초법적 권력을 행사할 수 있었다. 그럼에도 불구하고 간접 통치의 결과 패전 이전의 관료제도를 유지할 수 있었는데, 이는 독일 점령과 대비되는 특징이다.(도1)

연합국 총사령부는 1945년 9월 이래 강도 높은 전후 개혁을 추진했다. 우선 9월에 군수 생산의 전면 중지, 육해군 해체, 전범 체포 등 군사적 무장해제 조치가 단행되었다. 이어 10월에는 인권 지령(천황 논의의 자유화, 정치범 석방 등)과 5대 개혁 지령(헌법의 자유주의화와 여성 참정권 부여, 노동조합 결성의 장려, 교육제도의 개혁, 비밀경찰 등 억압 기구의 폐지, 경제의 민주화)을 통해 정치적 민주화가 실행되기 시작했다.

정치적 민주화의 핵심은 신헌법 제정과 교육 개혁이었다. 총사령부 민정국의 '맥아더 초안'을 토대로 작성된 신헌법(현행 일본국헌법)은 주권재민, 평화주의, 인권 존중의 기본 원리 아래 상징천황(1조)과 전쟁 포기(9조)를 특징으로 삼았다. 이 조항은 천황제 폐지 여론을 무마하고 '상징천황'으로 천황제를 존속시키기 위한 정치적 거래의 산물이지만, 전쟁 포기를 조문상 명시함으로써 신헌법을 '평화 헌법'이라 부르게 만들었다. 신헌법과 함께 1947년 제정된 '교육

맥아더와 히로히토 천황
1945년 9월 27일 히로히토 천황은 미국 대사관을 방문하여 맥아더 원수와 회견을 가졌다. 이 사진은 연합국 총사령부의 지령으로 9월 29일 신문에 공표되었다.

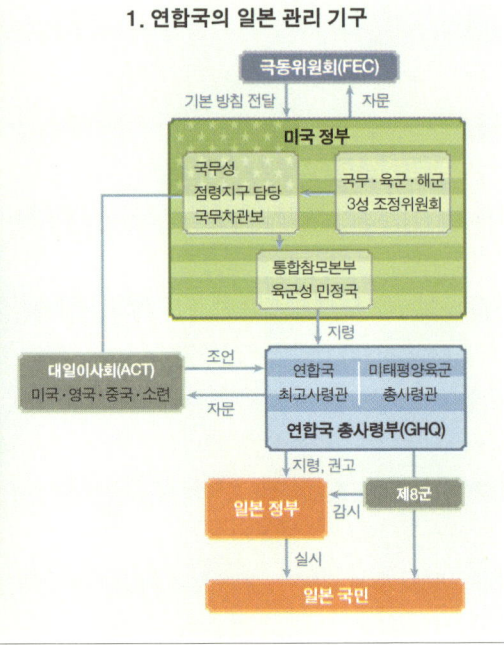

1. 연합국의 일본 관리 기구

기본법'은 군국주의 교육을 부정하고 민주주의 이념과 기회균등 교육을 표방한 교육개혁의 상징적 입법이었다.

한편 경제적 민주화 조치로서 농지 개혁, 노동 개혁, 재벌 해체가 진행되었다. 농지 개혁은 1945년과 1950년 두 차례에 걸쳐 전체의 80퍼센트에 이르는 소작지를 해방시켜 자작농을 창출한 것인데, 농업 생산성 향상을 통해 농민의 소득을 증가시켜 내수 경기를 부양하는 데 성공했다. 노동 개혁은 일본 노동자들에게 역사상 최초로 노동 3권을 안겨주었으며, 재벌 해체는 4대 재벌(미쓰이, 미쓰비시, 스미토모, 야스다) 중심의 족벌 체제를 종식시키고 독점금지법 등을 통해 기업 집단으로의 전환을 가져왔다. 기존 15개 재벌의 자산이 동결되었고 지주회사 정리위원회를 통해 재벌 소유 유가증권은 일반에 매각되었다. 이로써 일본 군국주의의 경제적 기반은 해체되고 민주적 시장경제화의 초석이 다져졌다.

전후 개혁이 표방한 비군사화와 민주화의 상징은 도쿄 재판이었다. 1946년 5월부터 1948년 11월까지 열린 이 재판은 유럽의 뉘른베르크 재판과 함께 전쟁범죄자에 대한 엄중 처벌을 지향했다. 역사상 최초로 '평화에 대한 죄'와 '인도人道에 대한 죄'로 A급 전범을 단죄한 것은 2차 세계대전의 충격이 그만큼 컸기 때문이다. 도쿄 재판은 28명의 피고인 중 도조 히데키 등 A급 전범 7명에게 교수형, 아라키 사다오 등 16명에게 종신형을 선고했다. 또한 각 나라별로 B·C급 전범에 대한 재판도 이루어졌다.(도2) 만주사변과 남경대학살의 진상이 법정에서 드러나는 등 도쿄 재판은 전쟁범죄의 실상을 알리는 효과가 컸다. 그러나 미국의 점령정책과 관련해서 최고 통수권자 히로히토 천황의 전쟁 책임을 덮어두었다는 점, 서양 열강과의 관계에만 초점을 맞추어 아시아를 경시했다는 점은 이 재판의 커다란 한계였다.

도쿄 재판과 도조 히데키
도쿄 재판이 열린 육군사관학교 강당의 전경. 정면이 재판관석이고 오른쪽에 앉아 있는 사람이 A급 전범 도조 히데키이다. 이 재판의 결과, 그는 1948년 교수형에 처해졌다.

강화조약과 안보체제

1949. 10.
중화인민공화국 성립

1950. 6.
한국전쟁 발발

1951. 9.
샌프란시스코 강화회의 개최
미일강화조약과 미일안보조약 체결

1952. 2.
미일행정협정 체결

1952. 4.
중화민국과 평화조약 체결

1952. 6.
인도와 평화조약 체결

1954. 3.
미일상호방위원조협정 체결

1954. 6.
방위청 설치

1954. 7.
자위대 설치

샌프란시스코 강화조약 조인
일본은 1951년 9월 8일 오전 10시 30분부터 샌프란시스코 오페라하우스에서 49개국 대사들과 조약을 조인했다. 사진은 요시다 시게루 수상이 서명하는 모습이다. 이로써 일본은 독립국의 지위를 회복했다.

1949년 중화인민공화국의 성립은 전후 동아시아 정책을 중화민국 중심으로 구상했던 미국의 전략을 수포로 만들었다. 그 결과 중국 대신 일본이 새로운 중심으로 부상하게 되었고, 한국전쟁은 일본의 전략적 중요성을 확인시키는 계기가 되었다. 이때부터 미국은 일본과 연합국의 강화조약을 신속히 성사시켜 일본을 동아시아 정책의 거점으로 육성하는 방안을 급속히 추진했다.

일본과 미국의 강화 구상은 이미 1947년부터 제기되고 있었지만, 미 국방부는 미군의 일본 주둔이 보장되지 않는 한 일본 점령의 조기 종식에 반대했다. 하지만 한국전쟁이 이런 상황을 역전시켰다. 일본에 대한 강화를 늦출 경우, 소련 등이 주장하는 '미국의 일본 식민지화'를 증명하는 셈이 된다는 국제정치적 판단도 크게 작용했다. 트루먼은 1950년 9월 일본에 대한 강화조약 예비교섭을 준비했다. 강화 원칙의 골자는 오키나와 및 오가사와라의 장기 점령과 강화 이후의 미군 주둔이었다.

미국은 유엔 각국 대표단을 설득해 강화조약 조인을 추진했다. 미국이 일본에 호의적인 태도를 보이는 것에 반대하는 국제 여론이 있었고, 한국전쟁으로 인한 일본의 경제적 부활을 우려하는 목소리가 컸기 때문이다. 한편 요시다 시게루 수상은 미군의 일본 주둔을 계속 희망한다는 형태로 미국에 군사기지를 제공할 방침을 정했다. 미군 기지 존속에 대한 일본 국민의 반감이 있었지만, 당시 격화되고 있던 한국전쟁은 이를 누그러뜨리는 결정적 요인이 되었다.

1951년 9월 4일 샌프란시스코에서 개최된 강화회의에는 모두 52개국이 참가했다. 대립하던 중화인민공화국과 중화민국, 전쟁 중인 남북한은 회의에 참가하지 못했고, 인도와 버마는 조약 자체를 비판하며 불참했다. 이렇게 아시아 당사국들을 배제한 채 파행적으로 열린 샌프란시스코 강화회의는 일본의 독립을 인정하는 조건으로 쿠릴 열도에 대한 권리 포기, 오키나와 및 오가사와라 제도의 미국 위임, 특정 연합국과 일본의 협정에 의한 외국군 주둔 등 세 가지를 명시하며 8일 조인되었다.

한편 강화조약이 조인된 같은 날, 미일 간에 안보조약이 체결되었다. 안보조약은 강화조약의 세 번째 조건에서 명시한 특정 연합국 군대의 주둔을 구체화한 것으로서, 미국의 육해공군이 일본에 주둔하며, '극동 평화와 안전의 유지'와 일본의 내란 진압을 위해 출동할 수 있게 했다. 미군의 호칭은 이제 '점령군'에서 '주둔군'으로 바뀌었다. 하지만 이 안보조약은 미군의 일본 방위 의무가 없고 조약의 기한도 명시되지 않은 일방적 조약이었다.

샌프란시스코 강화조약은 1952년 4월 발효되었다. 일본은 회의에는 참가했으나 조약에 조인하지 않은 소련과 1956년 10월에야 국교 회복 공동선언을 조인하여 국교를 회복했다. 조약에 반대해 불참한 인도와는 1952년 6월 평화조약을 체결했으며 동남아시아와 남북한과의

1. 축소된 일본 영토
2. 세계 양극체제(1958)

국교 수립은 배상과 맞물려 순차적으로 전개되었다. 일본 정부는 중화민국을 중국의 유일 정통 정부로 인정하여 1952년 4월에 일화평화조약을 체결했다. 그 결과 중화인민공화국과 일본의 관계는 그 뒤 오랫동안 냉각되어 1972년 9월까지 국교를 회복하지 못했다. 이처럼 강화조약과 안보조약은 냉전의 산물이었다.

한편 자국과 군사동맹을 맺은 나라들의 군비 증강과 지원을 위해 성립된 미국의 상호안전보장법(MSA)이 일본에 적용된 결과, 일본은 1954년 3월 미일상호방위원조협정을 체결하여 미국의 MSA 원조를 대가로 군비 증강을 약속했고 군사 기밀 유지를 위해 기밀보호법이 제정되었다. 그 연장선상에서 1954년 6월 방위청이 설치되고 7월에는 자위대가 발족하기에 이른다.

보수 통합과 안보 개정

1951. 10.
일본사회당, 좌우로 분열

1955. 10.
일본사회당, 좌우파 합쳐 1/3 이상의 의석 확보

1955. 11.
자유민주당 결성
55년 체제 성립

1957
기시 노부스케 내각, 미일안보조약 개정 시도

1959. 3.
안보조약 개정 저지 국민회의 결성

1960. 1.
새 안보조약 조인

1960. 5.
새 안보조약 비준안 통과

1950년대 전반은 일본의 정계 재편이 본격화되기 시작하면서 이른바 '55년 체제'로 정착한 시기이다. 한국전쟁이 발발하기 직전인 1949년에 성립된 3차 요시다 내각은 강화조약과 안보조약을 거치면서 권력을 강화하는 듯했으나, 공직 추방에서 해제된 정치가들이 총선거를 통해 정계에 복귀함에 따라 보수세력 내부에 파벌 경쟁이 본격적으로 시작되었다. 하토야마 이치로 등 자유당 내 반反요시다파뿐 아니라 기시 노부스케 등 정계 복귀 인사들로 구성된 민주당도 자유당 요시다 정권을 견제했다. 보수세력 내에서 자유당과 민주당의 파벌 경쟁이 본격화되었던 것이다.

분열된 보수세력을 통합으로 이끈 직접적 계기는 혁신세력의 결집이었다. 혁신세력의 중심이었던 사회당은 1951년 10월 강화조약과 안보조약의 국회 비준을 둘러싸고 양 조약에 모두 반대하는 사회당 좌파와, 강화조약에는 찬성하되 안보조약에는 반대하는 사회당 우파로 분열되었다. 그러나 1949년 49석에 불과했던 사회당은 좌·우파 분열 직후의 선거에서 사회당 우파가 57석, 사회당 좌파가 54석으로 무려 111석을 차지했고, 1953년 4월 총선거에서는 좌·우파를 합쳐 138석을 차지해 정치적 기반을 확대하고 있었다.

이 시기에 혁신파 세력이 신장된 가장 큰 요인은 국내적으로 요시다 내각의 대미종속적 정책에 대한 광범위한 사회적 저항에 기반하고 있었다. 사회당, 공산당 등 혁신 정당 외에도 총평總評(일본 노동조합 총평의회), 전학련全學連(전 일본 학생자치회총연합) 등이 헌법 옹호와 재군비확충 반대를 외치며 평화운동을 전개했다. 국제적 요인으로 들 수 있는 것은 아시아를 중심으로 한 긴장 완화와 평화 공존의 확대였다. 1953년 한국전쟁의 휴전협정이 맺어졌고, 1954년 6월 중국의 주은래와 인도의 네루 수상이 평화 5원칙 공동성명을 발표했으며, 7월에는 인도차이나 휴전에 관한 제네바 협정이 조인되었다. 일본 내 평화운동의 고양은 이러한 국제 정세 변화와 관련이 있었다.

사회당의 통합 추세가 보수정권을 위협하는 상황으로 전개되자 일본의 재계가 나서 보수 통합을 추진하기 시작했다. 일경련日經連(일본경영자단체연맹) 등 경제 4단체는 이미 1952년부터 '정국 안정'을 위한 요시다 시게루와 하토야마 이치로 간의 통합을 요구하고 있었다. 보수 통

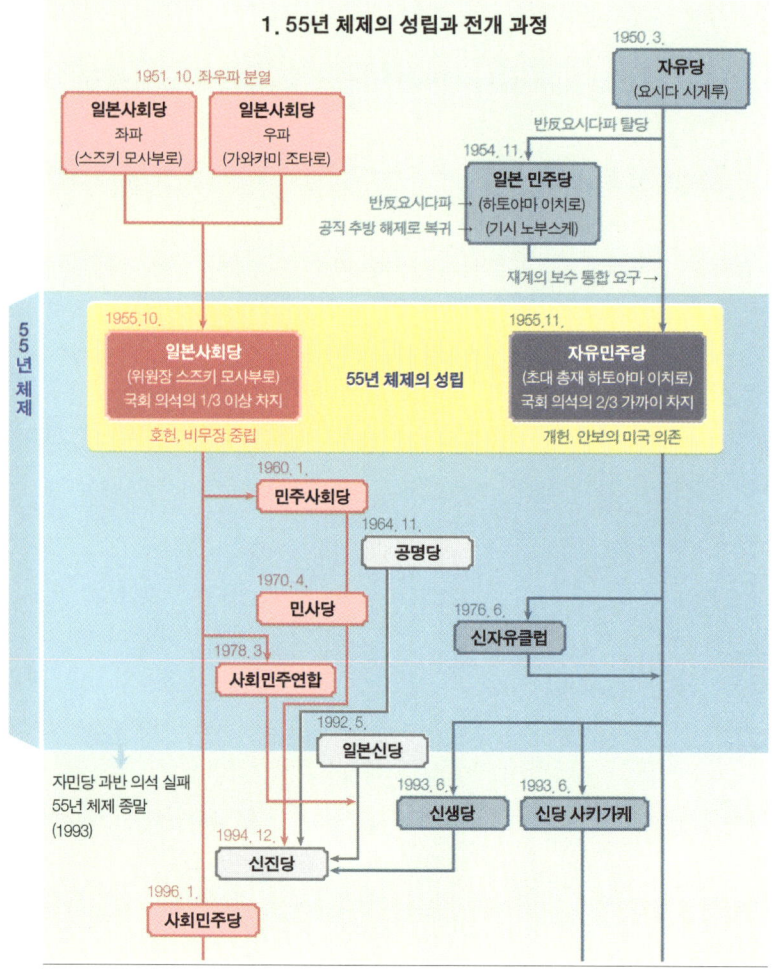

1. 55년 체제의 성립과 전개 과정

합은 경제 재건을 뒷받침할 정치체제의 구축으로서 요청되었다.

5차 내각까지 무려 7년 2개월간 지속된 요시다 내각이 1954년 12월 내각 불신임에 의해 사퇴한 이후에 치러진 2월 총선거에서, 통합 사회당 등 혁신세력이 중의원의 3분의 1 선인 156석을 넘어서는 162석의 의석을 확보하게 되었다. 그러자 위기 상황에 직면하게 된 자유당과 민주당 지도부는 사회당 통합 직후인 11월에 일본 재계의 강력한 지원 아래 통합하여 자유민주당(자민당)을 결성했다. 이로써 국회 의석의 3분의 2를 점하는 보수 안정 정권의 수립에 성공한 자민당과, 개헌 발의를 저지할 수 있는 3분의 1 이상의 의석을 차지한 사회당을 중심으로 한 야당이 대립하는 체제, 즉 '55년 체제'가 성립되었다.(도1)

1956년 12월 국제연합에 가맹함으로써 패전 후 11년 만에 국제사회로 최종 복귀한 일본은 1957년 기시 노부스케 내각의 주도하에 미일안보조약의 개정으로 나아갔다. 기시 내각은 한국전쟁 특수로 부활한 경제력을 배경으로 '일미 신시대'를 외치며 수상으로서는 전후 최초로 동남아시아를 순방해 경제 진출의 발판을 굳히는 동시에, 안보조약의 개정 교섭에 착수했다. 당시 일본 내에서는 안보 개정을 놓고 미일간 공동방위체제 강화가 필요하다는 찬성론과 미국의 핵전략 속에서 전쟁에 휘말릴 위험이 있다는 반대론이 팽팽하게 맞서고 있었다.

1959년 3월 사회당 등이 안보조약 개정 저지 국민회의를 결성해 대규모 반대운동에 나섰다. 그러나 기시 수상은 미국으로 건너가서 1960년 1월 새 안보조약에 조인했고, 5월 19일 밤부터 20일에 걸쳐 정부와 자민당이 국회 안에 경찰관 500명의 호위 아래 안보조약 비준안을 강행적으로 채택했다. 이에 반대하는 안보개정 반대운동이 유례없이 거세게 일어나면서 예정되어 있던 아이젠하워 대통령의 일본 방문까지 중단될 정도였다. 하지만 6월 19일 자정을 넘기며

안보조약 개정 반대 투쟁
1960년 5월 안보조약 비준안이 국회에서 강행 처리되자, 안보개정 반대운동이 고조되었다. 사진은 6월에 30만 명이 넘는 시위대가 국회를 포위한 모습이다.

자연 성립된 신조약은 23일 비준서가 교환됨으로써 최종적으로 발효되었다.

기시 수상의 퇴진에 이어 7월에 이케다 하야토 내각이 성립됨으로써 일본은 고도경제성장의 시대를 맞이하게 된다.

아시아 배상 외교와 국교 재개

1951. 9.
샌프란시스코 강화조약 체결
배상 교섭 시작

1952. 1.
이승만 라인 설치
일화평화조약 체결

1952. 2.
미일행정협정 조인

1952. 6.
인도와 평화조약 체결

1956. 10.
일소공동선언 조인

1960. 5.
미일안보조약 개정

1965. 6.
한일기본조약 조인

1971
베트남 전쟁 종결

1972
중화인민공화국과 국교 수립
중화민국과 국교 단절

1차 세계대전 이후 연합국이 독일에 청구한 천문학적 규모의 배상금은 독일의 경제 파탄을 초래해 나치의 대두로 이어졌다. 이를 교훈으로 삼아 2차 세계대전 이후의 배상은 징벌적, 보복적 성격이 완화되었다. 연합국은 평화 경제를 유지할 수 있는 수준의 배상을 요구했다. 조약 체결 당시 미국, 영국, 네덜란드, 오스트레일리아 등은 일본에 대한 배상 청구권을 포기했다.(도1)

이러한 기조 위에서 샌프란시스코 강화조약 제14조는 일본이 일본군의 점령으로 피해를 입은 지역에 대해 현금이 아닌 생산물이나 '역무役務'의 형태로 배상하되, 배상액이나 지불 기간 등 구체적 사항들은 배상 청구국과 일본이 개별 교섭을 해야 한다고 규정했다. 냉전체제에 의해 '적성국'으로 분류된 중화인민공화국 이외의 일본군 점령지는 동남아시아로서 전쟁 당시의 미국령 필리핀, 프랑스령 베트남, 캄보디아, 라오스, 영국령 버마, 네덜란드령 인도네시아 등이 해당했다. 이들 나라는 강화조약이 체결된 1951년 9월 시점에서 이미 독립을 달성했기 때문에, 강화조약에 따른 배상 청구국은 동남아시아 국가들에 한정되었다.

강화조약에 의한 배상 교섭은 1951년 9월 오카자키 가쓰오 외상의 동남아시아 방문으로 시작되었다. 당시 필리핀은 80억 달러, 인도네시아는 175억 달러의 배상액을 상정하고 있었으나, 고도성장 이전 일본의 수출 총액은 13억 달러, 1인당 국민소득은 153달러에 불과한 실정이었다. 이후 1954~57년에 걸친 소위 '진무(神武) 경기'로 고도성장의 궤도에 오른 일본은 난항을 거듭하면서도 동남아시아 각국과의 배상 교섭을 성사시켰다. 버마와는 1954년에 2억 달러,

1. 전후 일본의 주요 외교 활동

필리핀과는 1956년에 8억 달러, 인도네시아와는 1958년에 6억 달러, 남베트남과는 1959년에 발전소 자금 공여 형태로 4000만 달러를 지불하게 된다.

동남아시아와의 배상 외교에서 중시할 점은 배상 지불 방식이 생산물이나 역무(예컨대 침몰선 인양 등)의 형태를 취했기 때문에 일본 정부의 지원을 받는 민간 기업이 주체가 됨으로써 일본 기업의 동남아시아 경제 진출에 교두보 역할을 했다는 점이다. 아울러 배상 문제의 해결은 당연히 국교 정상화로 이어졌다.

동북아시아의 경우, 일본의 식민지였던 대만은 강화조약 발효 직후 체결된 1952년 4월 일화평화조약에서 배상청구권을 포기하고 미국 및 일본과의 군사동맹을 강화해 중화인민공화국에 맞서려 했다. 한편 한국과는 1951년 미국의 알선에 의해 국교 수립 예비 회담이 시작되는데, 1953년 10월 3차 회담에서 일본 측 수석대표 구보타 간이치로의 식민지 지배를 미화하는 '망언'으로 결렬되었다. 또 이승만 정권이 한일 간 어

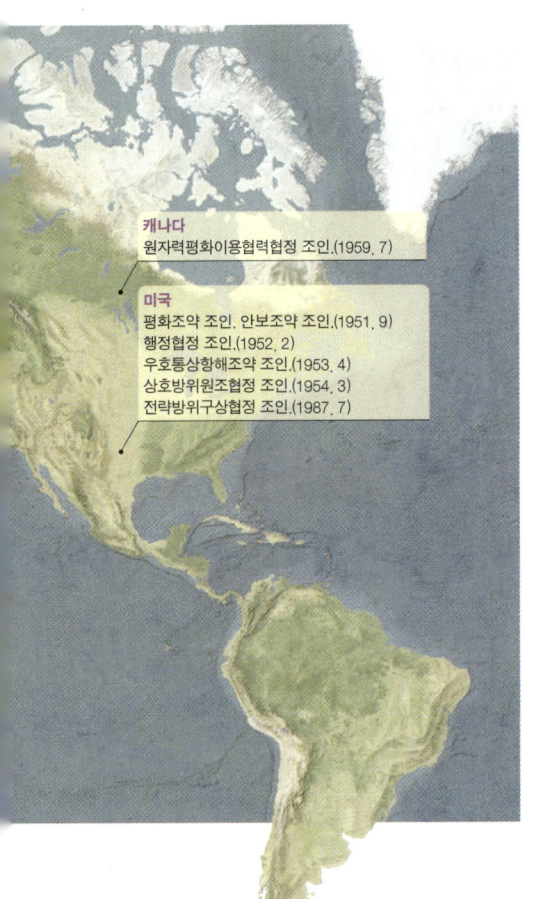

캐나다
원자력평화이용협력협정 조인.(1959. 7)

미국
평화조약 조인, 안보조약 조인.(1951. 9)
행정협정 조인.(1952. 2)
우호통상항해조약 조인.(1953. 4)
상호방위원조협정 조인.(1954. 3)
전략방위구상협정 조인.(1987. 7)

2. 이승만 라인

선 진입 금지선인 '이승만 라인'을 선포하고 일본 어선을 나포하는 등 관계가 경색되다가 1958년 들어 회담을 재개했다.(도2) 고도성장 중이던 일본의 재계는 망언을 취소하고, 한국에 대한 재산청구권을 포기하는 대신 경제 진출을 요청하고 있었다. 한일 교섭이 개시된 지 14년 만인 1965년 6월에 양국 외무장관 명의로 공동성명이 발표되었다. 한일 양국은 청구권을 포기하며, 일본이 무상 3억 달러, 정부차관 2억 달러, 민간차관 3억 달러를 공여하기로 했다. 어업권, 재일 조선인의 법적 지위, 경제 협력, 문화 협력에 관한 4개의 협정도 함께 체결되었다. 이 한일기본조약으로 종래의 이승만 라인은 소멸되었다. 또 식민지 문제를 청산하는 조약을 체결하면서 한반도의 분단체제가 강화되는 결과를 초래했다.

한편 사회주의 중국과의 국교는 1970년대가 되어서야 실현되었다. 종래 중화민국 지원 방침을 취했던 미국이 1971년부터 베트남 전쟁 종결과 미국 경제 재건을 위해 북베트남과의 평화 교섭을 실현할 중개자로서 중화인민공화국에 접근했기 때문이다. '닉슨 쇼크'로 불리는 미국과 중국의 급속한 관계 개선을 배경으로, 일본의 다나카 가쿠에이 수상이 중국을 방문, 중일 공동성명을 발표했다. 이 성명에서 중국 측은 청구권을 포기했고, 일본 측은 중화인민공화국을 유일 합법 정부로 승인함으로써 중화민국(대만)과의 외교 관계는 단절시켰다. 이로써 동아시아에서 국교를 재개하지 못한 나라로는 북한만이 남게 되었고 그 상태는 지금까지 계속되고 있다.

재일 조선인 문제와 오키나와 반환

1945. 12.
재일 조선인 참정권 정지

1947. 5.
외국인등록령 공포

1952
샌프란시스코 강화조약 발효로 재일 조선인의 일본 국적 박탈

1955
오키나와 인, 토지 방위 운동 전개

1960. 4.
오키나와 현 조국복귀협의회 결성

1965. 6.
한일기본조약 조인

1972. 5.
오키나와, 27년 만에 일본으로 반환

패전 직후 일본에는 200만 명이 넘는 조선인이 살고 있었다. 식민지 조선에서 일자리를 찾아 건너왔거나 전시에 노동력으로 강제 연행된 사람들이었다. 이 가운데 60여만 명이 귀환하지 못하고 일본에 남았다. 이들은 미군 점령기에 일본인과 동일한 법적 대우를 받았으나, 1945년 12월 중의원 선거법이 개정되면서 호적법을 기준으로 참정권을 정지당했다. 또 1947년 5월 공포된 외국인등록령에 의해 외국인 등록의 대상이 되어 등록증을 항상 휴대해야 하는 처지로 내몰렸다. 일본 정부가 이러한 정책을 편 것은, 식민지 지배와 강제 연행의 역사를 무시한 채 이들을 치안의 관점에서만 바라봤기 때문이다. 전후 민주개혁의 과정에서 치안유지법 등 악법이 폐지되면서, 이들이 노동운동과 정치운동에 적극적으로 참여해 소수민족으로서 정치세력화하는 데 대한 우려가 깔려 있었던 것이다.

1952년 샌프란시스코 강화조약이 발효되면서 재일 조선인은 일본 국적을 최종적으로 박탈당했다. 일본 법무부는 종래 거주해온 이들의 거주권을 당분간 인정하고, 강화조약 이후 출생자 및 그 자녀는 출입국관리법상 '특정 재류자' 및 '특별 재류자'로 분류하여 3년간 거주를 허가하는 정책을 취했다. 국적 선택의 기회는 전혀 주어지지 않았다. 영국이 구 식민지 출신자의 이중국적을 인정하고 독일이 국내 거주 오스트리아인에게 국적 선택권을 준 것과는 상반되는 조치였다. 이로써 재일 조선인은 영주권 없는 '정주 외국인'이 되었다.

1965년의 한일기본조약은 재일 조선인의 영주권 문제에 일정한 돌파구를 마련했다. 일본의 출입국관리특별법이 제정되어 대한민국 국적 취득자에 대한 '협정 영주권'이 부여되었던 것이다. 물론 이 영주권은 총련계 재일 조선인은 배제하는 역효과를 낳기도 했지만, 1966년 이래 1990년대까지 45만 명이 넘는 재일 조선인이 영주권을 취득하게 되었다. 이후 1989년의 출입국관리법 개정과 1991년 한일 양국 정부의 합의로, 재일 조선인은 '특별 영주권'을 부여받기에 이른다. 그럼에도 일본 사회에서 지방참정권 등 기

북한으로 떠나는 재일 조선인들(왼쪽)
1959년부터 1984년까지 일본은 9만 3340명의 재일 조선인을 북한으로 보냈다. 사진은 1959년 12월 14일 재일 조선인 362명을 싣고 일본 니가타 항에서 북한 청진항을 향해 출발하는 1차 귀국선과 이를 환송하는 모습이다.

재일 조선인들의 한신 교육 투쟁(오른쪽)
1948년 1월 일본 문부성은 '재일 조선인은 일본 법령에 따라 일본 학교에 다녀야 한다'고 발표하고, 3월과 4월에 조선인학교 폐교령을 내렸다. 그러자 폐교령에 반대하는 재일 조선인들이 오사카와 고베 일대에서 항의시위를 벌였다.

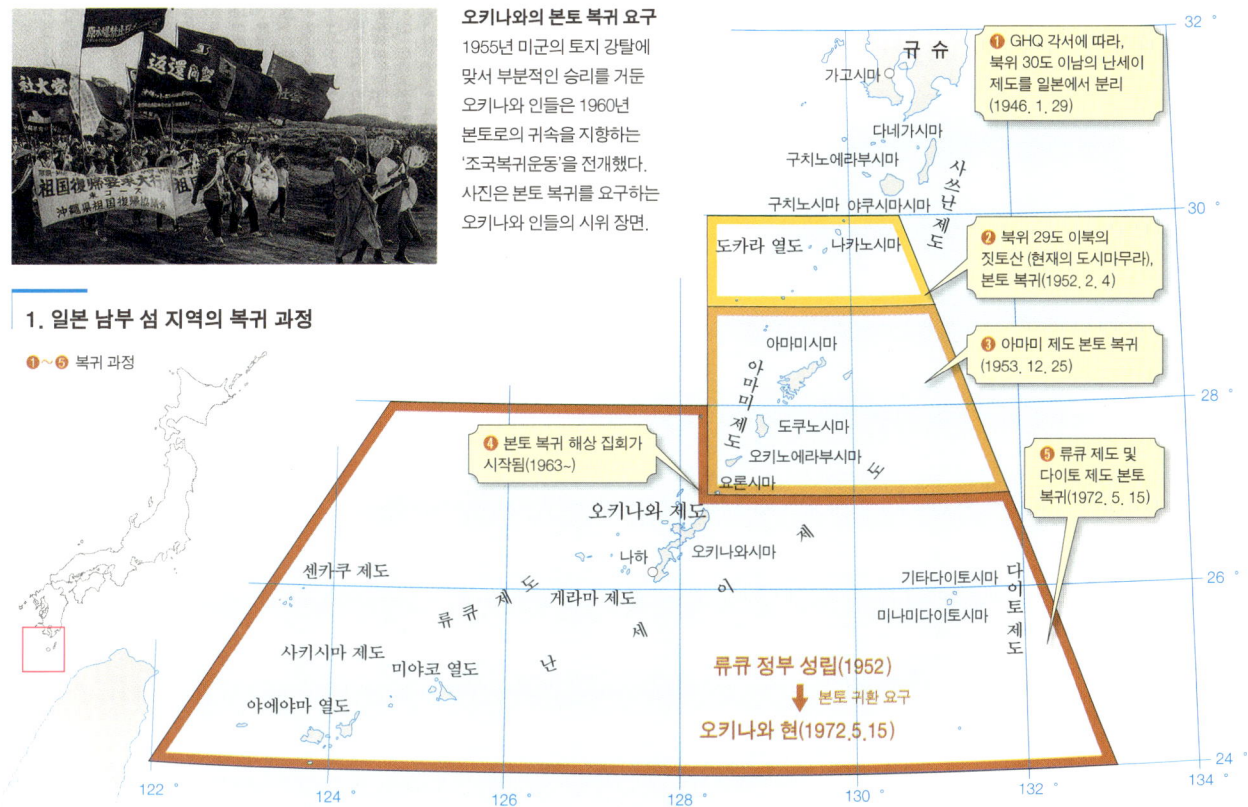

오키나와의 본토 복귀 요구
1955년 미군의 토지 강탈에 맞서 부분적인 승리를 거둔 오키나와 인들은 1960년 본토로의 귀속을 지향하는 '조국복귀운동'을 전개했다. 사진은 본토 복귀를 요구하는 오키나와 인들의 시위 장면.

1. 일본 남부 섬 지역의 복귀 과정

❶~❺ 복귀 과정

❶ GHQ 각서에 따라, 북위 30도 이남의 난세이 제도를 일본에서 분리 (1946. 1. 29)

❷ 북위 29도 이북의 짓토산(현재의 도시마무라), 본토 복귀(1952. 2. 4)

❸ 아마미 제도 본토 복귀 (1953. 12. 25)

❹ 본토 복귀 해상 집회가 시작됨(1963~)

❺ 류큐 제도 및 다이토 제도 본토 복귀(1972. 5. 15)

류큐 정부 성립(1952)
↓ 본토 귀환 요구
오키나와 현(1972.5.15)

본적 시민권이 제약받고 있는 상황은 앞으로 극복되어야 할 부분이다.

한편 샌프란시스코 강화조약은 미군 기지가 집중해 있는 오키나와의 법적 지위에도 큰 변화를 초래했다. 1945년 3~9월의 지상전으로 주민의 약 3분의 1이 희생을 당한 오키나와는 미군 점령하에서 미소 냉전의 전초기지로서 전면적인 군사기지화에 직면했다. 일본 정부는 오키나와를 군사기지로 제공하는 대신 본토를 비무장화하는 정책을 취했다. 그 결과 1952년부터 1960년까지 본토의 미군 기지는 4분의 1로 축소된 반면, 그 상당수가 오키나와로 이전했다. 기지의 자유 사용을 반대하는 본토의 평화운동에 직면한 미국이 토지를 강제 접수할 수 있는 오키나와로 기지를 집중시켰던 것이다.

1955년 '총검과 불도저'를 동원한 미군의 토지 강탈에 맞서 오키나와 주민들은 소위 '섬 전체 투쟁'이라 불리는 토지 방위 운동을 전개해 종래의 토지 사용료 일괄 지불과 신규 접수에 반대하고 적정 보상을 요구했다. 이 운동에서 부분적인 승리를 거둔 오키나와 인들은 본토로의 복귀를 지향하는 '조국 복귀 운동'에 나섰다. 1960년 4월 결성된 오키나와 현 조국복귀협의회는 시정권의 전면 반환을 요구하며 본격적인 정치투쟁에 돌입했다.

1965년 미국이 베트남 전쟁에 전면 개입하자 오키나와의 군사기지화는 가속화되었다. 북부 산악지대는 베트남 파견 미군의 훈련장으로 사용되었고 가데나 공군기지에서는 B52 전략폭격기가 쉴 새 없이 출격하는 상황이 지속되었다. 이러한 상황은 오키나와의 본토 복귀 운동을 더욱 강화시켰다. 이 틈을 노려 사토 에이사쿠 수상은 닉슨과의 공동성명에서 오키나와 반환을 약속받고 오키나와 반환협정에 조인했다. 그 결과 1972년 5월 오키나와는 일본으로 '반환'되었다. 그러나 사토 수상이 '핵을 배제하고 기지는 본토 수준으로' 반환하겠다고 했지만, 미국 측은 '핵 배제'를 명시하지 않았다. 주일 미군 기지 면적의 약 4분의 3이 오키나와로 집중되는 사태는 지금도 계속되고 있다. (도1)

고도성장의 빛과 그늘

1950 • 1970 | 쇼와 시대 | 근현대

1952
IMF 가맹

1955
GATT 가맹

1960
이케다 내각, 국민소득 배증계획 수립

1961
농업기본법 제정

1962
전국총합개발계획 결정

1964
OECD 가입
IMF 8조 국가로 이행

1967
공해대책기본법 공포

1968
GNP 면에서 자본주의 국가 중 2위로 도약

한국전쟁 특수로 부흥의 길에 들어선 일본 경제는 진무 경기로 불린 1950년대 후반부터 연 10퍼센트를 상회하는 고도성장에 돌입했다. (도1) 그것은 주로 기업의 대형설비 투자에 힘입은 바가 컸는데, 산업 전체의 중화학공업화와 기술혁신이 진전되었다. 생산의 급속한 확대와 도시로의 인구 집중에 대응하기 위해 고속도로망의 정비나 주택단지 조성이 시작되었다. 전동화가 개시되고 에너지 자원이 석탄에서 석유로 급속하게 전환되었다. 그로 인해 에너지의 수입 의존도가 높아졌다.

기시 노부스케 내각에 이어 성립된 이케다 하야토 내각은 10년 내에 소득을 두 배로 늘리겠다는 국민소득 배증계획을 수립하여 국민의 관심을 정치로부터 경제로 전환시켰다. 이 정책으로 이미 시작된 고도성장에 박차가 가해졌고 석유화학공업과 전자공업 등 신산업 부문의 발전이 시작되었다.

기업은 급속한 기술혁신을 실현하면서 생산성 향상을 이룩하였다. 생산성을 향상시키기 위해 실시된 설비 투자가 다시 새로운 설비 투자를 불러오면서 급속한 고도성장이 진행되었다. 기술혁신은 대기업뿐 아니라 중소기업에서도 이루어졌다. 가전제품의 보급에 공헌한 마쓰시타 전기, 오토바이의 국산화를 목표로 한 혼다 기연, 트랜지스터라디오를 세계 최초로 제품화하는 데 성공한 소니 등은 급성장을 이루어 세계적인 대기업이 되었다.

고도성장은 국내 경제의 틀을 크게 변화시켰다. 국제 경쟁의 격화에 대비하기 위해 일본 독자적인 기업집단이 형성된 것이다. 전후 일본에서는 대기업을 중심으로 기업 내 노조가 조직되고 종신고용과 연공서열임금으로 이루어진 일본적 노사관계가 발흥했으며 이러한 경향은 고도성장기에도 지속되었다.

일본은 1960년부터 무역의 자유화와 자본의

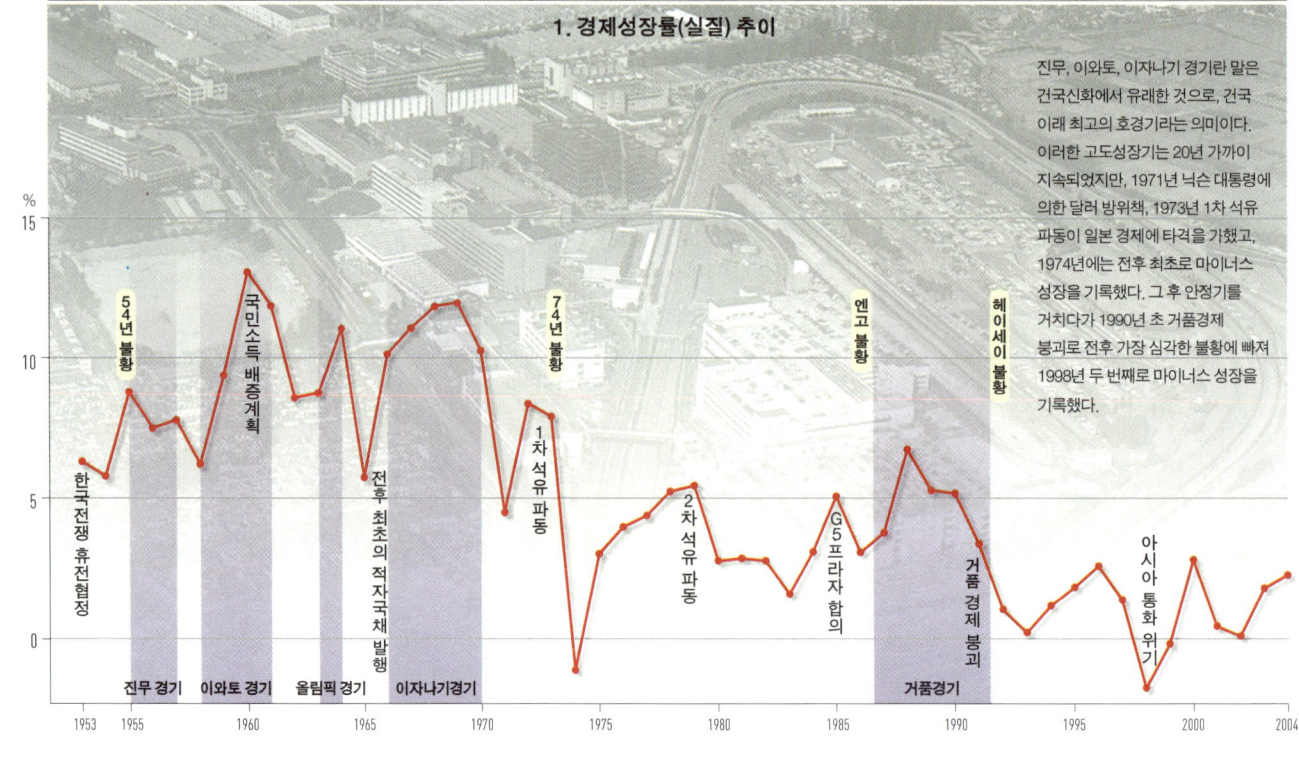

1. 경제성장률(실질) 추이

진무, 이와토, 이자나기 경기란 말은 건국신화에서 유래한 것으로, 건국 이래 최고의 호경기라는 의미이다. 이러한 고도성장기는 20년 가까이 지속되었지만, 1971년 닉슨 대통령에 의한 달러 방위책, 1973년 1차 석유파동이 일본 경제에 타격을 가했고, 1974년에는 전후 최초로 마이너스 성장을 기록했다. 그 후 안정기를 거치다가 1990년 초 거품경제 붕괴로 전후 가장 심각한 불황에 빠져 1998년 두 번째로 마이너스 성장을 기록했다.

자유화를 추진하여 1964년에는 OECD에 가입하고 외환자본 자유화를 이행해야 하는 IMF 8조 국가로 변모하였다. 1965년 이후 일본의 무역수지는 연이어 대폭 흑자를 기록했고, 수출상품도 중화학공업제품이 과반을 점하게 되었다. 또한 1950년대 후반 이후 아시아 여러 나라들과 체결한 배상 또는 무상경제협력의 협정에 의해 공업제품이나 설비 등의 수출이 진작되면서 동남아시아에 대한 해외투자가 증가했다.

한편 공업의 발전에 의해 발생한 농공 간 소득격차의 해소와 농업 경영의 자립을 주창하여 1961년 농업기본법이 제정되었으나, 농업 인구의 감소와 전업 농업의 감소는 계속되었다.(도2, 3) 지역개발과 고도성장의 진행으로 대도시에서는 과밀화에 의해 생활조건이 악화하고 농촌에서는 심각한 과소 문제가 발생했다.

1962년 전국총합개발계획이 각의에서 결정되어 그때까지 주로 태평양 벨트 지대를 중심으로 만들어졌던 대형 콤비나트가 지방의 신산업도시에 속속 자리를 잡게 되었다. 이러한 가운데 수질오염, 대기오염이 발생하여 심각한 공해 문제를 불러일으켰다. 구마모토·니가타의 미나마타 병, 도야마의 이타이이타이 병, 욧카이치 시의 천식은 가장 대표적인 공해병으로 1960년대 4대 공해 재판의 대상이 되었다.(도4) 정부는 1967년 공해대책기본법을 공포하고 1971년에는 환경청을 설치했다.

지역의 생활과 환경을 지키려는 주민운동도 활발하게 전개되었다. 누마즈·미시마 석유 콤비나트 건설에 반대하는 주민운동은 1964년 콤비나트 계획을 취소시키는 데 성공했다. 주민운동의 융성을 배경으로 1967년 미노베 료키치가 도쿄 도지사에 당선된 이후 이른바 '혁신지자체' 수장이 각지에서 탄생하여 공해·복지 대책 등에서 일정한 성과를 거두었다.

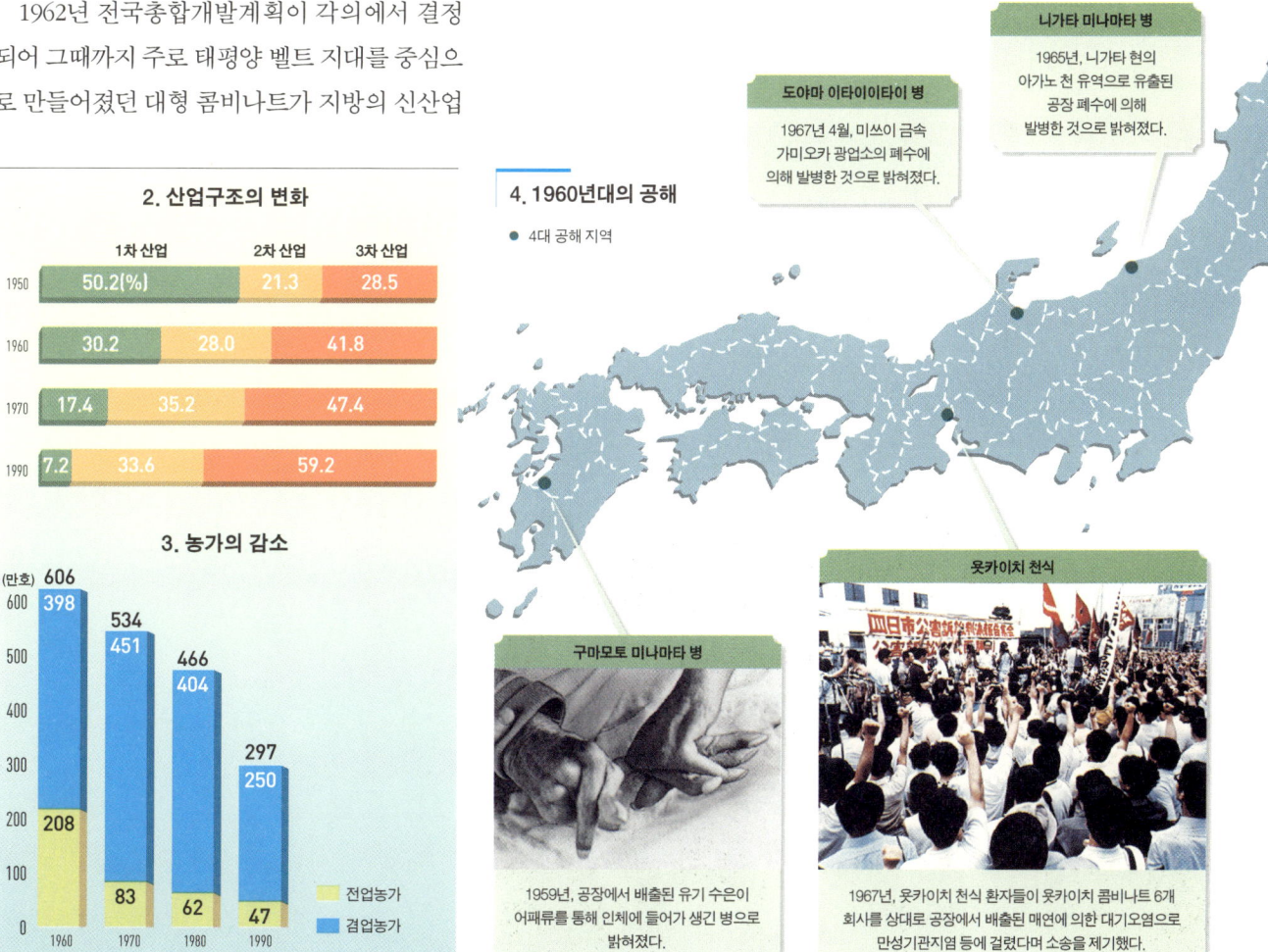

대중소비사회의 확립

1953
텔레비전 방송 시작

1957
월간지 『킹』 폐간

1958
고단샤, 『소년 매거진』 창간
FM 라디오 방송 시작

1959
황태자 부부의 결혼 퍼레이드 TV 중계, '미치코 붐'

1960
컬러 텔레비전 방송 시작

1962
민간방송의 스팟 광고 도입

1964
도쿄 올림픽 개최
도카이도 신칸센 개통

1968
대학 분쟁

1970
오사카 엑스포 개최

가전제품의 시대
1950년대에 이른바 '3종의 신기'라 불렸던 흑백TV, 세탁기, 냉장고가 보급된 데 이어, 1960년대 후반에는 칼라TV, 에어컨, 승용차가 일반화되기 시작했다. 사진은 어느 가전제품 상점의 모습이다.

고도성장을 거치면서 일본 사회는 급격한 이농과 도시화 현상에 직면했다. 1950년대에 45퍼센트 이상이던 농업 인구 비율은 1970년대에는 20퍼센트 이하로 급감했다. 겸업농가의 비중이 늘어갔고, 청년층의 이농으로 말미암아 여성과 노인 노동력에 의존해야 하는 농업 형태가 일반화되기 시작했다. 그 결과 패전 직후 28퍼센트였던 도시 인구는 1970년에 72퍼센트를 넘어서기에 이르렀다.

농림어업 등 1차 산업의 쇠퇴와 급격한 도시화의 진행은 가족의 형태에도 변화를 가져왔다. 집단취직 등을 통해 도시로 유입된 지방 청년층은 교외의 임대주택 단지 등에 거주하면서 이른바 '샐러리맨 가족'을 형성했다. 이들 가족은 대부분 남자는 직장, 여자는 가사라는 성별 분업에 입각해 자녀 둘을 양육하는 '핵가족'의 형태를 하고 있었다. 1960년대에 핵가족의 비율은 70퍼센트를 차지하게 되고 1970년대에는 '전업주부'라는 용어까지 등장하여 변화된 가족 형태를 반영했다.

가족 형태의 변화는 고도성장에 따른 소비 패턴의 변화와도 연관이 있었다. 1950년대에 이른바 '3종의 신기神器'라 불렸던 흑백TV, 세탁기, 냉장고의 보급에 이어, 1960년대 후반에는 컬러 TV, 에어컨, 승용차가 일반화되기 시작했다.(도1) 1968년 일본의 GNP가 영국과 서독을 앞지르는 가운데 식생활도 윤택해져서 육류와 유제품 소비가 늘고 인스턴트 식품과 외식산업이 발달하기 시작했다. 대량으로 규격화된 이들 식품은 이 시기에 발달한 대형 소매점과 슈퍼마켓에서 소비되었다. '유통혁명'에 의해 뒷받침된 이러한 변화는 가히 일상생활의 '소비혁명'이라 할 만했다.

1960년대에는 다양한 매체에 의한 문화의 대중화 경향도 심화되었다. 1953년부터 개시된 텔레비전 방송은 문화의 대중화를 상징하는 매체였다. 그때까지 최대의 오락산업으로 군림했던 영화는 라디오와 토키 영화를 통합한 TV의 등장으로 쇠퇴하기 시작했다. 대중매체로서 TV의 위상이 정립된 것은 특히 1959년 황태자(현 천황) 부부의 결혼 퍼레이드 중계를 통해서

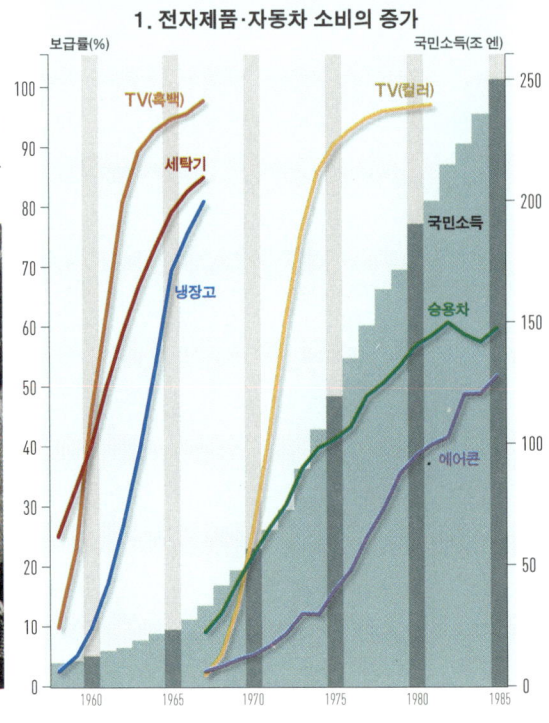

1. 전자제품·자동차 소비의 증가

도쿄 올림픽
1964년 10월 10일 94개국이 참가한 가운데 개최되었다. 사진은 국립경기장에 7만여 관중이 운집한 가운데 개회식이 열리는 모습이다.

『소년 매거진』을 창간하면서 잡지 분야의 주력을 주간지로 바꾸었다. 그 결과 1960년대 이후 분야별로 다양한 주간지가 대중들에게 제공되었다.

1964년 10월의 도쿄 올림픽과 1970년 3월의 오사카 엑스포는 안보투쟁으로 상징되던 '정치의 계절'을 최종적으로 종식시키는 의례와도 같았다. 도쿄 올림픽은 94개국이 참가해 사상 최대 규모로 개최되었으며, 요요기 경기장, 부도칸 같은 랜드마크와 함께 수도고속도로 등이 새로 건설되어 도쿄의 경관을 완전히 바꿔 놓았다.(도2) 도카이도 신칸센도 이때 개통되어 '교통혁명'을 가져왔다. '인류의 진보와 조화'를 슬로건으로 내건 오사카 엑스포는 우주개발 경쟁국인 미국과 소련으로부터 공수된 인공위성을 전시하는 등 연인원 6400만의 관람객을 성공적으로 유치했고, 특히 오키나와 반환의 최종 결정, 대학 분쟁의 소멸과 시기적으로 겹치면서 '정치의 계절'의 종식을 상징했다.

였다. 이른바 '미치코 붐'이다. 그 결과 1970년대에 TV는 가정 보급률 90퍼센트를 넘어서며 대중매체로서의 영향력을 확립하기에 이른다. 1962년부터 도입된 민간방송의 스팟 광고는 '소비는 미덕'이라는 구호 아래 소비혁명을 이끄는 견인차 역할을 했다.

텔레비전의 등장과 함께 기존의 월간 종합잡지도 주간지로 중심을 옮겨가기 시작했다. 1950년대 초반부터 요미우리, 아사히, 마이니치 등 신문사가 발간했던 종래의 주간지와는 다른 상업적 주간지가 등장했다. 이들 주간지는 1950년대 중반에 발행부수 100만 부를 훌쩍 넘어섰다. 1925년에 창간되어 '국민잡지'로 명성을 날렸던 월간지 『킹』이 1957년에 폐간된 것은 상징적인 사건이었다. 『킹』의 발행사는 1958년 고단샤(講談社)로 명칭을 바꾸어 최초의 소년주간지

2. 고속도로의 확장

▼ 1980년 이전의 고속도로
— 1970년까지 개통
— 1980년까지 개통

▲ 2004년 현재의 고속도로

1972 • 1991　　쇼와~헤이세이 시대　근현대

고도성장에서 거품경제로

1972
다나카 수상, '일본열도 개조론' 실행

1974
자민당, 참의원 선거 참패

1976
록히드 사건 폭로

1979
2차 석유 파동 발생

1982
나카소네 내각 출범

1985
플라자 합의

1989
히로히토 천황 사망

1990
자동차 생산대수 미국 능가

1991
거품경제 붕괴로 장기불황에 돌입

거품 붕괴의 실상
거품 붕괴로 기업의 투자 유치가 어려워져 개발이 중단된 지역이 많았다. 사진은 1995년 도쿄 임해 부도심지구의 모습이다.

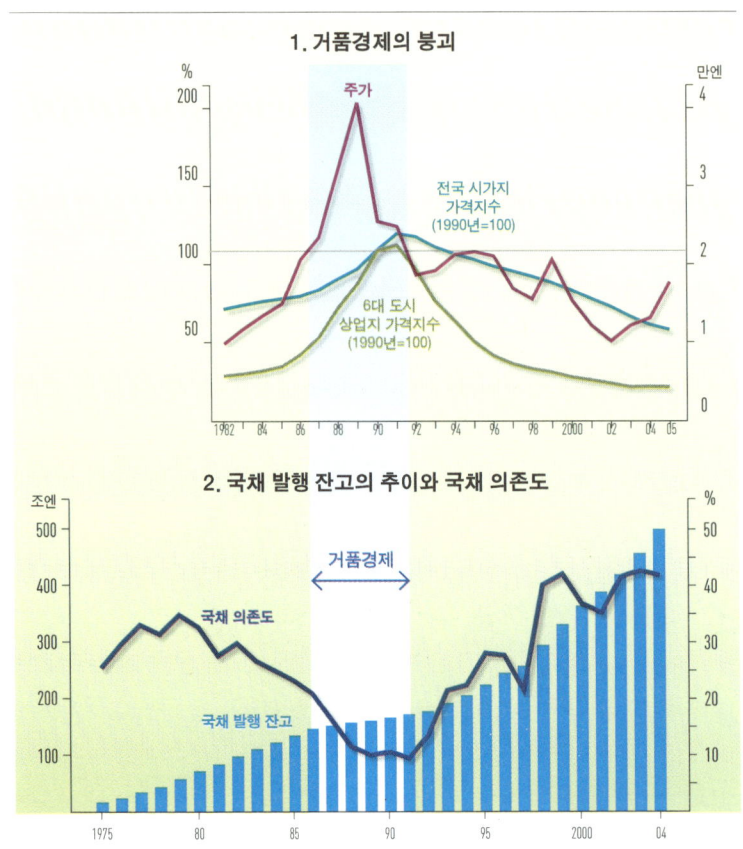

1972년 중국과 국교 회복에 성공한 다나카 가쿠에이 수상은 자신의 지론인 '일본열도 개조론'을 실행에 옮겼다. 고도성장의 과실을 지역별로 균등 분배하자는 취지의 이 계획은 대규모 공업지대의 전국화, 신칸센과 고속도로의 확대, 지방으로의 인구분산 등을 그 골자로 했다.

그러나 다나카의 일본열도 개조 계획은 대규모 토목공사에 의해 일본을 '토건국가'로 변모시키고 공해를 전국 각지로 확산시키는 결과를 낳았다. 부동산과 물가는 폭등했고 땅 투기와 주식 투기가 성행했다. 때마침 4차 중동전쟁이 발발해 국제 유가가 네 배 가까이 치솟는 바람에 일본은 전후 최초로 마이너스 성장을 기록했다. 극심한 불황과 인플레이션이 일본 경제의 발목을 붙잡았다. 도쿄에서 일어난 김대중 납치 사건 처리 과정에서 드러난 정치력 부재도 비판 대상이 되었다.

다나카 내각의 지지율은 급락했고 자민당은

1974년 7월의 참의원 선거에서 참패했다. 설상가상으로 11월에 잡지『분게이슌쥬(文藝春秋)』가 다나카 수상의 '금권정치'를 폭로했다. 유령회사를 차려 정치자금을 만들고 당내 파벌 관리에 이용해온 그의 부패한 정치 스타일이 백일하에 드러났다. 다나카는 자민당 총재직에서 물러나지 않을 수 없었고, '클린 미키'를 내건 미키 다케오가 차기내각을 구성했다.

미키 내각은 다양한 행정지도로 국가 주도의 에너지 절약을 추진했다. 석유 및 전력 소비의 10퍼센트 절감, 고속운전 자제, 주유소 휴일 영업과 심야 텔레비전 방송 규제, 유흥업소 영업시간 단축 등이 이루어졌다. 기업에서는 소위 '감량경영'이 전면화되어 명예퇴직에 의한 인원 정리로 상징되는 '합리화'가 추진되었다. 임금협상력을 상실한 노동운동은 쇠퇴하고 노동자의 정치의식도 보수화되었다. 단신 부임이나 과로사 현상이 등장하기 시작했다.

일본은 결과적으로 선진국 가운데 가장 빨리 오일쇼크로부터 탈출했으나 그 대가로 복지국가와 동떨어진 대기업 중심의 체제가 형성되었다. 국가는 '경제대국'인 반면에 일반 국민의 삶은 '생활소국'인 상황이 고착화되어 나갔다. 이제 일본은 고도경제성장의 막을 내리고 저성장 시대로 접어들었다.

1976년에는 록히드 사건이라는 미일간의 정경유착이 발각되었다. 록히드사 항공기 도입을 미국에 약속하고 마루베니 상사로부터 5억 엔의 뇌물을 받은 이 사건으로 다나카 전 수상이 체포되었다. 1979년 이란 혁명과 이란·이라크 전쟁의 여파로 2차 석유 파동이 일어났다. 구미 선진국과 달리 1차 석유파동 이래 노동운동이 침체된 일본에서는 강도 높은 경영합리화와 에너지 절약을 통해 불황 탈출에 성공할 수 있었다.

1982년 성립된 나카소네 야스히로 내각은 '전후정치의 총결산'을 내걸고 한미일 삼각동맹의 강화를 위한 방위비 증액을 추진하는 등, 미국의 레이건, 영국의 대처 정부와 함께 국제적인 '신보수주의'의 한 축이 되었다. 1988년까지 세 차례나 내각을 조직한 나카소네는 방위비의 GNP 1퍼센트 제한을 돌파하는 한편, 행정·세제·교육의 3대 개혁을 추진했다. 전기전화공사 및 전매공사를 민영화했으며 국철의 분할과 민영화를 실현시키고 대형 간접세의 도입까지 추진했다.

1985년의 플라자 합의는 국제금융시장에서 엔화의 가치를 두 배 이상 상승시켜 일본의 경제성장에 호조건을 만들어주었다. 1990년에 자동차 생산대수가 미국을 능가하게 되는 등 일본의 경제대국화는 끝이 없는 듯했다. 그러나 금융기관의 과잉 유동성 자금이 부동산과 주식 시장으로 유입되면서 지가와 주가가 투기적으로 폭등하는 '거품경제' 현상이 나타나기 시작했다. 일본경제의 거품이 커져가던 1989년, 4개월간이나 중태에 빠져 있던 히로히토 천황이 사망했다. 이해하기 힘든 '자숙' 현상이 일본열도를 휩쓸었다. 히로히토가 죽은 2년 뒤인 1991년부터 거품이 터지면서 일본은 장기불황의 나락으로 추락하게 되었다.(도1)

오일쇼크
4차 중동전쟁으로 국제 유가가 네 배 가까이 치솟아 일본은 전후 최초로 마이너스 성장을 기록했다. 사진은 1973년 가을부터 시작된 오일쇼크 당시, 사람들이 길게 줄지어 서서 등유를 사는 모습이다.

냉전 해체와 정계 재편

1991
소련 붕괴

1992
유엔 평화유지활동 협력법 제정
캄보디아로 자위대 파견

1993
호소카와 연립정권 탄생
55년 체제 붕괴

1997
미일 군사협력 가이드라인 개정

1999
주변사태법과 국기·국가법 성립

2001
고이즈미 내각 출범

2006
아베 내각 출범

2009
하토야마 내각 출범

고르바초프의 등장 이후 전략핵무기 감축 등 동서 대립이 완화되는 가운데 급기야 1991년 소련이 붕괴됨으로써 미소 대립의 냉전구조는 종말을 고했다. 그러나 냉전 해체는 세계 평화로 나아가지 못하고 미국의 군사적 일극 지배 구조로 변모했다. 이해에 미국은 이라크에 대한 유엔 다국적군의 무력행사인 걸프 전쟁을 실질적으로 주도했고, 일본은 참전하지 않는 대신 총 130억 달러의 군사비를 지원했다.

미국은 냉전 해체 이후 변화된 자국의 군사적 요청에 맞추어 미일안보체제를 적극적으로 활용하고자 했다. 걸프 전쟁 때 이미 해상자위대 파병을 요청받았던 일본은 결국 1992년 유엔 평화유지활동(PKO) 협력법을 제정하여 캄보디아로 자위대를 파견했고 이후 자위대 해외파병은 계속 확대되었다. 1997년에는 미일 군사협력의 가이드라인이 개정되어 '지구적 규모'에서의 협력이 선언되었다. 미군의 군사 활동이 개시되면 지방자치체 등의 지원활동을 하기로 자동적으로 약속한 '주변사태법'과 '국기·국가법'의 성립(1999)은 그 상징적 조치였다.

자위대의 캄보디아 파병
1992년 캄보디아로 파병되는 해상자위대 수송함의 모습. 이해에 유엔 평화유지활동 협력법을 제정한 일본은 해외 파병을 본격화하기 시작했다.

2. 주일 미군 시설의 분포

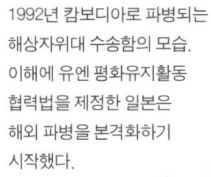

본토	52곳	79km²
오키나와	36곳	233km²
합계	88곳	312km²

(2005년 1월 현재)

- 홋카이도 : 1곳
- 아오모리 현 : 미사와 비행장 등 3곳
- 사이타마 현 : 오오와다 등 3곳
- 도쿄 도 : 요코하마 비행장 등 7곳
- 시즈오카 현 : 2곳
- 야마구치 현 : 2곳
- 후쿠오카 : 1곳
- 사가 현 : 1곳
- 히로시마 현 : 탄약고 등 5곳
- 지바 현 : 1곳
- 오키나와 현 : 주일 미해병대사령부 등 36곳
- 나가사키 현 : 사세보 해군시설 등 11곳
- 가나가와 현 : 주일 미해군사령부·주일 미육군사령부 등 15곳

냉전 해체와 걸프 전쟁은 1955년 체제를 붕괴시키는 계기이기도 했다. 냉전의 종식은 종래 보수·혁신 대립의 한 축이었던 사회당의 이념적 해체를 가져왔고, 자민당 역시 '체제 선택'의 논리로 유권자를 흡수할 수 없게 되었다. 특히 걸프 전쟁은 자민당 독주의 정책결정 과정에 제동을 걸었다. 당초 40억 달러를 지원했다가 '인적 지원 없는 물적 지원'이라며 국제적인 냉대를 받은 일본 정부는 90억 달러의 추가 지원을 위해 공명당公明黨과 정책연합을 추진해야 했는데, 그 결과 자민당 일당지배에 균열이 발생했다.

1993년 자민당 내 정치개혁 추진파와 야당이 연합하여 내각 불신임안이 통과된 뒤에 치러진 총선거에서 비非자민·반공산의 호소카와 모리히로 연립정권이 탄생했다. 자민당은 38년 만에 처음으로 정권을 내놓게 되었고 이로써 55년 체제는 붕괴되었다. 당시는 거품경제가 붕괴되는 가운데 자민당의 '오직汚職 사건'이 잇달아 터져 자민당 정치에 대한 불신이 최고조에 달해 있었다. 그 이후 일본은 연립정치의 시대를 맞이했다.(도1)

그런 가운데 자민당의 지지율은 지속적으로 하락했다. 2001년 고이즈미 준이치로 내각이 '구조개혁'을 전면에 내세운 포퓰리즘 정치로 국민의 불만을 흡수하면서 인기를 회복하는 듯했으나, 규제완화와 민영화 중심의 신자유주의 정책은 자민당의 정치적 기반을 오히려 약화시켰다. 고이즈미의 우정郵政 민영화 성공을 믿고 헌법 개정까지 추진하려 했던 후임 아베 신조 내각은 2007년 선거에서 참패를 맛보았다.

한편 미국은 2001년 9·11사건이 일어나자 '테러와의 전쟁'을 명분으로 아프가니스탄을 폭격하고, 2003년 이라크 전쟁으로 단독 군사행동에 의한 선제공격을 현실화했다. 고이즈미 내각은 미국의 아프간 공격에 전면 협력하여 해상자위대를 인도양으로 파견하고 미 해군에 대한 급유나 물자수송 등 후방지원 활동을 적극적으로 전개했다. 이라크 전쟁에서는 미국의 육상자위대 출동 요구에 부응하여 '이라크 부흥 지원 특별조치법'을 제정해 육상자위대를 투입했다.

일본은 괌, 디에고가르시아 섬, 영국과 함께 미국의 본토방위를 위한 미군의 전략적 전개 거점 중 하나로 설정되어 있다. 2006년 최종합의에 도달한 미일 교섭에 따르면, 2014년까지 자마(座間), 요코다(橫田), 이와쿠니(岩國) 기지를 중심으로 한 미일 군사력의 통합을 계획하고 있다. 오키나와의 후텐마(普天間) 공군기지 이전 논의도 이 계획의 일환이다.(도2) 2009년 자민당을 대패시키고 집권한 민주당의 하토야마 유키오 내각은 '우애'를 내세워 시장만능주의를 부정하고 복지국가적 지향성을 보였다. 미일관계도 종속적이 아닌 수평적 관계를 표방했다. 그러나 후텐마 기지 이전 합의의 백지화와 오키나와 현외縣外 이전을 명시했던 공약이 유야무야되는 가운데 정치력의 부재를 드러냈다. 일본은 아직도 55년 체제와 미국 주도의 동아시아 질서로부터 탈피하지 못하고 있는 것이다.

방한하는 고이즈미 총리
2003년 2월 24일 고이즈미 준이치로 일본 총리가 노무현 대통령 취임식에 참석하기 위해 방한하고 있다.

사의를 표명하는 아베 총리
2007년 9월 12일 아베 신조 총리가 일본 도쿄 총리 관저에서 열린 기자회견에서 사의를 표명하고 있다.

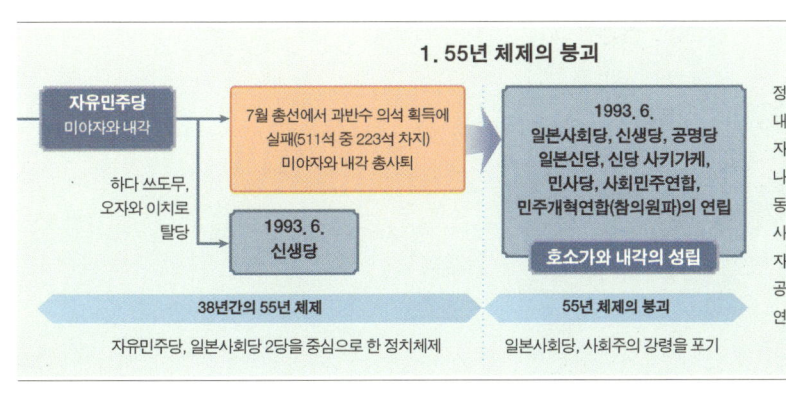

1. 55년 체제의 붕괴

정치개혁에 실패한 미야자와 내각에 대한 불신임안에는 자민당 내부로부터도 동조자가 나왔고, 결국 가결되었다. 동조한 의원들은 신생당, 신당 사키가케를 결성, 중의원 선거에서 자민당을 추격했고, 자민당과 공산당을 제외한 8개 당파의 연립정권이 성립되었다.

장기불황과 격차사회

1991
거품경제 붕괴로 장기불황에 돌입

1993
각 기업별로 구조조정 시작됨

1997
마이너스 성장 기록
홋카이도 척식은행 도산
야마이치 증권 도산

2001
고이즈미 내각 출범

2005
JR 서일본선 탈선 사고
우정 민영화

1991년 거품경제의 붕괴가 금융위기로 이어지면서 일본경제는 전후 최대의 불황에 빠져들었다. 자산 가치의 급락으로 말미암아 부동산 가격과 주가가 1980년대 말의 절반을 밑도는 수준으로 곤두박질쳤다. 경제성장률도 1992년부터 1퍼센트대 미만으로 떨어지기 시작하여 1997년에는 마이너스 성장까지 기록했다. 1992년 이래 기업 도산은 연평균 1만 건을 지속적으로 넘어섰고 급기야 대형 금융기관까지 파산선고를 받았다. 일본장기신용은행, 홋카이도 척식은행, 야마이치 증권 등의 도산이 1990년대 말까지 이어졌다. 기업의 부채 총액과 실업률 모두 사상 최고 기록을 갱신하고 있다.

일본정부는 장기불황에 대처하기 위해 적자국채의 발행으로 공공사업을 확대하는 한편, 기업 감세와 규제완화를 통해 기업 활동을 활성화함으로써 경기를 회복시키려 했다. 그러나 국채 부담과 세수 부족분을 소비세 인상을 통해 보충함으로써 국민의 조세 부담을 가중시켰다. 공무원 정원 삭감과 공기업 민영화도 속속 추진되었다.

규제완화는 1995년 이래 세 차례의 3개년 계획에 의해 전개되었는데, 여기에는 미국의 금융시장 개방 요구가 결정적으로 작용했다. 미국계 다국적 기업은 강세를 보이는 금융업, 보험, 부동산 투자 등 금융자본 분야의 일본 진출에 유리하도록 각종 규제의 완화와 지원을 요구했다. 일본정부는 이를 수용하여 관련 국내법의 개정 등을 추진했다. 정부의 각 성청省廳과 연결된 공기업의 민영화가 개혁의 핵심이었다. 정부 관할 아래 있으면서 특혜의 온상이 되어온 각종 특수법인 등 공기업은 방만한 경영과 이권 개입 때문에 개혁의 명분을 제공했다. 1998년 은행, 증권, 신탁, 보험회사의 통합을 가능케 한 금융시스템 개혁법을 발판으로 해서 각종 특수법인의 개혁이 강행되었다.

특히 고이즈미 내각은 2001년 출범 직후 특수법인 개혁 추진본부를 설치하고 163개 특수법인의 통폐합, 독립행정법인화, 민영화를 본격적으로 강행했다. 주택금융공고, 도시기반정비공단, 석유공단이 통폐합되었고 도로공단은 민영화되었다. 민영화의 상징으로서 고이즈미 정권 재창출에 결정적 역할을 했던 2005년의 우정 민영화는 우편저금과 간이생명보험에 비축된 막대한 자금을 국내외 금융자본에게 개방하는

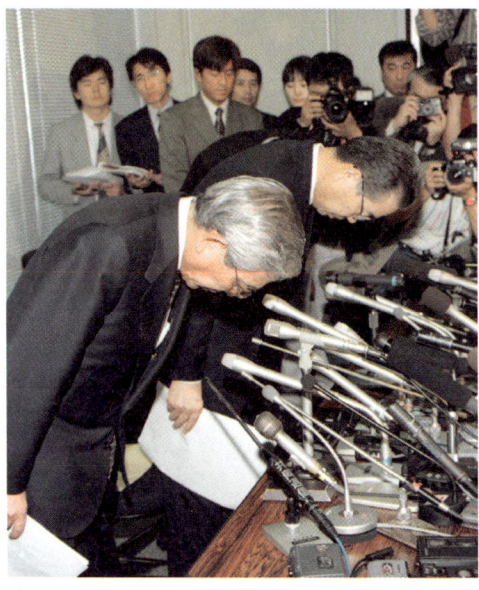

야마이치 증권 파산
1997년 11월 24일 파산한 야마이치 증권의 사오토메 쇼지(五月女正治) 회장(앞쪽)과 노자와 쇼헤이(野澤正平) 사장이 도쿄 증권 거래소에서 기자회견을 열고 고개 숙여 사죄하고 있다.

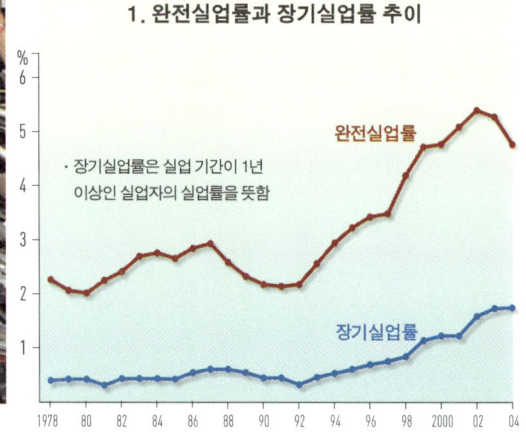

1. 완전실업률과 장기실업률 추이

결과를 초래했다.

한편 기업들은 엔고(円高)를 이용해 생산시설의 해외 이전을 추진하였는데 그 결과 제조업 중심의 산업 공동화空洞化와 전반적인 고용 불안이 심화되었다. 1993년부터 각 기업은 관리직 종사자까지 인원 정리의 대상으로 삼는 '리스트라(구조조정)'을 단행했고 대졸자의 취직은 '초超빙하기'를 맞이했다. 기업의 구조조정은 인원 삭감에 따른 비정규직 고용의 확대로 이어졌다. 일본 노사관계의 특징이었던 연공서열제와 종신고용제는 완전히 붕괴되었다.(도1) 비정규직 고용은 파트타임, 파견, 계약사원 등 여러 가지 형태로 나타났다. 1982년 약 17퍼센트였던 비정규직 노동자는 2004년 현재 35퍼센트 가까이 상승했고 특히 청년층 비정규직 노동자의 수가 300만을 돌파하기에 이르렀다.(도2)

2008년 현재 일본의 국가 채무 잔고는 명목 GDP 대비 177퍼센트로 선진국 중 가장 열악한 수준이다. 불황의 장기화는 일본사회의 각 부문에 심각한 문제를 일으키고 있다. 먼저 사회 보장 시스템이 붕괴되기 시작했다. 건강보험법 개정에 의해 보험료의 본인 부담률은 1997년 20퍼센트에서 2003년 30퍼센트로 높아졌다. 국고 부담금이 줄어드는 가운데 체납세대의 수도 가파르게 상승했다. 1980년대까지 5퍼센트 이하였던 무無저축세대가 2005년에는 24퍼센트까지 치솟았다.(도3) 기업의 인원삭감 등 무리한 구조조정의 결과, 2005년 JR 서일본선의 탈선 사고로 100여 명이 사망하는 등 사회적 안전시스템에도 문제가 생겨나고 있다. 고도성장기 '총중류화總中流化'의 신화가 사라진 일본은, 거품경제에 의한 자산격차의 심화로 빈부격차가 대물림되는 '격차사회'로 변모함으로써 심각한 사회적 분열에 직면해 있다.(도4)

일본 노숙자
일본에 격차사회가 도래함에 따라 수많은 노숙자가 양산되었다. 사진은 도쿄 신주쿠 지하철역 구석에서 공짜 저녁을 얻어먹는 사람의 모습이다.

3. 무저축세대의 추이

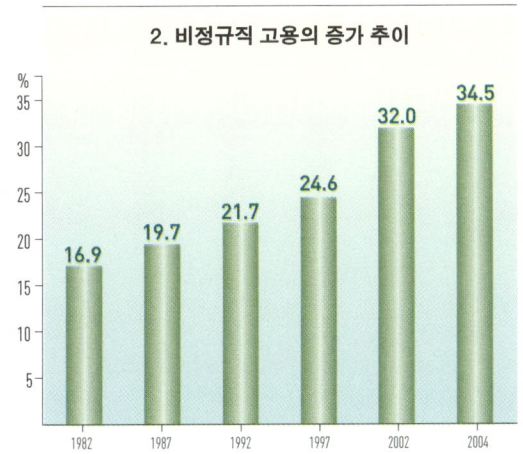

2. 비정규직 고용의 증가 추이

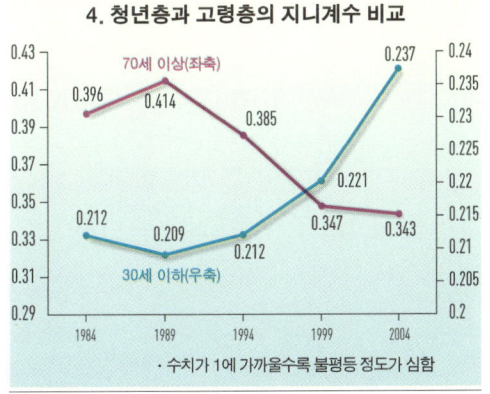

4. 청년층과 고령층의 지니계수 비교

일본사 연표

약 B.C. 200만	빙하시대 개막	738	다치바나노 모로에, 정권 장악	1323	원나라 무역선, 신안 앞바다에서 침몰
약 B.C. 3만 5000	후기 구석기 문화	741	쇼무 천황, 고쿠분지 건립의 조칙을 내림	1330	조정, 미가 급등에 따라 교토 내 쌀 가격 통제
약 B.C. 1만 8000	오키나와에서 미나토가와 인 확인	743	간전영년사재법 제정	1333	가마쿠라 막부 멸망
약 B.C. 1만 1000	조몬 시대 초창기의 개막	752	도다이지 대불 완성	1336	남북조 대립 시작
약 B.C. 2000	조몬 시대 후기, 인구 감소		개안 공양 거행	1338	아시카가 다카우지, 쇼군에 임명
약 B.C. 300	야요이 시대 개막	770	쇼토쿠 천황 사망		무로마치 막부 성립
			고닌 천황 즉위	1350~52	간노의 요란 발발
약 30	철기 보급 확대	781	간무 천황 즉위	1368	아시카가 요시미쓰, 쇼군에 임명
	석기 소멸 경향 뚜렷	794	헤이안쿄 천도	1392	남북조 통일
57	왜 나 국왕, 후한 광무제에게 조공		에미시 정벌	1397	아시카가 요시미쓰, 금각 조영
239	여왕 히미코, 대부 난쇼마이를 대방군에 파견	894	견당사 파견 중지	1398년경	막부, 삼관령·사직 제도 정비
		902	공지공민제, 실질적으로 종언을 고함	1401	아시카가 요시미쓰, 명에 사신 파견
250년경	나라 현에 전방후원분 출현		최초의 장원정리령 공포	1404년경	감합무역 시작
421	왜왕 찬, 송에 조공	905	『고킨와카슈』 편찬	1428	쓰치 잇키 발생
480년경	규슈에 장식고분 출현	939~40	다이라노 마사카도의 난	1449	아시카가 요시마사, 쇼군에 임명
507	게이타이 천황 즉위	969	안나의 변	1459	막부, 교토 일곱 출입구에 새로운 관소 설치
540년경	전방후원분 소멸화 경향 현저	1019	여진족의 규슈 북부 침입		
552	백제 성왕, 일본에 불교 전래	1027	후지와라노 미치나가 사망	1461~62	간쇼의 대기근
	(538년 전래설도 있음)	1052	봉황당 건립	1467~77	오닌·분메이의 난
587	소가 씨 권력 장악	1068	고산조 천황 즉위	1491~95	호조 소운, 이즈·오다와라 점령
596	아스카데라 완공	1158	고시라카와 상황의 원정 시작	1500	막부, 에리제니 령 반포
600	1차 견수사 파견	1175	호넨, 전수염불 주창	1523	영파의 난 발발
630	1차 견당사 파견	1179	기요모리, 원정 폐지	1538년경	다량의 일본 은이 수출되기 시작
646	소위 '개신의 조' 발표	1180	미나모토노 요리토모 거병	1543	포르투갈인, 다네가시마에 총 전래
663	백촌강 전투에서 패배	1185년경	가마쿠라 막부 성립	1549	사비에르, 가고시마 도착
668	나카노오에 황자, 덴지 천황으로 즉위	1192	미나모토노 요리토모, 쇼군에 취임	1555	모리 씨, 스에 씨를 멸망시킴
672	진신의 난	1199	미나모토노 요리토모 사망	1559	오다 노부나가, 오와리 통일
673	덴무 천황 즉위	1221	조큐의 난	1575	오다 노부나가, 나가시노 전투 승리
694	지토 천황, 후지와라쿄로 천도	1225	호조 마사코 사망	1582	오다 노부나가, 혼노지의 변으로 사망
701	다이호 령 완성	1232	고세이바이시키모쿠 제정	1582~90	덴쇼 유럽 사절단 파견
702	공지공민제 상징적으로 실행됨	1240	고케닌 영지의 매각 금지	1582~98	다이코 토지조사사업
708	최초의 화폐 '화동개칭' 주조	1252	니치렌, 법화경 신앙 주창	1583	오사카 성 축조
710	헤이조쿄 천도	1258년경	가나자와 문고 성립	1586	도요토미 히데요시, 태정대신에 오름
718	요로 령 제정	1274	몽골의 1차 침입	1591	센노 리큐 사망
723	삼세일신법 제정	1281	몽골의 2차 침입	1592~98	임진왜란과 정유재란 발발
735	기비노 마키비, 중국에서 귀국	1297	덕정령 발포로 고케닌의 구제를 꾀함	1597	조선 활자로 게이초 칙관 인쇄
737	후히토의 네 아들 모두 사망	1317	가마쿠라 막부, 천황 교대 취임을 제안	1598	도요토미 히데요시 사망

1600	도쿠가와 이에야스, 세키가하라 전투에서 승리
1603	에도 막부 성립
1604	이토왓푸 제도 실시
1609	기유조약 체결, 네덜란드 히라도 상관 설치
1613~20	게이초 유럽 사절단 파견
1616	도쿠가와 이에야스 사망
1622~44	고닌구미 제도 확립
1635	참근교대제 제정
1641	네덜란드 상관, 데지마로 이전
1649	게이안 오후레가키 발표
1651	유이 쇼세쓰의 난 발생
1655	이토왓푸 제도 폐지
1681	우키요에 화풍 등장
1689	마쓰오 바쇼, 『오쿠노 호소미치』의 배경이 되는 여행을 떠남
1694	에도에 도쿠미도이야 성립
1716	도쿠가와 요시무네, 8대 쇼군에 취임
1724	막부, 다이묘와 하타모토에 검약령을 내림
1732	교호의 대기근
1763	요네자와 번, 번정 개혁 시작
1767	다누마 오키쓰구, 소바요닌이 됨
1782~88	덴메이의 대기근
1783	아사마 산의 분화
1787	오사카·에도에서 우치코와시 발생
1791	7부적금법 실시
1804	러시아 레자노프 사절, 나가사키에 내항
1821	이노 다다타카, 〈대일본연해여지전도〉 완성
1832	안도 히로시게, 〈도카이도 고주산쓰기〉 작업 시작
1833	덴포의 대기근
1837	오시오 헤이하치로의 반란 발발
1843	인바누마 간척공사 실시
1853	미국 페리 제독, 우라가에 내항
1854	미일화친조약 체결
1864	시모노세키 전투 발발
1866	후쿠자와 유키치, 『서양사정』 출간
1867	대정봉환과 왕정복고
1868~69	보신 전쟁
1869	판적봉환 시작
1871	청일수호통상조약 체결
1871~73	이와쿠라 사절단 파견
1872	학제 공포
1873	지조 개정 조례 공포
1874	민선의원설립건백서 제출됨
1876	조선과 수호조약 체결
1877	세이난 전쟁
	1차 내국권업박람회 개최
1880	국회기성동맹 결성
1882	오사카 방적회사 설립
1882~83	유럽 헌법 시찰 여행
1890	교육칙어 공포
1894~96	청일전쟁
1900	중국 의화단사건에 파병
1904~05	러일전쟁
1905	히비야 폭동
1906	남만주철도주식회사 설립
1909	자유극장 설립
1910	조선 병합
	조선총독부 설치
1914	1차 세계대전 발발
	일본 참전
1915	중국에 21개조 요구 제출
1918	쌀 소동 발생
1919	조선 3·1운동, 중국 5·4운동
	베르사유 강화조약 조인
1923	관동대지진 발생
	『분게이슌쥬』 창간
1925	『킹』 창간
1927	이와나미 문고 간행 개시
1928	최초로 보통선거 실시
	장작림 폭사 사건 발발
1930	런던 해군 군축 조약 조인
1931	만보산사건
1932	만주국 건국
1934	만철 아시아호 운행 시작
1936	2·26사건
1937	노구교사건
	남경대학살
1940	독일·이탈리아와 삼국동맹 체결
1941	국민정신 총동원 운동 시작
	태평양전쟁 발발
1943	대동아회의 개최
1945	일본에 원자폭탄 투하
	일본 무조건 항복
	연합국 총사령부 설치
	재일 조선인 참정권 정지
1946~48	도쿄 재판
1951	샌프란시스코 강화조약 조인
1952	이승만 라인 설치
1955	55년 체제 성립
1960	새 안보조약 비준안 통과
1962	전국총합개발계획 결정
1964	OECD에 가입
	IMF 8조 국가로 이행
	도쿄 올림픽 개최
1965	한일기본조약 조인
1970	오사카 엑스포 개최
1972	중화인민공화국과 국교 수립
	중화민국과 국교 단절
	오키나와 27년 만에 일본으로 반환
1976	록히드 사건
1982	나카소네 내각 출범
1989	히로히토 천황 사망
1991	거품경제 붕괴로 장기불황 돌입
1993	호소카와 연립정권 탄생
	55년 체제 붕괴
1997	마이너스 성장 기록
2001	고이즈미 내각 출범
2005	JR 서일본선 탈선 사고
	우정 민영화

일본의 역대 연호

● **아스카 시대**

다이카	大化	645~649
하쿠치	白雉	650~654
슈초	朱鳥	686~701
다이호	大寶	701~704
게이운	慶雲	704~707

● **나라 시대**

와도	和銅	708~715
레이키	靈龜	715~717
요로	養老	717~724
진키	神龜	724~729
덴표	天平	729~749
덴표칸포	天平感寶	749
덴표쇼호	天平勝寶	749~757
덴표호지	天平寶字	757~764
덴표진고	天平神護	764~767
진고케이운	神護慶雲	767~770
호키	寶龜	770~780
덴노	天應	781

● **헤이안 시대**

엔랴쿠	延曆	782~806
다이도	大同	806~810
고닌	弘仁	810~823
덴초	天長	824~833
조와	承和	834~848
가쇼	嘉祥	848~851
닌주	仁壽	851~854
사이코	齊衡	854~857
덴안	天安	857~859
조간	貞觀	859~877
간교	元慶	877~885
닌나	仁和	885~889
간표	寬平	889~898
쇼타이	昌泰	898~901
엔기	延喜	901~923
엔초	延長	923~931
조에이	承平	931~938
덴교	天慶	938~947
덴랴쿠	天曆	947~957
덴토쿠	天德	957~961
오와	應和	961~964
고호	康保	964~968
안나	安和	968~970
덴로쿠	天祿	970~973
덴엔	天延	973~976
조겐	貞元	976~978
덴겐	天元	978~983
에이칸	永觀	983~985
간나	寬和	985~987
에이엔	永延	987~989
에이소	永祚	989~990
쇼랴쿠	正曆	990~995
조토쿠	長德	995~999
조호	長保	999~1004
간코	寬弘	1004~1012
조와	長和	1012~1017
간닌	寬仁	1017~1021
지안	治安	1021~1024
만주	万壽	1024~1028
조겐	長元	1028~1037
조랴쿠	長曆	1037~1040
조큐	長久	1040~1044
간토쿠	寬德	1044~1046
에이쇼	永承	1046~1053
덴기	天喜	1053~1058
고헤이	康平	1058~1065
지랴쿠	治曆	1065~1069
엔큐	延久	1069~1074
조호	承保	1074~1077
조랴쿠	承曆	1077~1081
에이호	永保	1081~1084
오토쿠	應德	1084~1087
간지	寬治	1087~1094
가호	嘉保	1094~1096
에이초	永長	1096~1097
조토쿠	承德	1097~1099
고와	康和	1099~1104
조지	長治	1104~1106
가쇼	嘉承	1106~1108
덴닌	天仁	1108~1110
덴에이	天永	1110~1113
에이큐	永久	1113~1118
겐에이	元永	1118~1120
호안	保安	1120~1124
덴지	天治	1124~1126
다이지	大治	1126~1131
덴조	天承	1131~1132
조쇼	長承	1132~1135
호엔	保延	1135~1141
에이지	永治	1141~1142
고지	康治	1142~1144
덴요	天養	1144~1145
규안	久安	1145~1151
닌표	仁平	1151~1154
규주	久壽	1154~1156
호겐	保元	1156~1159
헤이지	平治	1159~1160
에이랴쿠	永曆	1160~1161
오호	應保	1161~1163
조칸	長寬	1163~1165
에이만	永万	1165~1166
닌안	仁安	1166~1169
가오	嘉應	1169~1171
조안	承安	1171~1175
안겐	安元	1175~1177
지쇼	治承	1177~1181
요와	養和	1181~1182
주에이	壽永	1182~1184
겐랴쿠	元曆	1184~1185

● **가마쿠라 시대**

분지	文治	1185~1190
겐큐	建久	1190~1199
쇼지	正治	1199~1201
겐닌	建仁	1201~1204

겐큐	元久	1204~1206	분포	文保	1317~1319	에이쿄	永享	1429~1441	겐로쿠	元祿	1688~1704
겐에이	建永	1206~1207	겐오	元應	1319~1321	가키쓰	嘉吉	1441~1444	호에이	寶永	1704~1711
조겐	承元	1207~1211	겐코	元亨	1321~1324	분안	文安	1444~1449	쇼토쿠	正德	1711~1716
겐랴쿠	建曆	1211~1213	쇼추	正中	1324~1326	호토쿠	寶德	1449~1452	교호	享保	1716~1736
겐포	建保	1213~1219	가랴쿠	嘉曆	1326~1329	교토쿠	亨德	1452~1455	겐분	元文	1736~1741
조큐	承久	1219~1222	겐토쿠	元德	1329~1331	고쇼	康正	1455~1457	간포	寬保	1741~1744
조오	貞應	1222~1224	겐코	元弘	1331~1334	조로쿠	長祿	1457~1460	엔쿄	延享	1744~1748
겐닌	元仁	1224~1225	쇼쿄	正慶	1332~1333	간쇼	寬正	1460~1466	간엔	寬延	1748~1751
가로쿠	嘉祿	1225~1227	● 남조			분쇼	文正	1466~1467	호레키	寶曆	1751~1764
안테이	安貞	1227~1229	엔겐	延元	1336~1340	오닌	應仁	1467~1469	메이와	明和	1764~1772
간기	寬喜	1229~1232	고코쿠	興國	1340~1346	분메이	文明	1469~1487	안에이	安永	1772~1781
조에이	貞永	1232~1233	쇼에이	正平	1346~1370	조쿄	長享	1487~1489	덴메이	天明	1781~1789
덴푸쿠	天福	1233~1234	겐토쿠	建德	1370~1372	엔토쿠	延德	1489~1492	간세이	寬政	1789~1801
분랴쿠	文曆	1234~1235	분추	文中	1372~1375	메이오	明應	1492~1501	교와	享和	1801~1804
간테이	嘉禎	1235~1238	덴주	天授	1375~1381	분키	文龜	1501~1504	분카	文化	1804~1818
랴쿠닌	曆仁	1238~1239	고와	弘和	1381~1384	에이쇼	永正	1504~1521	분세이	文政	1818~1830
엔노	延應	1239~1240	겐추	元中	1384~1392	다이에이	大永	1521~1528	덴포	天保	1830~1844
닌지	仁治	1240~1243	● 북조			교로쿠	享祿	1528~1532	고카	弘化	1844~1848
간겐	寬元	1243~1247	겐무	建武	1334~1336	덴분	天文	1532~1555	가에이	嘉永	1848~1854
호지	寶治	1247~1249	랴쿠오	曆應	1338~1342	고지	弘治	1555~1558	안세이	安政	1854~1860
겐초	建長	1249~1256	고에이	康永	1342~1345	에이로쿠	永祿	1558~1570	만엔	万延	1860~1861
고겐	康元	1256~1257	조와	貞和	1345~1350	겐키	元龜	1570~1573	분큐	文久	1861~1864
쇼카	正嘉	1257~1259	간노	觀應	1350~1352	● 아즈치·모모야마 시대			겐지	元治	1864~1865
쇼겐	正元	1259~1260	분나	文和	1352~1356	덴쇼	天正	1573~1592	게이오	慶應	1865~1868
분오	文應	1260~1261	엔분	延文	1356~1361	분로쿠	文祿	1592~1596	● 근현대		
고초	弘長	1261~1264	고안	康安	1361~1362	● 에도 시대			메이지	明治	1868~1912
분에이	文永	1264~1275	조지	貞治	1362~1368	게이초	慶長	1596~1615	다이쇼	大正	1912~1926
겐지	建治	1275~1278	오안	應安	1368~1375	겐나	元和	1615~1624	쇼와	昭和	1926~1989
고안	弘安	1278~1288	에이와	永和	1375~1379	간에이	寬永	1624~1644	헤이세이	平成	1989~현재
쇼오	正應	1288~1293	고랴쿠	康曆	1379~1381	쇼호	正保	1644~1648			
에이닌	永仁	1293~1299	에이토쿠	永德	1381~1384	게이안	慶安	1648~1652			
쇼안	正安	1299~1302	시토쿠	至德	1384~1387	조오	承應	1652~1655			
겐겐	乾元	1302~1303	가쿄	嘉慶	1387~1389	메이레키	明曆	1655~1658			
가겐	嘉元	1303~1306	고오	康應	1389~1390	만지	万治	1658~1661			
도쿠지	德治	1306~1308	● 무로마치 시대			간분	寬文	1661~1673			
엔큐	延慶	1308~1311	메이토쿠	明德	1390~1394	엔포	延寶	1673~1681			
오초	應長	1311~1312	오에이	應永	1394~1428	덴나	天和	1681~1684			
쇼와	正和	1312~1317	쇼초	正長	1428~1429	조쿄	貞享	1684~1688			

일본의 역대 천황

대수	이름	재위
1대	진무(神武)	B.C. 660~B.C. 585
2대	스이제이(綏靖)	B.C. 581~B.C. 549
3대	안네이(安寧)	B.C. 549~B.C. 511
4대	이토쿠(懿德)	B.C. 510~B.C. 477
5대	고쇼(孝昭)	B.C. 475~B.C. 393
6대	고안(孝安)	B.C. 392~B.C. 291
7대	고레이(孝靈)	B.C. 290~B.C. 215
8대	고겐(孝元)	B.C. 214~B.C. 158
9대	가이카(開化)	B.C. 158~B.C. 98
10대	스진(崇神)	B.C. 97~B.C. 30
11대	스이닌(垂仁)	B.C. 29~A.D. 70
12대	게이코(景行)	71~130
13대	세이무(成務)	131~190
14대	주아이(仲哀)	192~200
15대	오진(應神)	270~310
16대	닌토쿠(仁德)	313~399
17대	리추(履中)	400~405
18대	한제이(反正)	406~410
19대	인교(允恭)	412~453
20대	안코(安康)	453~456
21대	유랴쿠(雄略)	456~479
22대	세이네이(淸寧)	480~484
23대	겐소(顯宗)	485~487
24대	닌켄(仁賢)	488~498
25대	부레쓰(武烈)	498~506
26대	게이타이(繼體)	507~531
27대	안칸(安閑)	531~535
28대	센카(宣化)	535~539
29대	긴메이(欽明)	539~571
30대	비다쓰(敏達)	572~585
31대	요메이(用明)	585~587
32대	스슌(崇峻)	587~592
33대	스이코(推古)	592~628
34대	조메이(舒明)	629~641
35대	고교쿠(皇極)	642~645
36대	고토쿠(孝德)	645~654
37대	사이메이(齊明)	655~661
38대	덴지(天智)	661~671
39대	고분(弘文)	671~672
40대	덴무(天武)	672~686
41대	지토(持統)	690~697
42대	몬무(文武)	697~707
43대	겐메이(元明)	707~715
44대	겐쇼(元正)	715~724
45대	쇼무(聖武)	724~749
46대	고켄(孝謙)	749~758
47대	준닌(淳仁)	758~764
48대	쇼토쿠(稱德)	764~770
49대	고닌(光仁)	770~781
50대	간무(桓武)	781~806
51대	헤이제이(平城)	806~809
52대	사가(嵯峨)	809~823
53대	준나(淳和)	823~833
54대	닌묘(仁明)	833~850
55대	몬토쿠(文德)	850~858
56대	세이와(淸和)	858~876
57대	요제이(陽成)	876~884
58대	고코(光孝)	884~887
59대	우다(宇多)	887~897
60대	다이고(醍醐)	897~930
61대	스자쿠(朱雀)	930~946
62대	무라카미(村上)	946~967
63대	레이제이(冷泉)	967~969
64대	엔유(圓融)	969~984
65대	가잔(花山)	984~986
66대	이치조(一條)	986~1011
67대	산조(三條)	1011~1016
68대	고이치조(後一條)	1016~1036
69대	고스자쿠(後朱雀)	1036~1045
70대	고레이제이(後冷泉)	1045~1068
71대	고산조(後三條)	1068~1072
72대	시라카와(白河)	1072~1086
73대	호리카와(堀河)	1086~1107
74대	도바(鳥羽)	1107~1123
75대	스토쿠(崇德)	1123~1141
76대	고노에(近衛)	1141~1155
77대	고시라카와(後白河)	1155~1158
78대	니조(二條)	1158~1165
79대	로쿠조(六條)	1165~1168
80대	다카쿠라(高倉)	1168~1180
81대	안토쿠(安德)	1180~1185
82대	고토바(後鳥羽)	1185~1198
83대	쓰치미카도(土御門)	1198~1210
84대	준토쿠(順德)	1210~1221
85대	주쿄(仲恭)	1221
86대	고호리카와(後堀河)	1221~1232
87대	시조(四條)	1232~1242
88대	고사가(後嵯峨)	1242~1246
89대	고후카쿠사(後深草)	1246~1259
90대	가메야마(龜山)	1259~1274
91대	고우다(後宇多)	1274~1287
92대	후시미(伏見)	1287~1298
93대	고후시미(後伏見)	1298~1301
94대	고니조(後二條)	1301~1308
95대	하나조노(花園)	1308~1318

● 남조

대수	이름	재위
96대	고다이고(後醍醐)	1318~1339
97대	고무라카미(後村上)	1339~1368
98대	조케이(長慶)	1368~1383
99대	고카메야마(後龜山)	1383~1392

● 북조

대수	이름	재위
1대	고곤(光嚴)	1331~1333
2대	고묘(光明)	1336~1348
3대	스코(崇光)	1348~1351
4대	고코곤(後光嚴)	1352~1371
5대	고엔유(後圓融)	1371~1382

대수	이름	재위
100대	고코마쓰(後小松)	1382~1412
101대	쇼코(稱光)	1412~1428
102대	고하나조노(後花園)	1428~1464
103대	고쓰치미카도(後土御門)	1464~1500
104대	고카시와바라(後柏原)	1500~1526

막부의 역대 쇼군

105대 고나라(後奈良)　　1526~1557
106대 오기마치(正親町)　　1557~1586
107대 고요제이(後陽成)　　1586~1611
108대 고미즈노(後水尾)　　1611~1629
109대 메이쇼(明正)　　1629~1643
110대 고코묘(後光明)　　1643~1654
111대 고사이(後西)　　1654~1663
112대 레이겐(靈元)　　1663~1687
113대 히가시야마(東山)　　1687~1709
114대 나카미카도(中御門)　　1709~1735
115대 사쿠라마치(櫻町)　　1735~1747
116대 모모조노(桃園)　　1747~1762
117대 고사쿠라마치(後櫻町)　1762~1770
118대 고모모조노(後桃園)　　1770~1779
119대 고카쿠(光格)　　1779~1817
120대 닌코(仁孝)　　1817~1846
121대 고메이(孝明)　　1846~1866
122대 메이지(明治)　　1867~1912
123대 다이쇼(大正)　　1912~1926
124대 쇼와(昭和)　　1926~1989
125대 헤이세이(平成)　　1989~현재

● 가마쿠라 막부 시대

1대　미나모토노 요리토모(源賴朝)　1185~1199
2대　미나모토노 요리이에(源賴家)　1199~1203
3대　미나모토노 사네토모(源實朝)　1203~1219
4대　구조 요리쓰네(九條賴經)　1226~1244
5대　구조 요리쓰구(九條賴嗣)　1244~1252
6대　무네타카(宗尊) 친왕　1252~1266
7대　고레야스(惟康) 친왕　1266~1289
8대　히사아키(久明) 친왕　1289~1308
9대　모리쿠니(守邦) 친왕　1308~1333

● 무로마치 막부 시대

1대　아시카가 다카우지(足利尊氏)　1338~1358
2대　아시카가 요시아키라(足利義詮)　1359~1368
3대　아시카가 요시미쓰(足利義滿)　1368~1394
4대　아시카가 요시모치(足利義持)　1395~1423
5대　아시카가 요시카즈(足利義量)　1423~1425
6대　아시카가 요시노리(足利義敎)　1429~1441
7대　아시카가 요시카쓰(足利義勝)　1442~1443
8대　아시카가 요시마사(足利義政)　1449~1473
9대　아시카가 요시히사(足利義尙)　1474~1489
10대　아시카가 요시타네(足利義稙)　1490~1493
　　　　　　　　　　　　　　　　1508~1521
11대　아시카가 요시즈미(足利義澄)　1495~1508
12대　아시카가 요시하루(足利義晴)　1522~1547
13대　아시카가 요시테루(足利義輝)　1547~1565
14대　아시카가 요시히데(足利義榮)　1568
15대　아시카가 요시아키(足利義昭)　1568~1573

● 에도 막부 시대

1대　도쿠가와 이에야스(德川家康)　1600~1605
2대　도쿠가와 히데타다(德川秀忠)　1605~1623
3대　도쿠가와 이에미쓰(德川家光)　1623~1651
4대　도쿠가와 이에쓰나(德川家綱)　1651~1680
5대　도쿠가와 쓰나요시(德川綱吉)　1680~1709
6대　도쿠가와 이에노부(德川家宣)　1709~1713
7대　도쿠가와 이에쓰구(德川家繼)　1713~1716
8대　도쿠가와 요시무네(德川吉宗)　1716~1745
9대　도쿠가와 이에시게(德川家重)　1745~1760
10대　도쿠가와 이에하루(德川家治)　1760~1786
11대　도쿠가와 이에나리(德川家齊)　1786~1837
12대　도쿠가와 이에요시(德川家慶)　1837~1853
13대　도쿠가와 이에사다(德川家定)　1853~1858
14대　도쿠가와 이에모치(德川家茂)　1858~1866
15대　도쿠가와 요시노부(德川慶喜)　1867~1868

일본의 역대 내각 수상

1대	이토 히로부미(伊藤博文)	1885~1888	26대	다나카 기이치(田中義一)	1927~1929
2대	구로다 기요타카(黒田淸隆)	1888~1889	27대	하마구치 오사치(濱口雄幸)	1929~1931
3대	야마가타 아리토모(山縣有朋)	1889~1891	28대	와카쓰키 레이지로(若槻禮次郎)	1931~1931
4대	마쓰카타 마사요시(松方正義)	1891~1892	29대	이누카이 쓰요시(犬養毅)	1931~1932
5대	이토 히로부미(伊藤博文)	1892~1896	30대	사이토 마코토(齋藤實)	1932~1934
6대	마쓰카타 마사요시(松方正義)	1896~1897	31대	오카다 게이스케(岡田啓介)	1934~1936
7대	이토 히로부미(伊藤博文)	1898~1898	32대	히로타 고키(廣田弘毅)	1936~1937
8대	오쿠마 시게노부(大隈重信)	1898~1898	33대	하야시 센주로(林銑十郎)	1937~1937
9대	야마가타 아리토모(山縣有朋)	1889~1900	34대	고노에 후미마로(近衛文麿)	1937~1939
10대	이토 히로부미(伊藤博文)	1900~1901	35대	히라누마 기이치로(平沼騏一郎)	1939~1939
11대	가쓰라 다로(桂太郎)	1901~1906	36대	아베 노부유키(阿部信行)	1939~1940
12대	사이온지 긴모치(西園寺公望)	1906~1908	37대	요나이 미쓰마사(米內光政)	1940~1940
13대	가쓰라 다로(桂太郎)	1908~1911	38대	고노에 후미마로(近衛文麿)	1940~1941
14대	사이온지 긴모치(西園寺公望)	1911~1912	39대	고노에 후미마로(近衛文麿)	1941~1941
15대	가쓰라 다로(桂太郎)	1912~1913	40대	도조 히데키(東條英機)	1941~1944
16대	야마모토 곤베(山本權兵衛)	1913~1914	41대	고이소 구니아키(小磯國昭)	1944~1945
17대	오쿠마 시게노부(大隈重信)	1914~1916	42대	스즈키 간타로(鈴木貫太郎)	1945~1945
18대	데라우치 마사타케(寺內正毅)	1916~1918	43대	히가시쿠니노미야 나루히코(東久邇宮稔彦)	1945~1945
19대	하라 다카시(原敬)	1918~1921	44대	시데하라 기주로(弊原喜重郎)	1945~1946
20대	다카하시 고레키요(高僑是淸)	1921~1922	45대	요시다 시게루(吉田茂)	1946~1947
21대	가토 도모사부로(加藤友三郎)	1922~1923	46대	가타야마 데쓰(片山哲)	1947~1948
22대	야마모토 곤베(山本權兵衛)	1923~1923	47대	아시다 히토시(芦田均)	1948~1948
23대	기요라 게이고(淸浦奎吾)	1924~1924	48대	요시다 시게루(吉田茂)	1948~1949
24대	가토 다카아키(加藤高明)	1924~1926	49대	요시다 시게루(吉田茂)	1949~1952
25대	와카쓰키 레이지로(若槻禮次郎)	1926~1927	50대	요시다 시게루(吉田茂)	1952~1953

51대	요시다 시게루(吉田茂)	1953~1954		76대	가이후 도시키(海部俊樹)	1989~1990
52대	하토야마 이치로(鳩山一郎)	1954~1955		77대	가이후 도시키(海部俊樹)	1990~1991
53대	하토야마 이치로(鳩山一郎)	1955~1955		78대	미야자와 기이치(宮澤喜一)	1991~1993
54대	하토야마 이치로(鳩山一郎)	1955~1956		79대	호소가와 모리히로(細川護熙)	1993~1994
55대	이시바시 단잔(石橋湛山)	1956~1957		80대	하타 쓰토무(羽田孜)	1994~1994
56대	기시 노부스케(岸信介)	1957~1958		81대	무라야마 도미이치(村山富市)	1994~1996
57대	기시 노부스케(岸信介)	1958~1960		82대	하시모토 류타로(橋本龍太郎)	1996~1996
58대	이케다 하야토(池田勇人)	1960~1960		83대	하시모토 류타로(橋本龍太郎)	1996~1998
59대	이케다 하야토(池田勇人)	1960~1963		84대	오부치 게이조(小淵惠三)	1998~2000
60대	이케다 하야토(池田勇人)	1963~1964		85대	모리 요시로(森喜郎)	2000~2000
61대	사토 에이사쿠(佐藤榮作)	1964~1967		86대	모리 요시로(森喜郎)	2000~2001
62대	사토 에이사쿠(佐藤榮作)	1967~1970		87대	고이즈미 준이치로(小泉純一郎)	2001~2003
63대	사토 에이사쿠(佐藤榮作)	1970~1972		88대	고이즈미 준이치로(小泉純一郎)	2003~2005
64대	다나카 가쿠에이(田中角榮)	1972~1972		89대	고이즈미 준이치로(小泉純一郎)	2005~2006
65대	다나카 가쿠에이(田中角榮)	1972~1974		90대	아베 신조(安倍晋三)	2006~2007
66대	미키 다케오(三木武夫)	1974~1976		91대	후쿠다 야스오(福田康夫)	2007~2008
67대	후쿠다 다케오(福田赳夫)	1976~1978		92대	아소 다로(麻生太郎)	2008~2009
68대	오히라 마사요시(大平正芳)	1978~1979		93대	하토야마 유키오(鳩山由紀夫)	2009~2010
69대	오히라 마사요시(大平正芳)	1979~1980		94대	간 나오토(菅直人)	2010~
70대	스즈키 젠코(鈴木善幸)	1980~1982				
71대	나카소네 야스히로(中曾根康弘)	1982~1983				
72대	나카소네 야스히로(中曾根康弘)	1983~1986				
73대	나카소네 야스히로(中曾根康弘)	1986~1987				
74대	다케시타 노보루(竹下登)	1987~1989				
75대	우노 소스케(宇野宗佑)	1989~1989				

도판 출처

● 고대

12쪽
금인: 『마주 보는 한일사』 1권, 41쪽
목제 반가사유상: 『마주 보는 한일사』 1권, 79쪽

13쪽
이나리야마 철검: 埼玉県立さきたま史跡の博物館(『週刊朝日百科 日本の歴史』(개정판) 38권, 246쪽)
이와주쿠 유적: 『圖解日本古代史』, 成美堂出版株式會社, 13쪽
야요이 토기: 東京大學總合研究博物館(『週刊朝日百科 日本の歴史』 39권, 163쪽)

14쪽
오키나와 미나토가와 인의 전신: 東京大學總合研究博物館(『詳說日本史研究』, 4쪽)
두골: 東京大學總合研究博物館(『週刊朝日百科 日本の歴史』 35권, 43쪽)

15쪽
홋카이도의 세석기: 『圖解日本古代史』, 成美堂出版株式會社, 12쪽
이와주쿠 유적: 『圖解日本古代史』, 成美堂出版株式會社, 13쪽

17쪽
불꽃 모양의 토기: 『圖解日本古代史』, 成美堂出版株式會社, 11쪽
토우: 東京國立博物館(『週刊朝日百科 日本の歴史』 37권, 105쪽)
발치: 東京大學總合研究博物館(『新編日本史圖表』, 10쪽)
망루: 『圖解日本史』, 成美堂出版株式會社, 13쪽
굴장: 浜松市博物館(『週刊朝日百科 日本の歴史』 43권, 294쪽)

18쪽
지석묘: 『圖解日本古代史』, 成美堂出版株式會社, 36쪽
야요이 토기: 東京大學總合研究博物館(『週刊朝日百科 日本の歴史』 39권, 163쪽)

19쪽
동탁: 『圖解日本古代史』, 成美堂出版株式會社, 35쪽

20쪽
금인: 『마주 보는 한일사』 1권, 41쪽

21쪽
왜국 사신의 모습: 『中國文明傳眞』 5권, 154쪽
삼각연신수경: 奈良県立橿原考古学研究所(『週刊朝日百科 日本の歴史』(개정판) 38권, 235쪽)

23쪽
하니와: 東京國立博物館(『新編日本史圖表』, 第一學習社, 19쪽)
금동제 마구: 譽田八幡宮(『週刊朝日百科 日本の歴史』(개정판) 38권, 248쪽)
장식고분: 『圖解日本古代史』, 成美堂出版株式會社, 77쪽

25쪽
이나리야마 철검: 埼玉県立さきたま史跡の博物館(『週刊朝日百科 日本の歴史』(개정판) 38권, 246쪽)

28쪽
목제 반가사유상: 『마주 보는 한일사』 1권, 79쪽

31쪽
하카타 만의 방어선: 『新詳日本史』, 浜島書店, 53쪽

32쪽
'천황天皇'이라고 표기된 가장 오래된 목간: 『圖解日本古代史』, 成美堂出版株式會社, 115쪽

33쪽
덴무 천황과 지토 천황의 능: 『週刊朝日百科 日本の歴史』 48권, 109쪽

37쪽
화장실 유적: 奈良文化財研究所(『圖說日本文化の歴史』 3권, 小學館, 144쪽)
나라 시대의 화폐: 奈良文化財研究所(『圖說日本文化の歴史』 3권, 小學館, 69쪽)

38쪽
세이신세이 묘지: 『新詳日本史』, 浜島書店, 63쪽

39쪽
평라전배팔각경: 『新詳日本史』, 浜島書店, 76쪽
유리 주발: 『新詳日本史』, 浜島書店, 76쪽
유리잔: 『新詳日本史』, 浜島書店, 76쪽
나전자단오현비파: 『新詳日本史』, 浜島書店, 76쪽

40쪽
대불 건립의 주역들: 『週刊朝日百科 日本の歴史』 54권, 292쪽

42쪽
고후쿠지: 興福寺(『週刊朝日百科 日本の歴史』 48권, 110쪽)

44쪽
호적: 宮內廳 正倉院事務所(『週刊朝日百科 日本の歴史』 48권, 120쪽)

45쪽
납부용 물품의 꼬리표: 奈良文化財研究所(『週刊朝日百科 日本の歴史』 51권, 197쪽)

47쪽
게비이시의 모습: 知恩院/京都國立博物館(『週刊朝日百科 日本の歴史』 63권, 235쪽)

49쪽
후지와라 씨의 연회: 大阪府和泉市久保惣記念美術館(『ビジュアルワイド 圖說日本史』, (株)東京書籍, 72쪽)
천황과 섭정·관백: 『週刊朝日百科 日本の歴史』 61권, 165쪽

50쪽
〈겐지 모노가타리 에마키〉: 『사무라이와 쇼군의 후예들』, 57쪽

51쪽
평등원 봉황당(아래)과 아미타상(위): 平等院(『ビジュアルワイド 圖說日本史』, (株)東京書籍, 70쪽)

● 중세

54쪽
무사의 군사 훈련: 『마주 보는 한일사』 1권, 165쪽
중세 초기 무사의 전투 모습: 東京國立博物館(『週刊朝日百科 日本の歴史』 1권, 21쪽)
몽골군과 전투를 벌이는 일본 무사들: 『週刊朝日百科 日本の歴史』(개정판) 9권 283쪽

55쪽
악당: 宮內廳 三の丸所藏館(『ビジュアルワイド 圖說日本史』, (株)東京書籍, 92쪽)
아시가루: 『週刊朝日百科 日本の歴史』 18권, 207쪽
전국시대 무사의 전투: 『사무라이와 쇼군의 후예들』, 98쪽

56쪽
무사의 전투 모습: 東京國立博物館(『週刊朝日百科 日本の歴史』 1권, 21쪽)

58쪽
장원의 회도: 『週刊朝日百科 日本の歴史』 60권, 154쪽

61쪽
이쓰쿠시마 신사: 『ビジュアルワイド 圖說日本史』, (株)東京書籍, 81쪽

62쪽
미나모토노 요리토모: 『新詳日本史』, 浜島書店, 102쪽

66쪽
무사의 저택: 『週刊朝日百科 日本の歴史』 4권, 123쪽

67쪽
도고 장원의 토지 중분도: 東京大學史料編纂所(『週刊朝日百科 日本の歴史』 2권, 54쪽)
유게노시마 장원의 토지 중분도: 京都文化博物館/京都府立總合資料館(『ビジュアルワイド 圖說日本史』, (株)東京書籍, 90쪽)
아테가와 장원 가타가나 고소장: 『新詳日本史』, 浜島書店, 107쪽

68쪽
어느 시장의 장날 모습: 『週刊朝日百科 日本の歴史』 6권, 195쪽

69쪽
말 등에 짐을 싣고 가는 운송업자들: 石山寺(『新編日本史圖表』, 72쪽)
가시아게: 『新詳日本史』, 浜島書店, 110쪽

70쪽
일본에서 유통된 송나라 동전: 『新詳日本史』, 浜島書店, 96쪽
신안 침몰선에서 발견된 도자기: 『週刊朝日百科 日本の歴史』(개정판) 9권, 291쪽

72쪽
전투를 벌이는 일본군과 몽골군: 宮內廳 三の丸所藏館(『週刊朝日百科 日本の歴史』(개정판) 9권, 283쪽)

73쪽
일본군의 전술: 宮內廳 三の丸所藏館(『週刊朝日百科 日本の歴史』(개정판) 9권, 279쪽),
석축: 洛思社(『ビジュアルワイド 圖說日本史』, (株)東京書籍, 91쪽)

75쪽
악당의 횡행: 宮內廳 三の丸所藏館(『ビジュアルワイド 圖說日本史』, (株)東京書籍, 92쪽)

76쪽
도다이지 남대문 금강역사상: 東大寺/入江泰吉記念奈良市寫眞美術館(『ビジュアルワイド 圖說日本史』, (株)東京書籍, 98쪽)

77쪽
오도리 염불: 『마주 보는 한일사』 1권, 239쪽

78쪽
고다이고 천황: 『週刊朝日百科 日本の歴史』 12권, 1쪽

79쪽
남조의 근거지, 요시노: 『週刊朝日百科 日本の歴史』 12권, 27쪽

80쪽
아시카가 다카우지: 『週刊朝日百科 日本の歴史』 12권 표지

83쪽
슈고 다이묘의 저택: 國立歷史民俗博物館(『週刊朝日百科 日本の歴史』 14권, 93쪽)

85쪽
아시카가 요시미쓰: 『週刊朝日百科 日本の歴史』 14권, 69쪽
견명선: 『週刊朝日百科 日本の歴史』 14권, 77쪽

87쪽
아시가루: 『週刊朝日百科 日本の歴史』 18권, 207쪽

89쪽
교토의 투석전: 『週刊朝日百科 日本の歴史』 18권, 224쪽

90쪽
오다 노부나가의 도장: 長興寺(『山川 日本史總合圖錄』 增補版, 山川出版社, 54쪽)
모리 모토나리, 아마고 쓰네히사, 오우치 요시타카, 류조지 다카노부, 오토모 요시시게, 시마즈 요시히로, 조소카베 모토치카: 『別冊太陽 戰國百人』

91쪽
아사쿠라 요시카게: 福井県立一乘谷朝倉氏遺跡資料館/心月寺
우에스기 겐신, 다케다 신겐, 호조 우지야스, 미요시 나가요시, 오다 노부나가, 사이토 도산, 이마가와 요시모토: 『別冊太陽 戰國百人』
아자이 나가마사: 『越前朝倉氏一乘谷』, 9쪽

92쪽
용골차: 『新詳日本史』, 浜島書店, 123쪽

93쪽
교토 쌀 매매: 米澤市 上杉博物館(『週刊朝日百科 日本の歴史』 20권, 283쪽)

94쪽
호상 교통: MOA美術館(『週刊朝日百科 日本の歴史』 6권, 166쪽)

95쪽
관소: 『週刊朝日百科 日本の歴史』 20권, 261쪽

96쪽
금각: 『新詳日本史』, 浜島書店, 129쪽

97쪽
노: 『週刊朝日百科 日本の歴史』 17권, 171쪽, 185쪽
은각: 『新詳日本史』, 浜島書店, 129쪽

● 근대

100쪽
교토: 『週刊朝日百科 日本の歴史』 75권, 286쪽
세키: 東京國立博物館/山口県立萩美術館(『江戶時代』, 小學館, 96쪽)

	쇼노: 『우키요에의 미』, 215쪽	148쪽	시모노세키 전쟁: 『週刊朝日百科 日本の歷史』 95권, 196쪽
101쪽	아카사카: 東京國立博物館(『週刊朝日百科 日本の歷史』 75권, 275쪽)	149쪽	도바·후시미 전투: 『圖解日本史』, 成美堂出版株式會社, 105쪽
	간바라: 『우키요에의 미』, 119쪽	150쪽	폐번치현의 조서 공포: 明治神宮聖德記念繪畫館(『ビジュアルワイド 圖說日本史』, (株)東京書籍, 175쪽)
	후지에다: 山口県立萩美術館(『江戶時代』, 小學館, 96쪽)		
	마리코 주쿠: 東京國立博物館(『週刊朝日百科 日本の歷史』 75권, 282쪽)	151쪽	지권: 『新詳日本史』, 浜島書店, 197쪽
103쪽	포르투갈 상선의 입항: 佐賀県立名護屋城博物館(『4つの窓と釜山』, 7쪽)		유신 3걸: 『週刊朝日百科 日本の歷史』 95권, 203쪽, 217쪽
104쪽	나가시노 전투: 『사무라이와 쇼군의 후예들』, 98쪽	152쪽	이와쿠라 사절단: 『週刊朝日百科 日本の歷史』 96권, 229쪽
105쪽	아즈치 성: ビジュアルワイド 圖說日本史, (株)東京書籍, 121쪽	153쪽	소학교의 수업 모습: 『週刊朝日百科 日本の歷史』 96권, 245쪽
107쪽	나고야 성: 佐賀県立名護屋城博物館		후쿠자와 유키치: 慶應義塾大學 三田メディアセンター(『週刊朝日百科 日本の歷史』 93권, 150쪽)
108쪽	히메지 성: 『마주 보는 한일사』 1권, 124쪽		
109쪽	니시혼간지 당문: 西本願寺(ビジュアルワイド 圖說日本史, (株)東京書籍, 125쪽)	154쪽	세이난 전쟁의 발화점: 『大事件前夜』, 新人物往來社, 86쪽
	다완: 『週刊朝日百科 日本の歷史(개정판)』 30권, 295쪽, MOA 미술관	155쪽	이타가키 다이스케: 東京大學 法學部 附屬 明治新聞雜誌文庫(『週刊朝日百科 日本の歷史』 100권, 25쪽)
	가노파의 그림: 宮內廳三の丸所藏館(『ビジュアルワイド 圖說日本史』, (株)東京書籍, 126쪽)		비판받는 이타가키: 東京大學明治新聞雜誌文庫(『週刊朝日百科 日本の歷史』 100권, 25쪽)
111쪽	오사카 전투에 나서는 도쿠가와 이에야스: 『週刊朝日百科 日本の歷史』 30권, 229쪽		정부의 언론 탄압: 東京大學明治新聞雜誌文庫(『新詳日本史』, 浜島書店, 205쪽)
113쪽	참근교대: 『週刊朝日百科 日本の歷史』 30권, 231쪽	156쪽	메이지 천황: 宮內廳 總務課(『週刊朝日百科 日本の歷史』 109권, 314쪽)
114쪽	데지마: 長崎歷史文化博物館(『週刊朝日百科 日本の歷史(개정판)』 29권, 285쪽)	157쪽	헌법 발포 식전: 東京大學明治新聞雜誌文庫(『週刊朝日百科 日本の歷史』 100권, 10쪽)
115쪽	조선 통신사의 국서 전달: 『週刊朝日百科 日本の歷史』 78권, 19쪽		교육칙어: 『新詳日本史』, 浜島書店, 228쪽
117쪽	번영하는 아지카와: 『週刊朝日百科 日本の歷史』 84권, 213쪽		이토 히로부미: 『週刊朝日百科 日本の歷史』 102권, 88쪽
	니혼바시: 國立歷史民俗博物館(『週刊朝日百科 日本の歷史(개정판)』 28권, 285쪽)	158쪽	일본군의 인천 상륙: 『週刊朝日百科 日本の歷史』 세계 10권, A729쪽
119쪽	토지조사: 玄福寺(『週刊朝日百科 日本の歷史』 67권, 13쪽)	159쪽	전황을 보도하는 신문 기사: 『週刊朝日百科 日本の歷史』 104권, 132쪽
	농민의 휴일: 『週刊朝日百科 日本の歷史』 73권, 223쪽		구 대만총독부: 『ビジュアルワイド 圖說日本史』, (株)東京書籍『圖說日本史』, 200쪽
121쪽	풍구: 京都文化博物館(『江戶時代』, 小學館, 87쪽)		
	나락훑기: 『江戶時代』, 小學館, 87쪽	162쪽	오사카 방적회사: 東洋紡績株式會社(『週刊朝日百科 日本の歷史』 106권, 218쪽)
	빗추괭이: 『江戶時代』, 小學館, 88쪽	163쪽	야하타 제철소: 『週刊朝日百科 日本の歷史』 106권, 219쪽
	답차: 『江戶時代』, 小學館, 88쪽	165쪽	쓰보우치 쇼요와 『소설신수』: 『新詳日本史』, 浜島書店, 231쪽
	에도 시대의 술 생산: 『新詳日本史』, 浜島書店, 159쪽	166쪽	중국 산동성에 관한 조약: 外務省外交史料館(『週刊朝日百科 日本の歷史』 111권, 6쪽)
123쪽	에도 시대의 화폐: 日本銀行金融硏究所 貨幣博物館(『新詳日本史』, 浜島書店, 163쪽)	167쪽	산동반도에 상륙하는 일본군: 外務省外交史料館(『週刊朝日百科 日本の歷史』 111권, 6쪽)
125쪽	가부키 극장: 『新詳日本史』, 浜島書店, 166쪽		일본 상품 배척 운동: 『ビジュアルワイド 圖說日本史』, (株)東京書籍, 211쪽
	겐로쿠 시기의 도자기: MOA美術館(『ビジュアルワイド 圖說日本史』, (株)東京書籍, 150쪽)	168쪽	나고야의 쌀 소동: 『週刊朝日百科 日本の歷史』 111권, 13쪽
	미인 그림: 東京國立博物館(『圖說日本史』, 149쪽)	169쪽	호헌 3파의 영수 회담: 『週刊朝日百科 日本の歷史』 114권, 101쪽
127쪽	무사를 궁집으로 몰아넣은 유락: フランスのギュメ美術館(『江戶時代』, 139쪽)		보통선거 요구 시위: 『週刊朝日百科 日本の歷史』 114권, 101쪽
129쪽	에도의 우치코와시: 東京國立博物館(『江戶時代』, 小學館, 240쪽)	173쪽	금융공황: 『週刊朝日百科 日本の歷史』 113권, 72쪽
131쪽	도지마의 쌀 거래: 大阪歷史博物館(『週刊朝日百科 日本の歷史』 74권, 236쪽)	174쪽	잡지『킹』: 日本近代文學館(『ビジュアルワイド 圖說日本史』, (株)東京書籍, 218쪽)
132쪽	광업 기술의 발달: 獨立行政法人國立公文書館(『週刊朝日百科 日本の歷史』 82권, 157쪽)		잡지의 홍수: 『週刊朝日百科 日本の歷史』 115권, 133쪽
133쪽	덴메이의 대기근: 『週刊朝日百科 日本の歷史』 87권, 292쪽	176쪽	만보산사건 당시 평양 화교 거리: 毎日新聞社(『滿洲國の幻影』, 13쪽)
135쪽	서당에서 공부하는 아이들: 田原市博物館(『週刊朝日百科 日本の歷史』 91권, 89쪽)	177쪽	만주국 집정 부의: 毎日新聞社(『滿洲帝國』, 96쪽)
	직물공장: 國立公文書館(『ビジュアルワイド 圖說日本史』, (株)東京書籍, 160쪽)		만철 아시아호: 毎日新聞(『滿洲國の幻影』, 95쪽)
136쪽	후지 산 그림: 『圖說日本史』, 167쪽	181쪽	천인침: 『新詳日本史』, 浜島書店, 264쪽
137쪽	가세이 시대의 풍속화: 『圖說日本史』, 167쪽	184쪽	맥아더와 히로히토 천황: 『週刊朝日百科 日本の歷史』 117권, 200쪽
139쪽	나가사키에 상륙하는 레자노프 일행: 東京大學史料編纂所(『週刊朝日百科 日本の歷史』 84권, 222쪽)	185쪽	도쿄 재판과 도조 히데키: 『週刊朝日百科 日本の歷史』 125권, 107쪽
		186쪽	샌프란시스코 강화조약 조인: 『週刊朝日百科 日本の歷史』 124권, 93쪽
	〈대일본연해여지전도〉: 市立函館圖書館(『週刊朝日百科 日本の歷史』 84권, 218쪽)	189쪽	안보조약 개정 반대 투쟁: 『週刊朝日百科 日本の歷史』 127권, 164쪽
140쪽	'구민'의 깃발을 들고 진격하는 오시오의 군대: 大阪歷史博物館(『週刊朝日百科 日本の歷史』 90권, 44쪽)	192쪽	북한으로 떠나는 재일 조선인들: 『북한행 엑서더스』, 12쪽
			재일 조선인들의 한신 교육 투쟁: 『두 자이니치의 망향가』, 38쪽
141쪽	히젠 번의 대포 제조소: 『新詳日本史』, 浜島書店, 178쪽	196쪽	가전제품의 시대: 朝日新聞社(『週刊朝日百科 日本の歷史』 128권, 197쪽)
	슈세이칸: 尚古集成館(『週刊朝日百科 日本の歷史』 92권, 101쪽)	197쪽	도쿄 올림픽: 『週刊朝日百科 日本の歷史』 127권, 171쪽
		198쪽	거품 붕괴의 실상: 『昭和時代』, 225쪽
● 근현대		200쪽	자위대의 캄보디아 파병: 『昭和時代』, 155쪽
		201쪽	방한하는 고이즈미 총리: 연합뉴스
144쪽	남경대학살: 『週刊朝日百科 日本の歷史』 116권, 169쪽		사의를 표명하는 아베 총리: 연합뉴스
	일본군의 길 안내를 하는 주민: 『週刊朝日百科 日本の歷史』 119권, 262쪽	202쪽	야마이치 증권 파산: AP통신
	기아에 허덕이는 베트남 어린이들: 早乙女勝元(『新編日本史圖表』, 第一學習社, 194쪽)	203쪽	일본 노숙자: 연합뉴스
145쪽	일본군에 의해 조직된 '근로봉사단': 『ビジュアルワイド 圖說日本史』, (株)東京書籍, 234쪽		
	식량 공출: 『週刊朝日百科 日本の歷史』 119권, 275쪽		
146쪽	페리가 타고 온 흑선: 黑船館(『週刊朝日百科 日本の歷史』 93권 표지)		
147쪽	개항 직후의 요코하마: 神奈川県立歷史博物館(『週刊朝日百科 日本の歷史』 95권, 199쪽)		

● 이 책에 실린 모든 도판의 사용 허가를 받기 위해 최선을 다했습니다. 일부 허가받지 못한 도판에 대해서는 저작권자와 연락이 되는 대로 추후 조치하겠습니다.

● 한국어

가토 슈이치·마루야마 마사오 지음, 임성모 옮김, 『번역과 일본의 근대』, 이산, 2000.

강동진, 『일본근대사』, 한길사, 1984.

개번 맥코맥 지음, 이기호 외 옮김, 『종속국가 일본』, 창작과비평사, 2008.

개번 맥코맥 지음, 한경구 외 옮김, 『일본 허울뿐인 풍요』, 창작과비평사, 1998.

高橋幸八郎 외 지음, 차태석·김이진 옮김, 『일본근대사론』, 지식산업사, 1981.

고려대 일본사연구회 지음, 『동아시아 속의 한일관계사』, 제이앤씨, 2010.

고바야시 다다시 지음, 이세경 옮김, 『우키요에의 미』, 이다미디어, 2004.

고바야시 히데오 지음, 임성모 옮김, 『만철-일본 제국의 싱크탱크』, 산처럼, 2004.

구태훈, 『일본 무사도』, 태학사, 2005.

구태훈, 『일본 고대 중세사: 역사의 여명에서 성숙한 전통사회로』, 재팬리서치 21, 2008.

구태훈, 『일본 근세 근현대사: 전통사회에서 세계 속의 일본으로』, 재팬리서치 21, 2008.

구태훈, 『일본사 파노라마』, 재팬리서치 21, 2009.

기타바타케 지카후사 지음, 남기학 옮김, 『신황정통기』, 소명출판, 2008.

김경일 외, 『동아시아의 민족이산과 도시』, 역사비평사, 2004.

김광열 외, 『패전 전후 일본의 마이너리티와 냉전』, 제이앤씨, 2006.

김광열, 『한인의 일본 이주사 연구』, 논형, 2010.

김남일 외, 『분단의 경계를 허무는 두 자이니치의 망향가』, 현실문화연구, 2007.

김동명, 『지배와 저항 그리고 협력』, 경인문화사, 2006.

김선민 외, 『황국사관의 통시대적 연구』, 동북아역사재단기획연구 19. 동북아역사재단, 2009.

김용덕, 『일본근대사를 보는 눈』, 지식산업사, 1991.

김종식, 『1920년대 일본의 정당정치: 성립과 쇠퇴의 논리』, 제이앤씨, 2007.

김종식, 『근대일본 청년상의 구축』, 선인, 2007.

김현구·이재석·박현숙·우재병 공저, 『일본서기 한국관계기사연구 Ⅰ~Ⅲ』, 일지사, 2002~2004.

김현구 외, 『동아시아 세계의 일본사상: 일본 중심적 세계관 생성의 시대별 고찰』, 동북아역사재단, 2009.

김현구, 『任那日本府研究』, 일조각, 1993.

나가하라 게이지 지음, 박현채 옮김, 『일본경제사』, 지식산업사, 1985.

나라모토 다쓰야·가와사키 쓰네유키 지음, 김현숙·박경희 옮김, 『일본문화사』, 혜안, 1994.

나카무라 마사노리 지음, 유재연 옮김, 『일본전후사 1945-2005』, 논형, 2006.

노마 필드 지음, 박이엽 옮김, 『죽어가는 천황의 나라에서』, 창비, 1995.

다나카 아키라 지음, 현명철 옮김, 『메이지유신과 서양문명: 이와꾸라 사절단은 무엇을 보았는가』, 소화, 2006.

도노무라 마사루 지음, 김인덕 외 옮김, 『재일조선인 사회의 역사학적 연구』, 논형, 2010.

도미야마 이치로 지음, 임성모 옮김, 『전장의 기억』, 이산, 2002.

동경대교양학부일본사연구실 편, 『일본사개설』, 지영사, 1994.

동북아역사재단 편, 『역사 속의 한일관계』, 동북아역사재단, 2009.

로버트 엔벨라 지음, 박영신 옮김, 『도쿠가와 종교』, 현상과 인식, 1995.

루스 베네딕트 지음, 김윤식·오인석 옮김, 『국화와 칼』, 을유문화사, 1995.

마루야마 마사오 지음, 김석근 옮김, 『일본정치사상사연구』, 통나무, 1995.

마리우스 B. 잰슨 지음, 강인황 외 옮김, 『현대 일본을 찾아서』(1·2), 이산, 2006.

武藤 誠 지음, 강덕희 옮김, 『일본미술사』, 지식산업사, 1988.

무라이 쇼스케 지음, 이영 옮김, 『중세 왜인의 세계』, 소화, 1998.

미와 료이치 지음, 권혁기 옮김, 『일본경제사: 근대와 현대』, 보고사, 2004.

민덕기, 『조선시대 일본의 대외 교섭』, 경인문화사, 2010.

민두기 편저, 『일본의 역사』, 지식산업사, 1976.

박경희 편, 『연표와 사진으로 보는 일본사』, 일빛, 1998.

박석순, 『일본고대국가의 왕권과 외교』, 경인문화사, 2003.

박영재 외, 『19세기 일본의 근대화』, 서울대학교출판부 1997.

박종근 지음, 박영재 옮김, 『청일전쟁과 조선』, 일조각 1989.

박진우, 『21세기 천황제와 일본: 일본 지식인과의 대담』, 논형, 2006.

박진우, 『근대 일본 형성기의 국가와 민중』, 제이앤씨, 2004.

박진우, 『일본 근현대사』, 좋은날, 1999.

박진한, 『일본근세의 서민지배와 검약의 정치』, 혜안, 2010.

방광석, 『근대 일본의 국가체제 확립과정: 이토 히로부미와 제국헌법체제』, 혜안, 2008.

사이덴스티커, E. 지음, 허호 옮김, 『도쿄이야기』, 이산, 1997.

서경식 지음, 임성모·이규수 옮김, 『난민과 국민 사이』, 돌베개, 2006.

신형식, 『統一新羅史硏究』, 삼지원, 1990.

심기재, 『역사적 흐름으로 읽는 일본의 과거와 현재』, 단국대학교출판부, 2009.

아라사키 모리테루 지음, 정영신 외 옮김, 『오키나와 현대사』, 논형, 2008.

아미노 요시히꼬 지음, 박훈 옮김, 『일본이란 무엇인가』, 창작과비평사, 2003.

아사오 나오히로 지음, 서각수·연민수·이계황·임성모 옮김, 『새로 쓴 일본사』, 창비, 2003.

아사오 나오히로 지음, 최정환 옮김, 『일본근세사의 자립』, 경북대학출판부, 1993.

앤드루 고든 지음, 김우영 옮김, 『현대 일본의 역사』, 이산, 2005.

야마다 쇼오지 등 지음, 샘기획 옮김, 『근현대사속의 한국과 일본』, 돌베개, 1992.

야마모토 히로부미 감수, 이재석 지음, 『교양인을 위한 일본사』, 청어람 미디어, 2002.

야스마루 요시오 지음, 박진우 옮김, 『근대 천황상의 형성』, 논형, 2008.

야스마루 요시오 지음, 박진우 옮김, 『현대일본사상론: 역사의식과 이데올로기』, 논형, 2006.

연민수 편저, 『일본역사』, 보고사, 1998.

연민수, 『고대 한일교류사』, 혜안, 2003.

연민수, 『일본역사』, 보고사, 1998.

요시노 마코토 지음, 한철호 옮김, 『동아시아속의 한일 2천년사』, 책과함께, 2005.

요시미 요시아키 지음, 이규태 옮김, 『일본군 군대위안부』, 소화, 1998.

유모토 고이치 지음·연구공간 수유+너머 동아시아 근대 세미나팀 옮김, 『일본 근대의 풍경』, 그린비, 2004.

윤건차 지음, 박진우 옮김, 『교착된 사상의 현대사: 1945년 이후의 한국 일본 재일조선인』, 창비, 2009.

윤병남, 『구리와 사무라이: 아키타번을 통해 본 일본의 근세』, 소나무, 2007.

이계황 외, 『기억의 전쟁: 현대 일본의 역사인식과 한일관계』, 이화여자대학교출판부, 2003.

이에나가 사부로 외 지음, 강형중 옮김, 『신일본사』, 문원각, 1996.

이에나가 사부로 지음, 이영 옮김, 『일본문화사』, 까치 1999.

이영·이재석 공저, 『일본고중세사』, 방송대학교출판부, 2007.

이진희·강재언·김익한 등 지음, 『한일교류사』, 학고재, 1998.

이희복, 『막번체제와 안사이학파』, 보고사, 2005.

일본역사교육자협의회 편, 송완범 외 옮김, 『동아시아 역사와 일본』, 동아시아, 2005.

일본학교육협의회 엮음, 『일본의 이해』, 태학사, 2002.

장인성, 『메이지유신: 현대일본의 출발점』, 살림, 2007.

전국역사교사모임·역사교육자협의회, 『마주보는 한일사 Ⅰ·Ⅱ』, 사계절출판사, 2006.

井上秀雄 외 지음, 김기섭 옮김, 『고대 한일관계사의 이해』, 이론과 실천, 1994.

井上淸 지음, 서동만 옮김, 『일본의 역사』, 이론과 실천, 1989.

정하미, 『일본의 서양문화 수용사』, 살림, 2005.

정혜선, 『일본공산주의 운동과 천황제』, 국학자료원, 2001.

정혜선, 『한국인의 일본사』, 현암사, 2008.

정효운, 『古代 韓日 政治交涉史 硏究』, 學硏文化社, 1995.

조명철·김보한·김문자·이재석 공저, 『일본인을 위한 선택』, 다른세상, 2002.

존 다우어 지음, 최은석 옮김, 『패배를 껴안고-제2차 세계대전 후의 일본과 일본인』, 민음사, 2009.

존 W. 홀 지음, 박영재 옮김, 『일본사』, 지음민사, 1986.

최상용 외, 『일본 일본학 - 현대 일본연구의 쟁점과 과제』, 오름, 1994.

최석완·최혜주, 『근현대 한일관계와 국제사회』, 한국방송통신대학교출판부, 2001.

카또오 노리히로 지음, 서은혜 옮김, 『사죄와 망언 사이에서』, 창작과 비평사, 1998.

케네스 비. 파일 지음, 박영신·박정신 옮김, 『근대 일본의 사회사』, 현상과 인식, 1994.

타임라이프 북스 지음, 김훈 옮김, 『사무라이와 쇼군의 후예들』, 가람기획, 2005.

타키 코지 지음, 박삼헌 옮김, 『천황의 초상』, 소명출판사, 2007.

테사 모리스-스즈키 지음, 한철호 옮김, 『북한행 엑서더스』, 책과함께, 2008.

페어뱅크·라이샤워·크레이그 지음, 윤병남 외 옮김, 『동양문화사』 상·하, 을유문화사, 1991.

피터 두으스 지음, 김용덕 옮김, 『일본근대사』, 지식산업사, 1983.

피터 두으스 지음, 양필승 옮김, 『일본의 봉건제』, 신서원, 1991.

한상일, 『일본의 국가주의』, 까치글방, 1988.

한상일·한정선, 『일본 만화로 제국을 그리다: 조선병탄과 시선의 정치』, 일조각, 2006.

한일관계사학회 편, 『동아시아 속에서의 고구려와 왜』, 경인문화사, 2007.

한일관계사학회 편, 『전쟁과 기억 속의 한일관계』, 경인문화사, 2008.

한일관계사학회 편, 『한국과 일본, 왜곡과 콤플렉스의 역사 1, 2』, 자작나무, 1998.

한일관계사학회 편, 『한일관계 2천년. 보이는 역사, 보이지 않는 역사 Ⅰ·Ⅱ·Ⅲ』, 경인문화사, 2006.

한중일3국공동역사편찬위원회 편, 『미래를 여는 역사』, 한겨레신문사, 2005.

함동주, 『천황제 근대국가의 탄생』, 창비, 2009.

T. 나지타 지음, 박영재 옮김, 『근대일본사-정치항쟁과 지적 긴장』, 지음민사, 1992.

● 일본어

『講座 日本歷史』中世1, 東京大學出版會, 1984.

『講座 日本歷史』中世2, 東京大學出版會, 1985.

『見る·讀む·わかる 日本の歷史』 2 中世, 朝日新聞社, 1993.

『山川 詳說日本史圖錄』(第3版), 山川出版社, 2010.

『山川 日本史總合圖錄』(增補版), 山川出版社, 1997.

『新詳日本史-地圖資料年表』, 浜島書店, 2003.

『新編日本史圖表』, 第一學習社, 1997.

『岩波講座日本通史』中世1, 岩波書店, 1993.

『岩波講座日本通史』中世2, 岩波書店, 1994.

『岩波講座日本通史』中世3·4, 岩波書店, 1994.

『日本史を變えた大事件前夜』, 新人物往來社, 2004.

『日本歷史館』, 小學館, 1993.

『週刊朝日百科 日本の歷史』, 朝日新聞社, 1985~1987.

『週刊朝日百科 日本の歷史』, 朝日新聞社, 2002~2003.

『ビジュアルワイド 圖說日本史』(改訂3版), 東京書籍, 2004.

加藤友康 等編, 『日本史總合年表』, 吉川弘文館, 2001.

加藤榮一·北島万治·深谷克己 共編, 『幕藩制國家と異域·異國』, 校倉書房, 1989.

岡本良一, 『江戶時代圖誌』 3, 筑摩書房, 1976.

高木昭作, 『日本近世國家史の硏究』, 岩波書店, 1990.

高寬敏, 『古代朝鮮諸國と倭國』, 雄山閣, 1997.

古瀨奈津子, 『日本古代史講義』, 吉川弘文館, 2003.

關裕二, 『圖解古代史-秘められた謎と眞相』, PHP硏究所, 2004.

橋本義彦 編, 『古文書の語る日本史』 2(平安), 筑摩書房, 1991.

國立歷史民俗博物館編, 『莊園繪圖とその世界』(企劃展示), 國立歷史民俗博物館, 1993.

堀敏一, 『東アジアなかの古代日本』, 硏文出版, 1998.

宮地正人·佐藤信·五味文彦·高埜利彦 共編, 『國家史』(新大系日本史 卷1), 山川出版社, 2006.

鬼頭宏, 『文明としての江戶システム』(日本の歷史 19), 講談社, 2002.

鬼頭淸明, 『日本古代國家の形成と東アジア』, 校倉書房, 1976.

吉田晶 外編, 『日本史を學ぶ』 2·中世, 有斐閣, 1975.

吉田靖雄, 『行基と律令國家』, 吉川弘文館, 1985.

吉川弘文館編集部, 『誰でも讀める 日本中世史年表』, 吉川弘文館, 2007.

金廷鶴, 『任那と日本』, 小學館, 1977.

金鉉球, 『大和政權の對外關係硏究』, 吉川弘文館, 1985.

膿谷壽, 『日本の歷史 6-王朝と貴族』, 集英社, 1991.

大石學 編, 『江戶時代への接近』, 東京堂出版, 2000.

大石愼三郎, 『日本近世社會の市場構造』, 岩波書店, 1975.

對外關係史總合年表編集委員會, 『對外關係史總合年表』, 吉川弘文館, 1999.

大塚德郎, 『陸奧の古代史』, 刀水書房, 1984.

大阪城天守閣, 『秀吉と大阪城』, 大阪城天守閣特別事業委員會, 1988.

黛弘道, 『圖說日本文化の歷史3-奈良』, 小學館, 1979.

渡辺信夫, 『幕藩制確立期の商品流通』, 柏書房, 1966.

東野治之,『遣唐使と正倉院』, 岩波書店, 1992.

東潮,『古代東アジアの鐵と倭』, 溪水社, 1999.

藤木久志,『豊臣平和令と戰國社會』, 東京大學出版會, 1985.

藤野保,『新訂幕藩体制の研究』, 吉川弘文館, 1975.

藤原彰 等著,『新版 日本現代史』, 大月書店, 1995.

藤田覺,『幕藩國家の政治史的研究』, 校倉書房, 1987.

藤田覺,『天保の改革』, 吉川弘文館, 1989.

藤井讓二,『幕藩領主の權力構造』, 岩波書店, 2002.

鈴木英夫,「大化改新直前の倭國と百濟」『古代の倭國と朝鮮諸國』, 吉川弘文館, 1996.

鈴木靖民,『古代對外關係史の研究』, 吉川弘文館, 1985.

瀧浪貞子,『日本の歷史 5-平安建都』, 集英社, 1991.

瀧音能之,『古代史の舞臺裏』, 青春出版社, 2007.

林陸郎,『桓武朝論』, 雄山閣出版, 1994.

笠谷和比古,『近世武家社會の社會の政治構造』, 吉川弘文館, 1993.

末松保和,『任那興亡史』, 吉川弘文館, 1949.

木村茂光 外,『講座日本史』3, 東京大學出版會, 1970.

米田雄介,『正倉院と日本文化』, 吉川弘文館, 1998.

峰岸純夫 編,『古文書の語る日本史』5(戰國・織豊), 筑摩書房, 1989.

北島正元,『江戶幕府の權力構造』, 岩波書店, 1965.

山口啓二,『幕藩制成立史の研究』, 校倉書房, 1974.

山尾幸久,『古代の日朝關係』, 塙書房, 1989.

山尾幸久,『日本古代王權形成史論』, 岩波書店, 1983.

山本博文 監修,『ビジュアルNIPPON 江戶時代』, 小學館, 2006.

山本博文,『幕藩制の成立と近世の國制』, 校倉書房, 1990.

三谷博,『明治維新を考える』, 有志舍, 2006.

森公章,『遣唐使と古代日本の對外政策』, 吉川弘文館, 2008.

森嶋通夫,『なぜ日本は沒落するか』, 岩波書店, 1999.

三品彰英,『日本書紀朝鮮關係記事考證』上, 吉川弘文館, 1962.

西川長夫,『幕末・明治期の國民國家形成と文化變容』, 新曜社, 1995.

石母田正,『古代末期政治史序說』, 未來社, 1956.

石母田正,『古代國家』, 岩波書店, 1971.

成美堂出版編集部,『圖解古代史』, 成美堂出版, 2007.

笹山晴生,『日本古代史講義』, 東京大學出版會, 1977.

松尾正人,『日本の時代史 21 明治維新と文明開化』, 吉川弘文館, 2004.

松尾正人,『廢藩置県-近代統一國家の苦悶』, 中央公論社, 1986.

狩野久,『日本古代の國家と都城』, 吉川弘文館, 1993.

深谷克己・堀新 共編,『近世國家』(展望日本歷史 卷13), 東京堂出版, 2000.

深井雅海,『德川將軍政治權力の研究』, 吉川弘文館, 1991.

辻惟雄 監修,『日本美術史』, 美術出版社, 1991.

兒玉幸多 編, 『標準日本史地圖』(新修版), 吉川弘文館, 1984.

安田元久 編, 『古文書の語る日本史』3(鎌倉), 筑摩書房, 1990.

岸俊男, 『日本古代籍帳の研究』, 塙書房, 1973.

岸俊男, 『日本古代政治史研究』, 塙書房, 1966.

歷史探訪研究會, 『歷史地圖本 古代日本を訪ねる 奈良 飛鳥』, 大和書房, 2006.

鈴木靖民, 『古代對外關係史の研究』, 吉川弘文館, 1979.

永原慶二 編, 『古文書の語る日本史』4(南北朝·室町), 筑摩書房, 1990.

永原慶二, 『20世紀日本の歷史學』, 吉川弘文館, 2003.

榮原永遠男, 『日本の歷史 4-天平の時代』, 集英社, 1991.

五味文彥 等編, 『詳說日本史研究』, 山川出版社, 1998.

原秀三郎 外 編, 『大系日本國家史』全5卷, 東京大學出版會, 1975.

原田敬一, 『日淸·日露戰爭』, 岩波書店, 2007.

林屋辰三郎, 『文明開化の研究』, 岩波書店, 1979.

田代和生, 『近世日朝貿易史の研究』, 創文社, 1981.

田中健夫·石井正敏 編, 『對外關係史辭典』, 吉川弘文館, 2009.

田中俊明, 『大加耶聯盟の興亡と「任那」』, 吉川弘文館, 1992.

田中彰, 『長州藩と明治維新』, 吉川弘文館, 1998.

田中琢, 『日本の歷史 2-倭人爭亂』, 集英社, 1991.

井口和起, 『日露戰爭の時代』, 吉川弘文館, 1998.

井上光貞 外 編, 『日本歷史大系 3』, 山川出版社, 1998.

井上滿郎, 『渡來人 日本古代と朝鮮』, リブロポト, 1987.

井上勝生, 『幕末·維新』, 岩波書店, 2006.

井上勳, 『開國と幕末の動亂』, 『日本の時代史 20- 開國と幕末の動亂』, 吉川弘文館, 2004 .

朝尾直弘 等編, 『要說 日本歷史』, 東京創元社, 2000.

朝尾直弘, 『鎖國』, 小學館, 1975.

鳥海靖, 『日本近代史講義: 明治立憲制の成立とその理念』, 東京大學出版會, 1988.

佐藤和彥 等編, 『地圖でたどる日本史』, 東京堂出版, 1995.

佐藤和彥 外編, 『日本中世史研究事典』, 東京堂出版, 1995.

佐藤木潤之介 等編, 『槪論 日本歷史』, 吉川弘文館, 2000.

佐藤木潤之介, 『幕藩制國家論』全2卷, 東京大學出版會, 1984.

竹內洋, 『立身出世主義』, 世界思想社, 2005.

竹內誠 等編, 『敎養の日本史』, 東京大學出版會, 1987.

中田易直, 『近世對外關係史の研究』, 吉川弘文館, 1984.

中井信彥, 『轉換期幕藩制の研究』, 塙書房, 1971.

中村質, 『近世長崎貿易史の研究』, 吉川弘文館, 1988.

中塚明, 『日淸戰爭の研究』, 靑木書店, 1968.

池內宏, 『日本上代史の一研究』, 中央公論美術出版, 1970.

池上彰, 『そうだったのか! 日本現代史』, 集英社, 2001.

直木孝次郎, 『古代 日本と朝鮮·中國』, 講談社, 1988.

津田左右吉, 『古事記及日本書紀の研究』, 岩波書店, 1924.
青木美智男, 『近世庶民文化史 日本文化の原型』(『日本の歴史』別巻), 小學館, 2009.
村上直 編, 『日本近世史研究事典』, 東京堂出版, 1989.
崔碩莞, 『日淸戰爭への道程』, 吉川弘文館, 1997.
坂元義種, 『古代の東日本と朝鮮』, 吉川弘文館, 1978.
平野邦雄, 『大化前代政治過程の研究』, 吉川弘文館, 1985.
脇田修, 『近世封建社會の經濟構造』, 御茶ノ水書房, 1978.
和田萃, 『大系日本の歴史2 古墳の時代』, 小學館, 1988.
荒野泰典 編, 『江戸幕府と東アジア』(日本の時代史 14), 吉川弘文館, 2003.
荒野泰典, 『近世日本と東アジア』, 東京大學出版會, 1985.
歴史學研究會・日本史研究會 共編, 『近世の形成』(日本史講座 巻 5), 東京大學出版會, 2004.
黒田弘子 著, 『ミミヲキリハナヲソギ: 片仮名書百姓申狀論』, 吉川弘文館, 1995.
AERA Mook, 『日本史がわかる』, 朝日新聞社, 2000.

● 영어

Berry, Mary Elizabeth, *Hideyoshi*, Harvard University Press, 1982.

Bolitho, Harold, *Treasures among Men: The Fudai Daimyo in Tokugawa Japan*, Yale University Press, 1974.

Cambridge History of Japan, 6vols., Cambridge University Press, 1988-1999.

Collcutt, Martin, *Cultural Atlas of Japan*, Phaidon, 1988.

Duus, Peter, *Feudalism in Japan*, Second Edition, Alfred A. Knopf, 1969.

Duus, Peter, Ramon H. Myers and Mark R. Peattie, eds., *The Japanese Wartime Empire, 1931-1945*, Princeton University Press, 1996.

Gordon, Andrew, ed., *Postwar Japan as History*, University of California Press, 1993.

Gordon, Andrew, *A Modern History of Japan: From Tokugawa Times to the Present*, Havard University Press, 2003.

Hall. John W., *Japan: From Prehistory to Modern Times*, Delacorte, 1970.

Hall, John W., Nagahara Keiji and Kozo Yamamura, eds., *Japan before Tokugawa: Political Consolidation and Economic Growth, 1500 to 1650*, Princeton University Press, 1981.

Hanley, Susan B. and Kozo Yamamura, *Economic and Demographic Change in Preindustrial Japan, 1600-1868*, Princeton University Press, 1977.

Jansen, Marius B., *The Making of Modern Japan*, Harvard University Press, 2000.

Kingston, Jeff, *Japan's Quiet Transformation: Social Change and Civil Society in the Twenty-First Century*, RoutledgeCurzon, 2004.

Mikiso Hane, *Eastern Phoenix: Japan since 1945*, Westview, 1996

Sugimoto, Yoshio, *An Introduction to Japanese Society*, Second Edition, Cambridge University Press, 2002.

Toby, Ronald, *State and Diplomacy in Early Modern Japan*, Princeton University Press, 1984.

Totman, Conrad, *Politics in the Tokugawa Bakufu, 1600-1843*, University of California Press, 1988.

Tsutsui, William M. ed., *A Companion to Japanese History*, Wiley-Blackwell, 2009.

Wakabayashi, Bob Tadashi, *Anti-Foreignism and Western Learning in Early-Modern Japan*, Harvard University Press, 1986.

Young, Louise, *Japan's Total Empire*, University of California Press, 1998.

찾아보기

*은 지도

ㄱ

가가(加賀) 35*, 61*, 89, 89*, 92, 92*, 110*
가가와(香川) 172*, 175*
가게유시(勘解由使) 47
가고시마(鹿兒島) 95*, 97*, 102, 103, 103*, 122*, 134*, 141*, 154, 154*, 164*, 172*, 174*, 193*, 197*
가나 문자 50, 51
가나가와(神奈川) 70, 147, 172*, 175*, 200*
가나자와(金澤) 121*, 123*, 135*, 164*
가나자와(金澤) 문고 76, 77
가네다(金田城) 30*, 31
가노 나가노부(狩野長信) 109
가노 에이토쿠(狩野永德) 108, 109
가노파(狩野派) 96, 109, 136
가마쿠라 구보(鎌倉公方) 80, 86
가마쿠라 오산 63, 77*
가메가오카(龜ヶ岡) 유적 17*
가모 우지사토(蒲生氏郷) 103*
가미쓰케노(上毛野) 23*
가미카제(神風) 73
가미카타(上方) 125, 137
가부나카마(株仲間) 123, 132, 133, 140
가부키(歌舞伎) 124, 125, 140, 165
가부키좌(歌舞伎座) 165
가시아게(借上) 69
가쓰교지(月行事) 117
가쓰라(桂) 내각 168
가와치(河內) 26*, 27*, 35*, 40, 89*, 95*, 121
가이(甲斐) 35*, 89*, 90, 91*, 110*
『가이코쿠헤이단(海國兵談)』 139
가정기관家政機關 27
가즈라키(葛城) 27, 27*
가즈사(上總) 35*, 57*, 61*, 120
가지와라 가게토키(尾原景時) 64
가키쓰(嘉吉) 88
가키쓰의 난 82*
가타가나 50, 51

가토 기요마사(加藤淸正) 110, 111*
가토 다카아키(加藤高明) 169
가토 히로유키(加藤弘之) 153
간고지(元興寺) 36
간노(觀應)의 요란擾亂 80, 81, 81*
간도間島 176
간무(桓武) 천황 42, 45~47, 57, 61
간빙기 14
간쇼(寬正)의 대기근 86, 88
간전영년사재법墾田永年私財法 44, 45
간토(關東) 대불 70
감합勘合 55, 84, 85
감합무역勘合貿易 84, 85
갑신정변 158
강화도사건 158
개신개혁의 조 30, 31, 44
개안공양 41
개조사改造社 174
거국일치 내각 179
거품경제 145, 194, 198, 199, 201, 202, 203
검약령儉約令 112, 126, 127, 130, 132, 134, 140
게노(毛野) 22
게비이시(檢非違使) 47
게이안 오후레가키(慶安御觸書) 118
게이오기주쿠(慶應義塾) 164
게이초 유럽 사절단(慶長遣歐使節) 102, 103*
게이타이(繼體) 천황 26, 26*, 28
겐나(元和)의 대순교大殉敎 111, 136
겐메이(元明) 천황 13, 36, 42, 43
겐무(建武) 신정 78, 79, 79*
겐무시키모쿠(建武式目) 78
겐보(玄昉) 38, 39, 40, 43
겐쇼(元正) 천황 35, 42, 43
『겐지 모노가타리(源氏物語)』 50, 51
『겐지 모노가타리 에마키』 50, 51
겐초지(建長寺) 63*, 70, 77
『겐코샤쿠쇼(元亨釋書)』 96
겐코의 변 79*

격차사회 145, 202, 203
견당사遣唐使 13, 38, 39, 50, 84
견명선遣明船 84, 85
견수사遣隋使 38
경성 167*, 180*
고가 구보(古河公方) 80, 86
고곤(光嚴) 천황 78
고교쿠(皇極) 천황 30, 31
고노 모로나오(高師直) 80
고노에(近衛) 내각 180, 182
고니시 유키나가(小西行長) 103*, 110, 111*
고닌(光仁) 천황 42, 43, 46
고닌구미(五人組) 제도 118
고다이고(後醍) 천황 55, 77, 78, 79, 79*, 80, 96
고다이로(五大老) 106, 110
고단샤(講談社) 174, 196, 197
고등여학교령 164, 165
고레히토(惟仁) 친왕 48
고려 25, 35, 68, 70, 71, 72, 73, 84
고류지(廣隆寺) 목조반가사유상 29
고메이(孝明) 천황 148, 149
고묘(光明) 황태후 38, 39, 43
고문사학 124
고베(神戶) 147, 147*, 153*, 164*, 168*, 174, 192
고분시대古墳時代 22
고산조(後三條) 천황 48, 60
고산케(御三家) 112, 130
고상식高床式 대형 건물 18
고세이바이시키모쿠(御成敗式目) 64, 65
고소(强訴) 129
『고쇼쿠이치다이오토코(好色一代男)』 124, 125
고스자쿠(後朱雀) 천황 48, 49
고시라카와(後白河) 상황 54, 59, 60, 61
고요제이(後陽成) 천황 106
고이즈미 준이치로(小泉純一郞) 201
고이치조(後一條) 천황 48, 49
고잔(五山) 문학 97*
고즈케(上野) 35*, 57, 110*

『고지키(古事記)』 25
고치(高知) 121*, 122*, 134*, 141*, 154*, 172*, 175*
고케닌(御家人) 55, 62~65, 68, 72, 74, 75, 82, 113, 116, 126, 130, 133
고켄(孝謙) 40~43, 48
고쿠다카(石高) 107, 112, 120, 126, 131
고쿠분니지(國分尼寺) 40
고쿠분소지(國分僧寺) 40
고쿠분지(國分寺) 13, 40, 41*
『고킨와카슈(古今和歌集)』 50, 51, 77
『고킨초분슈(古今著聞集)』 77
고토 신페이(後藤新平) 155
고토바(後鳥羽) 상황 54, 60, 64, 65*
고토쿠(孝德) 천황 31
고후(甲府) 121*, 149*
고후쿠지(興福寺) 42, 60, 94
곤도 주조(近藤重藏) 138, 139
공가중법도公家衆法度 110, 111
공령公領 58~60, 63, 75
공명당公明黨 188, 201
공무합체公武合體 149
공문소公文所 62, 64
공부성工部省 162
공지공민제公地公民制 11, 34, 44, 45, 47, 58
과달카날 183
관동군 171, 176
관동대지진關東大地震 144, 172
관동주關東州 167*
관령管領 82, 83, 86, 90
관백關白 48, 49, 60, 78, 106
관소關所 89, 94, 95
광개토대왕 비문 25
광동廣東 180
교겐(狂言) 96, 97
교육 기본법 184
교육칙어敎育勅語 156, 157, 164
교키(行基) 40, 41
교토 고잔(五山) 76*
교토 제국대학 164
교토쇼시다이(京都所司代) 110, 113
교호(享保) 개혁 101, 130, 131

교호(享保)의 대기근 129, 130
구나 국(狗奴國) 20, 21
구니(國) 18, 21
구니쿄(恭仁京) 40, 46*
구니토모(國友) 92, 92*, 93
구로다 나가마사(黑田長政) 110, 111*
구로다 요시타카(黑田孝高) 103*
구로다 장원 66, 67*
구로도노토(藏人頭) 48
구루메 잇키(久留米一揆) 128, 128*
구리카라도게(俱利伽羅峠) 전투 63*
구마모토(熊本) 97*, 103*, 121*, 122*, 134*, 135, 141*, 163*, 164*, 172*, 174*, 195, 195*
구마자와 반잔(熊澤蕃山) 124
구미가시라(組頭) 119
구보타 간이치로(久保田貫一郞) 191
구스코(藥子)의 변 48
구아나노군게(桑名郡家) 33
구야칸 국(狗邪韓國) 20*
구와나(桑名) 123*
구카이(空海) 39
국가주의 165, 178, 179, 181
국가총동원법 180, 181
국공합작 180
국기·국가법 200
국민정신총동원운동 180, 181
국민징용령 181
국방의 본의와 그 강화의 제창 178, 179
국아國衙 56
국아령國衙領 58
국제연맹 166, 176
국조제國造制 27
국체명징운동國體明徵運動 178, 179
국회기성동맹國會期成同盟 154, 155
군기軍記 소설 96
군마(群馬) 14, 172*, 175*
군마(群馬) 사건 154, 155*
군사郡司 58
군제郡制 138, 150, 156
군집분群集墳 22
굴장屈葬 17

궁준弓遵 20
귀농령 140
귀족원 156, 157, 169, 178, 179
규슈 설(九州說) 20, 20*, 21
규슈 제국대학 164
균전제 34
금각金閣 96
금동제 마구 23
금융공황 172, 173
금인자수金印紫綬 20
금중병공가제법도禁中竝公家諸法度 110, 111
기나이(畿內) 12, 22, 23, 28, 35, 41, 68, 69, 75, 81, 87, 88, 90, 92, 95, 102, 105, 125
기나이 설(畿內說) 20, 20*, 21
기노시타 가쓰토시(木下勝俊) 103*
기노시타 준안(木下順庵) 124
기도 다카요시(木戶孝允) 148*, 151, 152
기록장원권계소記錄莊園券契所 58
기마민족 일본열도 정복설 19
기미(君·公) 27, 29
「기본 국책 요강」 182
기비(吉備) 22, 23*
기비노 마키비(吉備眞備) 38~40, 42, 43
기시 노부스케(岸信介) 177, 188, 189, 194
기요미하라노미야(淨御原宮) 32
기요스 회의 106*
기요스(淸洲) 95*
기유조약己酉條約 110, 114, 115*
기이(紀伊) 35*, 61*, 80, 89*, 95*, 106, 106*, 110*, 112, 130,
기이 성(基肄城) 30*
기진지계 장원기진지계莊園 59
기친야도(木貨店) 117
기타 잇키(北一輝) 179
기타가와 우타마로(喜多川歌麿) 136, 137
기타무라 도코쿠(北村透谷) 165
기타야마(北山) 문화 96
기타오지무로마치(北小路室町) 82
기타큐슈(北九州) 18
긴메이(欽明) 천황 28, 29
긴몬(禁門)의 변 149

긴키(近畿) 18, 26, 102, 104
김일성 177
꽃꽂이(生花) 96

ㄴ

나가노(長野) 109, 172*, 175*
나가사키(長崎) 74, 102, 103, 103*, 106, 110, 111, 111*, 113~116, 115*, 121*, 122*, 138, 138*, 139, 147, 147*, 153, 153*, 163*, 164*, 172*, 174*, 183*, 200*
나가시노(長篠) 전투 104, 105, 105*
나가야 왕(長屋王) 42, 43
나가야 왕의 정변 42
나가오카(長岡) 149*, 197*
나가오카쿄(長岡京) 46, 46*, 47
나가타 데쓰잔(永田鐵山) 178, 179
나가토(長門) 34*, 45*
나가토 성(長門城) 30*
나고야(名古屋) 121*, 123*, 135*, 155*, 163*, 164*, 168, 168*, 174, 197*
나고야 성(名護屋城) 107, 109
나니와(難波) 28, 30*, 31, 33*, 40
나니와쿄(難波京) 40, 46*
나라(奈良) 22, 89*, 93*, 95*, 123*, 172*, 175*
나라 산(乃樂山) 33*
나리킨(成金) 166
나마무기(生麥) 사건 148
나바타케(菜畑) 유적 16*
나베시마 나오마사(鍋直正) 141, 141*
『나소사토미 핫켄덴(南總里見八犬傳)』137
나쓰시마(夏島) 패총 17*
나제동맹 25
나카노오에(中大兄) 황자 13, 30, 31, 48
나카마(仲間) 123
나카미나토(那珂湊) 123*
나카소네 야스히로(中曾根康弘) 199
나카에 도슈(中江藤樹) 124
나카토미노 가마타리(中臣鎌足) 31, 42, 48
〈낙중낙외도병풍洛中洛外圖屛風〉83, 109
난계도융蘭溪道隆 76

『난소사토미핫켄덴(南總里見八犬傳)』136, 137
난쇼마이(難升米) 20
난학蘭學 99, 133, 135, 139
남경南京 144, 170, 177*, 180, 180*, 185
남경대학살 144, 180, 185
남도南都 6종 41
남만사南蠻寺 102, 103, 108
남만주철도주식회사 160, 162, 167*, 177
남무묘법연화경南無妙法蓮華經 76
남송南宋 70~72
남양군도(미크로네시아) 166
남제南齊 24
남학南學 124
남해로 122, 123
내각정보국 181
네고로·사이카 잇키 105, 105*
네덜란드 113~115, 121, 138, 139, 146, 147, 182, 185, 190
네르친스크 167*
노(能) 96, 97
노가미(野上) 행궁 33*
『노교젠쇼(農業全書)』120
노구교 180, 180*
노구교蘆溝橋 사건 180
노나카 겐잔(野中兼山) 124
노몬한 사건 180*
노베오카(延岡) 122*
노시로(能代) 123*
노자나불盧舍那佛 40, 41
노지리코(野尻湖) 15*
노토(能登) 35*, 59, 59*, 61*, 70, 89*
노토지마(能登島) 장원 59*
농지 개혁 184, 185
니가타(新潟) 17, 123*, 147, 147*, 163*, 164*, 168*, 175*, 192, 195
니시무라 시게키(西村茂樹) 153
니시혼간지(西本願寺) 109
니주시쿠미도이야(二十四組問屋) 122, 123
니지(尼寺) 40
니치렌(日蓮) 76, 77, 77*, 89, 105
니치렌종(日蓮宗) 76, 77, 105

니콜라옙스크 138*, 167*
니혼(日本) 제철소 162, 163
니혼마치(日本町) 115
니혼바시(日本橋) 100, 101, 117, 137, 169
『니혼쇼키(日本書紀)』25, 26, 29, 31, 34, 35
닌교조루리(人形淨瑠璃) 125
닌묘(仁明) 천황 48
닌소쿠요세바(人足寄場) 132, 133
닛산(日産) 181
닛코(日光) 95*, 113, 123*

ㄷ

다가 성(多賀城) 36, 37, 47, 47*
다나가리(店借) 117
다나카 가쿠에이(田中角榮) 191, 198
다나카 기이치(田中義一) 170, 172, 173
다나카 쇼스케(田中勝介) 102, 103*
다네가시마(種子島) 55, 84*, 90, 103*
다네가시마 도키타카(種子島時堯) 102
다누마 오키쓰구(田沼意次) 101, 132
다니 지추(谷時中) 124
다무라마로(田村麻呂) 46, 47
다미에(濃繪) 108
다시다카(足高) 제도 126, 130, 131
『다이니혼시(大日本史)』124, 125
다이라노 기요모리(平淸盛) 60~62, 70
다이라노 다다쓰네(平忠常) 56, 57*
다이라노 마사카도(平將門) 56, 57*
다이라노 시게모리(平重盛) 61
다이라노 요리쓰나(平賴綱) 74, 75
다이쇼(大正) 데모크라시 168, 169
다이쇼(大正) 천황 168
다이안지(大安寺) 36
다이카 개신(大化改新) 11, 13, 31, 34, 48
다이카쿠지(大覺寺) 78
다이칸(代官) 131
다이토쿠지(大德寺) 109
다이호 율령(大寶律令) 32, 34, 35, 44
다자이후(大宰府) 30*, 31, 39*, 43, 49, 63*, 70~72, 71*, 73*, 93*, 95*, 97*
다지마(但馬) 20*, 35*, 59*, 61*

다치바나노 모로에(橘諸兄) 38, 39, 42, 43
다치바나노 하야나리(橘逸勢) 48
다카노 조에이(高野長英) 139
다카라쓰카(寶塚) 소녀극장 174
다카마쓰(高松) 123*, 134*, 141*
다카야마 우콘(高山右近) 103*, 111
다카야마 조규(高山樗牛) 165
다카야스 성(高安城) 30*, 31
다카쿠라(高倉) 천황 60, 61
다카하시 가게야스(高橋景保) 139
다카하시 고레키요(高橋是淸) 169, 178*, 179
다카하시 요시토키(高橋至時) 139
다케다 가쓰요리(武田勝賴) 55, 104, 105, 105*
다케다 신겐(武田信玄) 90, 91, 91*, 104, 110*
다케다 씨(武田氏) 90
다케모토 기다유(竹本義太夫) 125
『다케토리 모노가타리(竹取物語)』 50, 51
다키가와 가즈마스(瀧川一益) 105*
다키자와 바킨(瀧澤馬琴) 136, 137
다테 하루무네(伊達晴宗) 90, 91*
단 다쿠마(團琢磨) 179
단고(丹後) 35*, 92, 92*, 95*
단노우라(壇の浦) 전투 62, 63*
단바(丹波) 33*, 35*, 61*, 89*, 95*, 110*
담징曇徵 29
당고 정전협정 176, 177*
〈당사자도병풍唐獅子圖屛風〉 109
당탑唐塔 29
대고산 159*, 160*
대동아공영권大東亞共榮圈 143, 145, 182, 183
대동아회의 182, 183
대련 159*, 160, 161, 160*, 167*, 171*, 177, 180*
대만 144, 158, 159, 176, 181, 183, 191
대만총독부 159
대방군帶方郡 20, 21
대방태수帶方太守 20, 21
대역사건大逆事件 162, 163
대왕가大王家 26, 27, 27*
대일본 산업보국회 181
대일본노동단체연합회 162
〈대일본연해여지전도〉 136, 138, 139

대일본제국헌법大日本帝國憲法 144, 156
대정봉환大政奉還 148, 149
덕정 잇키(德政一揆) 88, 89
덕정령德政令 74, 75, 88, 89
데라우치 마사타케(寺内正毅) 168
데라코야(寺子屋) 131, 135
데와 책 47*
데와(出羽) 35*, 37, 45*, 47*, 61*, 110*
데지마(出島) 114, 115, 115*
데키주쿠(適塾) 139
덴료(天領) 126
덴류지(天龍寺) 96
덴메이(天明) 대기근 129, 132~134
덴모쿠 산(天目山) 전투 105*
덴무(天武) 천황 13, 32~35, 42, 46
덴쇼 유럽 사절단(天正遣歐使節) 102, 102*
덴지(天智) 천황 30~32, 33*, 34, 35, 46, 48
덴포(天保) 개혁 101, 129, 135, 140, 141
덴포의 대기근 128, 129, 140
도가리이시(尖石) 유적 17*
도검 몰수령(刀狩令) 106~107
도겐(道元) 76, 76*, 77
도고(東鄕) 장원 66, 67*
도다이지(東大寺) 13, 38, 39, 40, 41, 41*, 46, 67, 70, 76
도모노 고와미네(伴健岑) 48
도미오카(富岡) 제사공장 162
도바(鳥羽) 상황 54, 59, 60
도바·후시미(鳥羽·伏見) 전투 149, 149*
도사(土佐) 35*, 61*, 65*, 90*, 110, 124, 140, 141*, 148*, 150
도야마(富山) 168, 168*, 172*, 175*, 195, 195*, 197
도요토미 히데요리(豊臣秀賴) 110
도요토미 히데요시(豊臣秀吉) 84, 85, 99, 100, 103, 106~108, 110, 114
도요토미 히데타다(德川秀忠) 110, 112
도이(刀伊) 56*
도이마루(問丸) 68, 69
도이야(問屋) 94
도이야바(問屋場) 101, 117
도자마다이묘(外樣大名) 112

도조 히데키(東條英機) 178, 182, 185
〈도카이도 고주산쓰기(東海道五十三次)〉 100, 136, 137
도카이도(東海道) 35*, 69
도카이도(東海道) 신칸센(新幹線) 197
『도카이도추히자쿠리게(東海道中膝栗毛)』 136, 137
도코노 산(鳥籠山) 33*
도쿄 미술학교 165
도쿄 방송국 174
도쿄 올림픽 196, 197
도쿄 재판 184, 185
도쿄 제국대학 164
도쿄(道鏡) 43
도쿠가 나리아키(德川齊昭) 139, 140
도쿠가 쓰나요시(德川綱吉) 112*, 124
도쿠가와 요시무네(德川吉宗) 101, 130, 132
도쿠가와 이에모치(德川家茂) 149
도쿠가와 이에미쓰(德川家光) 112
도쿠가와 이에시게(德川家重) 132
도쿠가와 이에쓰구(德川家繼) 113, 130
도쿠가와 이에야스(德川家康) 100, 103*, 105*, 106, 106*, 110, 111*, 112, 114
도쿠가와 이에하루(德川家治) 132
도쿠가 히데타다(德川秀忠) 110, 112
도쿠미도이야(十組問屋) 116, 122, 123
도쿠소 57, 65, 66, 67, 74, 74*, 75, 82
도쿠시마(德島) 121*, 123*, 141*, 172*, 175*
도쿠탄 성(德丹城) 47, 47*
도쿠토미 소호(德富蘇峰) 165
도토미(遠江) 35*, 110*
독도 187*
독일 139, 156, 159, 166, 167, 180, 182, 184, 190, 192
돗토리(鳥取) 95*, 123*, 134*, 141*, 172*, 175*
동검銅劍 18
동과銅戈 18
동모銅矛 18
동방회의 170
동북항일연군東北抗日聯軍 176
동진東晉 16, 24
동탁銅鐸 18, 19
동학전쟁 158

동회항로 122, 123
둔창제屯倉制 26

ㄹ

라오스 190
라쿠이치·라쿠자령(樂市·樂座令) 104, 105, 108
락스만 138, 138*
러시아혁명 166, 175
러일강화조약 160
러일전쟁 143, 144, 160~165, 168, 174, 176
런던 해군군축조약 170
레이테 섬 해전 182*
레자노프 138, 138*, 139
렌가(連歌) 88, 96, 125
로닌(浪人) 113, 118
로주(老中) 126, 130, 132, 140
로주 봉서(老中奉書) 115
로쿠닌슈(六人衆) 112
로쿠부노이치도노(六分一殿) 82
록히드 사건 199
루즈벨트 대통령 161
류조지 다카노부(龍造寺隆信) 90, 90*
류큐(琉球) 84*, 103*, 110, 114, 115*,
류큐 제도 187*, 193*
르네상스 102
리스트라 203
리튼 조사단 176, 177*

ㅁ

마미야 린조(間宮林藏) 139
마쓰가타(松方) 디플레이션 155
마쓰나가 히사히데(松永久秀) 90
마쓰다이라 사다노부(松平定信) 132, 133
마쓰라 국(末廬國) 20*
마쓰라 다카노부(松浦隆信) 103*
마쓰라(松浦) 73*, 84, 84*
마쓰마에(松前) 114, 115*, 120, 123*, 135*, 138*, 149*
마쓰마에 요시히로(松前義廣) 114
마쓰시로 번(松代藩) 135
마쓰시타(松下) 전기 194
마쓰야마(松山) 122*, 134*, 141*

마쓰에(松江) 122*, 134*, 141*, 149*
마쓰오 바쇼(松尾芭蕉) 124, 125
마쓰오카 요스케(松岡洋右) 182
마제석기磨製石器 16, 17
『마쿠라노소시(枕草子)』 50, 51
마키무쿠(纒向) 유적 20*
마키에(蒔繪) 51, 71
마히토(眞人) 33
만보산사건萬寶山事件 176, 177*
『만요슈(万葉集)』 32, 50, 51
만주 159, 160, 166
만주 군벌 171
만주군관학교 177
만주국 145, 176, 177*, 179, 180
만주사변 145, 176~178, 181, 182, 185
만주영화협회 177
만철 → 남만주철도주식회사
만철 아시아호 176
말기양자末期養子 126
말레이 해전 182*
맥아더 184
메이레키(明曆) 대화재 116
메이시(明子) 48
메이지 유신(明治維新) 128, 143, 150, 151, 162
메이지 천황 148, 150, 156, 157
메이지 헌법 156, 157, 168
메이토쿠(明德)의 난 82, 83, 83*
명륙사明六社 153
『명륙잡지』 153
명명 84, 107
모가미 도쿠나이(最上德內) 138, 139
모노노베 씨(物部氏) 12, 26~28
모리 데루모토(毛利輝元) 105*, 106*, 110, 111*
모리 모토나리(毛利元就) 90, 90*
모리 씨(毛利氏) 90, 115, 116
모리 아리노리(森有札) 153
모리슨 호 138, 140
모리오카(盛岡) 123*, 135*, 149*
모모야마 성(桃山城) 108
모스, 에드워드 S. 16
모치히토 왕(以仁王) 62

몬무(文武) 천황 35, 42, 48
몽골 54, 64, 71~75
무가봉공인武家奉公人 107
무가제법도武家諸法度 110~113, 126
무고백성(水吞百姓) 118
무라(村) 88, 118, 120
무라 공동 관리지(入會地) 119
무라사키 시키부(紫式部) 50, 51
『무라사키 시키부 닛키(紫式部日記)』 50, 51
무라우케(村請) 제도 119
무라지(連) 27~29, 33
무라카타 3역(村方三役) 118, 119
무라타 세이후(村田淸風) 140, 141, 141*
무로 규소(室鳩巢) 124
무武(왜왕) 24
무사시(武藏) 35*, 45*, 110*
무샤노코지 사네야쓰(武者小路實篤) 174
무쓰(陸奧) 35*, 45, 45*, 47, 47*, 110*
무쓰(陸奧)·데와(出羽) 안찰사按察使 47
무쓰수(陸奧守) 47
무학조원無學祖元 76
문명개화 152, 153, 155, 165
문주소問注所 62~64, 63*
미나마타 병 195
미나모토 다카아키라(源高明) 49
미나모토 사네토모(源實朝) 64
미나모토 요리이에(源賴家) 64
미나모토 요리토모(源賴朝) 54, 62, 63, 63*, 64
미나모토 요시나카(源義仲) 62, 63*
미나모토 요시쓰네(源義經) 63, 63*
미나토가와 인(港川人) 14, 15*
미나토마치(港町) 94
미노(美濃) 23*, 33*, 35*, 61*, 66, 82, 89*, 90, 92, 92*, 95*, 110* 104
미노베 다쓰키치(美濃部達吉) 178, 179
미노베 료키치(美濃部亮吉) 195
미드웨이 해전 182, 183, 183*
미쓰비시(三菱) 162, 163, 181, 185
미쓰이(三井) 162, 163, 169, 178, 181, 185, 195
미야자키 유젠(宮崎友禪) 124
미야즈(宮津) 123*

미야케 세쓰레이(三宅雪嶺) 165
미야코(宮子) 48
미와 산(三輪山) 26*
미요시 나가요시(三好長慶) 91*
미요시 요시쓰구(三好義繼) 90
미우라 야스무라(三浦泰村) 64
미우치비토(御內人) 74, 75
미일강화조약 186
미일수호통상조약 146, 147
미일안보조약 186, 188~190
미일화친조약美日和親條約 144, 146 147
미즈 성(水城) 30*, 31
미즈노 다다쿠니(水野忠邦) 101, 140
미치야스(道康) 친왕 48
미치코 붐 196, 197
미카와(三河) 35*, 61*, 89*, 92, 92*, 110*, 121
미카타가하라 전투 110*
미키 다케오(三木武夫) 199
미토(水戶) 123*, 124, 134, 139
미토(水戶) 학파 148
민본주의民本主義 168
민선의원설립건백서 154, 155
민우사 165
민족자결주의 166, 176

ㅂ

바샤쿠(馬借) 69, 88, 93~95
바샤쿠 잇키 88
박문사博文寺 165
박정희 177
반전수수법班田收受法 35, 44
반제령半濟令 82, 83, 92
반조伴造 27
발치拔齒 17
발틱 함대 144, 160, 161
방형주구묘方形周溝墓 18
백만정보개간계획 44, 45
백촌강白村江 전투 30, 30*
번교藩校 133~135
번정藩政 개혁 134, 140
번찰 123

법상종法相宗 76, 77
법화 잇키 88
법화경法華經 76
법화종法華宗 77, 88, 89
베르사유 강화조약 166, 170, 172
베트남 182, 190
베트남 전쟁 190
벳시(別子) 구리광산 162
벼농사 12, 18, 19
변진弁辰의 철 20
병농분리 105, 107
보노쓰(坊津) 71*, 84*, 95*, 122*
보신(戊辰) 전쟁 148~150
보통선거 168
보통선거기성동맹회 169
보통선거법 168, 169
본가本家 58, 66
본말제도本末制度 111
본백성(高持百姓) 118, 119
본토복귀운동 193
봉천奉天 159*, 160*, 167*, 171*, 177*
봉천전투 161
봉황당鳳凰堂 50, 51
부레쓰(武烈) 천황 26
부민제部民制 26, 27
부산 159*, 160*, 167*
부의溥儀 176
부인참정권운동 169
부젠(豊前) 34*, 59*
부현제府縣制 156
북가北家 48, 49, 60
북경 167*, 171*, 177*, 180*, 187*
북벌北伐 170, 176
북위北魏 24
『분게이 슌쥬(文藝春秋)』199
분고(豊後) 59, 34*, 59*, 89*, 90*, 102
분국법分國法 91
분지제한령(分地制限令) 118, 120
블라디보스토크 167*, 180*
비들 제독 138
비젠(備前) 35*, 57, 68, 92, 92*

빗추(備中) 35*, 61*, 66, 89*
빙하기 14~16

ㅅ

사가(佐賀) 122*, 134*, 141*, 154*, 172*, 174*
사가(佐賀)의 난 154, 154*
사가(嵯峨) 천황 47, 48
사가미(相模) 35*, 110*
4대 재벌 해체지령 184
사도(佐島) 65*, 93*
사도와라(佐土原) 122*
사마조달司馬曹達 24
사민평등四民平等 150
사비에르, 프란시스코 102, 103, 103*
사사령寺社令 111
사사야마(篠山) 유적 17*
사사지寺社地 116
사세보(佐世保) 103*, 167*
48계 위계제 32
사쓰마(薩摩) 34*, 59, 66, 59*, 66, 89*, 90*, 109, 114, 115*, 134, 135, 141, 148~150, 168
사쓰마·조슈 동맹 148
사이고 다카모리(西鄕隆盛) 148*, 154, 158
사이교(西行) 77
사이다이지(西大寺) 76
사이메이(齊明) 천황 31
사이초(最澄) 39
사이카이도(西海道) 35*, 41*
사이토 도산(齋藤道三) 90, 91*
사이토 마코토(齊藤實) 178*, 179
사이토(齊藤) 내각 178
사이토바루(西都原) 20*
사이판 182, 183*
사주전私鑄錢 93
사직四職 82, 83
사카노우에노 다무라마로(坂上田村麻呂) 47
사카모토(坂本) 69*, 88, 89*, 93, 93*, 94
사카모토 료마(坂本龍馬) 148*, 149
사카이 도시히코(堺利彦) 163
사카이(堺) 69*, 92, 92*, 94, 95*, 103*, 105, 109, 110, 111*, 112*, 121*, 123*

사카이 상인 85
사카타 도주로(坂田藤十郎) 125
사쿠라 소고로(佐倉宗吾郎) 128
사쿠라 소고로의 잇키 128, 128*
사쿠라(佐倉) 123*
사쿠라다몬(櫻田門) 사건 148
사쿠라카이(櫻會) 178
샤쿠코(柵戶) 37
사타케 요시마사(佐竹義政) 135
사토 에이사쿠(佐藤榮作) 193
사할린 14, 138*, 139, 161, 183, 187*
산나이마루야마(山內丸山) 유적 16, 17, 17*
산세키(三蹟) 51
산업보국회産業報國會 181
산요도(山陽道) 35*, 41*
산인도(山陰道) 35*, 41*
산조(三條) 천황 49
『산카슈(山家集)』 77
산해관 177*
삼각연신수경三角緣神獸鏡 21
삼관령三管領 82, 83
삼국간섭 158~160
삼국동맹 166, 182
『삼국지三國志』 18, 20, 21
삼국협상 166
삼도三都 116, 117
삼별초 72
삼보흥륭三寶興隆 28
삼세일신법三世一身法 44, 45
3·1운동 166, 167
3성6부제 35
3월 사건 178
3종의 신기神器 196
3차 요시다 내각 188
3차 한일협약 160
삿포로(札幌) 163*, 164*
상해사변 176, 180
상해上海 171*, 176, 177*, 180, 180*
샌프란시스코 강화조약 186, 187, 190, 190*, 192, 193
샌프란시스코 강화회의 143, 186

샤샤쿠(車借) 94
샤쿠야(借家) 117
삿초(薩長) 동맹 149
서안西安 38, 171*, 180*
『서양사정西洋事情』 152, 153
서회항로 122, 123
석봉石棒 17
선교사의 해외 추방령 103, 106
선종禪宗 77, 96, 97
섭관가攝關家 60, 61, 64, 65
섭관정치 49
성왕(백제의 왕) 26, 28
세계대공황 172
세르비아 166
세미나리오 103
세이 쇼나곤(淸少納言) 50, 51
세이난(西南) 전쟁 154, 154*
세이신세이(井眞成) 38, 39
세키가하라(關ケ原) 100, 110, 111, 112
세키가하라 전투 110, 110*
세타(瀨田) 33*, 69*, 94
세토나이카이(瀨戶內海) 18, 67, 69, 70, 120, 122, 141
세토우라 73*
센노 리큐(千利休) 108, 109
센다이(仙臺) 121*, 123*, 135*, 163*, 164*, 168*
셋슈(雪舟) 96, 97*
셋쓰(攝津) 33*, 35*, 46*, 70, 81*, 89*, 94, 95*, 122
소 씨(宗氏) 114
소 요시토모(宗義智) 103*
소가 씨(蘇我氏) 12, 13, 27, 27*, 28~31, 48
소가 씨 정권 28, 29
소가노 우마코(蘇我馬子) 26, 30
소교토(小京都) 97
〈소네자키신슈(曾根崎心中)〉 124
『소년 매거진』 196, 197
소련 176, 177, 180, 184, 186, 187, 197, 200
소바요닌(側用人) 113, 130, 132
『소설신수小說神髓』 165
소손(惣村) 88, 89, 96

소지(僧寺) 40
소코쿠분지(總國分寺) 13, 40, 41*
소학교 152, 153, 164, 174
송나라 동전 68~70
『송서宋書』 13, 24, 25
송희경宋希璟 92
쇼군(將軍, 정이대장군征夷大將軍) 55, 62~65, 75, 80~83, 85~87, 90, 91, 96, 100, 101, 104, 110, 112~114, 116, 124, 126, 127, 130, 132, 149
쇼나이(庄內) 123*
쇼무(聖武) 천황 13, 38~43, 46, 48
쇼소인(正倉院) 38, 39
쇼시(彰子) 48, 49, 51
쇼와(昭和) 천황 170, 172, 174, 176, 178, 180, 182, 184, 186, 188, 190, 192, 194, 196
쇼인즈쿠리(書院造) 97, 108
쇼토쿠(聖德) 태자 28~30, 48, 49
쇼토쿠(稱德) 천황 42, 43, 46
수隋 26, 34, 30
수출입품 임시조치법 180
수혈식주거竪穴式住居 17
순사殉死 126
슈고(守護) 다이묘 82, 83, 86~88, 90, 91, 97
슈고다이(守護代) 82, 83, 87, 90, 104
스가와라노 미치자네(菅原道眞) 38
스루가(駿河) 35*, 61*, 91*, 110*
스미토모(住友) 56, 57, 163, 185
스슌(崇峻) 천황 29, 30
스에 씨(陶氏) 90
스오(周防) 35*, 61*
스이카(垂加) 신도 124
스이코(推古) 천황 29, 30
스페인 102, 103, 114, 115
슨푸(駿府) 110, 113, 123*, 149*
시가라키노미야(紫香樂宮) 40, 41, 46*
시게미쓰 마모루(重光葵) 184
시나노(科野) 23*
시나노(信濃) 35*, 45*
시라카와(白河) 123*, 149*
시라카와(白河) 상황 60, 61
시마(志摩) 35*, 110*

시마바라(島原) 20*
시마바라의 난 114, 115, 126
시마즈 미쓰히사(島津光久) 112*
시마즈 씨(島津氏) 106, 108, 110
시마즈 요시히로(島津義弘) 90*, 110, 111*
시모노세키 전투 148, 149
시모노세키 조약 158, 167
시모노세키(下關) 103*, 148, 148*, 158, 159*, 160*, 163*, 167, 197*
시모다(下田) 123*, 138, 146, 147
시모쓰케(下野) 35*, 43, 57, 80, 110*
시모우사(下總) 35*, 86
시바 씨(斯波氏) 83
시바타 가쓰이에(柴田勝家) 106, 106*
시베리아 철병 170
시베리아 출병 166, 167
시베리아 횡단 철도 158
시볼트 사건 139
시비법 92
시사市司 37
시오키(仕置) 법 118
시와 성(志波城) 47, 47*
시종時宗 76
시즈오카(靜岡) 14, 172*, 175*
시지미즈카(　塚) 패총 17*
시텐노지(四天王寺) 28, 29, 76*
식봉食封 34
식산흥업殖産興業 141, 162
신경新京 180*
신국사상神國思想 73
신기관神祇官 34, 35
신란親鸞 76, 76*, 77*, 89
신문지조례新聞紙條例 154, 155
신소쿠요세바(人足寄場) 132
신수급여령(薪水給與令) 138, 139, 146
『신코킨와카슈(新古今和歌集)』77
신판다이묘(親藩大名) 112
심상소학교尋常小學校 164
심양瀋陽 176
10월 사건 178
13인 합의제 64

싱가포르 183
쌀 소동 168, 169, 172
쓰네사다(恒貞) 친왕 48
『쓰레즈레구사(徒然草)』76, 77
쓰루가(敦賀) 70, 71*, 81*, 95*, 123*, 197*
쓰보우치 소요(坪内逍遙) 165
쓰시마(對馬島) 20*, 31, 34*, 57*, 71, 71*, 72, 73*, 84, 84*, 114, 115, 115*, 187*, 124
쓰쓰키노미야(筒城宮) 26*
쓰와모노(兵) 56
쓰치 잇키(土一揆) 88, 89
쓰쿠모(津雲) 패총 17*
쓰쿠부스마(都久夫須麻) 신사 109
쓰쿠시(筑紫) 22, 22*, 23, 61, 90
씨성氏姓 제도 27

아게마이(上米) 제도 130
아관파천 158~160
아네가와(姉川) 전투 104, 105*
아다치 야스모리(安達泰盛) 74, 75
아라이 하쿠세키(新井白石) 113, 124
아라키 사다오(荒木貞夫) 178, 179, 185
아라히토카미(現神人) 32
아리마 하루노부(有馬晴信) 102*
아마고 쓰네히사(尼子經久) 90, 90*
아메노모리 호슈(雨森芳洲) 124
아베 신조(安倍晋三) 201
아베노 나카마로(阿倍仲麻呂) 38, 39
아사마 산(淺間山)의 분화 128, 129, 132, 133
아사이 나가마사(淺井長政) 91*
아사쿠라 요시카게(朝倉義景) 91, 91*, 104, 105*
아사쿠사(朝草) 오페라 극장 174
아스카(飛鳥) 12, 13, 26, 28~38, 33*, 44, 46
아스카 문화 28, 29
아스카 시대 13, 26, 28, 29, 30, 32
아스카데라(飛鳥寺) 28, 29
아스카데라 본존여래석가좌상 28, 29
아스카키요미하라 령 32~35
아시가루(足輕) 55, 87, 126
아시오 광독 사건(足尾鑛毒事件) 162

아시카가 다다요시(足利直義) 62, 80, 81
아시카가 다카우지(足利高氏) 55, 78, 79*, 80, 81, 81*
아시카가 모치우지(足利持氏) 82, 83*
아시카가 시게우지(足利成氏) 86
아시카가 요시노리(足利義教) 82, 85, 86
아시카가 요시마사(足利義政) 86, 92, 96
아시카가 요시모치(足利義持) 80, 85
아시카가 요시미(足利義視) 86
아시카가 요시미쓰(足利義滿) 55, 81, 82, 84, 85, 86
아시카가 요시아키(足利義昭) 104, 105, 105*
아시카가 요시타네(足利義稙) 90
아시카가 요시테루(足利義輝) 90
아시카가 학교 97*, 134, 135, 140, 141*, 149
아시카와(石川) 175*
『아사히 신문(朝日新聞)』165
아쓰히라(敦成) 친왕 48, 49
아오모리(靑森) 123*, 153, 163*, 173*, 175*, 197*, 200*
아와지(淡路) 35*, 59*, 61*
아이누 47, 114, 115
아이자와 다다히로(相澤忠洋) 13~15
아이젠하워 대통령 189
아이즈(會津) 123*, 134, 135*, 149*
아이즈와카마쓰(會津若松) 121*
아자이 나가마사(淺井長政) 104, 105*
아즈치 성(安土城) 103~105, 105*, 108
아카마쓰 미쓰스케(赤松滿祐) 82, 82*
아카시 인(明石人) 15*
아케치 미쓰히데(明智光秀) 100, 105, 105*, 106, 106*
아키타(秋田) 95*, 115, 119, 120, 121, 121*, 120, 135, 149*, 173*, 175*
아키타 성(秋田城) 37, 47*
아편전쟁 138, 139, 146
악당惡黨 55, 66, 74, 75, 87
안나(安和)의 변 48, 49
안도 히로시게(安藤廣重) 100, 136, 137
안동장군왜국왕安東將軍倭國王 24
안세이(安政) 5개국 조약 147
안세이(安政)의 대옥大獄 148

안주安州 159*
안중근 157, 160
안토쿠(安德) 천황 60, 61
알렉산드롭스크 167*
알류산 열도 183
압록강 161, 176
애국공당愛國公黨 155
애국사愛國社 154, 155
야마가 소코(山鹿素行) 124
야마가타 아리토모(山縣有朋) 150
야마구치(山口) 95*, 97, 97*, 103, 103*, 152, 164*, 172*, 175*, 197*, 200*
야마나 모치토요(山名持豊) 86
야마나 씨(山名氏) 82, 83
야마나 우지키요(山名氏清) 82, 83*
야마다(山田) 89*, 93*, 123*
야마모토(山本) 내각 168
야마이치(山一) 증권 202
야마자키 안사이(山崎闇齋) 124
야마자키(山崎) 전투 106, 106*
야마카와(山川) 122*, 138*
야마타이 국(邪馬台國) 20, 20*, 21, 21*, 24, 26
야마토(大和) 23*, 24*, 26, 26*, 27*, 35*, 46*, 88, 89*, 95*
야마토 정권 11, 21, 23, 26
야마토에(大和繪) 50, 51, 96
야스다(安田) 163, 185
야시마 성(屋島城) 30*
야시마 전투 63*
야요이(彌生) 분구묘 22
야요이 시대 11~13, 17~19
야요이 문화 17, 18
야요이식 토기 18
야쿠시지(藥師寺) 43
야하타(八幡) 제철소 162, 163
양명학陽明學 124
양통질립兩統迭立 시대 78
어전회의 182
에리제니 령 92
에마키모노(繪卷物) 51
에미시(蝦夷) 29, 36, 37, 46, 47, 63

에조가시마(蝦夷が島) 114
에조치(蝦夷地) 114, 115*, 132, 138, 139
에치고(越後) 35*, 45*, 91*
에치젠(越前) 26, 26*, 35*, 61*, 88, 89, 91, 104, 105, 110*, 121
엔가쿠지(円覺寺) 77
엔랴쿠지(延曆寺) 57*, 60, 88, 89, 104, 105, 105*
엔블록 180
엔폰(圓本) 174
엣추(越中) 35*, 61*, 89*
여순 158, 159*, 160, 160*, 161, 167*, 177*, 180*
역가驛家 37
역제驛制 37
연개소문 30
연공서열제 203
연약외교 178
연합국 총사령부(GHQ) 184
염석산 171*
영가領家 58
영락통보永樂通寶 93
영미협조론 178
영외관令外官 47
영일동맹 160, 161, 166, 170
영파寧波 70, 84, 85
영파의 난 84, 85
예수회 102, 103, 105
오가도五街道 117, 123
오가사와라(小笠原) 186
오가사와라 제도 187*
오가타 고린(尾形光琳) 125, 136
오가타 고안(緖方洪庵) 139
5개조의 서문 150, 152
오고쇼(大御所) 110, 112
오규 소라이(荻生徠) 124, 131
오노 성(大野城) 30*, 31
오노노 도후(小野道風) 51
오닌(應仁)의 난 86, 90, 96
오다 노부나가(織田信長) 89, 90, 91, 91*, 99, 100, 102, 104, 106, 108, 110*
오다 노부오(織田信雄) 106
오다 노부타카(織田信孝) 106

오다 노부히데(織田信秀) 104
오다 우라쿠사이(織田有樂齋) 103*
오다 히데노부(織田秀信) 103*
오다와라(小田原) 90, 95*, 100, 106, 106*, 123*
오도리(踊) 염불 76
오모리(大森) 유적 17
오모리(大森) 패총 17*
오무리 미스지로(大村益次郎) 154
오무라 스미타다(大村純忠) 103, 103*
오무라지(大連) 28, 29
오미(近江) 31, 32, 33*, 35*, 41, 46*, 82, 88, 89, 89*, 91*, 92, 93, 95*, 110*, 121
오미 령(近江令) 34, 35
오미(臣) 28, 33
오바마(小浜) 69*, 103*, 123*
오봉행五奉行 110
오비토(首) 27, 42
5·4운동 166, 167
오사카 방적회사 162
오사카 성(大阪城) 106, 106*, 108~111, 113
오사카 엑스포 196, 197
오사카 원정 126
오스미(大隅) 20*, 34*, 59, 59*
오스트리아 166, 192
오시오 헤이하치로(大鹽平八郎)의 난 124, 128, 128*, 129, 140
55년 체제 145, 188, 189, 200, 201
오쓰(大津) 69*, 95*, 123*
오쓰노미야(大津宮) 33*
오아마(大海人) 황자 13, 32, 33, 33*
오에이(應永)의 난 82, 82*, 83
오오미(大臣) 28
오오와다노토마리(大輪田泊) 70, 71*
오와리(尾張) 23*, 33*, 35*, 61*, 82, 89*, 90, 91*, 92, 92*, 104, 106, 110*, 112, 113, 120, 121, 135
오우치 씨(大內氏) 82~86, 90
오우치 요시히로(大內義弘) 82, 82*
5·15사건 178, 179
오즈(大洲) 122*
오진(應神) 천황 25, 26, 26*
오카야마(岡山) 22, 121*, 123*, 141, 164*, 168*,

172*, 175*
오카자키 가쓰오(岡崎勝男) 190
오카쿠라 덴신(岡倉天心) 165
오케하자마(桶狹間) 104
오케하자마 전투 104, 105, 105*, 110*
『오쿠노 호소미치(奧の細道)』124, 125
오쿠마 시게노부(大熊重信) 148*, 164, 165
오쿠보 도시미치(大久保利通) 148*, 151, 152
오키(隱岐) 65*, 78, 79
오키나가노요코카와(息長橫河) 33*
오키나와 인 192
오키나와(沖繩) 14, 15*, 158, 182, 183*, 186, 187*, 192, 193*, 200
오토 국(弟國) 26
오토모 씨(大伴氏) 27, 28
오토모 요시시게(大友義鎭) 90, 90*, 102, 103*
오토모(大友) 황자 32, 33*
오토모노 오토마로(大伴弟麻呂) 47
오토쿠니노미야(弟國宮) 26*
오패부吳佩孚 171*
오호도(男大迹) 왕 26, 26*
옷소(越訴) 129
와박사瓦博士 29
와비차(侘び茶) 109
와세다 대학 164
와카(和歌) 51
와카다케루 대왕(獲加多支歯大王) 25
와카사(若狹) 35*, 59*, 61*, 89*, 95*, 110*
와카야마(和歌山) 123*, 135*, 172*, 175*
와타나베 가잔(渡邊山) 136, 139
왕정복고王政復古 148, 149
왕정위汪精衛 180
왕직王直 85
왜倭 18, 20
왜 5왕 24~26
왜구倭寇 84, 84*, 85
왜수倭隋 24
왜인倭人 18, 19, 21, 27
요네자와(米澤) 123*, 134, 135, 135*
요동반도 158~160
요로(養老) 율령 34, 35

요메이(用明) 천황 28, 29
『요미우리신문(讀賣新聞)』165
요시고(吉胡) 패총 17*
요시노(吉野) 32, 33*, 78, 79*, 80, 81*
요시노 사쿠조(吉野作造) 168, 175
요시다 시게루(吉田茂) 186, 188, 189
요양遼陽 159*, 160*, 167*
요코하마(橫濱) 147, 147, 147*, 152, 153, 153*, 155*, 174, 185*
용골차 92, 120
우라가(浦賀) 123*, 138, 138*, 146
우시카와 인(牛川人) 15*
우쓰노미야(宇都宮) 74*, 95*, 105*, 111*, 123*
『우쓰보 모노가타리(宇津保物語)』51
우에노하라(上野原) 유적 16*
우에스기 가게카쓰(上杉景勝) 105*, 106*
우에스기 겐신(上杉謙信) 90, 91, 91*
우에스기 우지노리(上杉氏憲) 82
우에스기 하루노리(上杉治憲) 135
우에스키 가게카쓰(上杉景勝) 110, 111*
우정(郵政) 민영화 201, 203
우지·가바네(氏·姓) 제도 27, 34
우지(宇治) 29, 42
우지데라(氏寺) 29, 42
우치코와시(打毀) 128~130
우키요에(浮世繪) 125, 136
우키요조시(浮世草子) 125
우키타 히데이에(宇喜多秀家) 110, 111*
우타 모노가타리(歌物語) 51
운케이(雲慶)·단케이(湛慶) 부자 77
울릉도 187*
워싱턴 체제 170
원분圓墳 22
원元(몽골 제국) 70
원정院政 60, 78
원청院廳 60
위해위 158, 159*, 160*
유게시마(弓削島) 장원 66, 67*
유랴쿠(雄略) 천황 25
유엔 평화유지활동(PKO) 협력법 200
유젠 염색(友禪染) 124
유조호사건柳條湖事件 176, 177*

유황도 183*
율종律宗 77
은각銀閣 96, 97
을미사변 158, 159, 169
을사의 변 30, 31
응천문應天門의 변 48
의자왕 30
의주 159*, 160*
의화단사건 160
이국선 격퇴령 138, 139, 146
이나리야마(稻荷山) 고분 13, 25
이노 다다치카(伊能忠敬) 139
이노우에 닛쇼(井上日召) 178
이노우에 준노스케(井上準之助) 178
이르쿠츠크 167*
이마가와 요시모토(今川義元) 91*, 105*, 110*
이마카와 료순(今川了俊) 82
이마카와 요시모토(今川義元) 104
이백李白 39
이사와 성(澤城) 46, 47, 47*
이세(伊勢) 33*, 61*, 80, 89*, 95*, 110*
『이세 모노가타리(伊勢物語)』51
이세 신궁 77*, 94, 97*, 137
이승만 라인 190, 191*
이시다 미쓰나리(石田三成) 110, 111*
이시야마 혼간지(石山本願寺) 97*, 104, 106
이시카와(石狩) 57*, 81, 81*, 114, 124, 172*
이시하라 간지(石原莞爾) 176
21개조 요구 166, 167
26성인 순교 106
이쓰쿠시마(嚴島) 76*
이쓰쿠시마 신사 61, 61*
이쓰쿠시마 전투 90
이앙법 92
이와나미(岩波) 문고 174
이와미(石見) 35*, 59
이와미 은광 91, 92
이와이(磐井)의 난 26
이와주쿠(岩宿) 13~15, 15*
이와쿠라 도모미(岩倉具視) 152
이와쿠라(岩倉) 사절단 152

이요(壹與) 21
이이 나오스케(井伊直弼) 148
2·26사건 178, 179
이즈(伊豆) 23*, 35*, 61*, 63*, 89*, 90, 110, 110*
이즈모(出雲) 20*, 23*, 33*, 35*, 46*, 89*, 95*
이즈미(和泉) 35*
『이즈미 시키부 닛키(和泉式部日記)』 51
2차 한일협약 160
2차 호헌운동 169
이치가와 단주로(市川十郎) 124, 125, 165
이치조 가네사다(一條兼定) 103*
이치조(一條) 천황 48, 49, 65
이카와즈(伊川津) 패총 17*
이케다 하야토(池田勇人) 189, 194
이코마 산(生駒山) 26*, 27*
이키(壹岐) 34*, 102
이타가키 다이스케(板垣退助) 148*, 155
이타이이타이 병 195
이타즈케(板付) 유적 16*
이탈리아 170, 182
이토 국(伊都國) 20*
이토 진사이(伊藤仁齋) 124
이토 히로부미(伊藤博文) 148*, 152, 156~158, 160
이토왓푸(絲割符) 제도 116, 122
이하라 사이카쿠(井原西鶴) 124, 125
이후키 법(灰吹法) 91
인도 183, 186, 188
인도네시아 183, 190, 191
인바누마(印沼) 간척 121*
인부중인부衆 64, 65, 74
인천 158, 159*, 160*
일경련日經連(일본경제자단체연맹) 188
일국일성령一國一城令 110, 111
일본 노동조합 총평의회 188
일본공산당 175
일본사회당 162, 163, 188, 201
『일본인日本人』 165
일본장기신용은행 202
일인일작인제一人一作人制 107
1차 세계대전 166, 170, 172, 173, 175, 176, 190
1차 조슈(長州) 정벌 148, 149

1차 한일협약 160
1차 호헌운동 168
일화평화조약 187, 190, 191
1회 내국권업박람회 162
임금통제령 181
임시자금조정법 180
임오군란 158
임제종臨濟宗 76, 77
임진왜란壬辰倭亂 106, 109, 121
입지사立志社 154, 154*, 155
입헌개진당 155, 157
입헌자유당 157
잇코 잇키(一向一揆) 88, 89, 104, 105, 105*
잇코종(一向宗) 89
잇펜(一遍) 66, 76, 76*, 77

ㅈ

자(座) 68, 93
자위대 200
자유극장 174
자유민권운동 154~156, 165
자유민주당 188, 189, 201
장개석 170, 171, 180, 182
장벽화障壁畫 108, 109
장식고분裝飾古墳 22, 23
장원공령제莊園公領制 59, 75
장원정리령 58
장작림 171*
장작림 폭사 사건 170
장정張政 20, 21
장춘 167*, 177, 177*
장학량張學良 176
재일 조선인 191, 192
전구년前九年의 전투 56
전국 다이묘(戰國大名) 53, 87, 90, 91, 93~95, 106
전국가법戰國家法 91
전국총합개발계획 194, 195
전답영대매매금지령(田畑永代賣買禁令) 118
전방후원분前方後圓墳 22, 23, 29
전수염불專修念佛 76
전학련全學連 188

정교사政敎社 165
정동대사征東大使 47
정명가도征明假道 107
정소政所 62, 64
정유재란丁酉再亂 106
정토종淨土宗 76, 105
정토진종淨土眞宗 76, 89, 94
징한논쟁征韓論爭 154, 155
제국대학령帝國大學令 164
제국의회帝國議會 156, 157
제네바 협정 188
제물포조약 158
제濟(왜왕) 24
제종제본산법도諸宗諸本山法度 110, 111
제주도 187*
조국복귀운동 193
조국복귀협의회 192, 193
조궁사造宮使 46
조닌(町人) 116, 117, 124, 125, 130, 132, 137
조동종曹洞宗 76, 77
조메이(舒明) 천황 30
조몬(繩文) 시대 11, 12, 16~18
조몬식 토기 16
조법(町法) 102, 117
조소카베 모토치카(長宗我部元親) 90, 90*, 105*, 106*
조슈(長州) 134, 134*, 135, 140, 141*, 148~150, 168
조와(承和)의 변 48
조일수호조약 158
조카마치(城下町) 94, 105, 116, 129
조큐(承久)의 난 54, 64, 65, 65*, 74
존왕양이론尊王攘夷論 148, 149
종교개혁 102
종신고용제 203
주고쿠(中國) 102, 105, 105*, 106, 106*
주라쿠테이(聚樂第) 106, 109
주변사태법 200
주은래周恩來 188
주인선朱印船 115
주인선朱印船 무역 114
주인장朱印狀 115

준닌(淳仁) 천황 40, 42, 43
준시(順子) 48
중국공산당 177, 180
중국국민당 170, 176
『중앙공론中央公論』 165
중의원 선거 156, 157, 169, 201
중일전쟁 179, 180, 182
중화민국 184, 186, 187, 190, 191
중화인민공화국 186, 187, 190, 191
즈쇼 히로사토(調所廣鄕) 140, 141, 141*
지가리(地借) 117
지게우케(地下請) 88
지권地券 151
지나이초(寺內町) 94
지묘인(持明院) 78
지번사知藩事 150
지사이(持衰) 19
지석묘 18
지시마(千島) 열도 139, 158, 186
지시키지(知識寺) 40
지자무라이(地侍) 118
지조개정조례地租改正條例 150, 151
지치부(秩父) 사건 154, 155*
지카마쓰 몬자에몬(近松門左衛門) 124, 125
지쿠고(筑後) 34*
지쿠젠(筑前) 34*, 61*
지토(持統) 천황 32, 36, 42, 62, 66, 75, 82
지토우케(地頭請) 66, 67
지행국제行國制 59, 60
지행국주知行國主 59, 60
「진노쇼토키(神皇正統記)」 96
진무(神武) 경기 190, 194
진봉관계 71
진서탐제鎭西探題 64
진수부鎭守府 장군 47
진수陳壽 18
진신(壬申)의 난 32, 33*, 34, 46
진주만 183, 183*
진진(왜왕) 24
진호국가鎭護國家 40, 41
질록처분秩祿處分 154

집권執權 64
짓펜샤 잇쿠(十返舍一九) 136, 137

ㅊ

차텐(茶店) 117
찬讚(왜왕) 24
참근교대제參勤交代制 112, 113, 126, 130
참방률讒謗律 154, 155
창씨개명 183
책봉체제 20
1955년 체제 201
천진天津 167*, 171*, 177*, 180*
천진조약 158
천황기관설天皇機關說 178, 179
천황주권설天皇主權說 178, 179
청도靑島 166, 167, 167*, 171*, 177*
청일수호통상조약淸日修好通商條約 158
청일전쟁 143, 144, 158~160, 162~165, 173, 174
청탑사靑塔社 174, 175
촌역인村役人 128
총령惣領 66
총중류화總中流化 203
추밀원樞密院 156, 157
치안유지법 168, 175, 192
7부 적금법(七分積金法) 133
칙선의원(勅任議員) 156

ㅋ

캄보디아 190, 200
쿠릴 열도 139, 186, 187*
쿠빌라이 칸 72
큰뿔사슴 14
『킹(King)』 174, 196, 197

ㅌ

타제석기打製石器 14, 16
태각太閤 106
태상천황太上天皇 41
『태양太陽』 165
태정관제 150
태정관太政官 34, 35

태정대신太政大臣 13, 34, 43, 60, 61, 82, 85, 106
태평양전쟁 145, 179, 182, 183
토민土民 118
토우土偶 16, 17
토지 중분 66, 67

ㅍ

판적봉환版籍奉還 150, 154
팔색八色의 성姓 32, 33
페리 제독 138, 146
평양 159*, 160*, 167*, 187*
평정중評定衆 64, 74
폐번치현廢藩置縣 150
포르투갈 55, 90, 100, 102, 103, 114, 115
포츠담 선언 145
포츠머스 조약 161, 167*
〈풍국제례도병풍豊國祭禮圖屛風〉 109
풍옥상馮玉祥 171*
프란시스코회 103
프랑스 147, 159, 163, 170, 185, 190
필리핀 182, 183, 185, 190, 191

ㅎ

하기(萩) 95*, 109, 122*, 141*, 154*
하기의 난 154*
하니와(埴輪) 22, 23
하라 다카시(原敬) 168, 169
하라(原) 내각 168
하마구치(浜口) 내각 170, 171, 173
하마키타인(浜北人) 15*
하문夏門 171*
하바롭스크 167*
하야시(林) 가문 124
하야시 시헤이(林子平) 139
하야토(　人) 36, 37
하얼빈 157, 167*, 177*
하이카이(俳諧) 125
하카타(博多) 61*, 68*, 70, 72, 73*, 74, 74*, 84, 84*, 92, 93*, 94, 95*, 103*, 168*
하카타 상인 84, 85
하코다테(箱館) 123*, 146, 147*, 149*, 163*

하쿠쇼 잇키(百姓一揆) 128*, 129
하쿠쇼다이(百姓代) 119
하타(羽田) 27*
하타 씨(秦氏) 12, 28, 47
하타고(旅籠) 117
하타모토(旗本) 112, 113, 116, 126, 127, 130, 133, 141
하타케야마 시게타다(　山重忠) 64
하타케야마 씨(　山氏) 83
하토야마 이치로(鳩山一郎) 188, 189
학제學制 150, 152, 153, 164
한구漢口 180*
한국전쟁 145, 186, 188, 189, 194
한국전쟁 특수 145, 189, 194
한성 159*, 160*
한일기본조약 190~192
함흥 159*, 160*
항주杭州 171*, 177*, 180*
해군군축조약 170, 171
해리스, 타운젠트 146, 147
헌법 17조 30
헌정회憲政會 169
헐 노트 182
헤이시(平氏) 정권 61, 70, 71
헤이안(平安) 42, 76
헤이안쿄(平安京) 39*, 45*, 46, 46*, 47
헤이조쿄(平城京) 13, 36, 37, 36*, 39~42 39*, 44~46, 45*, 46*
헤이지(平治)의 난 60, 62
『헤이케 모노가타리(平家物語)』 77, 109
혁신구락부革新倶樂部 169
현대일본문학전집 174
혈맹단血盟團 사건 178
협조외교 170, 171
혜자惠慈 28
혜총惠聰 28
호겐(保元)의 난 60
호넨(法然) 76, 76*
호류지(法隆寺) 29, 38
호류지(法隆寺) 금당석가삼존상 29
호리고시 구보(堀越公方) 86

호리카와(堀河) 천황 54, 60
호소카와 가쓰모토(細川勝元) 86
호소카와 마사모토(細川政元) 90
호소카와 모리히로(細川護熙) 201
호소카와 시게카타(細川重賢) 135
호조 도키마사(北條時政) 64
호조 도키무네(北條時宗) 72, 76
호조 마사코(北條政子) 64
호조 사다토키(北條時政) 74
호조 소운(北條早雲) 90
호조 씨(北條氏) 54, 55, 64, 65, 74, 75, 78, 79, 106, 110
호조 요시토키(北條義時) 64
『호조키(方丈記)』 77
『호초쓰간(本朝通鑑)』 124
호헌 3파 168, 169
호헌 3파 내각 168, 169
혼간지(本願寺) 76*, 89, 104, 105*, 106, 109
혼넨구(本年貢) 119
혼노지의 변 100, 104, 105, 110*
혼다 기연(本田技研) 194
혼마루(本丸) 108
혼슈(本州) 70
홋카이도(北海道) 14, 15*, 114, 173*, 175*, 200*
홋카이도 척식은행 202
홋케지(法華寺) 40, 41*
홍려관鴻　館 70
화동개칭和同開稱 36, 37
화승총 102, 109
화엄종華嚴宗 76, 77
화족華族 150, 151, 156
화족령華族令 157
〈화하유락도병풍花下遊樂圖屛風〉 109
황도파皇道派 178*, 179
황민화皇民化 181, 183
〈회도병풍檜圖屛風〉 109
횡혈식석실横穴式石室 22, 23
효고(兵庫) 69, 94, 108, 123*, 149*, 172*, 175*
후다이다이묘(譜代大名) 110, 112, 113, 126
후미 국(不彌國) 20*
후삼년의 전투 56

후시미(伏見) 103*, 110, 111*, 123*
후시미 성(伏見城) 108, 109, 111
〈후조닌소짓팬〉 137
후지가와(富士川) 전투 62, 63*
후지와라 고게이(藤原行成) 51
후지와라 다네쓰구(藤原種繼) 46, 47
후지와라 시리(藤原佐理) 51
후지와라 후유쓰구(藤原冬嗣) 48
후지와라노 가마타리(藤原鎌足) 30, 35, 42, 48
후지와라노 나카마로(藤原仲麻呂)의 난 42
후지와라노 마로(藤原麻呂) 42, 48
후지와라노 모토쓰네(藤原基經) 49
후지와라노 무치마로(藤原武智麻呂) 42, 48
후지와라노 미치나가(藤原道長) 48, 49, 51
후지와라노 스미토모(藤原純友) 56, 57*
후지와라노 스미토모의 난 56
후지와라노 야스히라 63*
후지와라노 요리쓰네(藤原賴經) 64
후지와라노 요시후사(藤原良房) 48
후지와라노 우마카이(藤原宇合) 42, 48
후지와라노 후사사키(藤原房前) 42, 48
후지와라노 후히토(藤原不比等) 32, 35, 42, 43, 48
후지와라노 히로쓰구(藤原廣嗣) 40, 42
후지와라노 히로쓰구의 난 42
후지와라쿄(藤原京) 32, 33, 36, 42, 46*
후추(府中) 122*
후쿠시마(福島) 163*, 168*, 172*, 175*
후쿠시마 마사노리(福島正則) 110, 111*, 112
후쿠시마(福島) 사건 155, 155*
후쿠오카(福岡) 12, 20, 68, 93*, 121*, 122*, 134*, 141*, 163, 164*, 172*, 174*, 200*
후쿠이(福井) 121*, 123*, 149*, 168*, 172*, 175*
후쿠이(福井) 동굴 16*
후쿠자와 유키치(福澤諭吉) 152, 153, 164
후텐마(普天間) 공군기지 201
훈야노 와타마로(文室綿麻呂) 47
휴가(日向) 20*, 23*, 34*
홍흥(왜왕) 24
히가시야마(東山) 86, 96, 97
히가시야마(東山) 문화 96
히다(飛　) 35*, 61*, 89*, 110*

히라가나 50, 51

히라도(平戶) 71*, 72, 73*, 84*, 85, 102, 103, 103*,
　111, 114, 115, 122*

히라도(平戶) 상관 114

히로시마(廣島) 103*, 112, 121*, 159*, 168*, 172*,
　175*, 183*, 200*

히로히토(裕仁) 천황 179, 182, 184, 185, 198, 199

히메지(姫路) 95*, 108, 123*, 135*, 141*

히미코(卑彌呼) 20, 21, 26

히비야(日比谷) 폭동 168

히시카와 모로노부(菱川師宣) 125, 136

히젠(肥前) 34*, 59*, 90*, 102, 107, 120, 134*, 135,
　140, 141*, 150

히칸(被官) 118

히타치(常陸) 35*, 59*

히타치 국부 57*

아틀라스 일본사

2011년 4월 3일 1판 1쇄
2025년 3월 10일 1판 14쇄

지은이 | 일본사학회

편집 | 강창훈·조건형
표지디자인 | 백창훈
본문디자인 | 이소영
지도 원도 및 일러스트레이션 | Map.ing
제작 | 박홍기
마케팅 | 김수진·백다희
홍보 | 조민희

출력 | (주)블루엔
인쇄 | 코리아피앤피
제책 | 책다움

펴낸이 | 강맑실
펴낸곳 | (주)사계절출판사
등록 | 제406-2003-034호
주소 | (우)10881 경기도 파주시 회동길 252
전화 | 031)955-8588, 8558
전송 | 마케팅부 031)955-8595 편집부 031)955-8596
홈페이지 | www.sakyejul.net 전자우편 | skj@sakyejul.com
페이스북 | facebook.com/sakyejul
블로그 | blog.naver.com/skjmail
트위터 | twitter.com/sakyejul

ⓒ 이재석·김선민·남기학·박수철·이계황·윤병남·함동주·임성모·(주)사계절출판사, 2011

값은 뒤표지에 적혀 있습니다.
잘못 만든 책은 구입하신 서점에서 바꾸어 드립니다.

사계절출판사는 성장의 의미를 생각합니다.
사계절출판사는 독자 여러분의 의견에 늘 귀기울이고 있습니다.

이 책은 저작권법에 따라 보호받는 저작물이므로 무단전재와 무단복제를 금합니다.

ISBN 978-89-5828-523-6 03910